Das Kommunalwahlrecht für ausländische Unionsbürger
im Lande Bremen

Europäische Hochschulschriften
Publications Universitaires Européennes
European University Studies

Reihe II
Rechtswissenschaft

Série II Series II
Droit
Law

Bd./Vol. 4266

PETER LANG
Frankfurt am Main · Berlin · Bern · Bruxelles · New York · Oxford · Wien

Catrin Hannken

Das Kommunalwahlrecht für ausländische Unionsbürger im Lande Bremen

PETER LANG
Europäischer Verlag der Wissenschaften

Bibliografische Information Der Deutschen Bibliothek
Die Deutsche Bibliothek verzeichnet diese Publikation in der Deutschen Nationalbibliografie; detaillierte bibliografische Daten sind im Internet über <http://dnb.ddb.de> abrufbar.

Zugl.: Bremen, Univ., Diss., 2005

D 46
ISSN 0531-7312
ISBN 3-631-54295-X

www.peterlang.de

Vorwort

Die vorliegende Arbeit wurde im Wintersemester 2004/2005 vom Fachbereich Rechtswissenschaften der Universität Bremen als Dissertation angenommen.

Die Fertigstellung dieser Arbeit wäre ohne das Zutun anderer nicht möglich gewesen, denen ich an dieser Stelle sehr herzlich danken möchte.

Ein besonderer Dank gilt meinem Doktorvater, Herrn Prof. Dr. Dian Schefold, für die hervorragende Betreuung der Arbeit. Mit seinen Vorschlägen und Anregungen hat er nicht nur den Fortgang der Arbeit begleitet, sondern stand jederzeit mit Rat und Tat fördernd zur Seite. Gleichfalls danke ich Herrn Prof. Dr. Thomas Giegerich insbesondere für die kurzfristig Erstellung des Zweitgutachten.

Herzlich danken möchte ich auch meinen Freunden, insbesondere Frau Birgit Ansorge und meiner Schwester Cirsten Hannken, die mich in vielfältiger Weise bei der Erstellung der Arbeit unterstützt haben und mich mit viel Verständnis durch die Höhen und Tiefen der Promotion begleitet haben.

Mein ganz persönlicher Dank gilt meinen Eltern, die mir während meiner gesamten Ausbildung und der Promotion eine große Hilfe und Unterstützung waren, und auf die ich mich immer verlassen konnte. Ihnen widme ich diese Arbeit.

Bremen, im Juli 2005 Catrin Hannken

Inhaltsverzeichnis

I. Einleitung

Staatsangehörige aus anderen Mitgliedstaaten der Europäischen Union, die in Deutschland ihren Wohnsitz haben, sind in Deutschland seit Beginn des Jahres 1996 auf kommunaler Ebene wahlberechtigt. Der Einführung dieses Kommunalwahlrechtes für ausländische Unionsbürger war eine lange Diskussion auf europäischer Ebene vorangegangen, die mit dem Abschluss des Maastrichter Vertrages vom 07. Februar 1992 und der Richtlinie 94/80/EG vorläufig endete. Im Maastrichter Vertrag und der Richtlinie 94/80/EG wurden die Rechtsgrundlagen für die Einführung des Kommunalwahlrechtes für Unionsbürger geschaffen, diese mussten von den Mitgliedstaaten in innerstaatliches Recht umgesetzt werden.

Voraussetzung für die Umsetzung des Kommunalwahlrechtes für Unionsbürger war in Deutschland eine Änderung des Grundgesetzes. Nachdem diese 1992 mit der Ergänzung des Art. 28 Abs. 1 S. 3 GG erfolgte, war es nun Aufgabe der Länder, die konkrete Umsetzung der Richtlinie in Deutschland zu vollziehen. Die Freie Hansestadt Bremen als Zwei-Städtestaat wurde dabei vor besondere Probleme gestellt. Aufgrund der kommunalverfassungsrechtlichen Strukturen des Landes Bremen verfügte die Stadtgemeinde Bremen zwar über eine kommunale Vertretungskörperschaft, die Stadtbürgerschaft, diese wurde jedoch nicht in einem eigenständigen Kommunalwahlakt gewählt, sondern die Mitglieder des Landtages waren in Personalunion gleichzeitig Mitglieder der Stadtbürgerschaft.

Kern dieser Arbeit ist die Erörterung der kommunalverfassungsrechtlichen Fragen, die sich bei der Umsetzung der Richtlinie zur Einführung des Kommunalwahlrechtes für ausländische Unionsbürger in der Freien Hansestadt Bremen ergaben. Zur Erläuterung der dabei zu beachtenden europarechtlichen und verfassungsrechtlichen Vorgaben ist es notwendig, auch diese in einem kurzen Überblick darzustellen.

Im ersten Teil der Arbeit wird der Weg der Entstehung des Gedanken einer europäischen Identität bis hin zur konkreten Regelung des Kommunalwahlrechtes für Unionsbürger auf europäischer Ebene skizziert. Vertiefend werden die Einzelheiten der Kommunalwahlrechtsrichtlinie 94/80/EG dargestellt und ihre Vereinbarkeit mit dem Gemeinschaftsrecht überprüft. Im Hinblick auf die später zu erörternden Umsetzungsprobleme der Richtlinie in Bremen wird bereits hier geprüft, welche Sanktionsmöglichkeiten bei nicht rechtmäßiger Umsetzung von EG-Richtlinien durch die Mitgliedstaaten bestehen.

Im Anschluss an die europarechtliche Diskussion zur Einführung des Kommunalwahlrechtes für ausländische Unionsbürger in ihrem Wohnsitzland wird in dem dritten Teil der Arbeit erörtert, inwieweit sich die Europäische Union von einem enger werdenden Zusammenschluss der Mitgliedstaaten hin zur Bildung eines europäischen Volks entwickelt. Im Mittelpunkt steht dabei die Frage, ob diese europäische Entwicklung das klassischen Nation/Volk Verständnis verändert und gerade im Hinblick auf die Partizipation an Wahlen ein neuer europäischer Volkbegriff entsteht.

Der vierte Abschnitt der Arbeit beinhaltet die innerdeutsche Diskussion über die Einführung des Ausländerwahlrechtes. Zwar ist die langjährige Diskussion in Deutschland, ob das deutsche Grundgesetz ein kommunales Wahlrecht für Ausländer bzw. für EG-Mitgliedstaatsangehörige ermöglicht, in Hinblick auf die Entscheidungen des Bundesverfassungsgerichtes und der erfolgten Grundgesetzänderung heute im Wesentlichen entschieden. Es bestehen jedoch über die dogmatische Herleitung weiterhin unterschiedliche Ansichten. Die wesentlichen Argumente bezüglich der Vereinbarkeit des Kommunalwahlrecht für Ausländer mit dem Volksbegriff des Art. 20 Abs. 1 S.2 und Art. 28 Abs. 1 GG a. F. werden daher in gebotener Kürze dargestellt. Daran anschließend wird untersucht, ob durch die Änderung des Grundgesetzes mit der Ergänzung des Art. 28 Abs. 1 S. 3 GG die Verfassungsmäßigkeit des Kommunalwahlrechtes für ausländische Unionsbürger erreicht werden konnte oder ob diese Regelung in unzulässiger Weise gegen den von Art. 79 Abs. 3 GG grundgesetzlich vor Modifikationen geschützten Bereich eingreift.

Der verfassungsrechtliche Abschnitt der Arbeit endet mit der Erörterung der Frage, ob auch eine Beteiligung der nichtdeutschen Unionsbürger an kommunalen Abstimmungen mit dem Grundgesetz vereinbar ist. In diesem Zusammenhang wird bereits die diesbezügliche Rechtslage in Bremen erörtert.

Nachdem die europarechtlichen und verfassungsrechtlichen Vorgaben dargestellt und erörtert wurden, befasst sich die Arbeit im fünften Teil mit den konkreten Umsetzungsproblemen der Richtlinie zum Kommunalwahlrecht für ausländische Unionsbürger in der Freien Hansestadt Bremen. Ein kurzer Überblick über die einzigartige kommunalverfassungsrechtliche Struktur des Zwei-Städte-Staates verdeutlicht, vor welchen besonderen Problemen die Freie Hansestadt Bremen bei der Umsetzung der Beteiligung der ausländischen Unionsbürger auf der kommunalen Ebene in der Stadtgemeinde Bremen stand. Vor diesem kommunalverfassungsrechtlichen Hintergrund erklärt sich auch das Verhalten Bremens sowohl bei Änderung des Art. 28 Abs. 1 S. 3 GG als auch bei der Erarbeitung der EG- Richtlinie zur Umsetzung des Kommunalwahlrechtes für Unionsbürger, welches ebenfalls kritisch in dieser Arbeit gewürdigt wird. Kern dieses

Abschnitts der Arbeit ist jedoch die Erörterung der verschiedenen in Bremen damals in der Diskussion befindlichen Lösungsmodelle, mit denen das Kommunalwahlrecht für die ausländischen Unionsbürger umgesetzt werden sollte. Diese werden auf ihre Vereinbarkeit mit dem Verfassungsrecht und dem Europäischen Gemeinschaftsrecht überprüft und ihre kommunalverfassungsrechtlichen Konsequenzen erörtert.

Die Arbeit endet mit einem Ausblick auf zukünftige Beteiligungen ausländischer Unionsbürger an Wahlen durch die Modifizierung des klassischen Volksbegriffes durch einen europäischen Volksbegriff, der die bisher bestehende Einheit zwischen Nation und Staatsangehörigkeit durchbricht.

II. Europarechtliche Vorgaben zur Einführung des Kommunalwahlrechtes für Unionsbürger

1. Die Diskussion über die Einführung eines Wahlrechtes für Unionsbürger auf europäischer Ebene

1.1. Entstehung des Gedanken eines Europa der Bürger

Seit Anfang der siebziger Jahre wurde in den Institutionen der Europäischen Gemeinschaft und in den Mitgliedstaaten in unterschiedlicher Form und Intensität über ein kommunales Wahlrecht für Staatsangehörige der Mitgliedstaaten der Europäischen Gemeinschaft diskutiert. Bevor es jedoch zu konkreten Umsetzungsschritten kam, bedurfte es einiger Zeit. Denn zunächst stand im Mittelpunkt der europäischen Politik die wirtschaftliche Integration, erst nachdem dort erste Erfolge erzielt wurden und Europa enger zusammenwuchs, stellte sich die Frage, wie eine gemeinsame europäische Identität entwickeln werden könnte. Ziel war es, dass sich die Bürger der Mitgliedstaaten auch als Bürger der Europäischen Gemeinschaft fühlen sollten. [1]

Grundlage für diese Überlegungen waren die seit dem 19. Jahrhundert einsetzenden Wanderungsbewegungen der Bevölkerungen der Mitgliedstaaten innerhalb der Europäischen Gemeinschaften. Diese trugen dazu bei, die nationale Zusammensetzung der Gemeinden in ihrem Aussehen zu verändern. Die Schaffung der Europäischen Gemeinschaft und die Bekräftigung der Freizügigkeit und der Niederlassungsfreiheit leisteten einen wesentlichen Beitrag dazu, dass der gewöhnliche Aufenthalt in einem anderen Staat als dem Heimatstaat inzwischen zu einem normalen Faktum geworden ist. Der Römische Vertrag und das

---

1 Vgl. Degen, DÖV 1993, 749ff; Fischer, EuZW 1992, 566 ff.

auf ihm beruhende Recht schufen ein originäres Rechtssystem, das dem Bürger eine Gestaltung seines Berufslebens ohne Rücksicht auf die Grenzen seines Heimat- und Mitgliedstaates erlaubt.[2] Dieses entspricht dem in der Präambel des EWG-Vertrages festgehaltenen Ziele, dass durch diese europäische Konstruktion „die Grundlagen für einen immer engeren Zusammenschluss der europäischen Völker“[3] geschaffen werden sollen. Diese Denkweise führte seit 1958 zur Schaffung von Freiheitsrechten im Rahmen der Gemeinschaft, auf die sich alle Angehörigen der Mitgliedstaaten berufen können.

Der entscheidende Impuls für die Entwicklung der Gemeinschaft zu einem Europa der Bürger ging im Jahre 1969 von dem Haager Gipfeltreffen der Staats- und Regierungschefs aus.[4] Durch die vorzeitige Verwirklichung der Zollunion am 01. Juli 1968[5] war die Hoffnung erweckt worden, dass der Integrationsprozess über den engeren wirtschaftlichen Sektor hinaus auf weitere Bereiche ausgedehnt werden könnte.[6] Drei Jahre später, auf dem Gipfeltreffen von Paris, bekräftigten die Staats- und Regierungschefs den Willen der Mitgliedstaaten, „die Entwicklung der Gemeinschaft auf Demokratie, Meinungsfreiheit, Freizügigkeit von Personen und Ideen sowie Mitverantwortung der Völker über ihre frei gewählten Vertreter zu gründen“.[7] Den nicht materiellen Werten und Gütern sollte dabei besondere Aufmerksamkeit geschenkt werden, damit der Fortschritt wirklich im Dienste der Menschen stehe.[8]

Im darauf folgenden Jahr 1973 verständigten sich die Mitgliedstaaten auf dem Gipfeltreffen von Kopenhagen über eine Erklärung zur „europäischen Identität“, als deren Grundelemente sie „die Grundsätze der repräsentativen Demokratie, der Rechtsstaatlichkeit, der sozialen Gerechtigkeit, die das Ziel des wirtschaftlichen Fortschritts ist, sowie die Achtung der Menschenrechte“ betrachteten.[9] Auf dem Pariser Gipfel der Staats- und Regierungschefs 1974 wurde erstmalig der Gedanke eines Kommunalwahlrechtes im Aufenthaltsstaat für alle

---

2 Degen, DÖV 1993, 749,749; Baetge, BayVBl 1992, 711ff; Magiera, DÖV 1987,221; Steffen, BayVBl. 1990, 297.

3 Präambel des EWG-Vertrages; vgl. auch Art. 1 Abs. 1 der Einheitlichen Europäischen Akte, BGBl. 1986, S. 1104ff.

4 Vgl. Haag, in: von der Groeben/Thiesing/Ehlermann (Hrsg.), Kommentar zum EU/EG-Vertrag, Art. 8b EGV Rn. 2.

5 EG-Gesamtbericht 2/1968, S.21.

6 Schlusskommunique der Konferenz, Ziff. 4 (EG-Gesamtbericht 3/1969, S. 527ff).

7 Erklärung der Konferenz, Ziff. 1,3 (EG-Gesamtbericht 6/1972, S.7ff).

8 Erklärung der Konferenz, Ziff. 1,3 (EG-Gesamtbericht 6/1972, S.7ff).

9 Erklärung der Konferenz, Ziff 1 (EG-Gesamtbericht 7/1973, S.500ff).

Angehörigen der Mitgliedstaaten als Beitrag zur Förderung der europäischen Identität entwickelt.[10]

1.2. Konkretisierung des Gedankens eines Europa der Bürger durch Definition der besonderen Rechte ihrer Angehörigen

Auf dem Pariser Gipfel vom 09. und 10. Dezember 1974 kündigten die Staats- und Regierungschefs an, eine Arbeitsgruppe einzusetzen mit dem Auftrag, zu untersuchen, unter welchen Voraussetzungen und innerhalb welchen Zeitrahmens den Bürgern der neun Mitgliedstaaten besondere Rechte als Angehörige der Gemeinschaft zuerkannt werden könnten.[11] Diese Beschlussfassung ging auf eine Anregung der italienischen Delegation zurück. Deren ursprünglicher Vorschlag sah sogar darüber hinaus vor, ebenfalls zu prüfen, inwieweit den Bürgern der neun Mitgliedstaaten eine europäische Staatsbürgerschaft zuerkannt werden könnte.[12]

Die Kommission legte dem Rat am 03. Juli 1975 im Rahmen der Verwirklichung des Schlusskommuniques „Europa der Bürger“ einen Bericht über „Die Zuerkennung besonderer Rechte“ vor.[13] Der Bericht enthält erstmalig eine Definition der „besonderen Rechte“, und zwar als bestimmte Bürgerrechte und politische Rechte. Ausdrücklich genannt werden das aktive und das passive Wahlrecht sowie das Recht auf Zugang zu öffentlichen Ämtern.[14] Eine darüber hinausgehende Präzisierung der „bestimmten Bürgerrechte“ wird nicht vorgenommen. Es wird jedoch darauf hingewiesen, dass Begünstigte der besonderen Rechte nur die Angehörigen der Mitgliedstaaten der Europäischen Gemeinschaft sein sollen.[15]

Als Ergebnis schlug die Kommission wiederum die Einsetzung einer Arbeitsgruppe unter ihrem Vorsitz vor, die einen Bericht für die im Rat vereinten Regierungsvertreter erstellen sollte.[16] Diese Arbeitsgruppe sollte sich insbesondere mit folgenden Fragestellungen beschäftigen:

---

[10] Kommunique der Konferenz, Ziff. 11 (EG-Gesamtbericht 8/1974, S. 337ff).

[11] EG-Bull. 12/1974, Ziff 1104.

[12] Vgl. Kommissionsbericht vom 03. Juli 1995, EG-Bull. Beil. 7/75, S. 28.

[13] EG-Bull. Beil. 7/75; zum Kommissionsbericht vgl. auch Magiera, DÖV 1987,221; Haag, in: von der Groeben/Thiesing/Ehlermann (Hrsg.), Kommentar zum EG/EU-Vertrag, Art. 8b EGV, Rn. 2.

[14] EG-Bull. Beil. 7/75, S. 26.

[15] EG-Bull. Beil. 7/75, S. 26.

[16] EG-Bull. Beil. 7/75, S.32.

- *Welche besonderen Rechte sind zuzuerkennen?*

Die Kommission schlug vor, sich für eine Zuerkennung des aktiven und passiven Wahlrechts unterhalb der nationalen Ebene sowie des Rechts auf Zugang zu den öffentlichen Ämtern auszusprechen.[17]

- *Unter welchen Bedingungen kann eine Zuerkennung der besonderen Rechte gewährleistet werden?*

Hier griff die Kommission das rechtliche Problem auf, dass in sechs der neun Mitgliedstaaten das aktive und passive Wahlrecht laut Verfassung an die Bedingung der Staatsangehörigkeit geknüpft wurde. Des Weiteren mussten nach Ansicht der Kommission Fragen zum doppelten Wahlrecht im Herkunftsland und im Aufnahmeland geklärt werden.

- *Welche Fristen müssen für die Zuerkennung der besonderen Rechte eingeräumt werden?*

Von Bedeutung war ebenfalls der Zeitrahmen, innerhalb dessen diese Rechte zuerkannt werden sollten. Bisher hatte noch keine öffentliche Diskussion zu diesem Thema stattgefunden. Der Kommission erschien es daher sinnvoll, die Diskussion über die Umsetzung der besonderen Rechte im Zusammenhang mit den anderen großen europäischen Rechten, wie z.B. der Wahl zum Europäischen Parlament, zu führen.

- *Welche Probleme kann es im Zusammenhang mit den Globalperspektiven der Europäischen Gemeinschaft geben?*

Diese Frage umfasste die weitergehenden Perspektiven der Europäischen Gemeinschaft unter Berücksichtigung der Idee einer künftigen gemeinsamen Staatsangehörigkeit der EG-Bürger, aber auch die Klärung des Verhältnisses der Rechte von EG-Bürgern zu denen der anderen Ausländer.

- *Auf welcher Grundlage können diese besondere Rechte eingeführt werden?*

Die Kommission hatte festgestellt, dass es in den Gemeinschaftsverträgen bisher keine Vorschriften gab, die eine Aktionsmöglichkeit im Bereich politischer Rechte verliehen.[18]
Die Kommission definierte somit schon zu einem sehr frühen Zeitpunkt, dass die Schaffung eines Europas der Bürger auch gleichzeitig bedeuten müsse, den Bürgern der Mitgliedstaaten zu ermöglichen, an Wahlen in ihrem Wohnsitzstaat, dessen Staatsagehörigkeit sie nicht besitzen, zu partizipieren. Trotz dieses

---

[17] EG-Bull. Beil. 7/75, S.29.

[18] Die Kommission sah auch in Artikel 235 des EWG Vertrages keine ausreichende rechtliche Legitimation.

deutlichen Willens der Kommission zur Verwirklichung der „besonderen Rechte" wurde ein Bericht einer Arbeitsgruppe zu den oben genannten Fragen nie veröffentlicht.[19] In der folgenden Zeit wurde die Entwicklung dieses Wahlrechts für EU-Bürger vielmehr von anderen – insbesondere wirtschaftlichen - Fragen der Europäischen Gemeinschaft verdrängt.[20]

Der damalige Premierminister von Belgien, Leo Tindemans, unternahm 1976 noch einmal den Versuch, die Entwicklung der Europäischen Gemeinschaft nicht nur unter wirtschaftlichen Gesichtspunkten, sondern vor allem auch als immer enger werdenden Zusammenschluss auf politischer und sozialer Ebene zu sehen. Auch dieser Versuch führte nicht zu konkreteren Ergebnissen. Tindemans konnte zwar seine Vorstellungen für eine Europäische Union ausführlich in einem Bericht darlegen, den er im Auftrag der Staats- und Regierungschefs der Mitgliedstaaten der Europäischen Gemeinschaft erstellte.[21] Konkrete Umsetzungsschritte ergaben sich daraus jedoch nicht. Tindeman analysierte zutreffend, dass vor dem Hintergrund der damaligen schwierigen Wirtschaftssituation und hoher Arbeitslosigkeit die Schaffung einer Europäischen Union nur als kontinuierlicher Prozess gesehen werden könne. Tindemans vertrat zwar die Ansicht, dass bereits zum damaligen Zeitpunkt klare Zielvorgaben für die Anpassung der bisherigen Institutionen der Gemeinschaft, Verbesserung der Organe und zur Direktwahl des Europäischen Parlamentes entwickelt werden müssten, aber auch er schätzte die Realisierung dieses Vorhabens zum damaligen Zeitpunkt als unrealistisch ein.[22]

Insgesamt muss die Arbeit der Europäischen Kommission in den Jahren 1974 - 1977 als Versuch gewertet werden, aus den zwar weit reichenden, aber dennoch unkonkret bleibenden Absichtserklärungen der Staats- und Regierungschefs der Mitgliedstaaten die Vorstellung eines gemeinsamen Europas der Bürger zu definieren. Zu konkreten Umsetzungsschritten kam es nicht. Festgehalten werden kann jedoch, dass bereits zu diesem Zeitpunkt Konsens unter den Beteiligten

---

19 Kritisiert wurde am Ansatz der Kommission zur Verwirklichung der „besonderen Rechte", dass die Kommission nur eine Angleichung des Rechtsstatus der EG-Bürger innerhalb der jeweiligen Staaten zum Ziel habe, nicht jedoch durcheigene Aktivität die Herausbildung einer Gemeinschaftsloyalität schaffen wolle, wie z.B. durch einen besonderen EG-Bürgerrechtsstandard oder durch Aufsichtsrechte der EG-Organe. Die Kommission sei daher auch nur bereit, den jeweiligen Staaten organisatorische Hilfestellungen zu geben; vertiefend dazu Bieber, EuGRZ 1978, 203, 206.

20 Magiera, DÖV 1987, 221ff.

21 sog. Tindemans-Bericht vom 29.12.1975 in EG-Bull. Beil. 1/76; vgl. Hilf in: Grabitz/Hilf (Hrsg.), Das Recht der Europäischen Union, Bd. I, Art. 17 EGV, Rn. 24.

22 EG-Bull. Beil. 1/76 S. 6.

herrschte, dass die Schaffung einer europäischen Identität auch die Beteiligung der EG- Bürger an den Kommunalwahlen in ihrem Wohnsitzland, dessen Staatsangehörigkeit sie nicht besitzen, beinhaltete. Dieses ist insoweit beachtlich, da zu diesem Zeitpunkt noch nicht einmal das Europäische Parlament direkt gewählt wurde.

1.3. Die Diskussion im Europäischen Parlament über die Ausgestaltung der besonderen Rechte

Parallel zur Diskussion der Kommission über die Ausgestaltung der besonderen Rechte der Bürger der Mitgliedstaaten griff auch das Europäische Parlament dieses Thema auf. Aufgrund des von der Kommission 1975 vorgelegten Berichtes[23] ersuchte der Politische Ausschuss des Europäischen Parlamentes im Oktober 1975 um die Genehmigung zur Ausarbeitung eines Initiativberichtes zur Frage, welche besonderen Rechte den Bürgern der Europäischen Gemeinschaft zu gewähren sind. Das Europäische Parlament erteilte die beantragte Genehmigung in seiner Sitzung vom 12. Januar 1976. Der Politische Ausschuss ernannte daraufhin den italienischen CD-Senator Mario Scelba zum Berichterstatter.[24]

Am 16. November 1977 erörterte das Europäische Parlament den sog. Scelba Bericht[25] und verabschiedete eine Entschließung, in der es die Kommission aufforderte, Vorschläge für die Ausgestaltung der besonderen Rechte auszuarbeiten. Ausdrücklich wurde das aktive und passive Wahlrecht auf kommunaler Ebene für die Angehörigen der Mitgliedstaaten in ihrem Aufenthaltsstaat als ein solches besonderes Recht genannt.[26]

Die Entschließung des Europäischen Parlamentes ging damit über die bisherigen Überlegungen der Kommission hinaus.[27] Das Europäische Parlament forderte die Kommission nun nicht mehr allgemein auf, diesbezüglich tätig zu werden, sondern formulierte konkrete Ausgestaltungswünsche. Diese lassen sich wie folgt zusammenfassen:

- Einführung eines aktiven und passiven Wahlrechts und das Recht auf Zugang zu öffentlichen Ämtern, die mit der Eigenschaft der Wählbarkeit verbunden sind, auf kommunaler Ebene;

---

23 EG-Bull. Beil. 7/75.

24 Dok. EP 346/77 vom 25.10.1977, PE 45.833 endg.

25 Dok. EP 346/77 vom 25.10.1977, PE 45.833 endg.

26 Entschließung des EP vom 16.11.1977 ABl. EG Nr. C 299/26 vom 12.12.1977, S. 26,27.

27 Entschließung des EP vom 16.11.1977, ABl. EG Nr. C 299/26 v. 12.12.1977; Begründung des Berichtes abgedruckt in EP Nr. 346/77; Debatte abgedruckt in Verhandlungen des EP, ABl. EG, Anhang Nr. 223, S. 126.

- Einführung eines aktiven und passiven Wahlrechts und den Zugang zu öffentlichen Ämtern, die mit der Eigenschaft der Wählbarkeit zu den der Gemeinde und dem Staate zwischengeschalteten Gebietskörperschaften (Departements, Provinzen, Grafschaften und Regionen) verbunden sind, jedoch nur für die seit mindestens zehn Jahren in einem Mitgliedstaat ansässigen Bürger der Gemeinschaft;

- Einführung eines aktiven und passiven Wahlrechts auf politischer Ebene für diejenigen Bürger der Gemeinschaft, die besondere Voraussetzungen erfüllen;

- Zuerkennung aller mit dem aktiven und passiven Wahlrecht verbundenen Rechte, insbesondere das Versammlungs- und Vereinigungsrechtes;

Trotz dieser bereits sehr konkreten Aufforderung durch das Parlament kamen Rat und Kommission in der darauf folgenden Zeit mit der Umsetzung dieser Forderungen nicht voran. Um die Kommission weiter unter Druck zu setzen, forderte das Parlament die Kommission am 13. April 1978 auf, bis zum Juni 1978 dem Parlament einen Abschlussbericht über die „Zuerkennung besonderen Rechte für die Bürger der Mitgliedstaaten" vorzulegen. Außerdem regte es die Einberufung einer Fachtagung von Vertretern der Organe der Gemeinschaft und der Parlamente der Mitgliedstaaten an, mit dem Ziel, dort den Entwurf einer „EG – Charta der Bürgerrechte" zu erarbeiten.[28]

Die Fachtagung fand in Form eines Kolloquiums vom 26. bis 28. Oktober 1978 in Florenz statt. Die Tagung führte Mitglieder des Europäischen Parlamentes, Vertreter der nationalen Parlamente, der Kommission, des Rats und Wissenschaftler zusammen und wurde von Mario Scelba für den Politischen Ausschuss des Europäischen Parlamentes geleitet. Den Teilnehmern lag als Arbeitsunterlage ein Bericht von Scelba vor, der im Wesentlichen mit seinem dem Europäischen Parlament unterbreiteten Bericht übereinstimmte.[29]

Im Zentrum der Diskussion des Florentiner Kolloquiums stand die Ausarbeitung einer EG-Charta, die einen umfassenden Schutz aller Grundrechte gewähren sollte. Ferner wurde das Problem erörtert, auf welche Rechtsgrundlage die Einführung der „besonderen Rechte" gestützt werden könne. Während die Grundfreiheiten und Grundrechte bereits durch die Gründungsverträge garantiert und deren Einhaltung vor dem EUGH eingeklagt werden konnte, gab es für

---

[28] Entschließung des EP vom 13.04.1978, Dok. EP 52/1978.

[29] Dok. EP Nr. 346/77.

die besonderen Rechte bisher keine ausdrückliche Rechtsgrundlage. Ein Ergebnis in dieser Frage konnte jedoch nicht erzielt werden. [30]

Einen wesentlichen Raum bei dieser Diskussion nahm die begriffliche und methodische Klärung und Zuordnung der teils synonym, teils mit differenziertem Inhalt verwandten Termini „besonderen Rechte / Bürgerrechte / Grundrechte / Menschenrechte" ein. Allerdings stand auch hier am Ende keine einheitliche Definition des ohnehin rechtlich nicht verbindlichen Begriffes „besondere Rechte".[31]

Insgesamt bewertend lässt sich feststellen, dass auch in dieser Zeitphase die Ansätze, EG-spezifische Wertvorstellungen und sich daraus ergebende Rechte der Bürger der Mitgliedstaaten zu formulieren, wesentlich weniger konkret blieben als vergleichsweise andere europäische Projekte, in denen es mehr um Verfahrensfragen ging, wie z.B. die Direktwahl zum Europäischen Parlament. Grund dafür war sicherlich, dass die Mitgliedstaaten befürchteten, die Garantie bestimmter Bürgerrechte auf europäischer Ebene gehe zu Lasten der Ausschließlichkeit des Loyalitätsverhältnisses zwischen Bürger und jeweiligen Mitgliedsstaat.[32]

Das Europäische Parlament gab jedoch sein Engagement für die Einführung eines Wahlrechtes für EU-Bürger in ihrem Aufenthaltsstaat nicht auf. Am 08.Juli 1980 wurde Frau Macciocchi vom Rechtsausschuss zur Berichterstatterin einer weiteren Stellungnahme in dieser Frage ernannt. Der sog. Macciocchi-Bericht wurde 1983 vorgelegt.[33] In diesem konkretisiert der Rechtsausschuss des Europäischen Parlamentes seine Forderung zur Einführung des Kommunalwahlrechtes für EU-Bürger in ihrem Aufenthaltsstaat. Nach Ansicht des Rechtsausschusses könne die Einführung dieses Wahlrechtes auf Artikel 3c und 235 des EWG-Vertrages gestützt werden, da die Anerkennung eines solchen Kommunalwahlrechtes eine der Zielsetzungen der Gemeinschaft darstelle. Schließlich werde in der Präambel des EWG-Vertrages ausdrücklich ausgeführt, dass es Ziel der Gemeinschaft sei, für eine „stetige Besserung der Lebens- und Beschäftigungsbedingungen ihrer Völker" zu sorgen. Die Einführung dieses Wahlrechtes würde zudem einen positiven Beitrag zur Forderung der

---

[30] Dok. EP betr. „Table Ronde" über die besonderen Rechte und die Charta der Rechte der Bürger der EG, 1979.

[31] Dok. EP betr. „Table Ronde" über die besonderen Rechte und die Charta der Rechte der Bürger der EG, 1979.

[32] Dazu Bieber, EuGRZ 1978, S. 203 ff.

[33] Macciocchi-Bericht, Dok. EP 1-121/83 vom 29.04.1983, PE 81.688/endg..

Kommission leisten, Hindernisse für den freien Personenverkehr zwischen den Mitgliedstaaten zu beseitigen.[34]

Der ursprüngliche Macciocchi-Bericht endete mit der Aufforderung an die Kommission, noch vor Ende 1983 einen amtlichen Vorschlag zugunsten der Zuerkennung des Kommunalwahlrechts vorzulegen. Diese weitgehende Forderung wurde jedoch anlässlich der Verhandlungen im Rechtsausschuss durch eine Berichtsaufforderung ersetzt.[35]

Während in den Ausschüssen des Parlamentes überwiegend Konsens über die Einführung des Kommunalwahlrechtes für die Bürger der Mitgliedstaaten der europäischen Gemeinschaft herrschte, wurde in der abschließenden Plenarsitzung des Europäischen Parlamentes am 07. Juni 1983 die politische Zäsur deutlich. Während sich die Redner der Fraktionen der Sozialisten, der Kommunisten und der Liberalen für den Vorschlag des Macciocchi-Bericht aussprachen, waren die deutschen Christdemokraten und die Europäischen Demokraten für den Fortschritt der Auffassung, dass ein solcher Vorschlag zumindest verfrüht sei. Trotz dieser Differenzen wurde ein Antrag der Abgeordneten Tyrell, Veil und Cassanmagnano Cerretti, die nicht nur drei verschiedenen Gruppierungen, sondern auch drei verschiedenen Nationen angehörten, angenommen, in dem die Kommission um die Vorlage eines formellen Vorschlages ersucht wurde.[36] Das Europäische Parlament bestätigte damit seine traditionelle Position zugunsten eines amtlichen Vorschlages, zeigte jedoch auch die politische Trennungslinie in dieser Frage auf.

1.4. Erörterung der Umsetzungsmöglichkeiten der besonderen Rechte durch den Europäischen Rat

Aufgrund der anhaltenden Diskussion über ein Europa der Bürger mit den dazugehörigen Rechten für die Bürger der Mitgliedstaaten stand dieses Thema

---

[34] Macciocchi-Bericht Dok.EP 1-121/83 vom 29.04.1983, PE 81.688/endg. S. 13 und 14.

[35] EG-Bull. Beil. 7/86, S. 14. Der um Stellungnahme gebetene Politische Ausschuss unterstützte in seinem von Herrn Mommersteeg erstellten Bericht die Auffassung, dass „Wanderarbeitnehmer aus Mitgliedstaaten der Gemeinschaft berechtigt sein sollten, sich aktiv und passiv an Kommunalwahlen zu beteiligen". Er grenzte dieses Recht jedoch für die Fälle aus, in denen hierdurch unmittelbar die Zusammensetzung des nationalen Parlamentes beeinflusst werden kann. Nach Ansicht des Politischen Ausschusses könnte sich das Kommunalwahlrecht für die Bürger der Mitgliedstaaten als Rechtsgrundlage auf die Präambel des EWG-Vertrages stützen; Macciocchi-Bericht Dok. EP 1-121/83 vom 29.04.1983, PE 81.688/endg.; S. 20 und 21.

[36] Dok. EP 85.054/Erg. 2 vom 02.06.1983.

auch beim Europäischer Rat von Fontainebleau am 25. und 26. Juli 1984 auf der Tagesordnung.

In seiner Abschlusserklärung betonte der Europäische Rat, dass er es für unerlässlich halte, dass die Gemeinschaft die Erwartungen der Völker Europas erfülle, indem sie Maßnahmen treffe, durch die ihre Identität gegenüber den europäischen Bürgern und der Welt gestärkt und gefördert werde und durch die sie an Prestige gewänne.[37] Der Rat setzte daraufhin einen Ad-hoc-Ausschuss ein, der diese Maßnahmen vorbereiten und koordinieren sollte. Dieser setzte sich aus Vertretern der Staats- und Regierungschefs der Mitgliedstaaten zusammen.[38]

Der Ausschuss „Europa der Bürger" unter Vorsitz von Pietro Adonnino legte dem Rat am 20. Juni 1985 seinen Abschlussbericht vor. Ziel des Berichtes war, durch verschiedene Vorschläge einen Beitrag zur Herbeiführung eines immer engeren Zusammenschlusses der europäischen Völker zu liefern.[39] Konkret empfahl der Ausschuss u.a., dass der Europäische Rat die Gemeinschaftsinstitutionen und die Mitgliedstaaten auffordern solle, vertieft ihre bereits begonnenen Diskussionen fortzusetzen, ein aktives und schließlich auch ein passives Wahlrecht Bürgern anderer Mitgliedstaaten bei lokalen Wahlen zu gewähren und zwar unter den gleichen Bedingungen, wie sie für Bürger des Aufenthaltslandes gelten würden. Der Ausschuss betonte jedoch, dass für die Umsetzung dieses Kommunalwahlrechtes nur die einzelnen Mitgliedstaaten und nicht die europäischen Institutionen zuständig seien. Sonderregelungen seien möglich, wenn besondere Umstände in einem Mitgliedstaat dies rechtfertigen würden. Der Bericht endete mit der Aufforderung an den Europäischen Rat, den Ministerrat zu bitten, auf der Grundlage einer Beurteilung der Kommission im Dezember 1985 einen ersten und binnen Jahresfrist einen zweiten Bericht über die erfolgten Schritte zu erstellen.[40]

Der Europäische Rat von Mailand am 28. und 29.06.1985 erteilte den im Schlussbericht enthaltenen Vorschlägen zum Europa der Bürger seine Zustimmung und beauftragte die Kommission und die Mitgliedstaaten, jeweils für ihren Zuständigkeitsbereich die für die Durchführung erforderlichen Vorkehrun-

---

37 Mandat des Europäischen Rates von Fontainebleu EG-Bull. Beil. 7/85 S. 5.

38 Mandat des Europäischen Rates von Fontainebleu EG-Bull. Beil. 7/85 S. 5.

39 Einleitung des Berichtes an den Europäischen Rat, Mailand, 28. und 29. Juni 1985, Bull.-EG Beil. 7/85 S. 19.

40 Abschlussbericht des Ausschusses „Europa der Bürger", Bull-EG Beil. 7/85 S. 21.

gen zu treffen. Im Dezember 1985 sollte dem Rat ein Bericht über den Stand der Arbeiten vorgelegt werden.[41]

Zusammenfassend kann festgehalten werden, dass der Mailänder Gipfel wenig konkrete Ergebnisse brachte, die Haltung des Rates kann eher als zögerlich beschrieben werden. Obwohl seit dem Pariser Gipfel von 1974 mehr als zehn Jahre vergangen waren, war man bei der Umsetzung des Wahlrechtes keine entscheidenden Schritte vorangekommen. Es blieb bei unverbindlichen Zustimmungsbekundungen und der Inauftraggabe weiterer Prüfungen. Die bereits bekannten Einwände, dass die bestehenden Verfassungen einiger Mitgliedstaaten das Wahlrecht an die Staatsangehörigkeit und nicht den Aufenthalt koppeln, wurden wiederholt, ohne jedoch Lösungsansätze zu bieten.[42] Insgesamt musste verzeichnet werden, dass der Umsetzung der besonderen Rechte nicht mehr die bisherige Beachtung geschenkt wurde, da sie zunehmend von den institutionellen Fragen überlagert wurde.[43]

1.5. Bericht der Europäischen Kommission „Das Wahlrecht der Bürger der Mitgliedstaaten der Gemeinschaft bei Kommunalwahlen" vom 07.10.1986

1.5.1. Initiativen des Europäischen Parlamentes

Der Prozess der Schaffung eines Kommunalwahlrechtes für die Bürger der EG-Mitgliedstaaten in ihrem Aufenthaltsstaat wurde durch lange Phasen der Untätigkeit von Kommission und Rat geprägt. Lediglich das Europäische Parlament gab seine Forderung nicht auf, sondern erneuerte sie ständig. Am 09. Mai 1985 wurde im Europäischen Parlament eine Entschließung zu den Leitlinien für eine Wanderungspolitik der Gemeinschaft angenommen.[44] Diese enthält in Ziffer 4b u.a. die Forderung nach „Zuerkennung auch des aktiven und passiven Wahlrechts auf lokaler Ebene, für Wanderarbeitnehmer aus EG-Mitgliedstaaten, die für eine bestimmte, festzulegende Frist in einem anderen Mitgliedstaat als ihrem Herkunftsland wohnen". Entsprechend der Entschließung des Parlamentes vom 07.Juni 1983 wurde die Kommission aufgefordert, einen offiziellen Vorschlag zu unterbreiten.

---

[41] Europäischer Rat von Mailand 28./29. 06.1985, Schlussfolgerungen des Vorsitzenden, Bull-EG Beil. 7/85 S. 34.

[42] Im Bericht diesmal von griechischer Seite vorgebracht, siehe FN. 3 des Abschlussberichtes Bull-EG Beil. 7/85 S. 21.

[43] Nickel „Kommunalpolitische Partizipation- Erfordernisse im „Europa der Bürger"" in : Sieveking u.a. (Hrsg.), Das Kommunalwahlrecht für Ausländer, S.103.

[44] ABl. Nr. C 141 vom 10.06.1985, S. 463ff.

Da die Kommission auch in der Folgezeit nicht diesbezüglich initiativ wurde, verabschiedete das Parlament am 14.November 1985 zwei Entschließungen zum aktiven und passiven Wahlrecht der EG-Bürger in ihrem Aufenthaltsstaat.[45] Hierin wurde u.a. gefordert, den seit mindestens fünf Jahren in ihrem Gebiet ansässigen Bürgern aus anderen Mitgliedstaaten das aktive und passive Wahlrecht zu den Gemeinderäten und zum Europäischen Parlament einzuräumen. Des Weiteren forderte das Europäische Parlament die Kommission erneut auf, eine gesetzgeberische Initiative in den Rat einzubringen.

Nach Ansicht des Parlamentes stellte das Kommunalwahlrecht für EG-Bürger einen bedeutenden Schritt zur gemeinsamen politischen Zusammenarbeit der Europäischen Gemeinschaft dar.[46] Das Parlament verfügte jedoch nur über begrenzte Handlungsmöglichkeiten, um die Umsetzung dieses Wahlrechtes voranzutreiben. Das Parlament hatte zwar ein Initiativrecht bezüglich der europäischen Wahlen nach Art. 138 des EWG-Vertrages, das Initiativrecht für das Kommunalwahlrecht lag jedoch bei der Kommission. Diese bestätigte anlässlich der Aussprache im Parlament über die o.g. Entschließung, dass es „einer Lösung in Form eines Rechtsaktes“ bedürfte.[47] Den von der Kommission zu erstellenden Bericht, der Grundlage eines solchen Rechtsaktes gewesen wäre, hatte die Kommission dem Parlament jedoch schon 1983 zugesagt und bisher nicht vorgelegt.[48]

Erst am 07.Oktober 1986 übermittelte die Kommission dem Parlament den Bericht „Das Wahlrecht der Bürger der Mitgliedstaaten der Gemeinschaft bei Kommunalwahlen“.[49]

1.5.2. Der Inhalt des Berichtes

Mit dem Bericht „Das Wahlrecht der Bürger der Mitgliedstaaten der Gemeinschaft bei Kommunalwahlen[50] legte die Kommission erstmalig ein umfassendes Gesamtdokument zu dieser Thematik vor.[51] Gleichzeitig setzte die Kommission den verschiedenen Interpretationen des Begriffs „lokale Wahlen“ ein Ende, indem sie deutlich erklärte, dass ein solches Wahlrecht nur auf die kommunale

---

45 Entschließung des EP vom 14.11.1985, ABl. Nr. C 345 vom 31.12.1985, S. 82 und 83.

46 Jahn/Riedel, ZAR 1989, 58.

47 ABl. Verhandlungen des EP, Anhang 2 – 332, Aussprachen vom 14.11. 1985, S. 126.

48 ABl. Verhandlungen des EP, Anhang 1 –300, Aussprachen vom 07.06.1983, S. 91 u. 92.

49 KOM (86) 487 endg., auch veröffentlicht im EG-Bull. Beil. 7/86; Bericht der Kommission vom 07.10.1986.

50 KOM (86) 487 endg., auch veröffentlicht im EG-Bull. Beil. 7/86.

51 So auch de Lobkowicz, DÖV 1989, 519, 520.

Ebene zu beschränken sei und auch nur die Staatsangehörigen der Mitgliedstaaten berechtige.[52]

Zu Beginn des Berichtes wies die Kommission auf rechtliche Hindernisse bei der Umsetzung des Kommunalwahlrechtes für EG-Bürger hin, die aufgrund der unterschiedlichen Verfassungen der Mitgliedstaaten beständen. Die Kommission machte jedoch deutlich, dass diese relativ seien, da die jeweiligen Verfassungen der Mitgliedstaaten alle Revisionsmodalitäten vorsähen.[53]

Im Kapitel IV ihres Berichtes setzt sich die Kommission erstmals mit den notwendigen Inhalten des zukünftigen Rechtsaktes auseinander. Neben der bereits erwähnten Festlegung des Wahlrechtes auf die kommunale Ebene spricht sich die Kommission dafür aus, dass es sich bei dem Kommunalwahlrecht nur um eine Befugnis handeln solle, nicht jedoch um eine Pflicht.[54] Problematisiert wurde ebenfalls die Residenzpflicht als Voraussetzung für das Wahlrecht als auch die doppelte Stimmabgabe sowohl bei den Kommunalwahlen im Wohnsitzland als auch im Heimatland.[55]

Abschließend bewertete die Kommission das Kommunalwahlrecht für EG-Bürger als wichtigen Schritt auf dem Weg zu einem Europa der Bürger. Die Kommission verpflichtete sich selber, gleichzeitig mit der Realisierung eines einheitlichen europäischen Wahlverfahrens zum Europäischen Parlament auch einen Vorschlag für die Umsetzung des Kommunalwahlrechtes vorzulegen.[56] Da diesbezüglich eine ähnliche rechtliche als auch politische Problematik bestehe, erschien es nach Ansicht der Kommission sinnvoll, diese zuerst zu lösen und einen politischen Konsens zu finden, der auch Basis für einen Vorschlag zum Kommunalwahlrecht sein könne.[57]

---

52 EG-Bull. Beil. 7/86, S. 44.

53 So behalten die Verfassungen der Mitgliedstaaten Belgien, Deutschland, Griechenland, Frankreich, Italien, Luxemburg und Portugal das Wahlrecht nur ihren Staatsangehörigen vor.

54 EG-Bull. Beil. 7/86, S. 44.

55 EG-Bull. Beil. 7/86, S. 44 und 45.

56 Das EP hat sich im Rahmen seines Initiativrechtes für das einheitliche europäische Wahlrecht nicht für die Gewährung des aktiven und passiven Wahlrechts im Wohnsitzstaat ausgesprochen. Der Entwurf, der am 10.März 1982 angenommen wurde, befürwortet das aktive Wahlrecht im Land der Staatsangehörigkeit und das passive Wahlrecht im Land des Wohnsitzes (ABl. Nr. C 87 vom 05.04.1982, S. 62). Dieser Vorschlag wurde jedoch vom Rat weder für die Wahlen 1984, noch später angenommen.

57 EG-Bull. Beil. 7/86, S. 49; so auch de Lobkowicz, DÖV 1989, 519; 522.

1.5.3. Kritik am Bericht durch das Europäische Parlament

Die Kritik des Europäischen Parlamentes konzentrierte sich im Wesentlichen auf die von der Kommission hergestellte Verkopplung zwischen der Umsetzung des Kommunalwahlrechtes und dem einheitlichen Wahlverfahren für das Europäische Parlament.

1.5.3.1. Der Vetter-Bericht

Im Ausschuss für Recht und Bürgerrechte des Europäischen Parlamentes wurde der Bericht der Kommission erörtert und eine erste Stellungnahme am 06. November 1987 beim Europäischen Parlament eingereicht.[58] Dieser sog. Vetter – Bericht, benannt nach dem Berichterstatter Heinz Oskar Vetter, konzentrierte sich in seiner Kritik einerseits auf das Fehlen eines konkreten Vorschlages für einen Rechtsakt und versuchte andererseits klarzustellen, dass es keinen rechtlichen Zusammenhang zwischen europäischen und Kommunalwahlen gäbe, vielmehr handele es sich hierbei um zwei verschiedene Wahlakte.[59]

Der Vetter-Bericht enthält einen Entschließungsantrag, der in der Sitzung des Rechtsausschusses am 3 und 4 November 1987 mit großer Mehrheit gebilligt wurde und in dem die Europäische Kommission nochmals mit Nachdruck aufgefordert wurde, im ersten Halbjahr 1988 einen Vorschlag für eine Richtlinie vorzulegen.[60] Der Ausschuss machte deutlich, dass er nicht bereit sei, weitere Zeitverzögerungen hinzunehmen, da die bisher vorgetragenen Gründe für die eingetretenen Verspätungen völlig inakzeptabel seien. Des Weiteren erwartete der Ausschuss, dass die Richtlinie die vom Parlament in seiner Entschließung vom 07.Juni 1987 und 14. November 1984 genannten Kriterien berücksichtige.[61]

Die Kommission verkündigte daraufhin durch ihr zuständiges Kommissionsmitglied Ripa di Meana am 21. Oktober 1987 im Rechtsausschuss an, sie werde die Arbeiten im Hinblick auf die Vorlage einer Richtlinie beginnen.[62]

1.5.3.2. Die Aussprache im Europäischen Parlament vom 14. Dezember 1987

Am 14. Dezember 1987 fand im Europäischen Parlament erneut eine Aussprache über den Bericht der Kommission statt. Diese lief auf eine Polarisierung zwischen Linken und Rechten in der Frage hinaus, ob das Parlament auch bezüglich einer Ausdehnung des Kommunalwahlrechtes für Drittstaatsangehörige

---

[58] EP Dok. A 2 – 0197/87 vom 06.11.1987.

[59] EP Dok. A 2 – 0197/87 vom 06.11.1987.

[60] EP Dok. A 2 – 0197/87 vom 06.11.1987.

[61] Entschließungsantrag des Rechtsausschusses EP Dok. A2 – 0197/87 .

[62] de Lobkkowicz, DÖV 1989, 519, 522.

Stellung nehmen sollte.[63] Diese Frontenbildung hinsichtlich einer in dieser Thematik eher nebensächlichen Frage zerstörte das Bild der doch eigentlich bestehenden weitgehenden Zustimmung zu dem Standpunkt der Kommission, die bei den 33 Rednern zum Ausdruck kam, die sich in der Aussprache zu Wort meldeten.[64] In der allgemeinen Aussprache wurde das Prinzip des Kommunalwahlrechts für Bürger der Mitgliedstaaten im Wohnsitzstaat nur von zwei Rednern generell abgelehnt.[65] Eine differenzierende Haltung nahm Nicole Fontaine im Namen der christdemokratischen Fraktion ein, die unterschied zwischen dem aktiven Wahlrecht, das sie billigte, und dem passiven Wahlrecht, dessen Einführung sie zu einem späteren Zeitpunkt befürwortete.[66]

Am Ende der Aussprache wurde die Kommission in einer Entschließung mit Nachdruck aufgefordert, im ersten Halbjahr 1988 einen Vorschlag für eine Richtlinie vorzulegen. [67] Zwar wurde diese Entschließung nicht mit der von der Kommission als „politisches Signal“ gewünschten großen Mehrheit angenommen,[68] der Großteil der Abgeordneten lehnte die Entschließung jedoch nicht ab, weil sie gegen das Kommunalwahlrecht für EG-Bürger waren, sondern weil die Entschließung auch eine Ausdehnung dieses Wahlrecht auf Drittstaatsangehörige forderte.[69]

1.6. Richtlinienvorschlag der Europäischen Kommission vom 24. Juni 1988

1.6.1. Die Rechtsgrundlage

Am 22. Juni 1988 legte die Kommission einen Richtlinienvorschlag für „Das Wahlrecht der Staatsangehörigen der Mitgliedstaaten bei den Kommunalwahlen im Aufenthaltsstaat“ vor.[70]

---

[63] ABl. EG Verhandlungen des EP, Anhang 2 – 359, Aussprachen vom 14.12.1987, S. 9-26, und vom 15.12.1987, S. 52 bis 54.

[64] de Lobkkowicz, DÖV 1989, 519, 522.

[65] Hierbei handelte es sich um die Franzosen Le Chavalier und Guermeur.

[66] ABl. EG Verhandlungen des EP, Anhang 2 – 359, Aussprachen vom 14.12.1987, S. 9-26, und vom 15.12.1987, S. 52 bis 54.

[67] Entschließung des EP vom 15.12. 1987 (Vetter-Bericht), ABl. EG Nr. C 13/33 vom 18. 01. 1988, S. 26.

[68] Abstimmende 229: Ja-Stimmen : 131; Nein-Stimmen:90; Enthaltungen: 8.

[69] de Lobkowicz, DÖV 1989, 519, 524.

[70] Dok. KOM (88) 371 endg. vom 22.06.1988, ABl. EG Nr. C 246/3 vom 20.09.1988, S. 3ff; sowie EG-Bull Beil. 2/88, S. 26 – 44; abgedruckt auch in ZAR 1989, 95; vgl. auch de Lobkowicz, DÖV 1989, 519ff; Jahn/Riedel, ZAR 1989, 58ff; Scholl, ZAR 1989, 62ff.

Mangels einer ausdrücklichen Rechtsgrundlage in den EWG-Verträgen stützte die Kommission ihren Richtlinienvorschlag auf die Auffangkompetenz des damaligen Art. 235 EWG.[71] Zwar hatte die Kommission im Jahre 1975 noch erklärt, dass es in den Gemeinschaftsverträgen keine Vorschriften gäbe, die eine Aktionsmöglichkeit im Bereich politischer Rechte verliehen und auch Art. 235 des EWG- Vertrages hierfür nicht in Betracht käme.[72] Diese Rechtsauffassung wurde jetzt jedoch von der Kommission mit Hinweis auf die zwischenzeitliche Verabschiedung der Einheitlichen Akte 1986 (EEA)[73] ausdrücklich aufgegeben. Nach Auffassung der Kommission verändere sich die sachliche Zuständigkeit, da in der Präambel der Einheitlichen Akte erklärt werde, dass die Mitgliedstaaten „entschlossen sind, gemeinsam für die Demokratie einzutreten". Die Beachtung der demokratischen Grundsätze sei nun mehr eine ausdrückliche Zielsetzung, über die die Gemeinschaft zu wachen habe. Die Förderung der Demokratie als Aufgabe der Gemeinschaft verpflichte sie zum Handeln. Die Gemeinschaft könne daher bezüglich des Kommunalwahlrechtes nicht mehr dieses nur im Grundsatz politisch billigen, ohne sich auch diesbezüglich zu engagieren.[74]

1.6.2. Der Inhalt des Vorschlages

Der Richtlinienvorschlag der Kommission beinhaltete das Wahlrecht auf kommunaler Ebene und definierte diese anhand von drei Kriterien:

- Erste Stufe der politischen und administrativen Organisation
- Leitungs- und Verwaltungsfähigkeit
- Direkte allgemeine Wahl der leitenden Organe

Entgegen der Auffassung eines Teils des Europäischen Parlamentes sprach sich die Kommission gegen eine Einbeziehung von Drittstaatsangehörigen aus. Der Richtlinienvorschlag bezog sich nur auf ein Wahlrecht für Angehörige der Mitgliedsstaaten.

Das aktive Wahlrecht sollte dem Gemeinschaftsbürger nur auf Antrag gewährt werden unter der Voraussetzung eines ununterbrochenen rechtmäßigen Aufenthalt im Gastland (nicht in der konkreten Gemeinde), der höchstens ebenso lange

---

[71] Kritisch Röger, VR 1993, 141ff; Saftig, KWR, S. 403; befürwortend de Lobkowicz, DÖV 1989,519, 524; Weigl S. 90ff.

[72] EG-Bull Beil. 7/75.

[73] EG-Bull Beil. 2/86.

[74] Im Jahre 1975 hatte die Kommission als Rechtsgrundlage noch einen zwischenstaatlichen Vertrag oder eine Vertragsänderung nach Art. 236 EWGV vorgeschlagen; Niedermeyer-Krauß S. 143, vgl. auch de Lobkowicz, DÖV 1989, 519, 524; Steffen, BayVBl. 1990, 297, 298.

andauern müsse, wie die Amtszeit eines Gemeinderates. Eine Doppelwahl, sowohl im Aufenthalts- als auch im Heimatstaat, sollte durch geeignete gesetzliche Vorkehrungen verhindert werden. Damit wurde ausdrücklich klargestellt, dass das Wahlrecht im Wohnsitzstaat ein Recht des Bürgers sein sollte und nicht zu einer Verpflichtung werden könne.[75]

Für das passive Wahlrecht sah die Richtlinie als Voraussetzung einen ununterbrochenen Aufenthalt von höchstens zwei Amtszeiten eines Gemeinderates vor. Den Mitgliedstaaten sollte jedoch die Möglichkeit gegeben werden, Staatsangehörige anderer Mitgliedstaaten vom Amt des Bürgermeisters oder von einem gleichwertigen Amt auszuschließen. Ebenfalls sollten Ausnahmen gestattet werden, wenn die Mitglieder eines Gemeinderates kraft Amtes Wähler einer parlamentarischen Versammlung sind (z.B. in Frankreich).[76]

Übergangsbestimmungen sollten den Mitgliedstaaten die Möglichkeit geben, bei den ersten Wahlen von der Anwendung der Richtlinie abzusehen, wenn der Anteil der Gemeinschaftsbürger aus anderen Mitgliedstaaten über 20% der Gesamtbevölkerung läge. Außerdem sollte bei den ersten beiden Kommunalwahlen der Anteil der ausländischen Mitglieder des Gemeinderates auf ein Viertel beschränkt werden.

1.6.3. Kritik am Richtlinienvorschlag

Der Richtlinienvorschlag der Kommission fand im Wesentlichen die Zustimmung des Europäischen Parlamentes. Zur Erleichterung der Einführung des Kommunalwahlrechtes schlug es jedoch vor, als Voraussetzung sowohl für das aktive als auch das passive Wahlrecht einheitlich eine Aufenthaltsfrist von fünf Jahren vorzusehen.[77] In dem geänderten Richtlinienvorschlag der Kommission vom 23. Oktober 1989[78] wurde diese Forderung jedoch nicht berücksichtigt.

Kritischer wurde der Richtlinienvorschlag der Kommission in der Literatur gesehen.[79] Insbesondere die Problematik der Regelungszuständigkeit der Gemeinschaft wurde kontrovers diskutiert.[80] Während zum Teil die Kompetenz der

---

75 Art. 2 und 3 des Richtlinienvorschlages.

76 Mit dieser Bestimmung der Richtlinie wurde versucht, den verfassungsrechtlichen Problemen in Frankreich entgegenzuwirken.

77 Sieveking, „Europa der Bürger-ein Weg mit Hindernissen“, EG-Magazin 1989 Nr. 5, S.8f.

78 KOM (89) 524 endg. vom 17.10.1989, ABl. EG Nr. 290/4 vom 18.11.1989.

79 de Lobkowicz, DÖV 1989, 519ff; Jahn/Riedel, ZAR 1989, 58ff; Scholl, ZAR 1989, 62ff; Magiera, EA 1988, 475ff; Niedermeyer-Krauß S. 194.

80 Vgl. dazu Scholl, ZAR 1989, 62; Magiera ,DÖV 1987, 221, 228.

Gemeinschaft zum Erlass einer solchen Richtlinie insgesamt in Frage gestellt wurde,[81] stießen sich andere nur an der Wahl der Rechtsgrundlage von 235 EWGV.[82] Überwiegend wurde jedoch die Möglichkeit der Einführung des Kommunalwahlrechts auf Grundlage des Art. 235 EWGV anerkannt.[83]

Der Richtlinienvorschlag wurde im Laufe des Jahres 1989 modifiziert und dem Europäischen Parlament vorgelegt,[84] nicht zuletzt um dessen Anregungen Rechnung zu tragen. Eine weitere Behandlung im Ministerrat unterblieb jedoch im Hinblick auf die anstehende Regierungskonferenz zur Politischen Union.[85]

1.7. Ergebnis

Der Weg von der Entwicklung des Gedanken einer europäischen Identität bis zur konkreten Vorlage eines Richtlinienvorschlages zur Einführung des EG-Kommunalwahlrechts war lang und kann sicherlich nicht als Vorbild für eine entscheidungsfreudige europäische Politik bewertet werden. Von der erstmaligen Entwicklung des Gedanken auf dem Pariser Gipfeltreffen 1974 bis zum Richtlinienvorschlag 1988 waren vierzehn Jahre vergangen.

Berücksichtigt werden muss jedoch, dass durch die Einführung des EG-Kommunalwahlrechtes empfindlich in die Hoheitsrechte der einzelnen Mitgliedstaaten eingegriffen werden würde. Dass die souveränen Staaten der europäischen Gemeinschaft einen solchen Eingriff in ihren Hoheitsbereich nur langsam akzeptieren würden, ist vor dem Hintergrund der vergangenen Weltkriege, die auf europäischem Boden stattfanden, verständlich. Mit der Einführung des EG-Kommunalwahlrecht würden die Mitgliedstaaten einen Teil ihrer souveränen Regelungskompetenz zur demokratischen Willensbildung in ihrem Land an eine europäische Institution übertragen, die sich selber zum damaligen Zeitpunkt noch im Gründungs- bzw. Entwicklungsprozess befand. Damit verbunden waren in vielen der Mitgliedstaaten auch Änderungen in den jeweiligen Landesverfassungen notwendig, da das Wahlrecht in der Regel an die Staatsangehörigkeit gebunden war.

---

81 So de Lobkowicz, DÖV 1989, 519,524ff; Magiera, EA 1988, 475, 477; Röger, VR 1993,137,141f; Weigl, S. 90ff; a.A. Papier, in „Das Europa der Bürger in einer Gemeinschaft ohne Binnengrenzen", S. 27,29.

82 Niedermeyer-Krauß S. 154; Klein/Beckmann, DÖV 1990, 179ff, 183; Röger, VR 1993, 141; Saftig, KWR, S. 403.

83 Schink, DVBl. 1988, 417, 426; Jahn/Riedel, NVwZ 1989, 716, 719f; Papier, in „Das Europa der Bürger in einer Gemeinschaft ohne Binnengrenzen", S. 27, 29.

84 ABl. C 290/04.

85 Schrapper, DVBl. 1995, 1167, 1168.

Diese unterschiedlichen Befürchtungen und Ängste mussten berücksichtigt werden. Zudem befand sich die gesamte europäische Politik im Wandel, wobei die Frage der europäischen Institutionen und ihree Kompetenzen nur eine von vielen war. Hält man sich dann noch vor Augen, dass die Idee einer europäischen Gemeinschaft bisher fast ausschließlich nach wirtschaftlichen Gesichtspunkten betrachtet wurde, kann die Tatsache, dass erstmals ein konkreter und formeller Vorschlag vorlag, der es den Bürgern der Mitgliedstaaten ermöglichen sollte, in anderen Mitgliedstaaten an der politischen Entscheidungen auf kommunaler Ebene zu partizipieren, als beachtlicher Erfolg gewertet werden.

Motor dieses Prozesses war sicherlich das Europäische Parlament, das durch seine Anfragen und Entschließungen erheblich dazu beitrug, dass Kommission und Rat sich dieses Themas annahmen. Entscheidungsträger waren letztendlich die Staats- und Regierungschefs der Mitgliedstaaten. Diese mussten von der Bedeutung eines Kommunalwahlrechtes für die europäische Identität überzeugt werden.

2. Maastrichter Unionsvertrag vom 07. Februar 1992

2.1. Der Gedanke der Europäischen Union

Ziel des Maastrichter Vertrages war die Schaffung einer Europäischen Union. Diese sollte nach den Vorstellungen der Mitgliedstaaten einerseits durch eine Politische Union gekennzeichnet werden, die in der Außen- und Sicherheitspolitik sowie Innen- und Rechtspolitik weitestgehende Kooperationen vorsah und daneben eine Wirtschafts- und Währungsunion, die den gemeinsamen Binnenmarkt ergänzt bzw. untermauert.[86]

Im Vordergrund der Diskussion über die Schaffung der Europäischen Union stand zumeist die Einführung der Wirtschafts- und Währungsunion (WWU). Dennoch waren sich die Mitgliedstaaten bewusst, dass die Europäische Union nicht nur auf eine wirtschaftliche und finanzrechtliche Zusammenarbeit beschränkt werden kann, sondern um eine Politische Union ergänzt werden muss, um eine wirkliche europäische Identität zu schaffen.[87]

Auf der Grundlage der bisherigen vertraglichen Regelungen waren jedoch sowohl die WWU als auch die Politische Union nicht umsetzbar. Hierfür bedurfte es einer Änderung der Gründungsverträge – einer großen Vertragsrevision – nach Art. 236 EWGV a.F..

---

[86] Huber, Recht der Europäischen Integration, § 2,III Rn 28.

[87] Huber, Recht der Europäischen Integration, § 2,III Rn 29.

Am 17. April 1989 legte der Kommissionspräsident Delors den nach ihm benannten Delors-Bericht vor, mit dem der Weg zu einer WWU in einem dreistufigen Verfahren vorgezeichnet wurde.[88] Dieser Delors-Bericht diente als Leitfaden für die sich daran anschließende Diskussion über die Kernelemente einer europäischen Union. Insbesondere der französisch-deutschen Initiative durch Francois Mitterand und Helmut Kohl ist es zu verdanken, dass auf der Tagung des Europäischen Rates in Rom vom 14.und 15. Dezember 1990 der Beschluss zur Einsetzung zweier Konferenzen von Vertretern der Regierungen der Mitgliedstaaten zur Vorbereitung einer großen Vertragsrevision getroffen werden konnte. Eine der beiden Konferenzen hatte die Aufgabe, einen Vertrag über die Wirtschafts- und Währungsgemeinschaft auszuarbeiten. Die zweite Konferenz sollte sich mit der Vertiefung der Politischen Union beschäftigen. Im Mittelpunkt sollte dabei die Entwicklung einer „Europabürgerschaft" stehen, durch die den Bürgern der Mitgliedstaaten besondere Rechte verliehen werden sollten.[89] Der Europäische Rat nannte als solches Recht explizit die mögliche Beteiligung der EG-Bürger an den Kommunalwahlen in ihrem Aufenthaltsstaat. Das Europäische Parlament unterstützte diese Position des Rates und forderte während der Verhandlungen diesen wiederholt auf, eine Unionsbürgerschaft als unverzichtbares Element der angestrebten Europäischen Union einzuführen.[90]

Am 07. Februar 1992 wurde in Maastricht der Vertrag über die Europäische Union (EUV) unterzeichnet.[91] Dieser trat nach der Ratifizierung durch die Mitgliedstaaten am 01. November 1993 in Kraft.[92] In der Präambel des EU-Vertrages bringen die vertragschließenden Staaten ihre Entschlossenheit zum Ausdruck, bei der Gründung der Union eine gemeinsame Unionsbürgerschaft für die Staatsangehörigen ihrer Länder einzuführen. Damit griffen die Regierungschefs der Mitgliedstaaten die seit den 70er Jahren anhaltende Diskussion über ein wirkliches Europa der Bürger auf und führten sie einer verbindlichen vertraglichen Regelung zu.

---

88 Huber, Recht der Europäischen Integration, § 2 III Rn. 30.

89 Ergebnisse der Tagung in EuZW 1991, 281.

90 Entschließungen zu den verfassungsmäßigen Grundlagen der Europäischen Union vom 18.04.1992, vgl. EuZW 1992, 358; Entschließung zur Unionsbürgerschaft vom 14.06.1991, EuZW 1991, 516 und vom 21.11.1991, EuZW 1992, 100.

91 Bulletin der Bundesregierung Nr. 16 vom 12.02.1992, S. 113ff; BGBl. 1992 II S. 1251.

92 Geiger, EUV/EGV, Art. 1 EUV, Rn. 1.

2.2. Die Unionsbürgerschaft

Mit der Unterzeichnung des Maastrichter Vertrages erhielten die Bürgern der Mitgliedstaaten der Gemeinschaft neben ihrer Staatsangehörigkeit auch die Unionsbürgerschaft.[93]

In Art. 2 des neuen EUV heißt es dazu, dass die Union sich das Ziel setzt, durch Einführung einer Unionsbürgerschaft den „Schutz der Rechte und Interessen der Angehörigen der Mitgliedstaaten zu stärken" (Art. 2, 3. Spiegelstrich EUV). Die Einführung der Unionsbürgerschaft selbst erfolgte in den Bestimmungen zur Änderung des Vertrages zur Gründung der Europäischen Wirtschaftsgemeinschaft (EG-Vertrag), und zwar in den Artikeln 17 –22 EGV[94] des zweiten, mit „Die Unionsbürgerschaft" überschriebenen Teils des Vertrages. Anhand der systematischen Stellung dieser Regelungen im Vertrag, unmittelbar nach den einführenden Artikeln, wird deutlich, welche Bedeutung der Unionsbürgerschaft beigemessen wurde.[95]

In Artikel 17 Abs. 1 S. 2 EGV wird der Begriff der Unionsbürger definiert. Unionsbürger ist, wer die Staatsangehörigkeit eines Mitgliedstaates der Europäischen Gemeinschaft besitzt. Die Unionsbürgerschaft wird damit akzessorisch an die Staatsangehörigkeit eines Mitgliedstaats gebunden. Wer Unionsbürger ist, entscheidet sich auf der Grundlage des innerstaatlichen Rechts der jeweiligen Mitgliedstaaten. [96] Der Status der Unionsbürgerschaft kann danach nicht selbständig erworben bzw. verloren werden, sondern richtet sich allein nach dem innerstaatlichen Recht des jeweiligen Mitgliedstaates.[97]

In den Art. 18 bis 21 EGV werden dann die einzelnen Rechte der Unionsbürger festgeschrieben. Diese lassen sich grob in vier Kategorien einteilen: wirtschaftliche und soziale Rechte (Freizügigkeit und Aufenthaltsrecht), politische Bürgerrechte (das Kommunalwahlrecht und Wahlrecht zum Europäischen Parlament), gemeinsamer diplomatischer und konsularischer Schutz in Drittstaaten sowie Gehör bei Gemeinschaftsinstitutionen.[98]

---

93 Dazu ausführlich Fischer, EuZW 1992, 566ff; Degen, DÖV 1993, 749ff; Reich, in FS Schefold, S. 279ff.

94 Art. 8 bis 8e EGV in der Ursprungsfassung, erst mit Inkrafttreten des Vertrages von Amsterdam am 01. Mai 1999 (BGBl. II, S. 296) sind aus den Art. 8 bis 8e infolge der neuen Nummerierung Art. 17 bis 21 geworden.

95 Schunda, S. 23.

96 Vgl. Degen, DÖV 1993, 749, 751; Fischer, EuZW 1992, 566, 567.

97 Baetge, BayVBl. 1992, 711, 712; Bleckmann, DVBl. 1992, 335, 336; Calliess/Ruffert-*Kluth*, Kommentar zum EU-Vertrag, Art. 17, Rn 45.

98 Koenig/Pechstein, Die Europäische Union: Der Vertrag von Maastricht, S. 170.

2.3. Das Kommunalwahlrecht für Unionsbürger

Mit dem Maastrichter Vertrag wurde in Art. 19 Abs. 1 EGV[99] eine vertragliche Regelung für die Einführung des Kommunalwahlrechts für Unionsbürger im Aufenthaltsstaat geschaffen. Dieses neue Kommunalwahlrecht für Unionsbürger wird auch zutreffend als Kernstück der Unionsbürgerschaft bezeichnet.[100] Erstmalig wird den Unionsbürgern die Möglichkeit gegeben, sich an der Ausübung der Hoheitsgewalt in einem Mitgliedstaat zu beteiligen, dessen Staatsangehörigkeit sie nicht besitzen. Verbunden damit war die Hoffnung, ein Instrument geschaffen zu haben, mit dem neben dem wirtschaftlichen Zusammenwachsen in Europa auch eine politische Integration zu erreichen sein werde. Die gemeinsame Identität der Europäer sollte gefördert und auf diese Weise auch die politisch-soziale Legitimationsbasis der Europäischen Gemeinschaften gestärkt werden.[101]

In Art. 19 Abs. 1 EGV wird geregelt, dass jedem Unionsbürger mit Wohnsitz in einem Mitgliedstaat, dessen Staatsangehörigkeit er nicht besitzt, im Wohnsitzstaat das aktive und passive Wahlrecht bei Kommunalwahlen zu denselben Bedingungen wie den Angehörigen des betreffenden Staates gewährt werden muss. Artikel 19 Abs. 1 zielt damit nicht darauf ab, die Rechtsvorschriften der Mitgliedstaaten über die Kommunalwahlen anzugleichen. Verfolgt wird ein weit weniger ehrgeiziges Ziel: die Beseitigung der juristischen Hindernisse, die auf der Ebene der Rechtsvorschriften jedes Mitgliedstaates verhindern, dass die Unionsbürger das aktive und passive Wahlrecht bei den Kommunalwahlen in dem Mitgliedstaat, dessen Staatsangehörigkeit sie nicht besitzen, tatsächlich ausüben können. Deshalb ist vor allem in dem innerstaatlichen Wahlrecht der Mitgliedstaaten die Voraussetzung der Staatsangehörigkeit durch die der Unionsbürgerschaft zu ersetzen. Das Anknüpfen des Kommunalwahlrechts an die Unionsbürgerschaft, und damit nicht mehr an die Staatsangehörigkeit, dient der Anerkennung des Grundsatzes der Gleichbehandlung aller Unionsbürger, unabhängig von ihrer Staatsangehörigkeit.[102] Damit hebt das Kommunalwahlrecht für Unionsbürger zwar teilweise die traditionelle Verknüpfung von Staatsangehörigkeit und Wahlrecht auf, greift aber nicht in den Kernbereich der nationalen Souveränität der Mitgliedstaaten ein.

---

[99] Ursprünglich Art. 8b Abs. 1 EGV.

[100] So auch Schraper DVBl. 1995, 1168; Degen DÖV 1983, 753; Lenz - *Kaufmann-Bühler*, EGV-Kommentar ,Art. 8b Rn. 1; Fischer, EuZW 1992, 566ff.

[101] Degen, DÖV 1993, 749,753; zu weitgehend allerdings Schild, DÖV 1993, 668, der das Kommunalwahlrecht für Unionsbürger als „Schritt zur europäischen Legislative" begreift.

[102] Haag, in Groeben/Thiesing/Ehlermann – Kommentar zum EU-/EG-Vertrag Art. 8b Rn. 7.

Die Einzelheiten der Ausübung des Kommunalwahlrechtes sollten gemäß Art. 19 Abs. 1 S. 2 EGV vom Rat bis zum 31. Dezember 1994 in einer Richtlinie einstimmig auf Vorschlag der Kommission und nach Anhörung des Europäischen Parlamentes festgelegt werden. Das im Maastrichter Vertrag geregelte Kommunalwahlrecht warf einige Fragen auf, die einer Präzisierung in der Richtlinie bedurften. So wurde der Begriff „Kommunalwahlen" weder in Art. 19 Abs. 1 EGV definiert, noch ließ er sich durch Vertragsauslegung eindeutig ermitteln. Die Konkretisierung des Begriffs war damit Aufgabe der Durchführungsbestimmungen.[103]

2.4. Die Haltung Deutschlands bei der Verhandlung des EG-Vertrages

In der Bundesrepublik Deutschland wurden die Verhandlungen über den Vertrag zur Europäischen Union überwiegend positiv begleitet. Sowohl der Bundestag als auch der Bundesrat unterstützten die Bundesregierung, auf deren Initiative nicht zuletzt ein wichtiger Impuls zu diesem Vertragswerk ausging. Der Bundesrat begrüßte den Vertrag über die Europäische Union als einen wesentlichen Schritt zur Einigung Europas.[104] Der Bundesrat betonte, dass die Einführung der Unionsbürgerschaft ein notwendiger Schritt zur Fortentwicklung der Europäischen Gemeinschaft zu einer politischen Union sei. Ebenfalls positiv äußerte sich der Bundesrat zum Kommunalwahlrecht für Unionsbürger, gleichzeitig machte er jedoch deutlich, dass die Einzelheiten der Ausübung des Kommunalwahlrechtes noch der Klärung bedürften. In diesen Prozess müssten die Länder aufgrund ihrer Kompetenz im Kommunalwahlrechtsbereich einbezogen werden. Nach Ansicht des Bundesrates sei bei der Ausübung des Wahl-

---

[103] Vgl. auch Schunda, S. 36ff.

[104] Siehe dazu ausführlich die Protokolle der 651. Sitzung des Rechtsausschusses des BRates vom 09.09.1992, sowie der 347. u. 348. Sitzung des EG-Ausschusses des BRates vom 11.09.1992 und 23.09.1992; Die Regierungskonferenz über die Politische Union wurde insbesondere von der Innenministerkonferenz (IMK) begleitet. Mit Beschluss vom 14./15. 12. 1990 wurde eine Arbeitsgruppe unter Vorsitz Bayerns eingerichtet, die die Haltung der Innenminister- und Senatoren zur Änderung der EG-Verträge erarbeiten sollte. Der Vorsitzende der Arbeitsgruppe, Staatsminister Dr. Edmund Stoiber, legte der IMK am 22.05.1992 einen Bericht der AG "Haltung der IMK zur Änderung der EG-Verträge" über die Ergebnisse des Europäischen Rates vom 09./10.12.1991 in Maastricht vor, den diese auch zustimmend zur Kenntnis nahm. Am 03.05.1991 verabschiedete die IMK einstimmig ein Positionspapier, das zu den Problembereichen „Unionsbürgerschaft" einschließlich des Kommunalwahlrechts für EG-Angehörige Stellung bezog. Am 15.05.1991 wurden auf der Grundlage dieses Positionspapiers Vorschläge zur Vertragsänderung unterbreitet. Zum Verfahrensablauf siehe den Bericht des Vorsitzenden der AG "Haltung der IMK zur Änderung der EG-Verträge" über die Ergebnisse des Europäischen Rates vom 09./10.12.1991 in Maastricht.

rechtes eine angemessene Aufenthaltsdauer im Mitgliedstaat und am Ort der Wahl zu berücksichtigen, da die Kenntnis der allgemeinpolitischen und örtlichen Gegebenheiten Legitimationsgrundlage für die Teilnahme an der Wahl sei.[105] Auch sollte nach Ansicht der Länder eine Wahl ausländischer EG-Staatsangehöriger von der Wahl zum Bürgermeister oder vergleichbaren Ämtern mit Exekutivfunktionen ausgeschlossen werden.[106]

3. Die Richtlinie 94/80/EG zum aktiven und passiven Kommunalwahlrecht für Unionsbürger

3.1. Die Erarbeitung der Richtlinie

Umfang und Modalitäten des Kommunalwahlrechts für Unionsbürger mussten im Sekundärrecht, genauer in einer Richtlinie nach Art. 189aF Abs. 3 EGV, festgelegt werden. Die Regelungen im EGV beinhalteten selber keine Rechtsgrundlage für eine sekundärrechtliche Harmonisierung der mitgliedstaatlichen Kommunalwahlrechtsordnungen.[107] Am 19. Dezember 1994 wurde vom Rat die Richtlinie über die Einzelheiten der Ausübung des aktiven und passiven Wahlrechts bei den Kommunalwahlen für Unionsbürger mit Wohnsitz in einem Mitgliedstaat, dessen Staatsangehörigkeit sie nicht besitzen, erlassen.[108]

Die Erarbeitung der Richtlinie erfolgte aufgrund von Verzögerungen beim Inkrafttreten des Maastrichter Vertrages, die nicht zuletzt auch mit der späten Ratifizierung des Vertrages in Deutschland zu tun hatten, unter großem Zeitdruck.[109] Die Kommission musste neben dem Entwurf der Richtlinie[110] ebenfalls gemäß Art. 19 Abs. 2 EGV noch eine Vorlage für die sog. Europawahl-

---

105 Nach Ansicht der IMK, die im Wesentlichen die Beschlüsse des Bundesrates zum Kommunalwahlrecht der Unionsbürger vorberiet, sollte das aktive Wahlrecht erst nach einem Aufenthalt von mindest einer Amtsperiode eines Gemeinderates und das passive Wahlrecht erst nach einem Aufenthalt der Dauer von zwei Amtsperioden gewährt werden, BRat Drs. 810/92 (Beschluss) S. 18.

106 Berichtes des Vorsitzenden der AG "Haltung der IMK zur Änderung der EG-Verträge" über die Ergebnisse des Europäischen Rates vom 09./10.12.1991 in Maastricht S. 4f.

107 Schrapper, DVBl. 1995, 1167, 1168.

108 ABl. EG Nr. L 368/38 vom 31.12.1994, abgedruckt auch in NVwZ 1995, 462.

109 Wenn man bedenkt, dass der Prozess von Beginn der Diskussion über ein Kommunalwahlrecht für Unionsbürger bis zum Unterzeichnen des Maastrichter Vertrages vierzehn Jahre gedauert hat, erscheint ein Zeitraum von weniger als drei Jahren zur Regelung der Einzelheiten doch eher knapp bemessen.

110 Die Kommission hatte gemäß Art. 19 Abs. 1 S. 2 EGV das Initiativrecht für den Richtlinienentwurf, KOM (94) 38, S. 17.

richtlinie erarbeiten, die aufgrund der schon im Juni 1994 terminierten Europawahl Vorrang hatte.[111] Kommissionsintern lag die Verantwortung für die Richtlinie bei „Binnenmarktkommissar“ Raniero Vanni d'Archirafi und der im Mai 1993 neugeschaffenen Generaldirektion XV (Binnenmarkt und Finanzinstitution).[112] Am 23.02.1994 legte die Europäische Kommission einen ersten Entwurf vor für eine Richtlinie des Rates über die Einzelheiten der Ausübung des aktiven und passiven Wahlrechts bei den Kommunalwahlen für Unionsbürger mit Wohnsitz in einem Mitgliedstaat, dessen Staatsangehörigkeit sie nicht besitzen.[113] Dieser wurde sodann in der, noch unter der griechischen Präsidentschaft des Ministerrates, eingesetzten Ratsarbeitsgruppe, beraten. Der Großteil der Arbeiten und schließlich auch deren fristgerechter Abschluss wurden im zweiten Halbjahr 1994 unter deutschem Ratvorsitz geleistet. Auch hier war der Druck, die Richtlinie rechtzeitig vorzulegen, allgegenwärtig. Daneben forderte das in Art. 19 I 2 EGV vorgesehene Einstimmigkeitserfordernis dem Vorsitz wiederholt großes Fingerspitzengefühl ab.[114]

Das Europäischen Parlament konnte bei dieser Frage nur beratend tätig werden, denn im Gegensatz zur Kommission besaß es kein Initiativrecht, sondern nach Art. 19 Abs. 1 S. 2 EGV nur ein Konsultativrecht. Mit der im Oktober verabschiedeten Stellungnahme[115] blieb das Parlament sich selbst treu und verlangte eine schnelle, transparente und bürgerfreundliche Umsetzung des Art. 19 Abs.1 EGV ohne bürokratische Hürden. Vor allem aber bestand es auf einer weitgehenden Streichung solcher Regelungen, die den Mitgliedstaaten Einschränkungsmöglichkeiten der Wahlgewährleistung vorbehielten. In die gleiche Richtung ging die im September 1994 verabschiedete Stellungnahme des Ausschusses der Regionen, jener in Art. 262ff EGV neuerdings vorgesehenen „Stimme“ der lokalen und regionalen Gebietskörperschaften.[116]

Am 19. Dezember 1994 wurde die Richtlinie 94/80/EG über die Einzelheiten der Ausübung des aktiven und passiven Wahlrechtes bei den Kommunalwahlen

---

111 Richtlinie 93/109/EG vom 06.12.1993, ABl.EG Nr. L 329/34.

112 Schrapper, DVBl. 1995, 1167, 1169.

113 KOM (94) 38.

114 Schrapper, DVBl. 1995, 1167, 1169.

115 Vgl. Bericht Palacio, A4-0011/94 und entspr. Plenarbericht DOK 10328/94 PE-RESOL 55, Anlage, S. 47 vom 26.10.1994.

116 Dok. CdR 181/94.

für Unionsbürger mit Wohnsitz in einem Mitgliedstaat, dessen Staatsangehörigkeit sie nicht besitzen, vom Europäischen Rat beschlossen.[117]

3.2. Der Regelungsgehalt der Kommunalwahlrichtlinie

Die Kommunalwahlrichtlinie beginnt mit einer Präambel, die die Erwägungen zu den Gründen der Richtlinie enthält. In Art. 1 der Richtlinie wird bestimmt, dass diese Richtlinie nur für Unionsbürger mit Wohnsitz in einem Mitgliedstaat gilt, dessen Staatsangehörigkeit sie nicht besitzen, und ihr Recht auf Teilnahme an den Kommunalwahlen in diesem Staat regelt. Eine allgemeine Angleichung der Wahlordnungen der Mitgliedstaaten wird ausdrücklich nicht angestrebt. Die einzelstaatlichen Bestimmungen über das aktive und passive Wahlrecht der eigenen Staatsangehörigen, die ihren Wohnsitz im eigenen Hoheitsgebiet haben, werden folglich nicht berührt. Das Gleiche gilt für die einzelstaatlichen Vorschriften der eigenen Staatsangehörigen, die außerhalb des Hoheitsgebietes dieses Staates leben.[118] Die Richtlinie verweist damit auf Artikel 19 Absatz 1 des EG-Vertrages, der nur das aktive und passive Wahlrecht bei den Kommunalwahlen im Wohnsitzmitgliedstaat garantiert, ohne dieses an die Stelle des aktiven und passiven Wahlrechts im Mitgliedstaat zu setzen, dessen Staatsangehörigkeit der Betreffende besitzt, sofern dieses Recht dort den innerstaatlichen Rechtsvorschriften zufolge aufrechterhalten wird. Infolgedessen könnten die Unionsbürger, deren aktives und passives Wahlrecht in ihrem Herkunftsland trotz ihres Wohnsitzes außerhalb dessen Hoheitsgebietes aufrechterhalten wird, an den Kommunalwahlen sowohl in ihrem Mitgliedstaat als auch in ihrem Herkunftsmitgliedstaat teilnehmen.

Nach Ansicht der Kommission verstößt dieses doppelte Kommunalwahlrecht nicht gegen den Grundsatz „One man, one vote", der grundsätzlich nur für dieselbe Wahl gelte. Da es sich hier jedoch um zwei juristisch und politisch getrennte Vorgänge in zwei Mitgliedstaaten handeln würde, stelle diese „Parallel-Wahl" die Gültigkeit der Kommunalwahlen in den betreffenden Mitgliedstaaten nicht in Frage. Aus politischer Sicht sei es nach Meinung der Kommission sogar zu begrüßen, da die Integration der Bürger anderer Staatsangehörigkeit in ihre Aufnahmegesellschaft gefördert und gleichzeitig die Verbindung zu ihrem Herkunftsland erhalten werde.[119]

---

117 ABl. EG Nr. L 368 vom 31.12.1994, S. 38; nach dem Beitritt Finnlands, Österreichs und Schweden wurde sie durch die Richtlinie 96/30/EG v. 13.05.1996 ergänzt (ABl. EG L Nr. 122/14 v. 22.05.1996).

118 Richtlinienvorschlages KOM (94) 38 S. 47.

119 KOM (94) 38, S. 23.

Nach der Präambel gliedert sich die Richtlinie in vier Kapitel. Kapitel I enthält allgemeine Regelungen, Kapitel II betrifft die Ausübung des aktiven und passiven Wahlrechts, Kapitel III Ausnahme- und Übergangsvorschriften, die Richtlinie endet mit den Schlussbestimmungen in Kapitel IV. Die wichtigsten Regelungen werden im Folgenden dargestellt.

3.2.1. Allgemeine Regelungen

Kapitel I der Richtlinie enthält Regelungen zum Anwendungsbereich der Richtlinie sowie den Bedingungen des Wahlrechts.

Der personelle Anwendungsbereich der Richtlinie erstreckt sich nach Art. 1 Abs. 1 auf den Kreis der Unionsbürger, die ihren Wohnsitz in einem Mitgliedstaat haben, dessen Staatsangehörigkeit sie nicht besitzen. Die Richtlinie greift damit entsprechend Art. 19 Absatz 1 des EG-Vertrages auf, dass das Wahlrecht nur für Unionsbürger gilt, nicht jedoch für Staatsangehörige dritter Staaten. Insofern berührt die Richtlinie auch keinerlei weitergehenden Wahlvorschriften der Mitgliedstaaten, die ein Wahlrecht für Staatsangehörige dritter Staaten vorsehen.[120] Sie begründet auch keine Pflicht für die Mitgliedstaaten, in denen solche Wahlvorschriften nicht existieren, diese einzuführen.

Der sachliche Anwendungsbereich der Richtlinie wird durch die Definition der zentralen Begriffe „lokale Gebietskörperschaft der Grundstufe“ und „Kommunalwahlen“ konkretisiert (Art. 2). Dazu im Folgenden:

3.2.1.1. Die lokale Gebietskörperschaft der Grundstufe

Artikel 2 der Richtlinie versucht mit dem Rechtsterminus der „lokalen Gebietskörperschaft der Grundstufe“ eine gemeinschaftsrechtliche Generaldefintion zu finden, mit der trotz des unterschiedlichen Rechtsaufbaus der Mitgliedstaaten die Ebene der politischen und administrativen Organisation des Wohnsitzmitgliedstaates, auf der der betreffende Unionsbürger diese Rechte ausüben können, bestimmt wird.

Die Kommission vermeidet dabei, die den innerstaatlichen Rechtsvorschriften zugrunde gelegte Terminologie zu verwenden.[121] Vielmehr greift sie den in Artikel 263 des EG-Vertrages verwendeten Begriff der „lokalen Gebietskörperschaft der Grundstufe“ als Bezeichnung für die Verwaltungseinrichtung auf, die den internen Rechtsvorschriften zufolge die Grundlage der politischen und ad-

---

[120] So Dänemark, Irland und die Niederlande sowie in Großbritannien die Staatsangehörigen der unabhängigen Staaten des Commonwealth.

[121] Bspw. die Begriffe Kreis, Gemeinde oder Distrikt.

ministrativen Organisation in jedem Mitgliedstaat bilden soll.[122] Nach Ansicht der Kommission sollen sich die lokalen Gebietskörperschaften durch einen gewissen Grad politischer und administrativer Autonomie gegenüber dem Staat auszeichnen.[123] Dementsprechend besteht das Kommunalwahlrecht gemäß Art. 2 Abs. 1 lit.a) der Richtlinie für die Verwaltungseinheiten, die nach nationalem Recht in allgemeiner, unmittelbarer Wahl gewählte Organe besitzen und die auf der Grundstufe der politischen und administrativen Organisation für die Verwaltung bestimmter örtlicher Angelegenheiten unter eigener Verantwortung zuständig sind. Im Übrigen verweist die Richtlinie auf die im Anhang enumerativ aufgezählten Gebietskörperschaften der einzelnen Mitgliedstaaten, die unter die Definition fallen sollen. Ändert ein Mitgliedstaat seinen Verwaltungsaufbau, indem er lokale Gebietskörperschaften der Grundstufe einführt, abschafft oder durch andere ersetzt, so ist dies der Kommission mitzuteilen, damit der Anhang entsprechend angepasst werden kann (vgl. Art. 2 Abs. 2 der Richtlinie).

Die Richtlinie kombiniert damit die allgemeine Definition mit der Präzisierung durch die Anhanglösung. Damit schafft sie auf der einen Seite einen neuen autonomen Rechtsbegriff im Gemeinschaftsrecht, gleichzeitig sorgt sie aber auch durch die Aufzählung der Gebietskörperschaften für Rechtssicherheit und Transparenz. Gerade dieses erscheint im Hinblick auf die ganz unterschiedlichen Kommunalverfassungskulturen in Europa notwendig, um einen Überblick darüber zu verschaffen, wo den Unionsbürgern das Wahlrecht zuzuerkennen ist.[124] Insbesondere mit Blick auf mögliche neue Mitgliedstaaten der Europäischen Union, aber auch mitgliedstaatliche Besonderheiten erwies und erweist sich diese flexible Ausgestaltung als Vorteil.

Für die Bundesrepublik Deutschland werden im Anhang der Richtlinie als Gebietskörperschaften genannt: die kreisfreien Städte bzw. Stadtkreise, Kreise, Gemeinden, Bezirke in der Freien und Hansestadt Hamburg und im Land Berlin, Gemeinde- oder Ortsbezirke bzw. Ortschaften. Für die Freie Hansestadt Bremen wurde die Stadtgemeinde Bremen und die Stadtgemeinde Bremerhaven als lokale Gebietskörperschaft der Grundstufe aufgenommen.

3.2.1.2. Der Begriff der Kommunalwahlen

Während der Maastrichter Unionsvertrag nur allgemein von einer Beteiligung der Unionsbürger an den Kommunalwahlen spricht, musste auch dieser Begriff in der Richtlinie näher definiert werden. Berücksichtigt werden musste dabei,

---

[122] Schrapper, DVBl. 1995, S. 1169f; vgl. auch Schunda S. 59ff.

[123] KOM (94) 38, S. 25.

[124] Schrapper, DVBl. 1995, 1167, 1169.

dass der Begriff Kommunalwahlen bisher in den Mitgliedstaaten unterschiedlich verstanden wurde.[125]

Art. 2 Abs. 1 lit. b) der Richtlinie definiert Kommunalwahlen als allgemeine, unmittelbare Wahlen, die darauf abzielen, die Mitglieder der Vertretungskörperschaft und gegebenenfalls gemäß den Rechtsvorschriften des Mitgliedstaates den Leiter und die Mitglieder des Exekutivorgans einer lokalen Gebietskörperschaft der Grundstufe zu bestimmen. Nicht unterschieden wird dabei zwischen aktivem und passivem Wahlrecht. Ebenfalls nicht vom Wortlaut umfasst sind die sog. Intraorganwahlen, d.h. die Wahlen innerhalb der kommunalen Vertretungskörperschaft bzw. innerhalb des kommunalen Vollzugsorgans. Die Richtlinie beschränkt sich lediglich auf Direktwahlen durch die Bürger.[126]

3.2.2. Wahlrechtsvoraussetzungen

Kapitel II der Richtlinie enthält die Regelungen über die Voraussetzungen, die erfüllt werden müssen, damit einem Unionsbürger das aktive und passive Kommunalwahlrecht im Wohnsitzmitgliedstaat, dessen Staatsangehörigkeit er nicht besitzt, gewährt wird. Im Wesentlichen wird diese an die Rechtsvorschriften für das aktive und passive Wahlrecht des jeweiligen des Wohnsitzmitglidstaates angeknüpft. Für das Wahlrecht der ausländischen Unionsbürger sollen im Hinblick auf das Erfordernis eines bestimmten Mindestaufenthaltes im Wohnsitzstaat (Art. 4 RL).[127] Verlust der Wählbarkeit (Art. 5 RL), Unvereinbarkeitsbedingungen (Art. 6 RL) und andere innerstaatliche Wahlrechtsbedingungen (Art. 3 RL) grundsätzlich die gleichen Regelungen gelten wie für Inländer.

Voraussetzung für die Teilnahme an der Kommunalwahl ist gemäß Art. 7 Abs. 1 RL, dass der aktiv Wahlberechtigte vor Ausübung seines Wahlrechtes im Wohnsitzmitgliedstaat eine entsprechende Willensbekundung abgegeben hat. Auf diese Weise soll berücksichtigt werden, dass Unionsbürger in Wohnsitzstaaten mit Wahlpflicht[128] nur mit ihrem erklärten Willen zu einer Wahlbeteiligung gezwungen werden können. Aufgrund des Einwandes der deutschen Delegation, dass die generelle Geltung dieser Regelung eine unnötige bürokratische Hürde darstelle, wurde in Art. 7 Abs. 3 RL die Option aufgenommen, dass Mitgliedstaaten ohne Wahlpflicht eine Amtseintragung vorsehen können.[129] So

[125] Schrapper, DVBl. 1995, 1167, 1170; Fischer, NVwZ 1995, 455, 456.
[126] Schunda S. 61.
[127] Anders noch der Richtlinienvorschlag von 1988/89, dort Art. 4 Abs. 1 und 8 Abs. 1.
[128] Etwa in Belgien und Luxemburg.
[129] Schrapper, DVBl. 1995, 1167, 1172; Fischer, NVwZ 1995, 455, 456f.

werden in der Bundesrepublik Deutschland die Unionsbürger durch Amtseintragung in das Wählerverzeichnis aufgenommen.[130]

Wenngleich die Richtlinie das passive Wahlrecht ebenfalls unter die Prämisse der Gleichbehandlung mit den Inländern stellt, ist doch die im Vergleich zum aktiven Wahlrecht größere Zahl von Durchbrechungen auffällig. So wurde in der Richtlinie eine Reihe von Wahlausschlussgründen zumindest als Option aufgenommen, um die politische Bedeutung des Amtes eines kommunalen Mandatsträgers zu wahren.[131] Die Ursachen für diese potentiellen Wahlausschussgründe liegen zumeist im Herkunftsstaat des Kandidaten und sind somit für die Inländer bedeutungslos. Zu nennen sind hier insbesondere die Inkompatibilitätsregel des Art. 6 Abs. 2 RL für die Ausübung von Ämtern sowohl im Aufenthaltsstaat als auch im Heimatstaat und die Berücksichtigung des auf richterlicher Entscheidung beruhenden Verlustes der bürgerlichen Ehrenrechte gemäß Art. 5 Abs. 1 RL.

Darüber hinaus ermöglicht Art. 5 Abs. 3 RL eine weitere wichtige Einschränkung des passiven Wahlrechts der Unionsbürger. Danach können nach dem Willen der Mitgliedstaaten ausländische Unionsbürger von der Wählbarkeit in exekutive Leitungsfunktionen sowie deren vorübergehende oder vertretende Wahrnehmung ausgeschlossen werden.[132]

Keine Einschränkung des passiven Wahlrechts, sondern eine Einschränkung der Mandatsausübung enthält Art. 5 Abs. 4 RL. Auf Wunsch Frankreichs wurde in Art. 5 Abs. 4 RL bestimmt, dass Unionsbürger, die als Mitglied einer Vertretungskörperschaft gewählt werden, weder an der Ernennung der Wahlmänner einer parlamentarischen Versammlung noch an der Wahl deren Mitglieder teilnehmen dürfen. Hintergrund ist, dass die französischen Ratsmitglieder (conseillers municipaux) kraft Amtes an den nationalen Wahlen zum Senat beteiligt sind, entweder als Wahlmänner oder als zu deren Bestimmung Befugte.[133]

3.2.3. Ausnahmeregelungen

Das Kapitel III der Richtlinie ist mit „Ausnahme- und Übergangsbestimmungen" überschrieben und besteht nur aus einem Artikel. Dieser Art. 12, der im

---

[130] Vgl. Überblick bei Hasselbach, ZG 1997, 49, 63f; Zuleeg, in FS Schefold, S. 124; auf den in Bayern und Sachsen anfangs erforderlichen Antrag auf Eintragung in das Wählerverzeichnis wurde inzwischen verzichtet.

[131] Begründung der Richtlinie 94/80/EG.

[132] Vgl. dazu ausführlich Schunda, S. 200ff, die ausführlich die Vereinbarkeit dieser Optionsregelung mit dem Gemeinschaftsrecht und dem deutschen Verfassungsrecht prüft.

[133] Schrapper, DVBl. 1995, 1171.

Normengebungsverfahren sehr umstritten war, legt die Ausnahmeregelungen fest, die vor allem dem Umstand Rechnung tragen, dass der Anteil der ausländischen Unionsbürger an der Gesamtbevölkerung in einigen Gemeinden in Luxemburg und Belgien besonders hoch ist. Nach Art. 12 Abs. 1 RL kann ein Mitgliedstaat mit einem Bevölkerungsanteil von mehr als 20% ausländischer Unionsbürger im Wahlalter Beschränkungen beim Unionsbürgerwahlrecht vornehmen.[134] Zum einen kann das Wahlrecht von einer Mindestaufenthaltsdauer abhängig gemacht werden, zum anderen ein Verbot reiner Ausländerlisten vorgesehen werden, um Polarisierungen zu vermeiden.[135]

Eine weitere Ausnahmeregelung enthält Art. 12 Abs. 2 RL, der auf Drängen Belgiens in die Richtlinie aufgenommen wurde. Er eröffnet die Möglichkeit, das aktive Wahlrecht von Unionsbürgern – ohne Rücksicht auf ihre Anzahl – in bestimmten, jeweils vor der Wahl bekannt zu gebenden Gemeinden von einer Mindestaufenthaltsdauer abhängig zu machen. Diese Ausnahmeregelung ist aufgrund der besonderen Gegebenheiten und Gleichgewichtsverhältnisse Belgiens aufgenommen worden.[136]

Nach Art. 12 Abs. 4 RL hat die Kommission das Recht, turnusgemäß das Fortbestehen einer Rechtfertigung für die vorgenannten Ausnahmegründe zu überprüfen und, soweit geboten, Anpassungen vorzuschlagen.

3.3. Vereinbarkeit von Art. 5 Abs. 3 der Richtlinie mit primären Gemeinschaftsrecht

Ermächtigungsgrundlage der Richtlinie 94/80/EG ist Art. 19 Abs. 1 EGV. Für die Rechtmäßigkeit der Richtlinie ist daher erforderlich, dass sie den primärvertraglichen Vorgaben entspricht und mit höherrangigem Recht vereinbar ist. Denn die Richtlinie geht als sekundäres Gemeinschaftsrecht dem primären Gemeinschaftsrecht – d.h. dem Vertrag und den allgemeinen Rechtsgrundsätzen des Gemeinschaftsrechts – im Rang nach.[137] Dieses ist insbesondere im Hin-

---

[134] Dieses entspricht dem Vorbild des Art. 14 der Europawahlrichtlinie und betrifft derzeit nur Luxemburg.

[135] So ausdrücklich in der Begründung der Richtlinie.

[136] In der Begründung der Richtlinie wird dazu ausgeführt, dass die Belgische Verfassung (Art. 1 bis 4) drei Amtssprachen und eine Aufteilung in Regionen und Gemeinschaften vorsieht und daher die uneingeschränkte Anwendung der Richtlinie in einigen Gemeinden zu Auswirkungen führen könnte, aufgrund deren es angebracht ist, zur Berücksichtigung der Gegebenheiten und Gleichgewichtsverhältnisse eine Ausnahme von den Bestimmungen dieser Richtlinie zu machen.

[137] Vgl. Schmidt, in: von der Groeben/Thiesing/Ehlermann (Hrsg.), Kommentar zum EU/EG-Vertrag, Art. 189 EGV, Rn. 21.

blick auf Art. 5 Abs. 3 RL bezweifelt worden mit der Schlussfolgerung, dieser Artikel sei unwirksam. Der diesbezügliche Diskussionstand wird im Folgenden kurz skizziert.[138]

Art. 5 Abs. 3 RL enthält die Option der Mitgliedstaaten, die Ämter der Leiter der kommunalen Exekutivorgane und deren Stellvertreter den eigenen Staatsangehörigen vorzubehalten und die ausländischen Unionsbürger diesbezüglich vom passiven Wahlrecht auszunehmen.

In Teilen der Literatur wird die Ansicht vertreten, die in Art. 5 Abs. 3 RL geregelte Option zum Ausschluss von Unionsbürgern von kommunalen Leitungsfunktionen stelle einen schweren Eingriff in das passive Wahlrecht der Unionsbürger dar und verstoße somit gegen die durch Art. 19 Abs. 1 EGV gewährte Wahlrechtsgarantie.[139] Art. 19 EGV beinhalte ausdrücklich sowohl das aktive als auch das passive Kommunalwahlrecht für Unionsbürger. Beides müsse unter den gleichen Bedingungen gewährleistet werden, wie es auch den Angehörigen des jeweiligen Mitgliedstaates zustehe. Art. 5 Abs. 3 RL würde dagegen den Mitgliedstaaten die Möglichkeit geben, die Ausübung des passiven Wahlrechts für die ausländischen Unionsbürger im Vergleich zu den Staatsangehörigen des jeweiligen Mitgliedstaates zu beschränken. Eine solche Regelung stehe damit auch im Widerspruch zum Diskriminierungsverbot des Art. 12 Abs.1 EGV, der jede Diskriminierung aus Gründen der Staatsangehörigkeit verbiete.[140]

Die Gegenansicht, zu der neben Teilen des Schrifttums auch die nationale Rechtsprechung gehört, sieht in Art. 5 Abs. 3 der Richtlinie keinen Verstoß ge-

---

[138] Dagegen: Hasselbach, ZG 1997, 49, 56; Wollenschläger/Schraml, BayVBl. 1995, 385, 387; Degen, DÖV 1993, 749, 756; Pieroth/Schmülling, DVBl. 1998, 365, 367; Reich, Bürgerrechte in der EU, S. 435; dafür Fischer, NVwZ 1995, 455,456; Engelken, BayVBl. 1996, 389, 390; Schrapper, DVBl. 1995, 1167, 1171.

[139] Hasselbach, ZG 1997, 49, 56; Wollenschläger/Schraml, BayVBl. 1995, 385, 387; Degen, DÖV 1993, 749, 756; Pieroth/Schmülling DVBl. 1998, 365, 367;

[140] Hasselbach ZG 1997, 49, 57; im Ergebnis gleich, aber mit anderer Begründung: Reich, Bürgerrechte in der EU, S. 435, der in der Begründung seiner ablehnenden Haltung auf die erhobene Rechtfertigung dieser Diskriminierung aus Art. 48 Abs. 4 a.F. eingeht und diese verwirft. Seiner Ansicht nach ist Art. 48 Abs. 4 a.F., der die Freizügigkeit von Arbeitnehmern bei einer Beschäftigung im öffentlichen Dienst regelt, unanwendbar, wenn es um die Ausübung hoheitlicher Befugnisse gehe. Der Verweis auf Art. 48 a.F. greife hier nicht, da diese Regelung nach dem EuGH einschränkend auszulegen sei und sich nur auf genuin hoheitliche Tätigkeiten und nur hauptamtliche Tätigkeiten beziehe.

gen höherrangiges Recht begründet.[141] Es sei zwar richtig, dass Art. 19 Abs. 1, S.1 EGV den Unionsbürgern den Zugang zur politischen Mitwirkung auf kommunaler Ebene durch das aktive und passive Wahlrecht vermittele. Allerdings sei in Art. 19 Abs. 1 S.2 Hs. 1 EGV ausdrücklich normiert, dass dieses Recht nur vorbehaltlich der Einzelheiten ausgeübt werden könne, die noch durch eine Richtlinie festzulegen sind.[142] Der europäische Gesetzgeber habe sich damit bewusst dafür entschieden, den Umfang und Modalitäten des Kommunalwahlrechtes erst in einer Richtlinie festzulegen. Indem Art. 19 Abs. 1 EGV auf entscheidende Bestimmungen wie z.B. den Begriff der Kommunalwahl verzichtete, habe man sicherstellen wollen, dass bei der Erarbeitung der Richtlinie die unterschiedlichen Interessen und länderspezifische Besonderheiten der Mitgliedstaaten noch berücksichtigt werden können. Dieser Spielraum spiegele sich auch in der Richtlinie wieder, wenn es dort in Art. 2 RL bei der Definition der Kommunalwahl heißt, dass sich der Begriff „Kommunalwahl", hinsichtlich der Besetzung von Leitungsfunktionen, ggf. gemäß den Rechtsvorschriften jedes Mitgliedstaates zu bestimmen habe.[143]

Zutreffend hält die bisherige deutsche Rechtsprechung Art. 5 Abs. 3 RL für primärrechtskonform. Ein Verstoß gegen Art. 19 Abs. 1 EGV ist nicht ersichtlich. Zwar ist es richtig, dass Art. 5 Abs. 3 RL eine Ausnahme von dem in Art. 19 Abs. 1 EGV enthaltenen Grundsatz, dass die Unionsbürger unter denselben Bedingungen wie nationale Staatsangehörige wahlberechtigt und wählbar sind, darstellt. Eine solche Ausnahme ist jedoch aufgrund des ausdrücklichen Vorbehaltes des Art. 19 Abs. 1 S.2 Hs. 1 EGV zulässig, nach dem die Regelung der Einzelheiten der Umsetzung des Kommunalwahlrechtes ausdrücklich in der Verantwortung der Richtlinie steht. Dagegen kann auch der Einwand nicht überzeugen, dass Art. 5 Abs. 3 RL gerade nicht als solche Einzelheit des Art. 19 Abs. 1 S. 2 EGV zu betrachten sei, weil sie das Wahlrecht partiell ausschließe.[144] Auch ein teilweiser Ausschluss vom Wahlrecht ist als Regelung des Wahlrechts zu sehen und unterliegt damit ebenfalls der Vorbehaltsregelung des Art. 19 Abs. 1 S. 2 Hs. 1 EGV.

Die ebenfalls von den Kritikern vorgetragene Argumentation, dass Art. 19 Abs. 1 2 Hs. 1 EGV nur Ausnahmeregelungen von der Beteiligung der Unionsbürger an den Kommunalwahlen zulasse, wenn dies aufgrund besonderer Probleme

---

[141] Fischer, NVwZ 1995, 455, 456; Engelken, BayVBl. 1996, 389, 390; Schrapper, DVBl. 1995, 1167, 1171; BayVerfGH, Entsch. vom 15.05.1997, Vf. 21-VII-95 u.a., NVwZ 1998, 54,55ff; VG Ansbach, Urt. vom 06.11.1997, DÖV 1998, 560ff.

[142] VG Ansbach, DÖV 1998, 560, 561.

[143] VG Ansbach, DÖV 1998, 560, 561.

[144] Hasselbach, ZG 1997, 49, 57; Wollenschläger/Schraml, BayVBl. 1995, 385, 387.

eines Mitgliedstaates gerechtfertigt sei, widerlegt die Rechtskonformität des Art. 5 Abs. 3 RL nicht. Richtig ist, dass Art. 19 Abs. 1 S. 2 HS. 2 EGV ausdrücklich die Ermächtigung für Ausnahmeregelungen aufgrund besonderer nationaler Problematiken erwähnt. Richtig ist auch, dass die Regelung des Art. 5 Abs. 3 RL nicht aufgrund einer besonderen nationalen Problemsituation in die Richtlinie aufgenommen wurde. Falsch ist dagegen, dass die in Art. 19 Abs. 1 S.2 HS 1 EGV enthaltene Beauftragung des Rates zur Festlegung der Einzelheiten der Richtlinie unter dem Vorbehalt des zweiten Halbsatzes des Art. 19 Abs. 1 S. 1.EGV steht. Der Vorbehalt des Art. 19 Abs. 1 S. 2 EGV bezieht sich vielmehr auf den ersten Satz des Artikels. Dieses bedeutet, dass die Gewährung des aktiven und passiven Wahlrechts allgemein unter den Vorbehalt der Festlegung der weiteren Einzelheiten durch den Rat gestellt wird. Nicht die Richtlinie und ihre Bestimmungen stehen somit unter dem Vorbehalt des Art. 19 Abs. 1 S. 1 EGV, sondern Art. 19 Abs. 1 S. 1 EGV steht unter dem Vorbehalt seines Satzes 2. Art. 5 Abs. 3 der Richtlinie, ist somit auch keine von dem Primärrecht abweichende Regelung, sondern als deren Ausfüllung zu betrachten. Dieses wird auch daraus kenntlich, dass Art. 5 Abs. 3 RL nicht im „Kapitel I. Allgemeines“ aufgeführt ist, sondern im „Kapitel III Ausnahme- und Übergangsregelungen“.[145] Ein Verstoß des Art. 5 Abs. 3 RL gegen Art. 19 EGV liegt daher nicht vor.

Auch ein Verstoß des Art. 5 Abs. 3 RL gegen das Diskriminierungsverbot des Art. 12 EGV ist nicht erkennbar. Art. 12 Abs. 1 EGV beinhaltet den allgemeinen Grundsatz des Verbotes der Diskriminierung aufgrund der Staatsangehörigkeit. Dieses allgemeine Diskriminierungsverbot gilt nach dem Wortlaut des Art. 12 Abs. 1 EGV nur unbeschadet besonderer Bestimmungen des Vertrages. Das Diskriminierungsverbot wird somit nicht uneingeschränkt gewährt, sondern durch besondere Bestimmungen des EG-Vertrages modifiziert und gilt damit subsidiär.[146] Sofern also die Bestimmungen des EG-Vertrages selber eine Differenzierung anhand des Kriteriums „Staatsangehörigkeit“ vorsehen, wie z.B. Art. 39 Abs. 4 EGV, gehen diese konkreten Bestimmungen dem allgemeinen Grundsatz vor. Seinen vorrangigen Anwendungsbereich hat Art. 12 EGV damit dort, wo keine besonderen Diskriminierungsverbote bestehen.[147] Art. 19 Abs. 1 EGV enthält jedoch ein solches vorrangiges Diskriminierungsverbot, indem es die Gleichstellung der Unionsbürger mit den Staatsangehörigen des jeweiligen Mitgliedstaates bei den Kommunalwahlen einfordert. Da die Richtlinie Resultat der in Art. 19 Abs.1 S.2 EGV geforderten Festlegung der Einzelheiten durch den Rat ist, muss die Richtlinie auch nur an dem Diskriminierungsverbot des

---

145 So auch VG Ansbach, DÖV 1998, 560, 561.

146 Zuleeg, in : von der Groeben/Schwarze Art. 12, Rn. 18.

147 Schwarze, EU –Kommentar, Art. 12, Rn. 11.

Art. 19 Abs. 1 EGV gemessen werden. Das allgemeine Diskriminierungsverbot des Art. 12 Abs. 1 EGV tritt dahinter zurück. Art. 5 Abs. 3 der Richtlinie ist somit sowohl mit Art. 19 Abs. 1 EGV als auch Art. 12 Abs. 1 EGV vereinbar.[148]

4. Wirkung des Gemeinschaftsrechtes

Nachdem die europarechtlichen Regelungen zur Einführung des Kommunalwahlrechts für Unionsbürger dargelegt und erörtert wurden, stellt sich die Frage, wie sich diese Regelungen auf das Recht der jeweiligen Mitgliedsstaaten auswirken. Daher wird im Folgenden auf das Verhältnis von Gemeinschaftsrecht und nationalem Recht der Mitgliedstaaten eingegangen. Im Vordergrund stehen hierbei die Fragen, inwiefern europäische Richtlinien bei der deutsche Gesetzgebung und Verwaltung berücksichtigt werden müssen und ob es eine unmittelbare Wirkung von Richtlinien und hier natürlich insbesondere der Richtlinie 94/80EG gibt. In einem letzten Abschnitt werden dann mögliche Sanktionsmöglichkeiten bei Nichtbeachtung des Europäischen Gemeinschaftsrechtes durch den Mitgliedstaat dargestellt. Aufgrund der Kürze der Darstellung wird im Wesentlichen nur auf die herrschende Rechtsprechung eingegangen.

4.1. Unmittelbare Geltung und Vorrang des Gemeinschaftsrechtes

Durch den Maastrichter Vertrag und die dadurch begründete Einführung des Kommunalwahlrechtes für Unionsbürger hat die Bundesrepublik Deutschland einen Teil ihrer bisherigen Kompetenzen in wahlrechtlichen Angelegenheiten an die Europäische Union übertragen. Der Maastrichter Vertrag ist damit Bestandteil eines Prozesses, der mit der Gründung der Europäischen Gemeinschaften begonnen hat und der der Schaffung einer neuen, europäischen Rechtsordnung dient. Die durch die Gründungsverträge geschaffene neue eigenständige Rechtsordnung steht neben der Rechtsordnung des Völkerrechts und auch neben denen der einzelnen Mitgliedsstaaten.[149] Der EG-Vertrag kann gewissermaßen als Verfassung dieser neuen Rechtsordnung angesehen werden, auf deren Grundlage die Organe der Europäischen Gemeinschaften Rechtsvorschriften erlassen.[150] Nach der Rechtsprechung des EuGH und auch des BVerfG fließt

---

[148] So auch das BVerfG, Beschl. vom 14.10.1998, NVwZ 1999, 293.

[149] EUGHE 1963, 1ff – van Gend & Loos; 1964, 1251ff – Costa / E.N.E.L; 1970, 1125ff – Internationale Handelsgesellschaft; 1978, 629ff – Simmenthal.

[150] BVerfGE 22,293, 296.

das Gemeinschaftsrecht aus einer „autonomen Rechtsquelle“[151] und wirkt unmittelbar in den Mitgliedstaaten.[152] Das europäische Gemeinschaftsrecht geht dem nationalen innerstaatlichen Recht vor. Dieser Vorrang ist notwendig, um eine einheitliche und gleichmäßige Geltung des neugeschaffenen Rechts zu erreichen.[153] Nach herrschender Meinung handelt es sich bei diesem Vorrang des Gemeinschaftsrechtes um einen reinen Anwendungsvorrang und nicht um einen normhierachischen Geltungsvorrang.[154] Dieses bedeutet, dass das gemeinschaftswidrige nationale Recht nicht als nichtig betrachtet werden muss, sondern dass es nur nicht zur Anwendung kommt.[155]

Unterschiede existieren jedoch in der Frage der dogmatischen Herleitung dieses Ergebnisses.[156] Der EuGH sieht den Vorrang des Gemeinschaftsrechtes in den Gemeinschaftsverträgen begründet. Entscheidend für diese „europäische“ Lösung der Vorrangfrage sei danach der Gedanke, dass das EG-Recht, im Gegensatz zu „gewöhnlichen Völkerrechtsverträgen“, eine eigenständige Rechtsordnung mit einer autonomen Gemeinschaftsgewalt darstelle.[157]

Das BVerfG[158] leitet dagegen den Vorrang des Gemeinschaftsrechtes aus dem innerstaatlichen Rechtsanwendungsbefehl der Zustimmungsgesetze zu den EG-Verträgen ab.[159] Das BVerfG lässt damit die Vorrangwirkung des Gemeinschaftsrechtes im Gegensatz zum EuGH nicht uneingeschränkt gelten, sondern

---

[151] EuGH RS 13/61, *Kledingverkoopbedrijf de Geus en Vitdenbogerd/Bosch u. van Rijn*, Slg. 1962„ S. 97, 110; RS 6/64, *Costa/E.N.E.L.*, Slg. 1964, S. 1251, 1270; BverfGE 22,293, 296; 31,145, 173f.

[152] St.Rspr. des EuGH seit der RS 6/64, *Costa/E.N.E.L.*, Slg. 1964, S. 1251, 1270 u. Slg. 1969, S. 1, 14.

[153] EuGH, Urt. Vom 29.04.1999 – Rs. C 224/97 - *Erich Ciola/Land Voralberg*, NJW 1999, 2355, 2356; Oppermann, Europarecht, Rn. 615; Herdegen, Europarecht, Rn. 228; Epping, Jura 1995, 449, 456; Ehlers,DVBl. 1991, 605, 608.

[154] Kadelbach, Allg. Verwaltungsrecht unter europäischen Einfluss, S. 54ff; ausführlich zur Diskussion Middeke, S. 29ff; Herdegen, Europarecht, Rn. 230; dieser Anwendungsvorrang wird auch vom BVerfG im Grundsatz anerkannt, BVerfGE 73, 339, 375.

[155] Kadelbach, Allg. Verwaltungsrecht unter europäischen Einfluss, S. 54ff; ausführlich zur Diskussion Middeke, S. 29ff; Herdegen, Europarecht, Rn. 230.

[156] Ausführlich Oppermann, Europarecht, Rn. 616ff; Bleckmann, Europarecht, Rn. 1070ff.

[157] st. Rspr. Des EuGH, u.a. Rs. 26/62, Slg. 1963, S. 1ff - *Van Gend & Loos*; EuGH, Rs. 6/64, Slg. 1964, S. 1251ff - *Costa/E.N.E.L;* EuGH, Rs. 11/70, Slg. 1970, S. 1125ff. - *Internationale Handelsgesellschaft;* EuGH, Rs. 106/77, Slg. 1978, S. 629ff. *Simmenthal II.*

[158] BVerfGE 73, S. 339, 375ff *Solange II.*

[159] Vgl. Ehlers, DVBl. 1991, S. 605, 608ff. Das BVerfG behält sich einen Überprüfungsspielraum des EG-Rechtes vor.

zieht dort die Grenze, wo das EG-Recht von dem nationalen Rechtsanwendungsbefehl der Zustimmungsgesetze nicht mehr gedeckt ist. Ein Anwendungsvorrang des Gemeinschaftsrechtes komme daher nur insoweit in Betracht, wie der Europäischen Gemeinschaft von den Mitgliedstaaten Hoheitsrechte übertragen worden sind (Prinzip der Einzelermächtigung). Der Vorrang des Gemeinschaftsrechtes gelte somit aus mitgliedstaatlicher Sicht wiederum nur nach Maßgabe der nationalen Verfassungen.[160] Letztere sei nicht gegeben, wenn Regelungen der Gemeinschaft gegen die in Art. 79 Abs. 3 GG geschützten Verfassungsgarantien verstoßen.[161]

4.2. Die EG-Richtlinie

Im Folgenden wird erörtert, wie sich diese Vorrangwirkung von Gemeinschaftsrecht und somit auch von EG-Richtlinien als sekundäres Gemeinschaftsrecht im Kollisionsfall mit dem nationalen Recht auswirkt. Daran schließt sich die Erörterung der Frage an, ob Richtlinien, und hier insbesondere die Richtlinie zum Kommunalwahrecht, eine unmittelbare Wirkung gegenüber den Bürgern entfalten und welche Möglichkeiten sich daraus für die Betroffenen ergeben, wenn die Richtlinie in Deutschland nicht umgesetzt wird. [162]

4.2.1. Wesen und Funktion von EG-Richtlinien

Im Europäischen Gemeinschaftsrecht wird begrifflich unterschieden zwischen dem sog. Primärrecht – hierzu zählen sämtliche EG-Verträge – und dem sog. Sekundärrecht, welches die auf der Grundlage der EG-Verträge ergangenen Rechtsakte der EG-Organe bezeichnet.[163] Nach Art. 249 des Vertrages zur Gründung der Europäischen Gemeinschaft ergeht sekundäres Gemeinschaftsrecht entweder in Form der Verordnung, der Richtlinie, der Entscheidung, Empfehlung oder Stellungnahme. Die Regelung bezüglich des Kommunalwahlrechtes für EU-Ausländer ist in Form einer Richtlinie erlassen worden.

---

[160] Vgl. BVerfGE 89, 155, 190; BVerfG, NJW 1993, S. 3047, 3053ff. -*Maastricht*; Herdegen, EuGRZ 1992, S. 591.

[161] Vgl. Knöll, NJW 2000, S. 1845, 1847; dieses ist aber beispielsweise auch dann der Fall, wenn eine EG-Richtlinie keine Ermächtigungsgrundlage im EG-Vertrag findet, denn die EU besitzt nach einhelliger Ansicht als reiner Staatenverbund keine Kompetenz-Kompetenz, vgl. BVerfG, NJW 1993, S. 3047, 3053ff. -*Maastricht*; Epping, Jura 1995, S.449ff; Herdegen, Europarecht, Rn. 85 u. 189.

[162] Eine unmittelbare Wirkung des Art. 19 Abs. 1 EGV kann wohl ausgeschlossen werden, da er zum einen zu viele Auslegungsmöglichkieten bietet und zum anderen auch nicht vollständig ist, denn es wird ausdrücklich auf eine Konkretisierung durch das Sekundärrecht verwiesen, vgl. Schunda, S. 85f.

[163] Bleckmann, Europarecht Rn. 525; Herdegen, Europarecht, Rn 160.

Bezüglich der Rechtsnatur der Richtlinie ist Folgendes auszuführen: Gemäß Art. 249 Abs. 3 EGV ist die Richtlinie für jeden Mitgliedstaat, an den sie gerichtet wird, hinsichtlich des zu erreichenden Zieles verbindlich, überlässt hierbei jedoch den innerstaatlichen Stellen die Wahl der Form und Mittel. Verbindlichkeit der Richtlinie hinsichtlich ihres Zieles bedeutet, dass jeder Mitgliedstaat verbindlich dafür zu sorgen hat, dass nach Ablauf der in der Richtlinie genannten Frist das nationale Recht im Ergebnis mit den Richtlinienvorgaben übereinstimmt. Die Mitgliedstaaten haben bei der Umsetzung der Richtlinie diejenige Vorgehensweise zu wählen, die für die Gewährleistung der praktischen Wirksamkeit der Richtlinie am besten geeignet ist.[164] Anders als die gemeinschaftliche Verordnung, die nach Art. 249 Abs. 2 EG unmittelbar in jedem Mitgliedstaat gilt und deren Bestimmungen sich direkt an die Bürgerinnen und Bürger des europäischen Binnenmarktes wenden[165], sind Richtlinien nur an die Mitgliedstaaten adressiert und deshalb grundsätzlich auch nur für diese verbindlich, nicht hingegen für ihre Bürger.[166]

Um auch für den EU-Bürger Geltung zu erlangen, bedürfen Richtlinien der Umsetzung in nationales Recht. Erst durch einen solchen Transformationsakt erlangt die Richtlinie innerstaatliche Relevanz und entfaltet Bindungswirkung nicht mehr ausschließlich für den Mitgliedstaat, sondern jetzt auch in dem Mitgliedstaat.[167] Entspricht das bestehende nationale Recht bereits den Zielvorgaben einer Richtlinie, ist eine explizite Umsetzungsmaßnahme hingegen entbehrlich.[168]

4.2.2. Das Verhältnis von EG-Richtlinie zu nationalem Recht im Kollisionsfall

Die EG-Richtlinie dient der Rechtsangleichung in den EU-Mitgliedstaaten[169] mit dem langfristigen Ziel der Vereinigung der Mitgliedstaaten zu einer politischen Union. Die Mitgliedstaaten sind verpflichtet, das nationale Recht den Vorgaben der EG-Richtlinie anzupassen. Tun sie dieses nicht, kommt es zur Kollision zwischen nationalem Recht und europäischen Vorgaben. Zu berück-

---

[164] Jarass, Grundfragen der innerstaatlichen Bedeutung des EG- Rechts, S. 52.

[165] Schmidt, in: von der Groeben/Thiesing/Ehlermann, Art. 189, Rn. 32.

[166] Grabitz, in: Grabitz/Hilf, Art. 189, Rn 51; Becker, DVBl. 1997, 588, 593; Fuß, DVBl. 1965, 378f.

[167] Scherzberg, Jura 1992, 572, 574ff.

[168] Vgl. EuGH, Rs. 29/84, Slg. 1985, S. 1661 (1673)ff; Pernice, EuR 1994, 325,330ff; Wägenbauer, ZG 1988, 303, 310ff; a.A. Hilf, EuR 1993, 1, 13ff, der auch bei bestehender richtlinienkonformer Rechtslage einen expliziten Umsetzungsakt fordert. Hierdurch soll seiner Ansicht nach klargestellt werden, dass das nationale Recht nunmehr zur Erfüllung der Richtlinie gelte.

[169] Oehlert, JuS 1997, 317ff; Scherzberg, Jura 1992, 572, 575ff.

sichtigen ist jedoch, dass eine direkte Kollision entgegenstehender Rechtsvorschriften in der Praxis nur denkbar ist, wenn sowohl das nationale Recht als auch das EG-Recht auf den entsprechenden Sachverhalt unmittelbare Anwendung finden. Dies kommt nur in Betracht, wenn das EG-Recht im innerstaatlichen Rechtsraum unmittelbare Wirkung entfaltet. Bei Richtlinien, die zunächst nur einen Handlungsauftrag an die Mitgliedstaaten enthalten, ist diese Voraussetzung – direkt und unmittelbar zu gelten – in aller Regel nicht erfüllt. Entsprechen die Zielvorgaben einer Richtlinie nicht in jedem Fall dem bestehenden nationalen Recht, ist der Mitgliedstaat bei der Umsetzung zunächst verpflichtet, eine richtlinienkonforme Lösung zu finden. Gelingt ihm dies nicht, dann darf dieses gesetzgeberische Dilemma in keinem Fall zu Lasten der Verwirklichung der Richtlinienziele entschieden werden. Aus dem Vorrang des Gemeinschaftsrechtes folgt dann eine mitgliedstaatliche Verpflichtung, das geltende nationale Recht entsprechend zu ändern oder, falls nötig, sogar aufzuheben. Vor der Richtlinienumsetzung bleibt das nationale Recht aber selbst dann vollumfänglich anzuwenden, wenn es den Zielvorgaben einer EG-Richtlinie nicht entspricht.[170]

Die nationalen Gerichte trifft vor Ablauf der Umsetzungsfrist keine Verpflichtung, bei einer Kollision nationalen Rechts mit einer EG-Richtlinie die Zielvorgaben der Richtlinie im Wege einer richtlinienkonformen Interpretation des nationalen Rechts zu berücksichtigen.[171] Erst nach Fristablauf will die Richtlinie einen bestimmten Rechtszustand in den Mitgliedstaaten erreichen; deshalb besteht auch erst ab diesem Zeitpunkt eine mitgliedstaatliche Pflicht, in Zweifelsfragen die Zielsetzungen einer Richtlinie bei der Auslegung des nationalen Rechts zu beachten.[172] Vor Ablauf der Umsetzungsfrist besteht lediglich eine Pflicht des nationalen Gesetzgebers, kein Recht zu erlassen, das einen (späteren) Erfolg der Richtlinienziele vereiteln oder erschweren würde (sog. Sperrwirkung der Richtlinie).[173]

4.2.3. Die unmittelbare Wirkung von Richtlinien

Die von der Europäischen Gemeinschaft erlassenen Richtlinien entfalten in der Regel keine unmittelbare Wirkung, sondern bedürfen der Umsetzung durch den Mitgliedstaat. (Art. 249 Abs. 3 EGV). Allerdings können Richtlinien, die trotz Ablaufs der Umsetzungsfrist nicht oder nur unzureichend umgesetzt worden

[170] Oppermann, Europarecht, Rn. 556; Bleckmann, Europarecht Rn. 433; Gellermann, S. 125ff.

[171] Weiß, DVBl. 1998, 568, 575; Gellermann, S. 109ff; Hilf, EuR 1991, 211, 220f; a.A. Zuleeg, VVDStRL 54 (1994), 154, 165.

[172] Jarass, EuR 1991, 211, 220f.

[173] Weiß, DVBl. 1998, S. 568, 575; Hilf, EuR 1993, S.1, 7; Scherzberg, Jura 1992, 572, 578.

sind, unter bestimmten Umständen ausnahmsweise doch unmittelbare Wirkung für den Bürger entfalten, so dass sich dieser vor Gericht auf die Richtlinie berufen kann. Nach der ständigen Rechtsprechung des EuGH kann von dieser Regel aber nur unter bestimmten eng gefassten Voraussetzungen abgewichen werden, da es mit der verbindlichen Wirkung des Gemeinschaftsrechtes unvereinbar sei, generell auszuschließen, dass sich betroffene Personen nötigenfalls vor den innerstaatlichen Gerichten auf die den Mitgliedstaaten auferlegte Verpflichtungen berufen können. Die unmittelbare Wirkung von Richtlinien, bei nicht erfolgter Transformation durch den Mitgliedstaat, ist daher inzwischen im Wege richterlicher Rechtsfortbildung anerkannt.[174]

Die unmittelbare Wirkung dient damit zum einen als Schutz für die in der Richtlinie vorgesehenen Rechte des einzelnen Bürgers, zum anderen auch als Sanktion gegen den säumigen Mitgliedstaat. Einen Anspruch auf Anwendung einer unmittelbar anwendbaren Richtlinie hat der Bürger jedoch nur gegenüber der staatlichen Verwaltung. Eine horizontale Wirkung gegenüber anderen Individuen oder gar die Anwendbarkeit der Richtlinie zugunsten des Staates besteht nicht.[175] Richtlinien dürfen nicht mit rechtlich verpflichtender Wirkung zu Lasten Einzelner angewandt werden, bevor der Mitgliedstaat sie umgesetzt hat.[176] Dieses ergibt sich schon aus Art. 249 Abs. 3 EGV, da Privatpersonen im Gegensatz zum Staat als Verpflichtende der Richtlinie nicht genannt werden.[177] Aus dem gleichen Grund gilt die verbindliche Wirkung der Richtlinie nach Art. 249 Abs. 3 EGV auch nur für die Mitgliedstaaten, an die die Richtlinie gerichtet

---

[174] St. Rspr. des EuGH, zunächst in Verbindung mit einer staatengerichteten Entscheidung EuGH, Urt. vom 17.12.1970, Rs. 33/70, Slg. 1970, 1213, 1223 – *Spa SACE/Finanzministerium der Italienischen Republik;* ausschließlich zu Richtlinien Urt. vom 04.04.1974, Rs. 41/74, Slg. 1974, 1337, 1348 - *Van Duyn / Home Office*; Urt. vom 01.02.1977, Rs. 51/76, Slg. 1977, 113, 126 – *Verbond van Nederlandse Ondernemingen/Inspecteur der Invoerrechten en Accijnzen*; auch BverfGE 75, 223.

[175] EuGH Urt. v. 26.02. 1986, Rs. 182, 84 - *Marshall* Slg. 1986, S. 723, 749; EuGH Urt. v. 08.10.1987, Rs. 80/86 - *Kolpinghuis Nijmegen* Slg. 1987, S. 3969, 3985; Schweitzer/Hummer, Europarecht, S. 115; Jarass, NJW 1990, 2420, 2421f; Herber, EuZW 1991, 401; hinsichtlich der Problematik, dass die Richtlinien keine horizontale Wirkung entfalten, Pieper DVBl. 1990, 684, 686.

[176] EuGH Urt. vom 12.05.1987, Rs. 372-374/85, Slg. 1987, 2141, 2159f – *Strafsache gegen O. Traen*; Urt. vom 11.06.1987, Rs. 14/86, Slg. 1987, 2545, 2570 – *Pretore di Salò /X*; EuGH Urt. Vom 08.10.1987, Rs. 80/86, Slg. 1987, 3969, 3985 – *Strafverfahren gegen Kolpinghuis Nijmegen*; Fischer, NvWZ 1992, 635, 637; Jarass, NJW 1990, 2420, 2424.

[177] Ausführlich dazu Kadelbach, Allgemeines Verwaltungsrecht unter europäischen Einfluss, S. 82ff.

ist, eine Berufung auf Richtlinienbestimmungen im Privatrechtsverhältnis, d.h. zwischen zwei Bürgern, kommt dagegen nicht in Betracht.[178]
Die unmittelbare Wirkung einer Richtlinie ist erst dann in Betracht zu ziehen, wenn ein Mitgliedstaat innerhalb der Umsetzungspflicht keine oder unzulängliche Maßnahmen zur Umsetzung der Richtlinie in nationales Recht getroffen hat.[179] Einer Direktwirkung bedarf es dagegen nicht, wenn innerstaatliche Umsetzungsnormen in richtlinienkonformer Weise ausgelegt werden können.[180]

Voraussetzung für die unmittelbare Wirkung der Richtlinie ist weiter, dass die jeweilige Richtlinienbestimmung nach dem allgemeinen System der Richtlinie und dem Zusammenhang, in den die fragliche Vorschrift gestellt ist, zur Direktwirkung geeignet sein. Dazu muss sie eine Verpflichtung enthalten, die inhaltlich unbedingt und hinreichend bestimmt ist.[181]

Inhaltlich unbedingt ist eine Vorschrift, wenn sie ohne weitere konkretisierende Maßnahmen auf gemeinschafts- oder mitgliedstaatlicher Ebene auf den Einzelfall angewendet werden kann. Sie darf insbesondere keinen gestaltenden Akt verlangen und den zuständigen Stellen keinen Beurteilungs- oder Ermessensspielraum belassen.[182]

Hinreichend bestimmt ist eine Richtlinienbestimmung, wenn ihr Regelungsgehalt „allgemein und unzweideutig“ den sachlichen Regelungsbereich und den erfassten Personenkreis erkennen lässt.[183] Grundlegende Bedingung dafür ist, dass eine Richtlinienbestimmung aus sich heraus zur Anwendung kommen und an die Stelle der vorgesehenen nationalen Norm treten kann. Dazu ist notwen-

---

[178] Statt vieler: EuGH, Urt. vom 26.02.1986, Rs. 152/84, Slg. 1986, 737, 748 – *Marshall / Southampton and South-West Hampshire Area Health Authority (Teaching)*; Urt. vom 12.05.1987, Rs. 372-374/85, Slg. 1987, 2141, 2159f – *Strafsache gegen O. Traen*; Urt. Vom 08.10.1987, Rs. 80/86, Slg. 1987, 3969, 3985 – *Strafverfahren gegen Kolpinghuis Nijmegen.*

[179] EuGH Urt. vom 04.04.1974, Rs. 41/74, Slg. 1974, 1337, 1348 - Van Duyn / Home Office; Götz, NJW 1992, 1855.

[180] EuGH, Urt. vom 10.04.1984, Rs. 14/83, Slg. 1984, 1891, 1909 – Sabine von Colson und Elisabeth Kamann / Land Nordrhein-Westfalen.

[181] EuGH Urt. vom 04.04.1974, Rs. 41/74, Slg. 1974, 1337, 1349 - *Van Duyn / Home Office*; Urt. Vom 08.10.1987, Rs. 80/86, Slg. 1987, 3969, 3985 – *Strafverfahren gegen Kolpinghuis Nijmegen.*

[182] Zusammenfassend zu den Kriterien Jarass, NJW 1990, 2422ff.

[183] EuGH, Urt. vom 04.12.1986, Rs. 71/85, Slg. 1986, 3855, 3875 – *Niederlande/Federatie Nederlandse Fakbeweging.*

dig, dass die Richtlinie den begünstigten Personenkreis, den Inhalt der zu gewährenden Rechte und den Schuldner des Anspruches bestimmt festlegt.[184]

4.2.3.1. Unmittelbare Wirkung der Richtlinie 94/80/EG

Zu untersuchen ist, ob die Richtlinie 94/80/EG zum Kommunalwahlrecht bei nicht fristgerechter Umsetzung in den Mitgliedstaaten im Verhältnis zwischen den Unionsbürgern und den mitgliedstaatlichen Gerichten und Verwaltungseinrichtungen unmittelbare Geltung beanspruchen kann. Dafür müsste die Richtlinie 94/80/EG die o.g. Voraussetzungen erfüllen. Sie müsste inhaltlich unbedingt und auch hinreichend genau bestimmt sein.

Die Frage der unmittelbaren Wirkung der Kommunalwahlrichtlinie ist vom Europäischen Gerichtshof bisher noch nicht entschieden worden. In der Literatur wird eine unmittelbare Wirkung der Kommunalwahlrechtrichtlinie überwiegend für möglich gehalten.[185] Denn die Kommunalwahlrechtsrichtlinie regelt den in sich abgeschlossenen Regelungskomplex der Kommunalwahlen in den Mitgliedstaaten sehr detailliert und umfangreich. In den Art. 3,4,6,7,8 und 9 der Richtlinie werden konkrete Vorgaben zu Wahlverfahren und Wahlvoraussetzungen gemacht, so dass es keiner zusätzlichen europäischen und mitgliedstaatlichen Regelungen in diesem Bereich bedarf, da die Richtlinie selber auf den Einzelfall angewandt werden kann. Die Richtlinie selber regelt allgemein und unzweideutig die Einführung des Kommunalwahlrechtes. Sie definiert das Kommunalwahlrecht als Wahlrecht auf der lokalen Gebietskörperschaft der Grundstufe. Welches genaue politische Partizipationsrecht den Unionsbürgern in den einzelnen Mitgliedstaaten damit gegeben werden soll, wird aus dem Anhang der Richtlinie deutlich. Auch wird der begünstigte Personenkreis in der Richtlinie genau definiert, nämlich die Unionsbürger in ihrem Wohnsitzstaat, dessen Staatsangehörigkeit sie nicht besitzen. Auch der Inhalt des zu gewährenden Rechts wird definiert. Die Richtlinie stellt allgemein und unzweideutig fest, dass den ausländischen Unionsbürgern in dem Mitgliedstaat auf kommunaler Ebene die gleichen Rechte der politischen Partizipation eingeräumt werden sollen. Meist genügt es somit, die bestehenden nationalen wahlrechtlichen Regelungen unter Anwendung des Grundsatzes der Inländergleichbehandlung auch auf die ausländischen Unionsbürger zu erstrecken. Der Schuldner des Anspruches wird aus der Richtlinie ebenfalls ersichtlich. Schuldner ist der für das Kommunalwahlrecht zuständige Gesetzgeber des jeweiligen Mitgliedstaates. Die Richtlinie überlässt den nationalen Behörden damit keinen Ermessens- oder

---

[184] EuGH, Slg. 1991, I-5357, 5408 – *Francovich*.

[185] So z.B. Fischer, NVwZ 1995, 457; Hasselbach, ZG 1997, 59; Laubach S. 70; a.A. Magiera, in Magiera (Hrsg.), Das Europa der Bürger, S. 37f; Reich, Bürgerrechte in der EU, S. 436.

Handlungsspielraum mehr, diese Regelungen sind vielmehr ohne weitere konkretisierende Rechts – oder Vollzugsakte der Mitgliedstaaten unbedingt anwendbar.

Allerdings enthält die Richtlinie in Art. 5 und 12 auch einige Optionen, bei denen den Mitgliedstaaten ein Umsetzungsspielraum verbleibt. Daher kann die Richtlinie nicht insgesamt, jedoch zumindest in den Art. 3, 4 Abs.1, 6 Abs. 1, 7 Abs. 1, 8 Abs. 2 und 3 und 9 Abs. 1 S. 1 RL als inhaltlich unbedingt und hinreichend bestimmt angesehen werden. Im Hinblick auf diese Regelungen kommt der Kommunalwahlrichtlinie 94/80/EG somit unmittelbare Wirkung im Verhältnis zwischen Unionsbürger und mitgliedstaatlicher Verwaltung und Gerichten zu.[186]

4.2.3.2. Rechtsschutz bei Nichtumsetzung der Richtlinie 94/80/EG

Die Durchsetzung der unmittelbaren Anwendbarkeit von Richtlinien ist Aufgabe des einzelnen Bürger, der seine Rechte vor den nationalen Gerichten einklagen muss.[187] Angesichts des Vorranges des Gemeinschaftsrechtes vor dem nationalen Recht sind die zuständigen Gerichte der Mitgliedstaaten (in Deutschland sind dies nach §§ 40 Abs. 1 S. 1, 45 VwGO die Verwaltungsgerichte) bei Nichtumsetzung der Richtlinie gehalten, die Unzulässigkeit der Wahlrechtsbeschränkung zu beachten und Verpflichtungsklagen ausländischer Mitbürger auf Aufnahme in die Kandidatenliste, auf Berücksichtigung eines Wahlvorschlages durch den Wahlleiter oder auf Einschreibung in das jeweilige Wählerverzeichnis stattzugeben. Auf ein im Einzelfall entgegenstehendes Landesrecht brauchen die Gerichte keine Rücksicht zu nehmen. Handelt das angerufene Verwaltungsgericht der Verpflichtung zur Beachtung des Gemeinschaftsrechts zuwider, so steht dem einzelnen Unionsbürger allerdings kein unmittelbarer Zugang zum Rechtsschutz durch die europäischen Gerichte offen.[188]

Das angerufene Gericht ist jedoch, sofern es eine Teilnahmeberechtigung des Unionsbürgers an der konkret in Frage stehenden Kommunalwahl für nicht gegeben hält, verpflichtet, die Sache nach Art. 234 3 EGV dem EuGH vorzulegen. Eine Verletzung dieser Vorlagepflicht wiederum kann in Deutschland in letzter Konsequenz – unter Berufung auf einen Eingriff in die Grundrechte und grund-

---

186 So auch Fischer, NVwZ 1995, 457; Hasselbach, ZG 1997, 49, 59; a.A. EP in „Arbeitsdokument. Die Unionsbürgerschaft“, PE 165, 568, Reihe Rechtsfragen, W-5, Luxemburg 1995, S. 21.

187 Pieper DVBl. 1990, 684, 688; Rehbinder S. 71, 76; zu der Problematik, ob auch die Verwaltung selber schon eine Prüfungs- und Verwerfungskompetenz bei Konflikten des nationalen Rechts mit Gemeinschaft hat, Martini, S.17ff.

188 Hasselbach, MDR 1994, 849ff, m.w.N..

rechtsgleichen Rechte des Betroffenen aus Art. 101 Abs. 1 Satz 2 GG (Recht auf den gesetzlichen Richter) und aus Art. 2 Abs. 1 i.V.m. Art. 23 Abs. 1 GG (Vorrang des Gemeinschaftsrechtes) – mit der Verfassungsbeschwerde angegriffen werden.[189]

4.3. Umsetzung von EG-Richtlinien

Im Folgenden soll untersucht werden, wer in der Bundesrepublik Deutschland für die Umsetzung der EG-Richtlinien, und hier insbesondere der Richtlinie zum Kommunalwahlrecht, zuständig ist. Die Umsetzung betrifft den legislatorischen Rechtsakt, der notwendig ist, um die Zielvorgaben der Richtlinie in nationales Recht zu übertragen.[190]

Die Zuständigkeit zur Umsetzung der Richtlinien richtet sich nach der internen Kompetenzverteilung der Mitgliedstaaten.[191] In der Bundesrepublik Deutschland war und ist umstritten, ob diese europarechtliche Umsetzungspflicht lediglich den Bund oder auch die Länder verpflichtet, wenn deren Regelungsbereich betroffen ist. Der Meinungsstreit soll im Folgenden kurz dargestellt und erörtert werden.

Ein Teil der Literatur vertritt die Auffassung, dass aus dem EG-Recht eine ausschließliche Bundeskompetenz zur Umsetzung gemeinschaftsrechtlicher Vorschriften folge.[192] Adressat der Richtlinie seien nicht die Länder, sondern der Bund, nur für diesen sei die Richtlinie gemäß Art. 249 Abs. 3 EGV verbindlich. Das nach Art. 10 EGV vorrangige Gemeinschaftsrecht verdränge die nationale Zuständigkeitsverteilung zur Gesetzgebung in Bezug auf europäische Rechtsakte, und zwar mit der Folge, dass ausschließlich der Bund zur Umsetzung von EG-Richtlinien berechtigt und verpflichtet sei.[193]

Diese Argumentation steht jedoch im Widerspruch zum primären Gemeinschaftsrecht. Denn dieses trifft an keiner Stelle eine Aussage über die Verteilung der Zuständigkeiten in den Mitgliedstaaten zur Umsetzung der EG-Richtlinien.[194] Im Gegenteil, eine solche Regelung würde auch gegen den völkerrechtlichen Grundsatz verstoßen, wonach internationale Organisationen

---

189 Hasselbach, MDR 1994, 849, 851f.

190 Isensee/Kirchhof-*Streinz*, in Handbuch des Staatsrechts, Bd. VII § 182 Rn. 4 m.w.N..

191 Vgl. Jarass, Grundfragen der innerstaatlichen Bedeutung des EG-Rechts, S. 60f; Bleckmann, Europarecht, S. 423.

192 Birke, S. 125; Riegel, DVBl. 1979, 245ff.

193 Riegel, DVBl. 1979, 245, 248ff; ders., NuR 1981, 90, 93ff.

194 So auch Blanke, S. 53, 76ff.

nicht in die innerstaatliche Kompetenz ihrer Mitgliedstaaten eingreifen dürfen.[195]

Ebenfalls nicht überzeugen kann die Argumentation,[196] dass sich die ausschließliche Bundeskompetenz aus dem Grundgesetz ableiten ließe. Aus der Befugnis des Bundes aus Art. 23 Abs. 1 GG, Hoheitsrechte auf die Europäische Gemeinschaft zu übertragen, kann nicht gefolgert werden, dass eine innerstaatliche Allzuständigkeit des Bundes für die Umsetzung dieses Gemeinschaftsrechtes besteht. Grundgesetzlich ist vielmehr verankert, dass die Länder in Angelegenheiten, die ihren Kompetenzbereich betreffen, eingebunden werden. So regelt z.B. Art. 23 Abs. 6 GG n.F., dass bei Angelegenheiten, die im Hoheitsbereich der Länder liegen, ein Vertreter der Länder im Ministerrat die Bundesrepublik Deutschland vertreten soll. Eine Schwächung der Stellung der Länder bei europarechtlichen Fragen ist somit gerade nicht beabsichtigt, eine Allzuständigkeit des Bundes daher nicht gegeben.

Da sich somit weder aus dem Gemeinschaftsrecht noch aus Art. 23 Abs. 1 GG eine alleinige Bundesumsetzungskompetenz ableiten lässt, vertritt ein Teil der Literatur die Auffassung, dass Art. 30, 70 Abs. 1 GG die „Vermutung" zu entnehmen sei, dass eine allgemeine Länderzuständigkeit für alle staatlichen Aufgaben, die nicht in der Verfassung explizit geregelt sind, gegeben sei.[197] Auch diese Argumentation kann freilich nicht überzeugen, denn allein aus der Tatsache, dass das Grundgesetz die Frage der Kompetenzverteilung zur Umsetzung sekundären EG-Rechts nicht ausdrücklich regelt, kann keine Generalzuständigkeit der Länder abgeleitet werden. Der Vermutung einer alleinigen Kompetenz der Länder steht auch entgegen, dass das Grundgesetz ja gerade dem Bund die rechtsverbindlichen Beziehungen zu auswärtigen Hoheitsträgern ermöglicht. Ausgangspunkt muss vielmehr sein, dass der Verfassungsgeber bei der Konstituierung des Grundgesetzes noch kein sekundäres Gemeinschaftsrecht kannte und dementsprechend auch nicht die Umsetzungskompetenzen. Somit liegt eine planwidrige Regelungslücke vor, die mit der heute herrschenden Meinung durch eine Analogie zu den Art. 30, 70ff GG geschlossen wird.[198] Dieses entspricht auch der Gesetzgebungspraxis in Bund und Ländern seit Erlass der ersten EG-Richtlinien. Dieses Verfahren scheint auch am ehesten mit dem Bundesstaatsprinzip vereinbar. Da die Richtlinien der EG Folge des primären Ge-

---

[195] Bleckmann, Europarecht, Rn. 741; Hailbronner, JZ 1990, 149; Trüe, EuR 1996,179, 187ff.

[196] Birke, S. 121.

[197] Maunz/Dürig-*Maunz*, Art. 70, Rn. 30;

[198] Statt vieler Weber, DVBl. 1986, 800, 802ff; Trüe, EuR 1996, 179, 190ff; Rengeling, DVBl. 1995, 945, 950ff.

meinschaftsrechtes sind, welches wiederum durch Hoheitsübertragungen entstanden ist, erscheint es auch hier sinnvoll, die sich aus dem Bundesstaatsprinzips in der Verfassung widerspiegelnde Kompetenzverteilung auch bei der Umsetzung von EG-Richtlinie zu berücksichtigen.

Ausweislich ihres Art. 14 Abs. 1 S.1 RL war die Richtlinie von den Mitgliedstaaten bis zum 31.12.1995 umzusetzen. In der Bundesrepublik Deutschland waren die Länder für die Umsetzung der Kommunalwahlrechtsrichtlinie zuständig, weil das Kommunalrecht und das Kommunalwahlrecht gemäß Art. 70 GG zu ihrer ausschließlichen Gesetzgebungszuständigkeit gehören. Das Grundgesetz verpflichtet die Länder, ihren Zuständigkeitsbereich betreffende EG-Richtlinien ordnungsgemäß umzusetzen.

4.4. Sanktionen bei fehlender oder fehlerhafter Umsetzung von Richtlinien

Die Mitgliedstaaten sind verpflichtet, die EG-Richtlinien in nationales Recht umzusetzen. Verstößt ein Mitgliedstaat gegen seine Umsetzungspflicht, so kann dies neben der unmittelbaren Wirkung der Richtlinie noch andere Konsequenzen haben. Diese sollen im Folgenden kurz skizziert werden.

4.4.1. Vertragsverletzungsverfahren nach Art. 226 EGV

Bei fehlender oder nicht ordnungsgemäßer Umsetzung der EG-Richtlinien in nationales Recht hat der EG-Vertrag als Sanktion ausdrücklich das Vertragsverletzungsverfahren nach Art. 226-228 EGV vorgesehen, welches nach einem Vorverfahren zu einer Gerichtsentscheidung durch den EuGH führen kann. Klagebefugt sind in diesem Verfahren die Kommission (Art. 226 EGV) als „Hüterin der Verträge“ und die anderen Mitgliedstaaten (Art. 227 EGV). Dieses Verfahren dient der Gemeinschaft und den anderen Mitgliedstaaten zum einen zur Aufrechterhaltung der Gemeinschaftsordnung, zum anderen kann so auch Druck auf pflichtwidrig handelnde Mitgliedstaaten ausgeübt werden. Die Folgen, die sich aus dem Urteil des EuGH ergeben, sind jedoch gering. Der EuGH stellt lediglich die Vertragsverletzung fest, der Mitgliedstaat hat dann die sich aus dem Urteil ergebenden Maßnahmen zu ergreifen. Wird der Mitgliedstaat aber auch dann nicht aktiv, wird erneut eine Vertragsverletzung festgestellt, und das Gericht kann die Zahlung eines Pauschalbetrages oder eines Zwangsgeldes verhängen (Art. 228 EGV).

Somit werden bei einem Vertragsverletzungsverfahren nach Art. 226-228 EGV bei fehlender oder fehlerhaften Umsetzung einer Richtlinie weder die Folgen des Pflichtverstoßes für den dadurch beteiligten Bürger beseitigt oder abgemildert und der Mitgliedstaat zur Umsetzung der Richtlinie gezwungen, noch hat der einzelne Bürger selber die Möglichkeit, nach Art. 226 ff EGV vorzugehen.

Er ist abhängig von der Initiative der Kommission oder eines anderen Mitgliedstaates.

4.4.2. Sanktionen nach der Rechtsprechung des EuGH

Aufgrund der Schwächen des Vertragsverletzungsverfahren hat der EuGH schon früh in der Entwicklung des Gemeinschaftsrechtes unter bestimmten Voraussetzungen dem Einzelnen die Möglichkeit gegeben, sich auf die Richtlinie zu berufen, um seine Rechte trotz fehlender oder fehlerhafte Umsetzung geltend machen zu können. Damit wurde einerseits eine spürbare Sanktion gegen den Mitgliedstaat für sein pflichtwidriges Verhalten eingeführt, andererseits wurde der Einzelne nicht mehr rechtsschutzlos gestellt, wenn der Mitgliedstaat im Hinblick auf seine Umsetzungspflicht pflichtwidrig untätig blieb. Der durch das Francovich-Urteil des EuGH[199] erstmals festgestellte Schadensersatzanspruch eines Einzelnen gegen den Mitgliedstaat in bestimmten Fällen, in denen eine unmittelbare Wirkung des Gemeinschaftsrechts ausgeschlossen ist, verstärkt und ergänzt sowohl die Sanktionswirkung als auch den Rechtsschutz des Einzelnen.

4.5. Ergebnis

Mit der Ratifizierung des Maastrichter Vertrages hat Deutschland den ersten Schritt zur Beteiligung ausländischer Unionsbürger an Kommunalwahlen in seinem Land gemacht. Die Einzelheiten über die Ausübung dieses Kommunalwahlrechtes wurden dann in der Richtlinie 94/80/EG festgelegt. Damit diese Regelungen auch innerstaatliche Relevanz und Bindungswirkung innerhalb Deutschlands entfalten, ist Deutschland verpflichtet, diese Richtlinie in nationales Recht umsetzen. Zwar kommt der Kommunalwahlrichtlinie eine unmittelbare Wirkung zu, die einen Anspruch auf unmittelbare Anwendung beinhaltet, ein solcher Anspruch entsteht jedoch erst dann, wenn der Mitgliedstaat die Richtlinie nicht innerhalb der festgelegten Frist in nationales Recht umsetzt. Da die Umsetzungspflicht für die Richtlinie die Länder trifft aufgrund ihrer ausschließlichen Gesetzgebungskompetenz im Bereich des Kommunalwahlrechtes, sind diese verpflichtet, ihre Kommunalwahlgesetze dementsprechend zu ändern. Tun sie dieses nicht innerhalb der ihnen obliegenden Pflicht, kann der ausländische Unionsbürger versuchen, sich vor dem zuständigen Verwaltungsgericht in das Wählerverzeichnis einzuklagen.

---

[199] EuGH, Slg. 1991, I-5357, 5416 – *Francovich.*

III. Gibt es bereits ein europäisches Volk ?

Die Europäische Union hat das Zusammenwachsen der Bürger der Mitgliedstaaten der Europäischen Gemeinschaft verändert. Hatte man zuvor nur eine vage Vorstellung, was eine „europäische Identität" bedeuten könne,[200] stand dem nun die Unionsbürgerschaft als fester Rechtsbegriff gegenüber, der den Bürgern der Mitgliedstaaten einen gemeinsamen Status verbunden mit dazugehörigen Rechten verleiht

Fraglich ist jedoch, ob sich aus dieser Entwicklung ableiten lässt, dass sich be reits etwas Vergleichbares wie ein „europäisches Volk" herausgebildet hat. Die Entwicklung eines „europäischen Volkes" hätte zur Folge, dass der bisher rein national verstandene Volksbegriff durch eine europäische Komponente ergänzt bzw. sogar ersetzt werden würde. In Europa wären damit nicht mehr die jeweiligen Völker der Mitgliedstaaten Träger der Staatsgewalt, sondern ein einheitliches europäisches Volk müsste ebenfalls in seiner Gesamtheit Herrschaftsbefugnisse ausüben können. Dieses ist bisher auf europäischer Ebene kaum vorgesehen. Mit Ausnahme der Wahl des Europäischen Parlamentes wird die Staatsgewalt auf europäischer Ebene im Wesentlichen durch die Staats- und Regierungschefs der Mitgliedstaaten ausgeübt.

Das demokratische Prinzip, nach dem alle Staatsgewalt vom Volk ausgeht, fordert jedoch, dass die Wahrnehmung öffentlicher Aufgaben und die Ausübung hoheitlicher Befugnisse auf das Volk zurückgeführt werden und ihm gegenüber verantwortet werden müssen.[201] Besteht also ein europäisches Volk, müsste alle Staatsgewalt auf europäischer Ebene auch darauf zurückgeführt werden. Die Völker der einzelnen Mitgliedstaaten wären damit nur jeweils Teilmengen des gesamten europäischen Volkes.[202] Dieses könnte in der Konsequenz bedeuten, dass auch bei den nationalen Wahlen in den Mitgliedstaaten die Angehörigen der Europäischen Union als Teil des europäischen Volkes wahlberechtigt sein könnten und dieses nicht nur beschränkt auf die kommunale Ebene.

---

[200] Die mit Begriffen wie „Gemeinschaftsangehöriger" oder „Marktbürger" umschrieben wurde, vgl. Tomuschat, in „Staatsbürgerschaft – Unionsbürgerschaft -Weltbürgerschaft", in Drexl/Kreutzer/Scheunig/Sieber (Hrsg.) „Europäische Demokratie, S. 74.

[201] Badura, Staatsrecht, D 11.

[202] Vgl. BVerfGE 83, 37; 51-59 -*Kommunalwahlrecht für Ausländer*, wonach sich auch das Volk eines jeweiligen Bundeslandes immer nur aus dem auf dem jeweiligen Teilgebiet ansässigen Bundesvolk zusammensetzt.

1. Die Unionsbürgerschaft als europäische Staatsangehörigkeit

Grundvoraussetzung für die Ausübung von staatlicher Gewalt, also Herrschaftsgewalt, und damit der Teilhabe an der Gestaltung und Legitimation des Gemeinwesens, ist die Zugehörigkeit einer Person zum Staatsvolk.[203] Diese Staatsvolkszugehörigkeit wird in der Regel mit der Staatsangehörigkeit vermittelt.

Das Merkmal der Staatsangehörigkeit ermöglicht im Völker- und Staatsorganisationsrecht eine klare juristische Zuordnung einer Personengesamtheit als Volk zu einem Staat. Die Staatsangehörigkeit ist daher als Rechtsverhältnis, welches staatliche Personalhoheit und individuelle Verbandszugehörigkeit verbindet, zu begreifen und stellt damit sogleich das rechtliche Band zwischen Individuum und Institution dar.[204] Mit der Zurechnung zum Staatsvolk fällt auch das umfassende Recht zur Teilhabe an der Gestaltung des Staates zusammen. Die Staatsangehörigkeit vermittelt somit nicht nur die Zugehörigkeit zum Staatsvolk, sondern qualifiziert diese Person auch als vollberechtigten Staatsbürger, der an der Legitimierung und Ausübung staatlicher Herrschaft teilnimmt.[205] Die Staatsvolkszugehörigkeit ist somit Grundvoraussetzung des Staatsbürgerstatus und damit Grundlage für die Partizipation an der Gestaltung und Legitimation des Gemeinwesens.[206] Der Internationalen Gerichtshof definierte die Staatsangehörigkeit als rechtliches Band, das auf der sozialen Tatsache der Zugehörigkeit einer existentiellen, interessierten und emotionalen Verbindung beruhe und das gegenseitige Rechte und Pflichten begründe.[207]

---

[203] Vgl. Art. 1 Abs. 3 der Griechischen Verfassung; Art. 3 Abs. 1 der Französischen Verfassung, Art. 20 Abs. 2 des GG, Art. 1 S. 2 der Italienischen Verfassung; aber auch die internationalen Bestimmungen verweisen auf das Volk als konstitutives Fundament, z.B. Art. 21 Abs. 3 der Allgemeinen Erklärung der Menschenrechte sowie Art. 3 des Zusatzprotokolls zur Konvention zum Schutze der Menschenrechte und Grundfreiheiten.

[204] Makarov, S. 31; Grawert, Der Staat 23 (1984), 179, 184; siehe dazu ausführlich Kotalakidis, unter C III 2 a und insbesondere 2b.

[205] Kotalakidis, S. 65; Creifelds, Rechtswörterbuch, S. 246, Stichwort Bürger; Grawert, Staatsangehörigkeit und Staatsbürgerschaft, Der Staat 23 (1984), S. 179, 182.

[206] Kotalakidis, S. 67.

[207] „(L)egal bond having at its basis a social fact of attachment, a genuine connection of existence, interest and sentiments, together with the existence of reciprocal rights and duties" siehe IGH, Urteil vom 06.04.1955, ICJ Reports 1955, S. 4, 23 – *Lichtenstein/Guatemala ("Nottebohm");* zum Streit, ob die Staatsangehörigkeit ein Rechtsverhältnis oder einen Status schaffe; Makarov, Allgemeine Lehren des Staatsangehörigkeitsrechtes, S. 21ff; Hailbronner/Renner, Staatsangehörigkeitsrecht, Einl. Rn. C1ff.

In der Literatur ist umstritten, wie die Unionsbürgerschaft im Kontext von Staatsangehörigkeit, Staatsbürgerschaft und Verbandsmitgliedschaft einzuordnen ist.

Hilf vertritt die Ansicht, dass es sich bei der Unionsbürgerschaft um ein staatsangehörigkeitsähnliches Verhältnis sui generis handele.[208] Zur Begründung führt er an, dass durch die Unionsbürgerschaft ähnlich wie in Bundesstaaten eine zweite Loyalität und Identität entstehe, die die Loyalität zu den Mitgliedstaaten ergänze.[209] Der Unionsbürger werde als Rechtssubjekt förmlich anerkannt und habe einen grundlegenden Status, der ihm von der Rechtsordnung der Gemeinschaft und der Union garantiert werde.[210]

Bleckmann sieht dagegen in der Unionsbürgerschaft eine echte Staatsbürgerschaft.[211] Die Europäische Gemeinschaft könne zwar derzeit noch nicht als „echter" Staat verstanden werden, die Europäische Gemeinschaft habe aber durch den Maastrichter Vertrag Kompetenzen im Bereich der Personalhoheit übertragen bekommen, durch die sie Rechte und Pflichten vermitteln könne. Als Beispiel nennt *Bleckmann* den konsularischer Schutz für Unionsbürger durch andere Mitgliedstaaten der Gemeinschaft, wenn das eigene Land in dem betreffenden Staat nicht vertreten ist. Aus diesen Rechten lasse sich nach Ansicht *Bleckmanns* eine europäische Staatsbürgerschaft ableiten, ohne jedoch darauf näher einzugehen, ob diese auf einer gemeinsamen Staatsangehörigkeit basiert.[212]

Überwiegend wird jedoch in der Literatur die Auffassung vertreten, dass es sich bei der Unionsbürgerschaft nur um ein begrenztes instrumentelles europäisches Bürgerrecht handele. [213] Eine allgemeine umfassende „Europabürgerschaft", die einer Staatsangehörigkeit entspreche, sei dagegen bisher nicht entstanden.[214]. Diese Ansicht wird auch vom BVerfG geteilt.[215] Durch die Unionsbürgerschaft

---

208 Hilf, in: Grabitz/Hilf, Das Recht der Europäischen Union, Art. 17 EGV Rn. 1; vgl. auch Baetge, BayVBl. 1992, 711, 712.

209 Hilf, in: Grabitz/Hilf, Das Recht der Europäischen Union, Art. 17 EGV Rn. 1.

210 Hilf, in Grabitz/Hilf, Das Recht der Europäischen Union, Art. 17 EGV Rn. 3.

211 Bleckmann, Personal jurisdiction of the EEC, CMR 1980, 353ff.

212 Bleckmann, Personal jurisdiction of the EEC, CMR 1980, 353ff.

213 Oppermann/Classen, NJW 1993, 7, 11; Blanke, DÖV 1993, 412, 415; Randelzhofer in FS Grabitz, S. 591ff; Ress, JuS 1992, 985, 987.

214 Vgl. Oppermann, Sinn und Grenzen einer EG-Angehörigkeit, in FS Doehring, S. 713, 716; Hilf, Europäisches Gemeinschaftsrecht, in FS Doehring, S. 341; Everling, Auf dem Weg zu einem europäischen Bürger, in: Hrbek (Hrsg.) Bürger und Europa, S. 49ff.

215 BVerfGE 89, 155, 184.

werde „zwischen den Staatsangehörigen der Mitgliedstaaten ein auf Dauer angelegtes rechtliches Band geknüpft, welches dem bestehenden Maß existentieller Gemeinsamkeit einen rechtlich verbindlichen Ausdruck verleiht, dieses besitzt aber nicht eine der gemeinsamen Zugehörigkeit zu einem Staat vergleichbare Dichte.“[216]

Zusammenfassend stellt *von Simson* daher zutreffend fest, das ein europäisches Volk nach dem gegenwärtigen Stand der Integration noch nicht besteht.[217] Auf der europäischen Ebene besteht bisher kein so enges Band gegenseitiger Rechte und Treupflichten, wie sie sich aus der Staatsangehörigkeit ableiten würde.[218] Die Unionsbürgerschaft schafft gerade keine individuelle Verbandsmitgliedschaft des einzelnen Bürgers mit einem europäischen Gesamtsstaat. Zwar ist es richtig, dass die Unionsbürgerschaft den Bürgern der Mitgliedstaaten bestimmte Rechte, wie z.B. diplomatischen Schutz gewährt. Diese werden jedoch entgegen der Annahme *Bleckmanns* nicht durch die Gemeinschaft selber erfüllt, sondern durch die einzelnen Mitgliedstaaten. Der Maastrichter Vertrag garantiert zudem mit dem Recht auf Aufenthalt, auf Teilnahme an Europawahlen und Kommunalwahlen im Aufenthaltsstaat, mit dem Petitionsrecht sowie dem Recht auf diplomatischen und konsularischen Schutz auch nur derivative Bürgerrechte, da die Unionsbürgerschaft weiterhin an die Staatsangehörigkeit der Mitgliedstaaten anknüpft (Art. 17 Abs.1, S. 2 EGV). Ein umfassendes Treue- und Schutzverhältnis entsteht somit nicht zwischen dem Bürger und der Europäischen Gemeinschaft, sondern die Schutzrechte werden durch die einzelnen Mitgliedstaaten ausgeübt. Die Europäische Gemeinschaft bleibt damit auch nach dem Maastrichter Vertrag weiterhin nur eine Staatengemeinschaft, in der der Unionsbürger des einen Mitgliedstaates vom politischen System des anderen weitgehend ausgeschlossen wird.[219] Dieses zeigt sich auch darin, dass das Europäische Parlament nicht ein europäisches Staatsvolk repräsentiert,[220] sondern nach Art. 189 EGV aus den Vertretern der Völker der Mitgliedstaaten besteht. Die Vorstellung von einem „Europa der Bürger“, das die Europäische Union als einheitliche (bundes) staatliche Ordnung auffasst, mit der Folge der Überwin-

216 BVerfGE 89, 155, 184.

217 Vgl. von Simson, Was heißt in einer europäischen Verfassung „Das Volk“?, EuR 1991, 1.

218 Die Unionsbürgerschaft entwickelt sich zwar langsam hin zu einer materialen Bürgerschaft, hat diesen Status aber noch nicht erreicht, so Augustin, S. 393, die noch strukturelle Defizite in der Rechtsposition der Bürger sieht.

219 Blanke, DÖV 1993, 412, 415, 418; Thürer, VVDStRL 50 (1991), 97, 124.

220 Isensee/Kirchhof – *Grawert, in* Handbuch des Staatsrechts, Bd. 1, § 14 Rn. 9.

dung des Nationalstaates und der Verdrängung der Staatsbürgerschaft durch die Europabürgerschaft, hat sich bisher nicht durchsetzen können.[221]

Die Unionsbürgerschaft entwickelt sich zwar in Richtung einer strukturellen europäischen Bürgerschaft, hat aber auch diesen Status noch nicht erreicht. Eine europäische Staatsangehörigkeit ist in der Europäischen Gemeinschaft bisher nicht entstanden. Zwar hat die Unionsbürgerschaft dazu beigetragen, dass ein enger werdendes, auch rechtliches, Band zwischen den Mitgliedstaaten der Europäischen Gemeinschaft entstanden ist, dennoch ist die Zugehörigkeit zu den Mitgliedstaaten nicht durch eine europäische Staatszugehörigkeit ersetzt worden. Deutlich wird dieses auch daran, dass bewusst der Begriff Unionsbürgerschaft verwendet wurde, der sich schon sprachlich von der Staatsangehörigkeit, die für den herkömmlichen Nationalstaat kennzeichnend ist, abhebt.[222] Der Begriff „Bürgerschaft" soll vielmehr im „ideologisch-legitimierenden" Sinne ein Zugehörigkeitsgefühl schaffen, welches jedoch den rechtlichen Status der Staatsangehörigen nicht verändert.[223] Im Gegensatz zur Staatsangehörigkeit wird dieses Zugehörigkeitsgefühl nicht durch ein enges Band gegenseitiger Rechte und Treuepflichten gekennzeichnet, sondern verkörpert einen allgemeinen Status der Freiheit, Gleichheit und Brüderlichkeit auf europäischer Ebene.[224]

2. Die Völker der Mitgliedstaaten als ein homogenes europäisches Volk

Nachdem festgestellt wurde, dass durch die Unionsbürgerschaft die Zugehörigkeit zum jeweiligen Mitgliedstaat nicht durch eine formale europäische Staatsangehörigkeit ersetzt wurde, muss die Frage gestellt werden, ob auf europäischer Ebene materiell - rechtlich bereits ein homogenes Volk besteht, welches ein Staatsvolk bildet und dementsprechend auch befugt wäre, demokratische Herrschaftsbefugnisse auszuüben. Diese Zugehörigkeit zu einem als Nation be-

---

221 Steinberger/Klein, VVDStRL 50 (1991), 22ff; Bülck, S. 801; v. Simson, EuR 1991, 1; Eiselstein, ZRP 1991, 19.

222 Calliess/Ruffert – *Kluth,* Kommentar zu EU-Vertrag und EG-Vertrag, Art. 17 Rn. 3; Everling, Auf dem Weg zu einem europäischen Bürger ?, in Hrbek (Hrsg.) Bürger und Europa, S.49ff.

223 Giannoulis, S. 148.

224 Hilf, EuR 1997, 347; Geiger, GG und Völkerrecht, S. 293.

griffenen Staatsvolk orientiert sich am Nationalstaatsmodell.[225] Dieses wird zunächst kurz skizziert, um daran anschließend zu erörtern, ob anhand der Kriterien des Nationalstaatsmodells bereits ein homogenes europäisches Staatsvolk definiert werden kann.

2.1. Das Nationalstaatsmodell

Das Nationalstaatsmodell, wie es sich durch das deutsche Staatsrecht definiert, sieht als Voraussetzung für einen Staat ein einheitliches Volk vor, welches durch vor-staatliche, sog. natürliche Merkmale, bedingt durch ethnische und herkunftsbedingte Gemeinsamkeiten, als Gemeinschaft geprägt wird, ohne dass es dazu einer eigenen Willensäußerung bedarf.[226] Das personale Substrat des Staates, das Staatsvolk, wird als eine größere Gesamtheit von Menschen, die kraft gemeinsamer Abstammung und durch weitere gemeinsame, vorwiegend im Geistigen, Kulturellen, Geschichtlichen und Sprachlichen liegende Elemente verbunden sind, definiert.[227]

Ein früher Verfechter dieses Modells, *Carl Schmitt*, umschrieb es folgendermaßen: „Ein demokratischer Staat, der in der nationalen Gleichartigkeit seiner Bürger die Voraussetzungen seiner Demokratie findet, entspricht dem so genannten Nationalitätsprinzip, nach welchem eine Nation einen Staat bildet, ein Staat eine Nation umfasst. Ein national homogener Staat erscheint dann als etwas Normales; ein Staat, dem diese Homogenität fehlt, hat etwas Abnormes, den Frieden Gefährdendes."[228]

In diesem ethnisch oder völkisch verstandenen Nationalstaat-Modell wurden die Begriffe „Volk" und „Nation" gleichgesetzt. Eine organisch-kulturelle Ho-

---

[225] Kadelbach, Staatsbürgerschaft – Unionsbürgerschaft - Weltbürgerschaft, in: Drexl / Kreutzer / Scheunig / Sieber (Hrsg.), Europäische Demokratie, S 89ff; Grawert, Staatsangehörigkeit und Staatsbürgerschaft, Der Staat 23 (1984), S. 179, 183.

[226] Im Gegensatz dazu der politisch-voluntativ orientierte Nationalbegriff der Franzosen und Amerikaner, nach dem die Nation eine politische Willens – und Bekenntnisgemeinschaft sei, die darauf beruhe, gemeinsam in und unter einer bestimmten staatlich-politischen Ordnung leben zu wollen; Vgl. Böckenförde, Staat, Nation, Europa, S. 34.

[227] Stern, Das Staatsrecht der Bundesrepublik Deutschland, § 25 I 2; Hrbek, Staatsbürger – Unionsbürger: Konkurrenz oder Komplementarität, in: Hrbek (Hrsg.) Bürger und Europa, S, 120; Kadelbach, Staatsbürgerschaft – Unionsbürgerschaft – Weltbürgerschaft, in Drexl/Kreutzer/Scheunig/Sieber (Hrsg.), Europäische Demokratie, S. 89ff.

[228] Schmitt, „Verfassungslehre", 1928, S. 231.

mogenität und kollektive Identität sind Voraussetzung für ein einheitliches Volk.[229]

Auch in der heutigen deutschen Staatsrechtslehre werden diese Vorstellungen von ethnischer Homogenität und kollektiver Identität vertreten. Sowohl *Isensee* als auch *Kirchhof* sind der Auffassung, dass ein einheitliches Volk nur dann bestehen könne, wenn es sich auf einen Maßstab effektiver Homogenität als Grundtatbestand an Gemeinsamkeiten, wie Abstammung, Sprache, Kultur und Religion berufen könne.[230] Das BVerwG formuliert etwas zurückhaltender, dass das Volk durch ein „kulturelles Band" miteinander verbunden sei, welches sich durch den Willen zur Zugehörigkeit bestimmt.[231] Das BVerfG führt dazu in seiner Entscheidung zum Maastrichter Vertrag aus, dass die Demokratie an ein homogenes Staatsvolk gebunden sei, das sich durch seine Eigenarten von allen anderen Staatsvölkern unterscheide. Diese Gemeinsamkeit drücke sich durch geistige, soziale und politische Homogenität des Staatsvolkes aus. Diese Art der Demokratie ließe sich als Volksdemokratie bezeichnen.[232]

2.2. Vorliegen eines homogenen europäischen Volkes

Voraussetzung für ein homogenes Staatsvolk auf europäischer Ebene ist, dass ein Mindestmaß an sozial-psychologischer Homogenität, eine kollektive Kommunikationsfähigkeit und das Vorhandensein einer gemeinsamen politischen Kultur der Bürger Europas gegeben sind.[233] Dieses wird in Literatur und Rechtsprechung überwiegend verneint.[234] Nach herrschender Meinung könne eine solche Homogenität und Kollektivität, oder wie es der Europäische Gerichtshof ausgedrückte, „ein Verhältnis besonderer Verbundenheit",[235] des Bürgers zur

---

229 Huber, Demokratie ohne Volk oder Demokratie der Völker? in Drexl / Kreutzer /Scheunig / Sieber (Hrsg.), Europäische Demokratie, S. 27, 33.

230 Isensee, „Abschied der Demokratie vom Demos" in Schwab/Giesen/List/Strätz (Hrsg.), „Staat, Kirche, Wissenschaft in einer pluralistischen Gesellschaft –FS für Paul Mikat", S. 705, 708; Isensee/Kirchhof-*Kirchhof*, Handbuch des Staatsrechts, Bd. VII, S. 855, 866.

231 BVerwGE DVBL. 1995, 569; in seiner Entscheidung zum Nachweis der Volkszugehörigkeit nach § 6 Bundesvertriebenengesetz.

232 BVerfGE 89, 155, 185.

233 Huber, Die parlamentarische Demokratie unter den Bedingungen der europäischen Integration, in Huber/Mößle/Stock (Hrsg.), Zur Lage der parlamentarischen Demokratie, S. 27, 32; Kluth, Die demokratische Legitimation der EU, S.33ff, 41f.

234 Augustin, S. 111ff, Oppermann, Sinn und Grenzen einer EG –Angehörigkeit, FS Doehring, S. 713; Everling, Auf dem Weg zum europäischen Bürger ?, in: Hrbek (Hrsg.) Bürger und Europa; S. 49, 64; Isensee/Kirchhof-*Kirchhof*, Handbuch des Staatsrechts, Bd. VII, S. 855, 866; BVerfGE 89, 155, 185.

235 Urteil vom 17.12.1980, Rs 149/79, Kommission/Belgien, Slg. 1980, 3881, Rz. 10.

Europäischen Gemeinschaft, bisher nicht verzeichnet werden.[236] Das BVerfG formulierte es noch deutlicher, indem es feststellte, „die (für ein einheitliches Volk erforderliche) Gemeinsamkeit drückt sich durch geistige, soziale und politische Homogenität des Staatsvolkes aus. Einen solchen Stand wird die EU niemals erreichen. Sie hat zwar Unionsbürger: die Staatsangehörigen der Mitgliedstaaten. Deren Gesamtheit kann aber keine Homogenität erreichen, weil die Staatsvölker mit ihren vorausgesetzten Eigenheiten bestehen bleiben."[237]

Nach Ansicht *Kirchhofs* bewahren die Mitgliedstaaten der Europäischen Gemeinschaft ihre Eigenständigkeit in einem durch Geburt und Herkunft verwandten Staatsvolk, einem ihm zugehörigen Raum und der kulturellen Gemeinsamkeit von Sprache, Religion, Kunst und geschichtlicher Erfahrung.[238] Diese Eigenständigkeit der Völker der Mitgliedstaaten gehe gerade nicht in einer europäischen Homogenität auf, sondern bleibe weiterhin bestehen. *Augustin*, die im Einzelnen die Volksmerkmale Abstammung, Religion, Charakter, Kultur, Lebensbedingungen und Erfahrungen auf Gemeinsamkeiten hin analysierte, kommt zu dem Ergebnis, dass diese Merkmale so unterschiedlich interpretiert werden können, dass sowohl ihr Vorliegen als auch das Gegenteil begründet werden könne.[239] Lediglich die gleiche Sprache betreffend könne ein eindeutiges Ergebnis, und zwar ein negatives, erzielt werden.

Insgesamt muss festgestellt werden, dass es bisher an der Ausbildung einer kollektiven auf die Europäische Union bezogene Identität und einer gemeinsamen politischen und rechtlichen Kultur fehlt.[240] Bei dem sich primär als Markt organisierenden Europa fehlte es am Anfang an dem unentbehrlichen „sense of belonging", um die politische und kulturelle Verankerung in einer nationalen I-

---

236 Everling, Auf dem Weg zum europäischen Bürger?, in: Hrbek (Hrsg.) Bürger und Europa; S. 49ff.

237 BVerfGE 89, 155, 184ff.

238 Isensee/Kirchhof-*Kirchhof*, Handbuch des Staatsrechts, Bd. VII, S. 855, 866; dazu auch ausführlich Augustin, S. 111ff, die ausführlich auf die einzelnen Faktoren eingeht.

239 Augustin, S. 394.

240 Isensee/Kirchhof-*Kirchhof*, Handbuch des Staatsrechts, Bd. VII, S. 855, 866; Augustin, S. 394; Everling, Auf dem Weg zum europäischen Bürger?, in: Hrbek (Hrsg.) Bürger und Europa; S. 49, 64f; a.A. Schefold, in FS Winter, S. 80f, der ausführt, dass es heute denkbar und möglich sei, neben den einzelstaatlichen Völkern ein europäisches Volk anzunehmen und zur Grundlage europäischer politischer Ordnung zu machen. Dieses müsse nur politisch gewollt werden!

dentität zu ersetzen. Grund dafür ist auch, dass Europa zu wenig emotionale Identifikationsmöglichkeiten biete.[241]

2.3. Kritik am Nationalstaatsprinzip

Das Nationalstaatsmodell, welches an die Homogenität des Volkes und eine kollektive Identität anknüpft, befindet sich zunehmend in der Kritik. Diese Kritik konzentriert sich insbesondere darauf, dass es keine feststehenden Merkmale zur Abgrenzung und Bestimmung eines einheitlichen Volkes gebe. Denn jedes aufgeführte konstitutive Merkmal für die Nationenbildung könne durch ein Gegenbeispiel entkräftet werden.[242]

Stelle man z.B. auf das Merkmal Herkunft ab, müsse man sich fragen lassen, ob damit die Eingebürgerten trotz der Einbürgerung außerhalb des Volkes bleiben, obwohl sie Staatsvolkszugehörige sind. Auch ob das Merkmal Religion heute wirklich noch ein Volk eint, sei in Frage zu stellen. Zudem gebe es genügend Völker, in denen mehrere Religionen praktiziert werden, z.B. die USA, Indien u.a. Auch eine gemeinsame Geschichte sei keine Gewähr, dass ein Volk nicht auseinander falle. Dieses habe man erst in jüngerer Vergangenheit am Beispiel Jugoslawiens gesehen. Selbst das eindeutig feststellbare Merkmal einer gemeinsamen Sprache sei kein festes Merkmal eines homogenen Volkes, denn viele Staatsvölker haben eine gemeinsame Sprache mit anderen oder mehrere Amtssprachen, wie z.B. die Schweiz oder auch Kanada.[243]

Die Kriterien, nach denen die Homogenität eines Volkes im Sinne des Nationalstaatsprinzipes ermittelt wird, sind somit sehr vage und offen für Subjektivismen aller Art.[244] Hinzu kommt, dass nicht alle genannten Faktoren wie Abstammung, Religion, Sprache, gemeinsame Geschichte, Kunst etc. gemeinsam vorliegen müssen, um ein homogenes Volk zu definieren. Ausreichend kann schon ein Faktor sein, wobei keiner unentbehrlich ist.[245] Ein objektiver Maßstab für ein Zusammengehörigkeitsgefühl lässt sich daher kaum aufstellen, sondern hängt immer von dem jeweiligen Bezugspunkt ab. Vielmehr kann wohl fest-

---

241 Siehe auch den Hinweis bei Maarten C. Brands, Zwischen Groß- und Kleinmannssucht, in Michalski (Hrsg.) Identität im Wandel, S. 183.

242 Schefold, Volk als Tatsache, Ideologie und politische Kultur, in Bormann (Hrsg.), Volk – Nation – Europa, S 59; ders. in FS Winter, S. 80; Fisahn, Demokratie in Europa –ein Volk oder das Volk?, in FS Schefold, S. 131, 132; Kotalakidis, S. 121.

243 Zuleeg, Demokratie ohne Volk oder Demokratie der Völker, in: Drexl / Kreuzer / Scheuing / Sieber (Hrsg.), Europäische Demokratie, S. 11, 18.

244 Huber, Demokratie ohne Volk oder Demokratie der Völker?, in: Drexl / Kreuzer / Scheuing / Sieber (Hrsg.), Europäische Demokratie, S. 27, 33.

245 Suski, S. 40.

gehalten werden, dass ein Zusammengehörigkeitgefühl immer dann besonders stark entsteht, wenn man sich von anderen abgrenzen möchte.[246] Der Auswahl der Kriterien, anhand derer das „homogene Volk“ definiert wird, ist daher ebenfalls Beliebigkeit und Willkür unterworfen.[247]

Walther sieht es sogar als einen vergeblichen Versuch an, die Begriffe “Volk” und Nation” definieren zu wollen, da die gentile Entwicklungsphase von einer Vielzahl unterschiedlicher Umstände ethnische und soziale Art beeinflusst werde.[248] *Grawert* und *Weiler* gehen sogar noch einen Schritt weiter und vertreten die Auffassung, dass nicht der Staat aus einer bereits vorhandenen homogenen Nation hervorgehe, sondern der politisch und rechtlich verfasste Staat selbst die kulturelle und ideologische Gemeinsamkeit hervorbringen und damit Homogenität und Identität der Nation schaffen würde.[249] Als Beispiele hierfür werden die Vereinigten Staaten von Amerika genannt, deren homogenes Volk nicht durch ethnische Kriterien wie Herkunft, Sprache und Religion entstanden ist, sondern durch die gemeinsamen Rechte, die sich aus der Verfassung ergeben.[250]

3. Abweichung vom Nationalstaat-Modell - Entstehung eines neuen supranationalen Modells

3.1. Globalisierung und der wachsende Bedarf an der Entwicklung eines neuen Identitätskonzeptes

Die bisherige Diskussion hat gezeigt, dass gemessen am Nationalstaatsprinzip sich in der Europäischen Union noch kein europäisches Volk herausgebildet hat. Deutlich wurde jedoch auch, dass die Kriterien, die an ein homogenes Volk gestellt werden, sehr wohl in der Kritik stehen. Dieses wird umso deutlicher, wenn man versucht, das Nationalstaatsprinzip auf die europäische Ebene zu übertragen.[251] Die Frage, ob sich bereits ein europäisches Volk gebildet hat, welches in einer Demokratie auch Herrschaftsbefugnisse ausüben kann, ist da-

---

246 Suski, S. 40; im Ergebnis auch Augustin, S. 193.

247 Kotalakidis, S. 121.

248 Walther, S.48.

249 Isensee/Kirchhof-*Grawert,* Handbuch des Staatsrechts, Bd. I, § 14, Rn. 13.

250 Ausführlich dazu: Zuleeg, What holds a Nation together? Cohesion and Democracy in the United States of America and the European Union, The American Journal of Comparative Law, Bd. 45 (1997), S. 505-526.

251 So auch Tomuschat, Staatsbürgerschaft – Unionsbürgerschaft – Weltbürgerschaft, in Drexl / Kreutzer / Scheuing / Sieber (Hrsg.), Europäische Demokratie, S. 74ff.

her jenseits des Nationalstaatsprinzips in einem globaleren Kontext zu beantworten.

Die Migrationsbewegungen in der heutigen Gesellschaft, die Freiheit des Handels- und Kapitalmarktes, die zu einer Internationalisierung der Arbeitsmärkte und weltweit tätigen Unternehmen geführt hat, sowie allgemein eine alle Lebensbereiche umfassende Globalisierung erfordern ein pluralistisch und offen gestaltetes Gemeinwesen und offenbaren die Schwächen des dem ethnischen Nationalstaat zugrunde liegenden Identitätskonzepts. Kriterien wie Herkunft, Kultur, Geschichte, aber auch eine gemeinsame Sprache verlieren zwar nicht an sich an Bedeutung, bekommen aber eine eigene, eine europäische Dimension. Sie dienen nicht mehr so sehr der Abgrenzung gegen andere, sondern als eigener Beitrag für eine europäische Identität, die gerade auf der Unterschiedlichkeit der einzelnen Mitgliedstaaten basiert. Es besteht daher die Chance, in einem zusammenwachsenden Europa nicht nur geographische Grenzen zu überschreiten, sondern auch das bisherige Identitätskonzept, das sich an ethnisch verstandenen Kriterien wie Herkunft, Religion, Kultur orientierte, zu überdenken. Die Europäische Union ist und wird kein klassischer Nationalstaat im ethnischen Sinne werden, sondern sie ist eine Gemeinschaft aus Nationen und Nationalstaaten. Es kann daher nur um die Komplementarität von nationaler und europäischer Identität, nicht um sich ausschließende Alternativen gehen.[252] Daher gilt es nach einem neuen Modell zu suchen, das diesen spezifischen Voraussetzungen Rechnung trägt und sich nicht an den starren Kriterien einer ethnischen Homogenität orientiert.[253] Die absehbare Entwicklung kann nicht zu einem europäischen Nationalstaat führen, sondern muss zu einem politischen Gemeinwesen neuer Art führen.

Den Willen, eine europäische Identität zu schaffen, haben die Mitgliedstaaten bereits in der Präambel des EU-Vertrages zum Ausdruck gebracht, in der es heißt: „Entschlossen, den mit der Gründung der Europäischen Gemeinschaft eingeleiteten Prozess der Integration auf eine neue Stufe zu heben“ Daraus wird deutlich, dass die Europäische Union nicht Endpunkt der europäischen Integration, sondern Teil ihrer Entwicklung sein soll.[254]

---

[252] Hrbek, Staatsbürger – Unionsbürger: Konkurrenz oder Komplementarität?, in: Hrbek (Hrsg.), Bürger und Europa, S. 119, 122.

[253] So auch Kadelbach, Staatsbürgerschaft – Unionsbürgerschaft – Weltbürgerschaft, in Drexl / Kreutzer / Scheuing / Sieber (Hrsg.), Europäische Demokratie, S. 89ff.

[254] Zuleeg, in: Groeben/Thiesing/Ehlermann (Hrsg.), Kommentar zum EU/EG-Vertrag, Präambel EUV Rn. 5.

3.2. Bildung eines neuen Identitätskonzeptes

Der im EU-Vertrag zum Ausdruck gekommene Wille, eine gemeinsame Identität auf europäischer Ebene zu entwickeln, stellt eine Herausforderung dar, ein neues Konzept zu entwickeln, das sich nicht auf eine ethnisch orientierten Homogenität beruft, sondern aus der Heterogenität der Völker der Mitgliedstaaten eine anders definierte Identität schafft. Nicht geleugnet werden soll, dass weiterhin Identität und Homogenität für ein europäisches Volk erforderlich sind, diese sich jedoch nicht aus nur unter ethnischen Gesichtspunkten verstandenen Kriterien des Nationalstaatsmodells ableiten lassen. Grundlage einer neuen europäischen Identität muss vielmehr ein vor-rational geprägtes, lebendig erhaltenes, in Generationen sich forttragendes kollektives Bekenntnis und Bewusstsein zu gemeinsamen politischen, rechtlichen, sozialen, aber auch wirtschaftlichen Werten sein.[255]

Diese neue europäische Identität wird nicht monoistischer Natur sein. Sie wird nicht unter Wahrung des Eigenen und durch Abgrenzung gegen Fremdes gewonnen, sondern entsteht durch zivile Auseinandersetzung seiner Individuen und ihrer verschiedenen Anknüpfungspunkte nach demokratischen Regeln innerhalb eines Integrationsprozesses.[256] Dabei muss sich nicht ein Kollektiv an sich einigen oder miteinander kommunizieren, sondern die Einzelnen müssen zu einem Ergebnis gelangen und sich miteinander verständigen. Dieses wird den „common sense" der Europäischen Gemeinschaft ausmachen, das Zusammenwirken der Einzelnen, das auf Hervorbringen von Verfassung und Gesetzen gerichtet ist und sich realisiert in einer von einem Willen zur Zusammenarbeit getragenen politischen Kommunikationsgemeinschaft. Voraussetzung dieses „Wir-Gefühles" ist daher die gemeinsame Einsicht in das Vorhandensein gemeinsamer Wertvorstellungen, wie Freiheit, Demokratie, Menschenrechte, Friedenserhaltung und Gewaltverzicht, aber auch die Einsicht in Notwendigkeit grenzüberschreitender Problemlösungen.[257]

Grundlage für dieses neue europäische „Wir-Gefühl" müssen die einzelnen Identitäten der Mitgliedstaaten sein. Diese werden nicht ersetzt durch eine neue europäische Identität, sondern sie sind das Fundament, auf dem sich eine neue kollektive Identität bildet. In einem demokratischen Prozess werden auf euro-

---

[255] Böckenförde, Staat, Nation, Europa, S. 92; Kotalakidis, S. 118; ähnlich auch Fisahn, Demokratie in Europa –ein Volk oder das Volk?, in FS Schefold, S. 132; der von der Existenz oder dem Erlernen einer demokratischen Kultur ausgeht.

[256] Siehe dazu Fisahn, Demokratie in Europa –ein Volk oder das Volk ?, in FS Schefold, S. 131ff.

[257] Hrbek, Staatsbürger – Unionsbürger: Konkurrenz oder Komplementarität?, in: Hrbek (Hrsg.), Bürger und Europa, S. 119, 122.

päischer Ebene trotz unterschiedlicher Kulturen und Gesellschaftssysteme der europäischen Mitgliedstaaten Gemeinsamkeiten entstehen, die identitätsstiftende Wirkung haben. Das „Wir-Gefühl" ist ein fortlaufender Prozess, der auch durch die Auseinandersetzung seiner Individuen belebt wird und nicht ein starres System darstellt. Im Gegensatz zum Nationalstaatsmodell ist nicht mehr von einer Zugehörigkeit zu einem Kollektiv auszugehen, sondern der Einzelne kann sich gleichzeitig mehreren Kollektiven zugehörig fühlen.[258] Es entsteht somit eine geteilte Souveränität zwischen nationaler und europäischer Ebene mit zwei parallelen Legitimationssträngen.

3.3. Europäische Identität – Wunsch oder Realität ?

Die oben beschriebene europäische Identität, ein europäisches Wir-Gefühl, besteht derzeit noch nicht zwischen den Völkern der Mitgliedstaaten der Europäischen Union. Es bildet sich aber ein gemeinsames Bewusstsein einer kulturellen und politischen Identität der Europäer, welche die Besonderheiten und Identitäten der vorhandenen Völker nicht ersetzt, sondern als fortbestehende selbständige Teile in sich einbegreift.[259]

Die Unionsbürgerschaft war ein wichtiger Bestandteil in dem Prozess der Entstehung einer solchen Identität. Durch die Unionsbürgerschaft ist eine politische Beziehung zwischen den Bürgern Europas entstanden, die erstmals deutlich machte, dass die Europäische Gemeinschaft mehr ist als nur ein gemeinsamer Binnenmarkt. Der Prozess von der Wandlung des „Marktbürger" zu einem „europäischen Bürger", der einem politischen Verband zugeordnet wurde, begann.[260] Mit dem Wahlrecht zum Europaparlament und dem Kommunalwahlrecht für Unionsbürger wurde erstmalig das in Europa geltende starre Nationalitätsprinzip durchbrochen. In beiden Fällen wird das Wahlrecht an den Wohnsitz geknüpft, dieses führt dazu, dass eine deutsche Unionsbürgerin, die ihren

---

[258] Graumann, Soziale Identitäten. Manifestationen sozialer Differenzen und Identifikation, in Heitmeyer (Hrsg.), Was hält die Gesellschaft zusammen?, S. 59ff; Tomuschat, Staatsbürgerschaft – Unionsbürgerschaft – Weltbürgerschaft; in Drexl/Kreuzer/Scheuing/Sieber (Hrsg.), Europäische Demokratie, S. 74ff; der die These kritisiert, dass Staatsangehörigkeit Ausschließlichkeit voraussetze.

[259] Böckenförde, Staat, Nation, Europa, S. 93; Tomuschat, Staatsbürgerschaft – Unionsbürgerschaft – Weltbürgerschaft; in Drexl/Kreuzer/Scheuing/Sieber (Hrsg.), Europäische Demokratie, S. 74ff.

[260] Oppermann, Vom Marktbürger zum EG-Bürger ?, in: FS Ipsen, S. 87; Everling, Auf dem Weg zu einem europäischen Bürger ?, in: Hrbek (Hrsg), Bürger und Europa, S.49, 64; Kadelbach, Staatsbürger – Unionsbürger – Weltbürger, in: Drexl / Kreutzer / Scheuing / Sieber (Hrsg.), Europäische Demokratie, S. 89ff.

Wohnsitz in Frankreich hat, für diese Zwecke des EG-Vertrages als Teil des französischen Volkes gerechnet wird.[261]

Durch die Einführung des Kommunalwahlrechts haben die Mitgliedstaaten der Europäischen Union ihren Willen, eine europäische Identität zu schaffen - vielleicht zum ersten Mal in dieser deutlichen Form -, durch konkretes Handeln zum Ausdruck gebracht. Zumindest auf kommunaler Ebene wurde dem zumeist durch das Nationalstaatsprinzip geprägten Volksbegriff der Mitgliedstaaten der Europäischen Union ein neues, durch kulturelle Vielfalt gekennzeichnetes Verständnis vom Volk in Europa entgegengesetzt. Diesem neuen kulturellen Verständnis vom Volk kann sich auch die Rechtsordnung der Bundesrepublik Deutschland im Rahmen der europäischen Integration nicht verschließen.[262] Schließlich hat sie sich selbst in ihrer Verfassung der Verwirklichung eines vereinten Europa verpflichtet.[263] Das Unionsbürgerwahlrecht als Teil der Unionsbürgerschaft hat damit zumindest für die kommunale Ebene den Volksbegriff erstmalig europäisch determiniert. Dieses kann jedoch nur als erster Schritt auf dem Weg von den „Völkern Europas“ hin zu einem europäischen Volk, welches durch eine gemeinsame europäische Identität geprägt wird, gesehen werden.

Dennoch muss man feststellen, dass die europäische Identität bisher noch nicht Realität geworden ist. Gerade die bundesdeutsche Diskussion über mögliche Kompetenzverlagerungen auf europäische Ebene macht deutlich, dass es noch ein längerer Prozess ist. [264] Entscheidend für das Vorhandensein einer europäischen Identität wird sicherlich sein, dass die Bürger die Überzeugung erlangen, dass es ein europäisches Herrschaftssystem demokratischer Qualität gibt.[265] Eine solche Überzeugung ist zur heutigen Zeit noch nicht fest verwurzelt bei den Bürgern der Mitgliedstaaten der Europäischen Gemeinschaft.[266] Hierzu bedarf es weiterer institutioneller Reformen zur Beseitigung des Demokratiedefizits auf europäischer Ebene. Vor allem die Beispiele der USA und der

---

[261] Darauf machen Kovar/Simon, S. 317 aufmerksam, m.w.N..

[262] Vgl. hierzu auch die Ausführungen unter IV 3.2.2.2.2.

[263] Vgl. die Staatszielbestimmung in der Präambel und Art. 23 Abs. 1 GG.

[264] Everling, Auf dem Weg zum europäischen Bürger ?, in: Hrbek (Hrsg.) Bürger und Europa, S. 49ff.

[265] Hrbek, Staatsbürger – Unionsbürger: Konkurrenz oder Komplementarität?, in: Hrbek (Hrsg.), Bürger und Europa, S. 119, 123; so auch Kadelbach, Staatsbürger – Unionsbürger – Weltbürger, in Drexl / Kreutzer / Scheuing / Sieber (Hrsg.), Europäische Demokratie, S. 89, 97, der von dem Willen spricht, unter derselben Ordnung leben zu wollen.

[266] vgl. Hrbek, Staatsbürger – Unionsbürger: Konkurrenz oder Komplementarität ?, in: Hrbek (Hrsg.), Bürger und Europa, S. 119, 123ff.

Schweiz zeigen, wie die Entwicklung von der Angehörigkeit zu einem Gliedstaat zur Angehörigkeit zum Gesamtverband verlaufen kann, wobei die gleichzeitige Zugehörigkeit zum Gliedstaat entweder weiterhin Voraussetzung für die Zugehörigkeit zum Gesamtverband ist oder aber sogar entbehrlich ist. Zunächst ist die Bindung zum Gliedstaat vorherrschend. Sie kann sich aber nach und nach zugunsten einer immer engeren Bindung an den Gesamtverband lockern, zu dem der Einzelne letztlich in einer vertiefteren Rechten- und Pflichtenbeziehung stehen wird.[267]

Die Unionsbürgerschaft war ein erster Schritt in Richtung eines „Europa der Bürger", die Entwicklung zu einem „europäischen Volk" wird jedoch weitergehen. Dieses soll nicht die Staatsangehörigkeit der einzelnen Mitgliedstaaten ersetzen und ein Volk im ethnisch homogenen Sinn auf europäischer Ebene bilden. Die Zugehörigkeit zur Europäischen Gemeinschaft wird sich nicht allein an ethnischen Elementen wie Herkunft, Sprache und Religion orientieren, sondern daran, wo Werte wie Freiheit, Gerechtigkeit und Demokratie existieren und gelebt werden. Die Zugehörigkeit zu einer gemeinsamen politischen und kulturellen Gemeinschaft rückt hierbei in den Vordergrund. Eine solche politische und kulturelle Gemeinschaft besteht zur Zeit sicherlich noch nicht auf europäischer Ebene. Doch die mit dem Maastrichter Vertrag eingeleitete Entwicklung zu einer solchen Gemeinschaft wird weiter voranschreiten. Besondere Bedeutung kommt dabei auch der gemeinsamen Europäischen Verfassung zu, auch wenn diese sicherlich letztendlich die in sie gesteckten hohen Erwartungen bisher nicht erfüllen konnte. Dennoch ist sie ein weiterer Baustein bei der Bildung einer europäischen Identität. Umso bedauerlicher ist es, dass die Bürger in Deutschland nicht die Möglichkeit bekommen, sich aktiv an dieser Diskussion in Form eines Referendums zu beteiligen. Dieses hätte sicherlich positive Auswirkungen auf die Entwicklung einer europäischen Identität.

Die weiterhin notwendige Reform der europäischen Institutionen, des Parlamentes und der Kommission, aber auch der enger werdende Zusammenschluss der Parteien auf europäischer Ebene wird jedoch dazu beitragen, dass eine gemeinsame europäische Identität und ein gemeinsames europäisches Volk in greifbare Nähe rücken. In welcher Form dieser Prozess vorangehen wird, ist noch in der Diskussion. Die Europäische Union befindet sich auf dem Weg von einer Gemeinschaft der Mitgliedstaaten hin zu einem Europa der Bürger als Teil eines europäischen Volkes.

---

[267] Hilf, in: Grabitz/Hilf, Das Recht der Europäischen Union, Art. 17 Rn. 18; Böckenförde, Staat, Nation, Europa, S.93.

IV. Die innerdeutsche Wahlrechtsdiskussion

Zeitgleich zur Diskussion auf europäischer Ebene zur Einführung eines Wahlrechts für Bürger der Mitgliedstaaten der Europäischen Gemeinschaft fand in Deutschland eine kontroverse Diskussion über eine Einführung eines allgemeinen Wahlrechtes für Ausländer statt. Durch die Urteile des BVerfG zum Ausländerwahlrecht von 1990[268] sowie die Änderung des Art. 28 Abs. 1 S. 3 GG zur Einführung des Kommunalwahlrecht für ausländische Unionsbürger wurde der Meinungsstreit verfassungsrechtlich vor geraumer Zeit entschieden, so dass im Folgenden nur die wesentlichen Standpunkte kurz zusammengefasst werden. Untersucht wird weiterhin, ob die vorgenommene Grundgesetzänderung mit der „Ewigkeitsklausel" des Art. 79 Abs. 3 GG vereinbar ist. Abschließend wird geprüft, ob eine Beteiligung von Unionsbürgern an kommunalen Abstimmungen mit der deutschen Verfassung vereinbar ist.

1. Entwicklung des Kommunalwahlrechtes für Ausländer in Deutschland

1.1. Kommunalwahlrecht für Ausländer in der politischen Diskussion

Die Auseinandersetzung über die Einführung des allgemeinen Ausländerwahlrechts in Deutschland beinhaltete eine Vielzahl verfassungsrechtlicher Fragen.[269] Die Entscheidung für oder gegen das Ausländerwahlrecht war jedoch gleichermaßen politischer Natur.[270] Die Forderung der Einführung eines kommunalen Wahlrechts für Ausländer war Bestandteil der generellen Forderungen nach einer Erweiterung der politischen Rechte von Ausländern, die als Arbeitnehmer in Staaten leben, deren Staatsangehörigkeit sie nicht besitzen, in denen

---

[268] BVerfGE 83, 37 und 83, 60.

[269] Bis zur Änderung des Art. 28 Abs. 1 GG war die verfassungsrechtliche Einführung eines Kommunalwahlrechtes für Ausländer rechtlich äußerst umstritten gewesen: für die Möglichkeit der Einführung eines solchen Rechtes ohne notwendige Verfassungsänderung u.a. Breer, S. 150; Sasse, S. 60; Bernsdorff, S. 145, Hasenritter, VR 1981, 14, 16; Rittstieg, Wahlrecht für Ausländer, S. 69ff; Bryde, JZ 1989, 257, 261; - die überwiegende Meinung ging dagegen davon aus, dass eine Verfassungsänderung erforderlich sei: Isensee, VVDStRL 1974, 49, (92ff); ders., KritV 1987, 300, 308; Papier, KritV 1987, 309, 311; Niedermeyer-Krauß, S. 54; Schink, DVBl. 1988, 417, 423; Rupp, ZRP 1989, 363, 365; Quaritsch, DÖV 1983, 1, 4.

[270] Vgl. hierzu: von Münch, Das Rathaus, 1989, S. 147f; Kuhn, BayBgm 1989, S. 214ff; Bryde, JZ 1989, 257ff; Saftig, KWR, S. 388 m.w.N..

sie sich aber mehr oder weniger lang aufhalten und in denen sie ihren persönlichen Lebensmittelpunkt gefunden haben.[271]

Befürworter der Einführung eines Kommunalwahlrechtes für Ausländer machten geltend, dass die Gewährung eines politischen Mitentscheidungsrechtes unabdingbar für die Integration von Ausländern sei.[272] Ausländer würden eine zahlenmäßig gewichtige Gruppe innerhalb der örtlichen Gemeinschaft darstellen, die gerade auf kommunaler Ebene von einer Vielzahl von politischen Entscheidungen betroffen seien.[273] Das Kommunalwahlrecht für Ausländer würde es den Ausländern ermöglichen, ein Zugehörigkeitsgefühl und auch Loyalität gegenüber ihrer unmittelbaren Umgebung zu entwickeln. Dieses würde Abwehrreaktionen, aber auch soziale Spannungen, wie sie z.B. aus der Isolierung in den Ghettos entstehen, reduzieren bzw. vermeiden. Ebenfalls könne dadurch dem Anwachsen rechtsextremer Kräfte entgegengewirkt werden, die durch ein Nebeneinander von Gruppierungen mit unterschiedlichen Teilhabeformen entstehen.[274] Die politischen Parteien in Deutschland wären verpflichtet, sich verstärkt der Ausländerprobleme anzunehmen.[275]

Nach Ansicht der Kritiker des kommunalen Ausländerwahlrechtes sei die Einräumung eines Wahlrechtes der falsche Ansatzpunkt, um die Integration der hier lebenden Ausländer zu fördern.[276] Das Wahlrecht könne erst am Schluss einer Integration stehen, nicht an ihrem Anfang. Geeigneteres Integrationsmittel sei vielmehr vorrangig der Erwerb der deutschen Staatsbürgerschaft, an die gebunden sich das Wahlrecht ergeben würde.[277] Dass das Wahlrecht kein geeignetes Mittel zur gesellschaftlichen Integration sei, zeige auch die geringe Wahlbeteiligung der Ausländer in den europäischen Mitgliedstaaten, in denen diese ein Wahlrecht besitzen.[278] Das Argument der gleichen Betroffenheit ausländischer Mitbürger in der Kommune treffe zudem nicht zu, da die Rechtsstellung der hier lebenden Ausländer in sehr viel stärkeren Maße durch politische Entscheidungen berührt werde, die nicht auf kommunaler Ebene, sondern auf Landes –

[271] Siehe hierzu auch Stöcker, Der Staat 1991, (30), 259; Zuleeg, in Sieveking (Hrsg.), Kommunalwahlrecht für Ausländer, S. 113; Roth, ZRP 1990, 82, Schink, VR 1988, 269.

[272] Rittstieg NJW 1989, 1018ff; Zuleeg, ZAR 1988, 13, 20; Saftig, KWR, S. 388.

[273] Beispielhaft werden der Bau und die Einrichtung von Kindertagesstätten und Schulen, Maßnahmen zur Verbesserung des Wohnumfeldes oder der Umweltgestaltung genannt.

[274] Saftig, KWR, S. 388.

[275] Kröning, in Sieveking (Hrsg.), Kommunalwahlrecht für Ausländer, S. 163 ff; Pfeifle, in Sieveking (Hrsg.), Kommunalwahlrecht für Ausländer S. 137/149.

[276] Quaritsch, DÖV 1983, 1, 14; Jahn/Riedel, NVwZ 1989, 716, Fußn. 10.

[277] Quaritsch, DÖV 1983, 1, 14.

[278] Karpen, NJW 1989, 1017; Meyer-Teschendorf/Hofmann, ZRP 1995, 291.

oder Bundesebene geführt werden.[279] Zudem würden mit der Einführung des Ausländerwahlrechtes die politischen Auseinandersetzungen des Heimatlandes in die deutsche Innenpolitik fließen.[280]

Auch in den politischen Gremien der Parteien und in den verschiedenen Ausschüssen des Bundestages und den Landtagen wurde die Frage des Ausländerwahlrechtes in den siebziger und achtziger Jahren engagiert diskutiert. Die CDU/CSU lehnte ein kommunales Wahlrecht für Ausländer ab, befürwortete jedoch in den achtziger Jahren eine einheitliche europäische Regelung für ein Kommunalwahlrecht für die Angehörigen der EG- Mitgliedstaaten.[281] Die FDP befürwortete ebenfalls das Kommunalwahlrecht für EG-Bürger.[282] Die GRÜNEN setzen sich dagegen für ein uneingeschränktes aktives und passives kommunales Wahlrecht für Ausländer ein,[283] darüber hinaus forderten sie, dass den Ausländern auch das aktive und passive Wahlrecht zum Deutschen Bundestag einzuräumen sei.[284] Die SPD setzte sich nach anfänglicher Skepsis[285] für die Einführung eines aktiven und passiven kommunalen Wahlrechts für Aufenthaltsberechtigte ein.[286] 1988 stellte die SPD im Deutschen Bundestag den Antrag auf Einführung des kommunalen Wahlrechtes für Bürger der Mitgliedstaaten der EG - erfolglos.[287]

1.2. Das Ausländerwahlrecht in der verfassungsrechtlichen Diskussion

In Deutschland gewann die seit Anfang der siebziger Jahre geführte Diskussion über die verfassungsrechtliche Zulässigkeit eines Kommunalwahlrechtes für Ausländer durch entsprechende Änderungen der Kommunalwahlgesetze in den

---

279 Isensee, VVDStRL 1974, 49, (92ff); ders., KritV 1987, 300, 308.

280 Bleckmann, DÖV 1988, 437, 444.

281 Langner/CDU/CSU-Fraktion im Deutschen Bundestag (Hrsg.) Normenkontrollantrag beim BVerfG von 224 Abgeordneten der CDU/CSU-Bundestagsfraktion gegen die Einführung eines Ausländerwahlrechtes zu den Hamburger Bezirksversammlungen, Umdruck, S. 46; Beschluss des Bundesfachausschusses Innenpolitik der CDU vom 17.09.1984.

282 Beschluss Bundesausschuss FDP in Saarbrücken vom 25.02.1989.

283 Vgl. den Antrag der Grünen im Bundestag vom 03.05.1989, Drs. 11/4462.

284 Bundesarbeitsgemeinschaft der Grünen zu „Immigranten- und Asylfragen", Leitlinien und Diskussionsansätze, Hamburg 1984.

285 Insbesondere der damalige Bundeskanzler Helmut Schmidt äußerte sich diesbezüglich sehr kritisch, siehe auch Thesen zur Ausländerpolitik des SPD – Bundesvorstandes von Juni 1982.

286 Beschluss des SPD – Parteivorstandes vom 08.02.1988 - Leitsätze für ein Ausländergesetz.

287 BT-Drs. 11/1964.

Ländern Schleswig-Holstein und Hamburg 1989 neue Aktualität. Durch eine Änderung seines Gemeinde- und Kreiswahlgesetzes führte Schleswig-Holstein 1989 die Wahlberechtigung auch für ausländische Staatsangehörige der Staaten: Dänemark, Irland, Niederlande, Norwegen, Schweden, Schweiz auf kommunaler Ebene ein.[288] Gleichzeitig räumte die Freie Hansestadt Hamburg mit dem Gesetz zur Einführung des Wahlrechtes für Ausländer zu den Bezirksversammlungen vom 20. 02.1989[289] – AuslWahlRG – den seit mindestens acht Jahren rechtmäßig in der Bundesrepublik lebenden Ausländer, für die Wahlen zu den Bezirksversammlungen das Wahlrecht ein. Hiergegen legten Mitglieder des Deutschen Bundestages sowie das Bundesland Bayern Klage beim BVerfG ein. Beide Gesetzesänderungen bildeten somit den Gegenstand eines abstrakten Normenkontrollverfahrens nach Art. 93 I Nr. 2 GG, § 13 Nr. 6, § 76 BVerfGG vor dem BVerfG, das durch die Urteile vom 31. 10. 1990 seinen Abschluss fand.[290]

1.2.1. Rechtsprechung des Bundesverfassungsgerichts zum Ausländerwahlrecht

Der Zweite Senat des BVerfG erklärte in seinen Urteilen vom 31.10. 1990 die einschlägigen Bestimmungen der Wahlrechtsänderungsgesetze der Länder Schleswig – Holstein und Hamburg wegen eines Verstoßes gegen Art. 28 Abs. 1 i.V.m. Art. 20 Abs. 2 GG für verfassungswidrig und somit nichtig. Ausländern könne auch auf Gemeindeebene kein Wahlrecht eingeräumt werden, da nach dem Grundgesetz alle Staatsgewalt ausschließlich beim deutschen Volk liege.

In der Urteilsbegründung führt das Gericht aus, dass die Einführung des Ausländerwahlrechts einen Verstoß gegen das demokratische Prinzip nach Art. 20 Abs. 1 und 2 und Art. 28 Abs. 1 GG darstelle, wonach die Staatsgewalt vom Volke ausgehe. Das Gericht legt in seinem Urteil dar, dass der Volksbegriff des Art. 20 Abs. 2 GG nur das deutsche Volk umfasse und dieser Volksbegriff entsprechend der Homogenitätsklausel des Art. 28 Abs. 1 S. 1 und S. 2 GG auch in den Ländern und Gemeinden und Kreisen gelte. Art. 20 Abs. 2 S.1 GG bestimme mit seinem Satz, dass „Alle Staatsgewalt ..., vom Volke ausgehe" nicht allein den Grundsatz der Volkssouveränität, nachdem Träger und Subjekt der Staatsgewalt das Staatsvolk sei, sondern definiere auch den Begriff des Volkes. Hiermit sei ausschließlich das Staatsvolk der Bundesrepublik Deutschland gemeint, da Deutschland als demokratischer und sozialer Bundesstaat nicht ohne Personengesamtheit gedacht werden könne, welche das Staatsvolk bilde. Das

---

288 SH-GVBl 1989, S. 12.

289 Welches seinerseits das Gesetz über die Wahl zu den Bezirksversammlungen (BezWahlG) änderte, HambGVBl. I (1989) S. 29.

290 BVerfGE 83, 37 bzw. BVerfGE 83, 60; vgl. hierzu v. Mutius, Jura 1991, 410ff.

Volk, von dem die Staatsgewalt ausgehe, werde nach dem Grundgesetz von den deutschen Staatsangehörigen und den ihnen gleichgestellten Personen gebildet. Die Zugehörigkeit zum Staatsvolk werde grundsätzlich nur durch die Staatsangehörigkeit vermittelt. Die Staatsangehörigkeit sei die rechtliche Voraussetzung für den staatsbürgerlichen Status, der Pflichten und Rechte begründe, durch deren Ausübung die Staatsgewalt in der Demokratie ihre Legitimation erfahre.[291]

Diese Prinzipien der Volkssouveränität, der Demokratie und des Wahlverfahrens gälten auf allen Ebenen des bundesstaatlichen Aufbaues, also auch für die Untergliederungen der Länder, die Gemeinden und Kreise. Art. 28 Abs. 1 GG sei so auszulegen, dass er sicherstellen wolle, dass für alle Gebietskörperschaften eine einheitliche Legitimationsgrundlage gewährleistet werde. Dieses gelte daher auch für die schleswig-holsteinischen Gemeinden und Kreise.[292] Bei den Hamburger Bezirken sei nach Ansicht des BVerfG zwar Art. 28 Abs. 1 S. 2 GG nicht anwendbar, da die Bezirke keine Gebietskörperschaft darstellten. Den Bezirken fehle es an Rechtsfähigkeit und Allzuständigkeit, so dass sie nicht mit den Kommunen vergleichbar seien. Dennoch übten auch die Bezirke Staatsgewalt aus, da sie als Organe der unmittelbaren Staatsverwaltung auch Entscheidungskompetenzen hätten. Nach Ansicht des BVerfG bedürfe auch diese Ausübung der Staatsgewalt einer demokratischen Legitimation durch eine Volkswahl. Diese besitze jedoch keine Legitimationskraft, wenn auch Ausländer wahlberechtigt seien.[293]

Gleichzeitig weist das Gericht jedoch in einem allerdings nicht näher begründeten „obiter dictum" darauf hin, dass aus der Entscheidung nicht gefolgert werden könne, dass die derzeit im Bereich der Europäischen Gemeinschaften erörterte Einführung eines Kommunalwahlrechtes für Ausländer nicht Gegenstand einer nach Art. 79 Abs. 3 GG zulässigen Verfassungsänderung sein könne (sog. „EG-Öffnungsklausel").[294] Hierauf wird im weiteren Verlauf der Arbeit noch näher eingegangen.

1.2.2. Der Volksbegriff des Art. 20 Abs. 2 S. 1 GG

Die Urteile des BVerfG bildeten den Schlussstrich unter eine jahrelange bundesdeutsche Diskussion über das Ausländerwahlrecht. Da die Klärung dieser Verfassungsfrage eine nicht unwesentliche Vorfrage zur Betrachtung der schwierigen kommunalverfassungsrechtlichen Situation Bremens bei der Einführung des Unionsbürgerwahlrechts ist, werden im Folgenden in gebotener

---

[291] BVerfGE 83, 37, 51.
[292] BVerfGE 83, 37, 50 ff.
[293] BVerfGE 83, 60, 81.
[294] BVerfGE 83, 37, 59.

Kürze die wesentlichen Argumentationsstränge aufgeführt, die diese Entscheidung des BVerfG begründen.

Ausgangspunkt der „zweistufigen“ Argumentation des BVerfG ist - wie bereits ausgeführt - die Auslegung des in Art 20 Abs. 2 S. 1 GG verwendeten Begriff des „Volkes“. Das Volk der Bundesrepublik Deutschland ist Träger und Subjekt aller Staatsgewalt.[295] Daraus folgt, dass bei Subsumtion der Ausländer unter den Verfassungsbegriff des Volkes diese auch an der Ausübung der Staatsgewalt und somit an Wahlen in Deutschland zu beteiligen sind.

Art. 20 Abs. 2 GG kann jedoch keine Legaldefinition entnommen werden, aus der sich ergibt, ob unter dem hier verwendeten Begriff „Volk“ nur die Deutschen i.S. des Art. 116 GG oder auch die in Deutschland rechtmäßig lebenden Ausländer zu verstehen sind. Anhand der klassischen Auslegungsmethoden soll dieses nun herausgearbeitet werden.

1.2.2.1. Historische Interpretation

In der Historie ist seit dem späten 18. Jahrhundert eine feste Verbundenheit von Wahlrecht und Staatsangehörigkeit feststellbar.[296] Bereits in den einzelnen Verfassungen der deutschen Staaten wurde nach 1818 die Gewährung der staatsbürgerlichen Rechte unter den Vorbehalt der weiteren Voraussetzungen der Staatsangehörigkeit gestellt. Beispielhaft sind hier nur Titel VI § 12 der Bayrischen Landesverfassung von 1818, § 36 der Badischen Landesverfassung von 1818 und Art. 55 der Hessischen Verfassung von 1820 erwähnt.[297] Ebenfalls im Preuss.UntertanenG vom 31.12.1848 wurde das Wahlrecht nur den Staatsangehörigen gewährt.[298] Dieses galt gleichfalls auch für das Wahlgesetz vom 31.03.1869 über den Reichstag des Norddeutschen Bundes, welches für das Deutsche Reich übernommen wurde und bis 1918 in Kraft war. Für die Zeit der Weimarer Verfassung war ebenfalls unbestritten, dass die Staatsgewalt nur vom deutschen Volk ausging.[299]

Bei den Verhandlungen zu den Entwürfen des Grundgesetzes wurde die Frage, welche Personen Bestandteil des Volkes im Sinne dieser Vorschrift sein sollen,

---

295 Erichsen, Jura 1988, S. 549, 550f; Karpen, NJW 1989, 1012, 1013,

296 Quaritsch, DÖV 1983, 1, 4ff.

297 Die Verfassungstexte sind abgedruckt bei Huber, Dokumente zur deutschen Verfassungsgeschichte, Band I, S. 155ff.

298 Auch in der Frankfurter Paulskirchenverfassung vom 27.03.1848 wurde in § 132 S. 2 das Wahlrecht nur den Reichsbürgern gewährt.

299 Röger, VR 1993, 138.

nicht ausdrücklich erörtert.[300] Lediglich in einem Unterausschuss des Parlamentarischen Rates wurde darüber diskutiert, ob alle Deutschen oder lediglich die Bundesangehörigen Träger der demokratischen Rechte sein sollten.[301] Gegner des Ausländerwahlrechtes schlossen daraus, dass es den Gründern des Grundgesetzes nicht darauf ankam, neben den Deutschen auch Angehörige anderer Nationen an der Ausübung von Staatsgewalt zu beteiligen.[302] Gegen diese Schlussfolgerung wurde eingewandt, die Tatsache, dass die Einbeziehung von Ausländern in den Kreis der Berechtigten zur Ausübung der Staatsgewalt nicht erörtert wurde, zeige lediglich, dass es an einer ausdrücklichen Willenskundgebung des Gesetzgebers zum Ausländerwahlrecht fehle bzw. dass die Väter des Grundgesetzes nicht an ein solches Ausländerwahlrecht gedacht hätten. Es könne daraus jedoch weder eine enge Auslegung des Volksbegriffes auf „Nur-Deutsche“ noch eine weite Auslegung einschließlich der Ausländer gefolgert werden. Die entstehungsgeschichtliche Interpretation des „Volksbegriffes“ des Art. 20 Abs. 2 GG führe daher zu keinem Ergebnis, da weder die eine noch andere Ansicht unterstützt werde.[303]

Diese Auffassung trifft jedoch nur zu, wenn man sich bei der Auslegung des Volksbegriffes nur auf die unmittelbare Entstehungsgeschichte des Grundgesetzes fokussiert. Berücksichtigt man dagegen die vorangegangene deutsche Verfassungstradition mit dem Abhängigkeitsverhältnis zwischen Staatsangehörigkeit und Wahlrecht, wird deutlich, dass die Nichtbehandlung dieser Frage nur die Schlussfolgerung zulässt, dass eine Einbeziehung von Ausländern bei den Wahlen nicht gewollt war. Der Parlamentarische Rat ging selbstverständlich davon aus, dass nur Deutsche, nicht jedoch Angehörige anderer Nationalitäten an den Wahlen zu beteiligen seien. Die historische Interpretation führt damit zum Ergebnis, dass die Grundgesetzväter zum Volk i.S.d. Art. 20 Abs. 2 GG lediglich Deutsche zählten.

1.2.2.2. Verfassungswandel

Auch Befürworter eines Ausländerwahlrechtes erkennen zum Teil diese historische Auslegung an, verweisen jedoch darauf, dass aufgrund der tatsächlichen Situation in Deutschland ein Verfassungswandel dahingehend stattgefunden

---

300 Zur Entstehungsgeschichte des heutigen Art. 20 GG, Huber, DÖV 1989, 531, 534.

301 Huber, DÖV 1989, 531, 534.

302 Weigl,. S. 7 und 24; Birkenheier, S. 24f; Schink, DVBl. 1988, 417, 420; Quaritsch, DÖV 1983, 1, 3; Barley, S. 27.

303 Hasenritter, VR 1981, 15; Bernsdorff, S. 115; ähnlich auch Isensee/Kirchhof-*Meyer*, Handbuch des Staatsrechts, Bd. II, § 38 Rn. 6.

habe, das unter den Begriff des „Volkes" jetzt auch hier lebende ausländische Bürger einzubeziehen seien.[304]

Der Gedanke des Verfassungswandels ohne ausdrückliche Verfassungsänderung ist als Kriterium der Verfassungsinterpretation weitestgehend anerkannt, denn das Grundgesetz soll die jeweils gegenwärtige Wirklichkeit des Gemeinwesens verfassen und insoweit immer an der Wirklichkeit orientiert sein. [305] Daher wird der Verfassungswandel in der verfassungsrechtlichen Methodik immer dann verwendet, wenn der untrennbare Zusammenhang von Verfassungstext und Verfassungswirklichkeit bei der Konkretisierung der Verfassungsnorm verdeutlicht werden soll.[306] Das BVerfG hat die Möglichkeit eines Verfassungswandels zwar grundsätzlich anerkannt, jedoch an enge Voraussetzungen geknüpft. So müssten neue Tatbestände auftauchen, die vom Verfassungsgeber nicht vorauszusehen waren bzw. bekannte Tatbestände durch ihre Einordnung eine neue Bedeutung erhalten.[307] Ein Verfassungswandel dürfe in keinem Fall zu einer unzulässigen Verfassungsdurchbrechung führen, sondern müsse sich im Rahmen der vorgegebenen Wertungen, Grundentscheidungen und Grundsätze der Verfassung halten.[308]

Die tatsächliche Situation in Deutschland hat sich seit Inkrafttreten des Grundgesetzes nicht dermaßen verändert, dass es einen Verfassungswandel rechtfertigen würde. Zwar ist im Vergleich zu der Situation 1949 die Anzahl der ständig in Deutschland lebenden Ausländer signifikant gestiegen, jedoch hat der verfassungsändernde Gesetzgeber seine 1949 getroffene Grundentscheidung, in den „Volksbegriff" des Art. 20 GG die Ausländer nicht aufzunehmen, trotz der veränderten Situation bestätigt. Dieses ergibt sich aus der 1968 beschlossenen Ergänzung des Art. 20 GG durch den Absatz 4, in dem das Widerstandsrecht der Deutschen, und nur auf diese bezieht es sich ausdrücklich, eingeführt wurde.[309] Daraus wird deutlich, dass der Verfassungsgeber auch in den Folgejahren nach Entstehung des Grundgesetzes trotz der Veränderungen in der Wohnbevölkerung in Deutschland eine Teilhabe der ausländischen Staatsbürger an die Ausübung der Staatsgewalt nicht bezweckte. Denn es wäre widersprüchlich, wenn er einerseits die Ausländer an der Ausübung der Staatsgewalt durch Teilnahme

---

[304] Hasenritter, VR 1981, 14, 15; Rittstieg, Wahlrecht für Ausländer, S. 45ff; Zuleeg, JZ 1980, 430.

[305] Karpen, Auslegung und Anwendung der Verfassung, S. 28ff.

[306] Karpen, Auslegung und Anwendung der Verfassung, S. 28ff.

[307] BVerfGE 2, 380, 401; 7, 342, 351.

[308] BVerfGE 62, 1, 39.

[309] Zur Entstehungsgeschichte des Art. 20 IV GG, Maunz/Dürig – *Herzog*, Art. 20 Abs. 2. Abschn. IV Rn. 2ff.

an den Wahlen beteiligen wollte, aber andererseits ihnen das Recht zum Widerstand gegen die Beseitigung der verfassungsgemäßen Ordnung verweigern würde.[310] Somit führt auch das Argument des Verfassungswandels nicht zu einer Einbeziehung der Ausländer in den Volksbegriff des Art. 20 GG.

1.2.2.3. Systematische Interpretation

Grundlage der systematischen Interpretation ist die unterschiedliche Verwendung des Begriffes „Volk" im Grundgesetz. Bei der Verwendung des Kollektivbegriffes „Volk" im Grundgesetz können zumindest drei Bedeutungen unterschieden werden:

In der Präambel und in Art. 146 GG, wo vom „deutschen Volk" die Rede ist, ist das nichtorganisierte, das souveräne Volk eher im Sinne der allgemeinen Staatslehre, als des Staatsrechtes gemeint.[311] In Art 20 Abs. 1 GG, wo vom „Volk" die Rede ist, ist das staatsrechtlich organisierte, das Staatsvolk, das Organvolk gemeint, das Volk im staatsrechtlichen Sinne.[312] Den Grundrechtsartikeln, wie Art. 8, 9 GG, liegt dagegen eine Vorstellung vom vorstaatlichen Volk im soziologischen Sinne zugrunde, „Volk" im Sinne der Einwohnerschaft, wie sie etwa Substrat der öffentlichen Meinung ist.[313]

Anhand dieser drei unterschiedlichen Bedeutungen des Begriffes Volkes soll untersucht werden, ob daraus eine Ausdehnung des Volksbegriffes in Art. 20 Abs. 2 S. 1 GG auch auf Ausländer abgeleitet werden kann.

1.2.2.3.1. Präambel und Art. 146 GG

In Satz 1 der Präambel wird das deutsche Volk als Träger der verfassungsgebenden Gewalt bezeichnet. Art. 146 GG bestimmt, dass eine Verfassung, welche vom deutschen Volk beschlossen wird, in der Lage ist, das Grundgesetz in seiner Geltung abzulösen, und nennt dabei als Träger der verfassungsgebenden Gewalt ebenfalls das deutsche Volk.[314]

Sowohl Präambel als auch Art. 146 GG beschränken die verfassungsgebende Gewalt damit eindeutig nur auf Deutsche i.S. Art. 116 GG. Nach dem Grundgesetz ist die verfassungsgebende Gewalt („pouvoir constituant"), d.h. die Autori-

---

[310] So auch Bleckmann, DÖV 1988, 437, 439; Karpen, NJW 1989, 1012, 1014; Papier, KritV 1987, 309, 311.

[311] Karpen, NJW 1989, 1012, 1013.

[312] Karpen, NJW 1989, 1012, 1013.

[313] Karpen, NJW 1989, 1012, 1013.

[314] Zur Frage, wer Deutscher i.S.d. GG ist vgl. Art. 116 GG, sowie Papier, KritV 1987, 309, 311; Isensee, KritV 1987, 300, 301; Zuleeg, ZAR 1988, 13, 15f.

tät, die die Verfassung in ihrem normativen Geltungsanspruch hervorbringt, zwar nicht mit der Staatsgewalt identisch, aber sie liegt ihr voraus. Beide Gewalten stehen somit in enger Beziehung.[315] Die verfassungsgebende Gewalt stellt den Ursprung der Staatsgewalt dar.[316] Es ist daher nur systemkonform, wenn auch das staatsrechtlich organisierte Volk („pouvoir constitué"), das die Staatsgewalt mit Hilfe der demokratischen Elemente Wahlen und Abstimmungen wahrnimmt,[317] die gleiche Legitimationsgrundlage umfasst. Daher ist es nur folgerichtig, wenn die verfassungsgebende Gewalt nach dem Grundgesetz ausdrücklich nur auf die Deutschen beschränkt ist, auch die Ausübung der Staatsgewalt, wie sie in Art. 20 Abs. 2 S.1 GG beschrieben ist, nicht auf Ausländer auszuweiten.[318]

Somit bleibt festzuhalten, dass aufgrund des in der Präambel sowie Art. 146 GG verwendeten „Volksbegriffes", der sich nur auf Deutsche bezieht, der Schluss nahe liegt, dass zum Volk im Sinne des Art. 20 Abs. 2 S. 1 GG auch nur Deutsche zählen.

1.2.2.3.2. Artikel 20 Abs. 1 GG

Art. 20 GG schreibt in Absatz 2 nicht nur das Prinzip der Volkssouveränität fest, sondern auch, dass die Bundesrepublik Deutschland ein sozialer und demokratischer Bundesstaat ist. Verfechter des Ausländerwahlrechtes leiten aus dem Sozialstaatsprinzip eine weite Auslegung des Volksbegriffes des Art. 20 Abs. 2 GG ab. Die Umsetzung des Sozialstaatsprinzips setze eine gleichberechtigte Behandlung von Ausländern und Deutschen in Deutschland voraus. Dieses impliziere, dass den Ausländern nach einer bestimmten Aufenthaltsdauer ein Wahlrecht zu gewähren sei.[319] Mit dem Sozialstaatsprinzip sei es nicht vereinbar, wenn die Ausländer als entrechtete Minderheit auf Dauer in Deutschland leben. Dieses würde dazu führen, dass sich die Bundesrepublik Deutschland in eine Klassengesellschaft mit wahlberechtigten Deutschen und unmündigen Ausländern verwandele.[320]

Diese Ansicht beruht auf der Prämisse, dass das Sozialstaatsprinzip das ebenfalls in Art. 20 Abs. 1 GG verankerte Demokratieprinzip, welches in Art. 20

---

[315] Karpen, NJW 1989, 1012, 1013; Bryde, JZ 1989, 257, 259; Isensee/Kirchhof- *Böckenförde*, Handbuch des Staatsrechts, Bd. I, §22 Rn. 5ff.

[316] Karpen, NJW 1989, 1012, 1013; Frank, KJ 1990, 290, 293; Stein, Staatsrecht, § 8 II.

[317] Karpen, NJW 1989, 1012, 1013; Frank, KJ 1990, 290, 293.

[318] So auch Niedermeyer-Krauß, S. 17; Isensee, KritV 1987, 300, 301; Scholz, FS für Günter Dürig, S. 377; Barley, S. 29 m.w.N. in Fn. 67.

[319] Zuleeg, KritV 1987, 322, 325; ders. in DVBl. 1974, 341, 347.

[320] Zuleeg, KritV 1987, 322, 325; ders. in DVBl. 1974, 341, 347.

Abs. 2 GG näher ausgeformt wird, modifiziere, bzw. diesem sogar übergeordnet sei.[321] Zwar ist unstreitig, dass sich die einzelnen Verfassungsprinzipien untereinander beeinflussen.[322] Dieses führt jedoch nicht dazu, dass das Sozialstaatsprinzip in das demokratische Prinzip hinein zu Fragen des Staatsaufbaues, zu denen auch die der personalen Zusammensetzung des die Staatsgewalt ausübenden Volkes gehören, einwirkt und bestimmte Gruppen von Personen als Souverän einordnet.[323] Dem Sozialstaatsprinzip können somit keine konkretisierenden Aussagen zum Volksbegriff des Art. 20 Abs. 2 S.1 GG entnommen werden.

1.2.2.3.3. Artikel 8 Abs. 1 und 9 Abs. 1 GG

Die Versammlungs- und Vereinigungsfreiheit nach Art. 8 und 9 GG sind als Grundrechte nur Deutschen zugebilligt. Bei beiden handelt es sich um „politische Grundrechte", genauer noch um „demokratische Grundrechte",[324] die Voraussetzung einer freien Meinungs- und Willensbildung im Staatsvolk und damit Bestandteil des demokratischen Prinzips sind.[325]

Die Tatsache, dass die sich aus Art. 8 und 9 GG ergebenden Rechte sich nur auf Deutsche beziehen, rechtfertige nach Ansicht der Gegner eines Ausländerwahlrechtes eine enge Auslegung des Volksbegriffes in Art. 20 Abs. 2 S. 1 GG. Die bewusste Schlechterstellung der Ausländer bei diesen Grundrechten mache deutlich, dass diese keineswegs an der formalisierten Willensbildung des Staates in Form von Wahlen zu beteiligen seien. Würde dieses dem Willen der Verfassung entsprechen, wären die Ausländer auch im Bereich der politischen Willensbildung mit den Deutschen gleichgestellt worden.[326]

Die Befürworter des Ausländerwahlrechtes wenden dagegen ein, dass die Nichteinbeziehung der Ausländer in den Schutzbereich der o.g. Grundrechte nicht ausreiche, daraus abzuleiten, dass die Staatsgewalt nur von Deutschen ausgeübt werden dürfe. Schließlich werde der einfache Gesetzgeber dadurch nicht gehindert, grundrechtlichen Schutz für die Ausländer im Bereich der poli-

---

321 So Zuleeg, der davon ausgeht, dass aus dem Sozialstaatsprinzip bestimmte Forderungen entnehmbar seien und diese auch gegenüber dem demokratischen Prinzip durchzusetzen seien; DVBl. 1974, 341, 349.

322 Statt vieler BVerfGE 73, 339, 386; BK-*Evers*, Art. 79 Abs. 3 Rn. 156.

323 Isensee, VVDStRL 32 (1974), 49, 92; Lamers, S. 37; ‚Isensee/Kirchhof-*Kirchhof*, Handbuch des Staastrechts, Bd. VII § 19 Rn. 85; Fn. 131.

324 Maunz/Dürig – *Herzog*, Art. 8 Rn. 10 m.w.Nachw.; Maunz/Dürig – *Scholz*, Art. 9 Rn. 34.

325 Maunz/Dürig – *Herzog* Art. 8 Rn. 10; siehe dazu auch Smend, Bürger und Bourgeois im Deutschen Staatsrecht, in Staatsrechtliche Abhandlungen, S. 309, 316ff.

326 Birkenheier, S. 42; Bleckmann, DÖV 1988, 437, 440.

tischen Willensbildung aus dem Auffanggrundrecht des Art. 2 Abs. 1 GG herzuleiten.[327] Dieses sei z.B. durch das Versammlungsgesetz geschehen, in dem die Ausländer mit den Deutschen gleichgestellt werden und jedermann die Versammlungsfreiheit garantiert werde.[328]

Die Befürworter des Ausländerwahlrechtes verkennen in ihrer Argumentation jedoch den Unterschied zwischen der einfachgesetzlichen Regelung und dem Verfassungsrecht. Während die einfachgesetzliche Regelung der Beteiligung der Ausländer an der politischen Willensbildung im Sinne der Art. 8 und 9 GG zur Folge hat, dass diese jederzeit wieder aberkannt werden kann, ist dieses bei einer verfassungsrechtlichen Garantie, die zudem unter dem Schutz der Ewigkeitsklausel des Art. 79 Abs. 3 GG steht, nicht der Fall. Leitet man aus der einfachgesetzlichen Regelung jetzt ab, dass die ausländischen Mitbürger unter den Volksbegriff des Art. 20 Abs. 2 GG fallen, würde eine unabänderbare Beteiligung an der Ausübung der Staatsgewalt geschaffen werden. In der Konsequenz bedeutet dieses, dass die Ausländer zwar einfachgesetzlich von der vorbereitenden politischen Willensbildung ausgeschlossen werden können, ihnen aber dennoch ein Recht auf Ausübung der Staatsgewalt durch die Teilhabe an den Wahlen zustehen würde. Dieser entstehende Widerspruch macht den „qualitativen Unterschied" zwischen der Einräumung von Rechten durch einfaches Gesetz und grundgesetzliche Gewährleistung deutlich.[329] Eine weite Auslegung des Volksbegriffes kann daher nicht mit Art. 8 und 9 GG begründet werden.

1.2.2.3.4. Zwischenergebnis

Die verfassungssystematische Auslegung des Volksbegriffes in Art. 20 Abs. 2 GG anhand der differenzierenden Bedeutung des im Grundgesetz verwendeten Kollektivbegriffes Volk spricht für eine enge Auslegung des Begriffes nur auf die Deutschen i.S. des Art. 116 GG.

1.2.2.4. Teleologische Auslegung

Abschließend wird untersucht, ob auch die teleologische Interpretation des „Volksbegriffes" des Art. 20 Abs. 2 S.1 GG die enge Auslegung nur auf Deutsche i.S. des Art. 116 GG rechtfertigt.

Bei der teleologischen Interpretation wird der Sinn und Zweck der Norm, in diesem Falle des Art. 20 Abs. 2 S. 1 GG, erfasst.[330] Art. 20 GG legt für die Bundesrepublik Deutschland als Herrschaftsform die Demokratie fest. In Art.

---

[327] Zuleeg, DÖV 1973, 361, 362.

[328] Zuleeg, Ausländerrecht und Ausländerpolitik in Europa, S. 161.

[329] So auch Grumann, S. 16; Hierl, S. 51.

[330] BVerwGE 70, 207.

20 Abs. 2 S. 2 GG wird dazu näher ausgeführt, dass die gesetzliche Demokratie sowohl unmittelbar-demokratische als auch repräsentativ-demokratischen Elemente umfasst.[331]

Zuleeg leitet aus dem Demokratie-, aber auch dem Sozialstaatsprinzip ein verfassungsrechtliches Gebot ab, die seit längerem in Deutschland ansässigen Ausländer an den Wahlen zu beteiligen. Diese seien faktisch „Betroffene" der politischen Entscheidungen im Land und müssten deshalb auch über entsprechende Rechte der demokratischen Teilhabe verfügen.[332] Der Begriff „Volk" müsse daher als „Lebens- und Schicksalsgemeinschaft" in einer bestimmten Region verstanden werden, die eine Gleichberechtigung auch bei den demokratischen Rechten in dieser Region erfordere.[333] Es verstoße daher gegen das Demokratieprinzip, wenn eine solche große Gruppe der Bevölkerung der Bundesrepublik Deutschland vom Recht der politischen Mitbestimmung in den sie persönlich treffenden Entscheidungen im öffentlichen Bereich ausgeschlossen werde.[334]

Diese Auffassung vermag nicht zu überzeugen. Eine gleichartige Betroffenheit der Ausländer mit den deutschen Staatsangehörigen kann nicht festgestellt werden. Vergleicht man sowohl Pflichtenstellung als auch den unterschiedlichen Aufenthaltsstatus, werden die Unterschiede deutlich.[335] Der ausländische Mitbürger unterliegt zwar Steuerpflicht oder Abgabenpflicht für Sozialversicherungsbeiträge, also Pflichten, die sich aus der Unterwerfung unter die Gebietshoheit der Bundesrepublik Deutschland ergeben. Ihm obliegen jedoch keine Verbandspflichten wie die Wehrpflicht oder die Übernahme von Ehrenämtern.[336] Dieses ist Indiz dafür, dass die hier lebenden Ausländer nicht den besonderen Treue– und Gehorsamspflichten unterworfen werden, wie sie die deutschen Staatsbürger treffen.[337]

---

331 von Münch/Kunig - *Schnapp*, GG, Bd. 2, Art. 20 Rn. 13ff.

332 Sog. „Betroffenheitsdemokratie", dazu Zuleeg, DÖV 1973, 361.

333 Zuleeg, DVBl. 1974, 341, 349; Rittstieg, KritV 1987, 315, 318.

334 von Münch, Kommunales Ausländerwahlrecht: Ein Gebot der Demokratie, Das Rathaus, 1989, S. 147f; a.A. Quaritsch, DÖV 1983, 1, 10,der der Einräumung eines Ausländerwahlrechts zwecks besserer Geltendmachung gruppenspezifischer Interessen ein „privatistisches Missverständnis" des Wahlrechts unterstellt.

335 Dazu ausführlich Grumann, S. 23ff.

336 Dem steht auch nicht entgegen, dass auch Frauen nicht der Wehrpflicht unterliegen, ohne dass sich dieses auf ihr Wahlrecht auswirkt, da die Wehrpflicht für Frauen jederzeit durch den Verfassungsgeber eingeführt werden kann, während eine Wehrpflicht für Ausländer völkerrechtlich höchst umstritten ist. Vgl. Grumann, S. 27.

337 Schink, DVBl. 1988, 417, 422; Birkenheier, S. 66/67.

Aber auch aus dem Aufenthaltsstatus wird deutlich, dass die Ausländer von den in Deutschland getroffenen politischen Entscheidungen in einer anderen Qualität betroffen sind als die deutschen Staatsangehörigen. Zwar überzeugt hier nicht die These von der so genannten „Unentrinnbarkeit", wonach der Staatsangehörige unentrinnbar an das existentielle Geschick des Staates gebunden sei, während sich die ausländischen Mitbürger jederzeit der deutschen Staatsgewalt durch Rückkehr in ihre Heimat entziehen könnten.[338] Dieses Argument kann durch die Tatsache widerlegt werden, dass auch der deutsche Staatsbürger nach Art. 2 Abs.1 GG jederzeit von seinem Recht auf Ausreise Gebrauch machen kann.[339] Im Ergebnis ist jedoch ein wesentlicher Unterschied in der aufenthaltsrechtlichen Stellung der Ausländer im Verhältnis zu den deutschen Staatsangehörigen nicht zu leugnen, da bei den Ausländern anders als bei den Deutschen gem. § 45ff AuslG die Möglichkeit der Ausweisung besteht. Die Bundesrepublik kann somit Ausländer endgültig aus ihrer Gemeinschaft ausschließen, während sie bei deutschen Staatsangehörigen gezwungen ist, diese auch nach einer erfolgten Ausreise jederzeit wieder aufzunehmen, wenn sie von ihrem Aufenthaltsstaat wieder ausgewiesen werden sollten.[340]

Eine gleiche „Betroffenheit" ausländischer und deutscher Bürger, die die Partizipation der Ausländer an der Ausübung demokratischer Rechte erfordert, kann daher nicht festgestellt werden. Somit führt auch die teleologische Interpretation nicht dazu, die ausländischen Mitbürger in den „Volksbegriff" des Art. 20 Abs. 2 S.1 GG zu integrieren.

1.2.2.5. Zwischenergebnis

Als Zwischenergebnis kann somit festgehalten werden, dass übereinstimmend die historische, systematische und teleologische Auslegung als auch das Argument des Verfassungswandels zu dem Ergebnis führen, dass der Begriff „Volk" in Art. 20 Abs. 2 S. 1 GG eng auszulegen ist. Ein allgemeines Ausländerwahlrecht ist mit dem Volksbegriff des Art. 20 Abs. 2 S. 1 GG nicht vereinbar.

1.2.2.6. Art. 38 GG als lex specialis für die Wahlberechtigung

Nach Ansicht von *Meyer* können Ausländer sowohl auf kommunaler Ebene als auch auf Landes- oder Bundesebene an den Wahlen beteiligt werden. Dem stehe auch nicht Art. 20 GG entgegen, denn dieser definiere nicht den Kreis der Wahlberechtigten. Vielmehr enthalte Art. 38 GG eine lex specialis für die

---

338 Isensee, VVDStRL Heft 32 (1973), 49, 93; Scholz, FS Dürig, S. 367, 378; Karpen, NJW 1989, 1012, 1013; a.A. Gramlich, ZAR 1989, 51, 56; Bryde, JZ 1989, 257, 261; Zuleeg, ZAR 1988, 13, 16.

339 Hierl, S. 58,

340 vgl. Doehring, FS für Kutscher, S. 117f; Barley, S. 30.

Wahlberechtigung.[341] Diese regele die Wahl der Abgeordneten des Deutschen Bundestages, überlasse in Absatz 3 jedoch die näheren Bestimmungen dem Bundesgesetzgeber. Diese Auslegung der Verfassung eröffne die Möglichkeit, auf Bundes-, Landes- und Kommunalebene durchaus unterschiedlich Festlegungen bezüglich der Wahlberechtigung zu treffen. Dadurch werde gewährleistet, dass die Frage des Ausländerwahlrechts eine Frage der verfassungspolitischen Zweckmäßigkeitserwägungen bleibe.[342]

Unterstützt wird *Meyer* in seiner Argumentation von *Geffken.*[343] Dieser vertritt ebenfalls die Auffassung, dass der einfache Gesetzgeber den Kreis der Wahlberechtigten bestimmen könne. Das Grundgesetz stehe einer solchen Konkretisierung des Volksbegriffes durch einfaches Gesetz nicht entgegen. Der Gesetzgeber habe zudem in der Vergangenheit schon mehrfach von dieser Möglichkeit Gebrauch gemacht und Konkretisierungen in den Wahlgesetzen eingeführt, z.B. die Einführung eines bestimmten Wahlalters etc.. Nach Ansicht *Geffkens* definiere nicht der Begriff Volk im Grundgesetz die Wählerschaft, sondern die Wählerschaft das Volk.[344]

Die Argumentation von *Meyer* und *Geffken* verkennt die zentrale Bedeutung des Art. 20 GG in der deutschen Verfassung. Berücksichtigt man diese, wird deutlich, dass der Verfassungsgeber die Bestimmung des Kreises der Wahlberechtigten und damit derjenigen, die die Herrschaftsgewalt ausüben, nicht dem einfachen Gesetzgeber überlassen wollte. Art. 20 Abs. 1 GG enthält mit der Festlegung des demokratischen Prinzips gleichzeitig die Fundamentalaussagen des Grundgesetzes zum Staatsaufbau und zur Staatswillensbildung der Bundesrepublik Deutschland. Insofern kann es zu Recht als das zentrale Verfassungsprinzip überhaupt bezeichnet werden.[345] Art. 20 Abs. 2 GG konkretisiert dieses demokratische Prinzip, indem er sich zum Prinzip der Volkssouveränität bekennt. Übereinstimmend wird daraus geschlussfolgert, dass es sich bei Art. 20 Abs. 2 S. 1 GG um keine Prinzipienvorschrift mehr handelt, sondern um eine Vollregelung.[346] Mit dieser ist es jedoch nicht vereinbar, die Bestimmung des

---

[341] Isensee/Kirchhof-*Meyer*, Handbuch des Staatsrechts, Bd. II, § 38, Rn. 8.

[342] Isensee/Kirchhof-*Meyer*, Handbuch des Staatsrechts, Bd. II, § 38, Rn. 8; in dem Sinne auch Bovenschulte S. 530; der zur Vermeidung dogmatischer und rechtspolitischer Ungereimtheiten dafür plädiert, den Normgehalt des Art. 20 Abs. 2 S.1 GG „lediglich" in der Festlegung zu sehen, dass die Staatsgewalt von den Herrschaftsunterworfenen selbst und nicht einer anderen Instanz ausgeht.

[343] Geffken, DuR 1989, 123.

[344] Geffken, DuR 1989, 123, 130.

[345] Maunz/Dürig – *Herzog*, Art. 20 Abschnitt. II., Rn. 1.

[346] Statt vieler Maunz/Dürig – *Herzog*, Art. 20 Abschnitt II.,Rn. 2.

Kreises der Wahlberechtigten dem einfachen Gesetzgeber zu überlassen. Denn dem Gedanken der umfassenden Regelung des Prinzips der Volkssouveränität in Art. 20 Abs. 2 GG würde es widersprechen, wenn zwar die Ableitung aller Staatsgewalt vom Volke unter dem Schutz der Ewigkeitsklausel des Art. 79 Abs. 3 GG steht, jedoch keine Aussage über die Legitimationsgrundlage für die Volkssouveränität gemacht werde, sondern dies dem einfachen Gesetzgeber überlassen wird.

Die Argumentation *Meyers* verstößt ebenfalls gegen das Homogenitätsprinzip des Grundgesetzes. Das Grundgesetz enthält in Art. 28 Abs. 1 GG eine ausdrückliche Homogenitätsvorschrift. Danach muss die verfassungsmäßige Ordnung der Länder den Grundsätzen des republikanischen, demokratischen und sozialen Rechtsstaats im Sinne des Grundgesetzes entsprechen. Dieses bedeutet, dass das Prinzip der Volkssouveränität auf allen Ebenen gelten muss, in denen Hoheitsrechte ausgeübt werden.[347] Dieses impliziert jedoch auch, dass die Bestimmung des Legitimationssubjektes die gleiche sein muss, anderenfalls käme der Volkssouveränität auf den verschiedenen Ebenen eine unterschiedliche Bedeutung zu. Da die Wahlberechtigung somit eine der wesentlichen Grundlagen der Volkssouveränität ist, kann sie nicht über Art. 38 GG dem einfachen Gesetzgeber überlassen werden, sondern muss sich direkt aus Art. 20 GG ergeben.

1.2.2.7. Ergebnis

Als Ergebnis lässt sich festhalten, dass sowohl die historische, verfassungssystematische und teleologische Auslegung zum Ergebnis führen, dass der Begriff des Volkes in Art. 20 Abs. 2 eng auszulegen ist. Art. 38 GG ist im Verhältnis zu Art. 20 Abs. 2 nicht lex specialis. In Art. 20 Abs. 2 GG wird mit der Festlegung des Prinzips der Volkssouveränität auch das Legitimationssubjekt bestimmt und dieses nicht dem einfachen Gesetzgeber überlassen. Der erste Argumentationsstrang des BVerfG hat sich daher als begründet erwiesen.

1.2.3. Differenzierung zwischen Staatsbürger nach Art. 20 Abs. 2 GG und Gemeindebürger nach Art. 28 Abs. 1 S. 2 GG

In einem „zweiten Schritt“ hat das BVerfG in seinen Urteilen zum Ausländerwahlrecht festgestellt, dass sich aus Art. 28 Abs. 1 S. 1 und 2 GG ergebe, dass auch die kommunalen Vertretungen einer demokratischen Legitimation i.S. des Art. 20 Abs. 2 GG bedürfen.[348] Voraussetzung dafür ist jedoch, dass auch die kommunalen Vertretungen Staatsgewalt ausüben. Dieses wird im Folgenden zu untersuchen sein.

---

[347] Maunz/Dürig – *Herzog*, Art. 20 Abs. 2. Abschnitt II., Rn 30.

[348] BVerfGE 83, 37, 53.

1.2.3.1. Ausübung von Staatsgewalt durch die Kommunen

Entscheidend für die Beantwortung der Frage, ob die Gemeinden Staatsgewalt ausüben, ist die Einordnung ihrer Rechtsstellung im Staatsaufbau. Diesbezüglich werden unterschiedliche Ansichten vertreten, die im Folgenden kurz dargestellt und diskutiert werden.

1.2.3.1.1. Einordnung der Gemeinden in den Bereich der gesellschaftlichen Selbstorganisation

Zum Teil wird die Ansicht vertreten, dass die Gemeinden dem Bereich der gesellschaftlichen Selbstorganisation zuzuordnen seien und ihnen damit eine verselbständigte Stellung innerhalb des Staates zukomme.[349] Dieses hätte zur Folge, dass sie keiner demokratischen Legitimation im Sinne des Art. 20 Abs. 2 GG bedürfen, sondern ihre Legitimation durch die im Gebiet der Gemeinde ansässigen Personen - einschließlich der Ausländer - erhalten. Darüber hinaus wird sogar die Auffassung vertreten, dass die Gemeinden eine vollständig vom Staat unabhängige originäre Hoheitsgewalt ausübten, woraus gefolgert wird, dass sie auch bei der Bestimmung ihrer Legitimationsbasis frei wären, d.h. unabhängig von staatlichen Vorgaben.[350] Zur Begründung dieser Thesen wird auf die historische Entwicklung der Gemeinden verwiesen. Deren Ursprung Anfang des 19. Jahrhunderts liege in dem Willen eine, dem monarchistischen Staat gegenüberstehende, institutionalisierte Form bürgerlicher Selbstorganisation herauszubilden.[351] Auch in der Weimarer Republik sei die kommunale Selbstverwaltung als gegen den Staat gerichtetes Grundrecht ausgestaltet worden.[352]

Diese Auffassung ist mit guten Argumenten abzulehnen, denn sie verkennt, dass die Gemeinden Bestandteile des Staates sind und ihm gerade nicht unabhängig gegenüberstehen. So wird auch in der Literatur zutreffend ausgeführt, dass die Gemeinden zwar über einen eigenen, vom Staat zu respektierenden Rechtskreis verfügen, jedoch letztlich ihre rechtliche Existenz als mit Hoheitsrechten ausgestattete juristische Personen der vom Staat geschaffenen Rechtsordnung verdanken.[353] Ihre Anerkennung als Träger hoheitlicher Gewalt ergebe sich aus staatlichen Normen auf verschiedenen Ebenen, insbesondere Art 28

---

349 Sasse, S. 37ff, 44, 59; unterstützt von Schwerdtfeger S. 110/111; Salzwedel VVDStRL 22 (1965), 206, 233; Hasenritter VR 81, 14, 16; Schmidt-Bleibtreu/Klein – *Brockmeyer*, Art. 28 Rn. 7, aber ohne Begründung der mangelnden Staatsqualität der Kommunen.

350 Dürig, JZ 53, 193, 198; Pagenkopf, Kommunalrecht, 2. Aufl. 1975, S.223, offenlassend 3. Aufl. S. 93ff.

351 Schmellenkamp, S. 69, der die geschichtliche Entwicklung des Art. 28 GG in Deutschland näher untersucht,

352 Sasse, S. 37 ff.

353 Breer, S. 84; Grumann, S. 32; Maunz/Dürig – *Maunz*, Art. 28 Rn. 50.

Abs. 2 GG. In Art. 28 Abs. 2 GG werde den Gemeinden zwar das Recht gewährleistet, alle Angelegenheiten der örtlichen Gemeinschaft im Rahmen der Gesetze in eigener Verantwortung zu regeln. Diese Gewährleistung des Art. 28 Abs. 2 GG verleihe den Gemeinden jedoch kein Grundrecht als subjektives öffentliches Recht gegen den Staat.[354] Vielmehr beinhalte Art. 28 Abs. 2 GG eine institutionelle Garantie kommunaler Selbstverwaltung.[355] Hiernach werde nur die Einrichtung, d.h. die Kommune als öffentliche Einrichtung bzw. Verband, garantiert, nicht jedoch der Bestand der einzelnen Gemeinde oder des einzelnen Gemeindeverbandes. Dieses stelle einen wesentlichen Unterschied zu einer grundrechtlichen Gewährleistung dar.[356]

Die Eingliederung der Gemeinden in den Staatsaufbau wird bereits in der systematischen Einordnung der Gemeinden im Grundgesetz deutlich. Die Selbstverwaltungsgarantie der Gemeinden befindet sich im zweiten Abschnitt des GG unter der Überschrift „Der Bund und die Länder". Diese Einordnung in den organisatorischen Teil des Grundgesetzes und nicht im Bereich der Grundrechte macht deutlich, dass den Gemeinden keine Funktion als gesellschaftliche Selbstorganisation zukommen soll.[357] Auch eine „ursprüngliche Gewalt" der Gemeinden und damit eine vorgegebene, dem staatlichen Eingriff entzogene Gemeindeautonomie lässt sich weder aus dem Grundgesetz noch den Landesverfassungen begründen.[358] Die Gemeinden sind vielmehr Teil des Gesamtgefüges, welches durch die staatliche Rechtsordnung geformt wurde. Aus ihrer Stellung im Staatsaufbau ist keine eigene originäre, vom Staat unabhängig auszuübende Hoheitsgewalt ableitbar.[359]

1.2.3.1.2. Doppelte Legitimation der Gemeinden

Ebenfalls nicht zu überzeugen vermag der von einem Teil der Literatur entwickelte Ansatz, dass bei der Einordnung der Rechtsstellung der Gemeinden zwischen Auftragsangelegenheiten und Selbstverwaltungsangelegenheiten zu unterscheiden sei.[360] Ausgehend von dieser Differenzierung wird gefolgert, dass die Gemeinden eine doppelte Legitimation besäßen, eine staatliche und eine körperschaftliche. So bedürfe die Gemeinde bei der Ausübung von Staatsgewalt in Form der Erledigung von Auftragsangelegenheiten der Legitimation durch

---

354 BVerfGE 8, 359; BVerwGE 2, 332; 6, 22; 7, 122; BGHZ 13, 208.

355 Birkenheier, S. 113 mw.N. in Fn. 2; Weigl, S. 37.

356 Schink, DVBl. 1988, 417, 424.

357 Zustimmend Weigl, S. 37; Niedermeyer-Krauß, S. 39; Isensee, KritV 1987, 300, 306, Schmellenkamp, S. 70; Schild, DÖV 1985, 664, 672.

358 Maunz/Dürig – *Maunz*, Art. 28 Rn. 50.

359 Breer, S. 87; Niedermeyer-Krauß, S. 27; Bücking, S. 93.

360 Breer, S, 97 ff; Bücking, S. 99 ff; Sasse, S. 42/43; Bernsdorff, S. 142; Lamers, S. 69.

das Staatsvolk i.S. des Art. 20 Abs. 2 GG. Hingegen können bei der Ausübung hoheitlicher Gewalt auf dem Gebiet der kommunalen Selbstverwaltung alle Gemeindeangehörigen einschließlich der Ausländer das Handeln der Gemeinde legitimieren.[361]

Zur Begründung wird ausgeführt, dass sich die kommunalen Gebietskörperschaften derart qualitativ von den Ländern und dem Bund unterscheiden, dass sich daraus schon ergebe, dass es keiner identischen Personengruppe zu ihrer Legitimation bedürfe.[362] Die Gemeindevertretung würde im Gegensatz zu den Landesparlamenten oder dem Bundestag nicht der Legislative zugerechnet werden, sondern der Exekutive angehören.[363] Dieses lasse sich daraus ableiten, dass die kommunalen Selbstverwaltungseinrichtungen eines staatlichen Einrichtungsaktes bedürften und auch nur über einen begrenzten Handlungsrahmen verfügten, der wiederum jederzeit abgeändert werden könne.[364] Einer Legislativfunktion der Gemeindevertretungen würde es auch widersprechen, dass die Gemeinden in ihrem Tätigwerden einer staatlichen Aufsicht unterliegen.[365] Die Gemeinden seien in ihrer Struktur – so die Ansicht von *Breer* - mit anderen Selbstverwaltungskörperschaften vergleichbar, deren Organe wiederum auch durch Ausländer legitimiert werden würden, ohne dass dieses beanstandet werden würde.[366]

Der Auffassung *Breers* kann nicht gefolgt werden. Die Gemeinden sind in ihrer Struktur nicht ohne weiteres mit der anderen Selbstverwaltungskörperschaften vergleichbar. Grundlage für die Beteiligung der Ausländer an den Wahlen zu Selbstverwaltungsorganen sind Grundfreiheitsrechte wie z.B. Art. 5 Abs. 3 GG bei den Universitäten. Der Beteiligung an den Wahlen zu den Gemeindeorganen liegt dagegen das demokratische Prinzip zugrunde.[367] Ebenfalls in der Frage der Ausübung von Staatsgewalt unterscheiden sich die Gemeinden von den anderen Selbstverwaltungskörperschaften. Diese besitzen nur begrenzte Hoheitsgewalt gegenüber ihren Mitgliedern, während die Gemeinden eine Allzuständigkeit für alle Angelegenheit der örtlichen Gemeinde innehaben.[368]

---

361 Breer, S, 97 ff; Bücking, S. 99 ff;.

362 Breer, S, 97ff; Lamers, S. 68; Bücking, S. 99.

363 Breer, S. 97.

364 Breer, S. 98-104.

365 Breer, S. 98-104.

366 Breer, S. 114-118.

367 Schink, DVBl. 1988, 417, 428; Weigl, S. 41; Isensee, VVDStRL 32 (1974) 49, 96/97;

368 Weigl, S. 41; Papier, KritV 1987, 309, 313;

Auch das Argument, dass Gemeindevertretungen der Exekutive angehören und die Kommunen sowohl des staatlichen Einsetzungsaktes bedürfen als auch der staatlichen Aufsicht unterliegen, überzeugt nicht. Zum einen ergibt sich aus dieser Tatsache nicht zwingend die Notwendigkeit einer doppelten Legitimation der Gemeinden. Zum anderen muss die Frage gestellt werden, woraus dann abgeleitet wird, dass Kommunalwahlen allein der körperschaftlichen Legitimation der Gemeindevertretungen dienen. Ein derartiges Ergebnis lässt sich weder aus dem Wortlaut des Art. 28 Abs. 1 S. 2 GG noch mit seiner Systematik oder dem der Vorschrift zugrunde liegenden Zweck in Einklang bringen. Art. 28 Abs. 1 S. 2 GG schreibt vielmehr vor, dass das „Volk" in Ländern, Kreisen und Gemeinden eine Vertretung haben muss. Dieses lässt den Schluss zu, dass die Verfassung von einer identischen personalen Zusammensetzung des legitimierenden Volkes auf allen drei Ebenen ausgeht.[369] Auch die Tatsache, dass die Wahlen zu den kommunalen Vertretungsorganen in Art. 28 Abs. 1 S. 2 GG geregelt werden und nicht in Art. 28 Abs. 2 GG, der die kommunale Selbstverwaltung garantiert, spricht gegen eine Einordnung dieser Wahl ausschließlich zu Zwecken einer körperschaftlichen Legitimation.[370] Zur Frage, welcher Legitimation dann die kommunale Vertretungskörperschaft bedarf, die im Bereich der Auftragsverwaltung den ihr zustehenden Ermessenspielraumes ausübt, bietet die Theorie der doppelten Legitimation der Gemeinden keine Antwort.[371]

Abschließend lässt sich somit festhalten, dass die Theorie der doppelten Legitimation der kommunalen Vertretungskörperschaften nicht den Schluss zulässt, dass Kommunalwahlen nur der körperschaftlichen Legitimation dienen, deren Legitimationssubjekt alle im jeweiligen Gemeindegebiet ansässigen Personen seien.

1.2.3.1.3. Integration der Gemeinden in den Staatsaufbau

Überwiegend wird heute die Ansicht vertreten, dass die Gemeindeverwaltung als mittelbare Staatsverwaltung einzuordnen sei und daher einer „ununterbrochenen Legitimationskette" zum Staatsvolk bedürfe. Nur so werde die Einheitlichkeit der Legitimationsgrundlage im Staatsaufbau sichergestellt.[372] Zutreffend werden die Gemeinden als unterste Stufe einer gegliederten Demokratie

---

369 Schmellenkamp, S. 74; Birkenheier, S. 117,118; Schink, DvBl 1988, 417, 424,425; Papier, Kritv 1987, 309, 314;

370 Grumann, S. 40;

371 Niedermayer-Krauß, S. 43,44;

372 Isensee, VVDStRL 32 (1974), 49, 96; Birkenheier, S. 113 ff, 128; Papier, KritV 1987, 309, 313; Lamers, S. 62ff; Quaritsch, DÖV 1983, 2; Frank, KJ 1990,290,300; Saftig, KWR, S. 400; Kämper, ZRP 1989, 96, 97; so auch BVerfGE 47, 253, 272; BVerfG in EuGRZ 1990, 444.

dargestellt, die ihre Hoheitsgewalt vom Staat ableiten. Kreise und Gemeinden sind daher Träger mittelbarer Staatsgewalt, „ihre hoheitlichen Äußerungen sind Ausfluss von öffentlicher Gewalt, Staatsgewalt im weiteren Sinne".[373] Die Gemeinden sind durch die staatliche Rechtsordnung geschaffene Institutionen und kein Bereich der gesellschaftlichen Selbstorganisation.[374] Dieses bedeutet, dass auch die kommunale Vertretung einer demokratischen Legitimation i.S. des Art. 20 Abs. 2 GG bedarf.[375]

1.2.3.2. Zwischenergebnis

Zusammenfassend ist festzustellen, dass die Kommunen Staatsgewalt ausüben und sich daraus eine Erforderlichkeit der demokratischen Legitimationsgrundlage der Gemeindevertretungen i.S.d. Art. 20 Abs. 2 i.V.m. Art. 28 Abs. 1 S. 1 und 2 GG ergibt.

1.2.4. Rechtsprechung des Bremischen Staatsgerichtshof zur Einführung des Ausländerwahlrechtes bei den Beiräten und Ortsämtern

Ebenso wie in der Freien und Hansestadt Hamburg wurde auch in Bremen eine kontroverse Diskussion über die Einführung eines kommunalen Ausländerwahlrechtes auf Beiratsebene diskutiert.[376] Die Stadtbürgerschaft bechloss im Juni 1989 eine weitgehende Umgestaltung des Beiräterechtes durch das geänderte Ortsgesetz über Beiräte und Ortsämter:[377] Einer der Kernpunkte dieser Änderungen war die verstärkte Einbeziehung der Ausländer durch das aktive und passive Wahlrecht zu den Beiräten. Die CDU-Fraktion in der Bremischen Bürgerschaft stellte daraufhin gegen Teile des neuen Beiratsgesetzes, insbesondere das Ausländerwahlrecht, einen Normenkontrollantrag beim Bremischen Staatsgerichtshof.

---

[373] BVerfGE 8, 122, 132; am 31.10.1991 vom BVerfG noch präzisiert: „... betätigen sich Gemeinden und Kreise in dem ihrer Selbstverwaltung unterliegenden Bereich, so üben sie ebenso hoheitliche Gewalt und damit Staatsgewalt aus, wie bei der Erfüllung von Aufgaben im übertragenen Bereich" in EuGRZ 1990, 443.

[374] Siehe dazu unter 1.2.4.1.1.

[375] Isensee, VVDStRL 1974, 49, (92ff); ders., KritV 1987, 300, 308; Papier, KritV 1987, 309, 311; Niedermeyer-Krauß, S. 54; Schink, DVBl. 1988, 417, 423; Rupp, ZRP 1989, 363, 365; Quaritsch, DÖV 1983, 1, 4.

[376] Gesetzesentwurf der Fraktion DIE GRÜNEN zur Änderung des Bremischen Wahlgesetzes vom 08.10.1985 BB Drs. 11/478; Erklärung des Senats zum Thema „Kommunales Wahlrecht für Ausländer vom 28.02.1989.

[377] BremGBl. S. 241.

Der Bremische Staatsgerichtshof schloss sich in seiner Entscheidung[378] dem Urteil des BVerfG zu den Schleswig - Holsteiner und Hamburger Regelungen an. Die Regelung der §§ 3 Abs. 2 und 4 Abs. 1 BeiratsG zum aktiven und passiven Wahlrecht für Ausländer wurden für nichtig erklärt. Der StGH verwies in der Begründung auf die Entscheidung des BVerfG zum Kommunalwahlrecht für Ausländer und dessen Bindungswirkung. Die Entscheidung des BVerfG zu den Wahlrechtsänderungsgesetzen ist als verbindliche Entscheidung zur verfassungsrechtlichen Zulässigkeit der Einführung eines Kommunalwahlrechtes für Ausländer zu sehen.[379] Denn die Grundentscheidungen des Art. 20 Abs. 2 GG für die Volkssouveränität und die darin beinhaltete Eingrenzung des Volkes auf die deutschen Staatsbürger ist – wie bereits ausgeführt - gemäß Art. 28 Abs. 1 S.1 GG für die verfassungsmäßige Ordnung in den Ländern und ihren Untergliederungen verbindlich.

Zwar fehle den Bremer Beiräten, genau wie den Hamburger Bezirken, die Qualität einer Gebietskörperschaft. Nach Ansicht des Staatsgerichtshofes üben sie aber ebenfalls Staatsgewalt aus, da sie förmliche und inhaltliche Entscheidungsgewalt haben, die über einen denkbaren Bagatellvorbehalt[380] hinausgehe.[381] Damit schloss sich der Staatsgerichtshof dem weit ausgelegten Begriff der Entscheidungsgewalt des BVerfG an, dem gemäß Staatsgewalt immer dann gegeben sei, wenn eine amtliche Tätigkeit vorliege, die Entscheidungscharakter habe und in einer Beziehung zu einem anderen Entscheidungsträger erfolge.[382] Die Beiräte bedürften daher einer demokratischen Legitimation, die durch ein Ausländerwahlrecht nicht geschaffen werden könne.

1.2.5. Ergebnis

Insgesamt betrachtet lässt sich feststellen, dass das BVerfG zutreffend festgestellt hat, dass das Staatsvolk gemäß Art. 20 Abs. 2 GG, welches Träger und Subjekt aller Staatsgewalt ist, nur aus den deutschen Staatsangehörigen besteht. Dieses gilt nicht nur auf Bundesebene, sondern über Art. 28 Abs. 1 S. 1 und 2 GG auch für die Ausübung von Staatsgewalt auf Länder- und Kommunalebene. Dieses gebietet die Einheitlichkeit der Legitimationsgrundlage für alle Gebietskörperschaften in der Bundesrepublik Deutschland.

---

378 BremStGH, NVwZ-RR 1992, 149 = DVBl. 1991, 1075.

379 So auch Schefold/Neumann, Entwicklungstendenzen der Kommunalverfassungen, S. 149.

380 Kritisch zum Bagatellvorbehalt Jestaedt, Der Staat 32 (1993), 29ff.

381 Der StGH führt hier die in § 7 BeirätеG genannten Entscheidungsrechte sowie die in §§ 6 und 8 BeiräteG genannten Beteiligungsrechte an.

382 BVerfGE 47, 253, 274; 83, 60, 73;

Zur Einführung eines Wahlrechtes für ausländische Unionsbürger auf kommunaler Ebene bedurfte es somit in Deutschland einer Änderung des Grundgesetzes.

2. Änderung des Art. 28 GG zur Umsetzung von Art. 19 EG-Vertrag

Die Einführung eines Kommunalwahlrechtes für Angehörige der EG-Mitgliedstaaten erforderte in Deutschland eine formelle Verfassungsänderung nach Art. 79 Abs. 2 GG. Art. 28 Abs. 1 GG musste zugunsten eines Wahlrechtes für Unionsbürger ergänzt werden, um eine Kollision zwischen Gemeinschaftsrecht und Grundgesetz bei Inkrafttreten des Maastrichter Vertrages zu vermeiden.[383]

Der Bundestag und der Bundesrat setzten am 28. November 1991[384] bzw. am 29. November 1991 eine Gemeinsame Verfassungskommission ein, die u.a. einen entsprechenden Vorschlag zur Ergänzung des Art. 28 Abs. 1 GG um ein Kommunalwahlrecht für Unionsbürger erarbeiten sollte.[385] In den Beratungen der Gemeinsamen Verfassungskommission forderte die SPD, das Kommunalwahlrecht nicht allein auf die Bürgern aus anderen Mitgliedstaaten der EU zu begrenzen, sondern auch den Ländern die Möglichkeit einzuräumen, darüber hinaus auch die dauerhaft in der Bundesrepublik Deutschland lebenden Ausländer an diesen Wahlen zu beteiligen. Art. 28 Abs. 1 S. 3 GG sollte daher die folgende Fassung erhalten:

---

383 Erst durch die auf Empfehlung der Verfassungskommission in diesem Bereich beschlossenen Grundgesetzänderungen konnten die maßgeblichen Voraussetzungen für die Ratifikation des Vertragswerkes von Maastricht und damit der Einstieg in die Europäische Union geschaffen werden. Dieses gilt insbesondere für die neuen Bestimmungen der Art 23, 24 Abs. 1a, 28 Abs. 1 S.4, 45, 50, 52 Abs. 3a, 88 S. 2; 115 Iabs. 1. u. 2 S.2 GG, Simson/Schwarze, S. 55; Schefold/Neumann, Entwicklungstendenzen der Kommunalverfassungen S. 154; Scholz, ZG 1994, 1, 8.

384 BT-Drs. 12/1590 i.d.F. BT-Drs. 12/1670.

385 Der Auftrag der Gemeinsamen Verfassungskommission gründete sich auf Art. 5 Einigungsvertrag, dem zufolge den gesetzgeberischen Körperschaften Bundestag und Bundesrat empfohlen wurde, sich innerhalb von zwei Jahren mit den im Zusammenhang mit der deutschen Einigung aufgeworfenen Fragen zur Änderung oder Ergänzung des Grundgesetzes zu befassen. Die Verfassungskommission konnte somit nach Maßgabe ihres Selbstbefassungsrechtes das Grundgesetz umfassend auf eventuelle Reformerfordernisse überprüfen, ohne jedoch eine Totalrevision oder gar neue Verfassung zu erarbeiten; vgl. Scholz, ZG 1994, 1, 4 f.;

„Bei Wahlen in den Gemeinden und Gemeindeverbänden sind auch Personen, die die Staatsangehörigkeit eines Mitgliedstaates der Europäischen Gemeinschaft besitzen, nach Maßgabe von Recht der Europäischen Gemeinschaft, andere Ausländer mit ständigem Wohnsitz im Bundesgebiet nach Maßgabe des Landesrecht wahlberechtigt und wählbar.“[386]

Die gemeinsame Verfassungskommission lehnte - wie bereits zuvor die Kommission Verfassungsreform des Bundesrates[387] - diese Forderung nach Einführung eines allgemeinen kommunalen Wahlrechtes für Ausländer ab.[388] In den weiteren parlamentarischen Beratungen über die Umsetzung der Empfehlungen der Gemeinsamen Verfassungskommission erhob die SPD-Bundestagsfraktion die Forderung nach Einführung eines allgemeinen kommunalen Ausländerwahlrechtes erneut.[389] BÜNDNIS 90/DIE GRÜNEN forderten darüber hinaus, dass Ausländer nach fünfjährigem Aufenthalt das aktive und passive Wahlrecht auf allen staatlichen Ebenen erhalten.[390] Der Deutsche Bundestag lehnte die Erweiterung des kommunalen Wahlrechts für Ausländer über den EU-Bereich hinaus in seiner Verfassungsdebatte am 30.Juni 1994 mit Mehrheit ab.[391] Mit der erforderlichen Zwei-Drittel-Mehrheit wurde dagegen sowohl im Deutschen Bundestag als auch im Bundesrat das Grundgesetz durch Ergänzung von Art. 28 GG zugunsten des kommunalen Wahlrechts für Unionsbürger geändert.[392] Durch das Grundgesetzänderungsgesetz vom 21.12.1992[393] wurde in Art. 28 Abs. 1 nach Satz 2 folgender Satz 3 eingefügt:

“Bei Wahlen in Kreisen und Gemeinden sind auch Personen, die die Staatsangehörigkeit eines Mitgliedstaates der Europäischen Gemeinschaft besitzen, nach Maßgabe von Recht der Europäischen Gemeinschaft wahlberechtigt und wählbar.“

---

386 Vgl. Kommissions-Drs. Nr. 65, BT-Drs. 12/6000, S. 154.

387 Bericht der Kommission Verfassungsreform des Bundesrates „Stärkung des Föderalismus in Deutschland und Europa sowie weitere Vorschläge zur Änderung des Grundgesetzes“, 1992, Rn. 159.

388 Der SPD-Antrag verfehlte deutlich die erforderliche Zwei-Drittel-Mehrheit, BT-Drs. 12/6000, S. 97f.

389 Gesetzesentwurf der SPD zur Änderung des GG, BT-Drs. 12/6323, S.5,

390 Entwurf eines Gesetzes zur Verfassungsreform, BT-Drs. 12/6686, S.3,8.

391 Vgl. Plenarprotokoll 12/238, S. 21031 f., vgl. auch schon Beschlussempfehlung und Bericht des Rechtsausschusses vom 28.06.1994, BT-Drs. 12/8165, S. 45f.

392 Regierungsvorlage BRat-Drs. 501/92; BTag-Drs. 12/3338; Ausschussbericht und Beschlussempfehlung BTag-Drs. 12/3896; Gesetzesbeschluss des BTag, Drs. 809/92.

393 Gesetz zur Änderung des Grundgesetzes vom 21.12.1992, BGBl. I, S. 2086.

3. Verfassungsmäßigkeit von Art. 28 Abs. 1 S. 3 GG

Kritiker der Grundgesetzänderung zur Einführung des Kommunalwahlrechtes für Unionsbürger vertreten die Auffassung, dass die Einfügung des neuen Art. 28 Abs. 1 S. 3 GG in die Verfassung gegen die Ewigkeitsgarantie des Art. 79 Abs. 3 GG verstoßen würde.[394] Im Folgenden wird untersucht, ob diese Kritik zutrifft. Dazu ist zunächst der Schutzbereich des Art. 79 Abs. 3 GG festzustellen und daran anschließend zu prüfen, ob die Einführung des Kommunalwahlrechtes für Unionsbürger einen Eingriff in diesen darstellt.

3.1. Schutzbereich des Art. 79 Abs. 3 GG

Art. 79 Abs. 3 GG erklärt die in Art. 20 GG niedergelegten Grundsätze für unantastbar. Durch diese Regelung wird dem verfassungsändernden Gesetzgeber eine unveränderliche Grenze gesetzt. Der Parlamentarische Rat wollte nach den Erfahrungen im Nationalsozialismus durch diese Revisionssperrklausel sicherstellen, dass es in Deutschland zukünftig unmöglich werden sollte, auf legalem Weg die Verfassungsordnung des Grundgesetzes und ihr demokratisches Staatssystem auszuhöhlen, um damit den Weg zu einer Diktatur zu bereiten.[395]

Art. 79 Abs. 3 GG ist restriktiv auszulegen.[396] Dieses ergibt sich zum einen aus dem eben geschilderten historischen Hintergrund der Norm.[397] Dieses folgt aber auch aus dem Ausnahmecharakter dieser Norm. Durch Art. 79 Abs. 3 GG wird das Gericht zur letzten Instanz eines auf der Volkssouveränität gegründeten Gemeinwesens.[398] Eine extensive, alle Ausprägungen der genannten Grundsätze in den Schutzbereich einbeziehende Auslegung des Art. 79 Abs. 3 GG würde dazu führen, dass das BVerfG eine umfassende Kontrolle über Rechts- und Verfassungsentwicklung der Bundesrepublik wahrnimmt. Dieses wäre jedoch mit dem Grundsatz der Volkssouveränität unvereinbar. Notwendig ist daher eine restriktive Auslegung, die bereits bei Art. 79 Abs. 3 GG selber ansetzt und nicht den durch diese Norm geschützten Grundprinzipien. Diese dürfen mit Rücksicht auf den verfassungsändernden Gesetzgeber für den alltäglichen Umgang nicht entwertet werden.[399] Daher stehen die verfassungsgestaltenden

---

[394] Statt vieler Kämper, ZRP 1989, 96, 99; Saftig, KWR, S. 406; Stöcker, Der Staat, 1989 (Bd. 28), 71, 88.

[395] Siehe dazu v. Mangoldt/Klein/Starck – *Hain* Art. 79 Abs. 3 Rn. 30; Hierl S. 70f.

[396] BVerfGE 30, 1, 25; Jarass/Pieroth-*Pieroth*, Art. 79 Rn. 5; v.Münch/Kunig-*Bryde*, Art. 79 Rn. 28.

[397] Jarass/Pieroth-*Pieroth*, Art. 79 Rn. 5; v.Münch/Kunig-*Bryde*, Art. 79 Rn. 28. Barley, S. 101; Hierl S. 71.

[398] v. Münch/Kunig – *Bryde* Art. 79 Rn. 25.

[399] v. Münch/Kunig – *Bryde* Art. 79 Rn. 28.

Grundentscheidungen durchaus systemimmanenten Modifikationen offen, verboten ist jedoch die „prinzipielle Preisgabe“ der in Art. 79 Abs. 3 GG enthaltenen Grundsätze.[400] Als Grenze wird hierbei der Kern, das Wesentliche der durch Art. 79 Abs. 3 GG geschützten Grundsätze angesehen.[401] Somit sind die in Art 20 GG festgeschriebenen Grundsätze, zu denen zweifelsfrei das Demokratieprinzip und der sich daraus ableitende Grundsatz der Volkssouveränität gehören, in ihrem Kerngehalt unantastbar.[402]

3.2. Eingriff in den Schutzbereich des Art. 79 Abs. 3 GG durch Verstoß gegen das Demokratieprinzip

Nachdem festgestellt wurde, dass der Volksbegriff des Art. 20 Abs. 2 GG nur die Deutschen umfasst, ist zu prüfen, ob durch die Einführung des Kommunalwahlrechtes für Unionsbürger in die deutsche Verfassung in verfassungswidriger Weise in den Schutzbereich des Art. 79 Abs. 3 GG eingedrungen wurde, indem auch Personen, die nicht zum Volk im Sinne des Art.20 Abs. 2 GG zählen, an Kommunalwahlen beteiligt werden. Zunächst ist zu prüfen, ob Art. 20 Abs. 2 GG auch auf kommunaler Ebene unmittelbare Anwendung findet.

3.2.1. Unmittelbare Geltung des Art. 20 Abs. 2 GG auf kommunaler Ebene

Ein Eingriff in den Schutzbereich des Art. 79 Abs. 3 GG durch die Einführung des Unionsbürgerwahlrechts bei Kommunalwahlen ist nur gegeben, wenn Art. 20 Abs. 2 GG auch auf der kommunalen Ebene eine unmittelbare Anwendung findet. Daran können bei einem ersten Blick auf die Urteile des BVerfG zum Ausländerwahlrecht Zweifel aufkommen. Das BVerfG argumentiert in seinen Urteilen in erster Linie mit einem Verstoß gegen Art. 28 Abs. 1 GG, bezieht sich jedoch nicht unmittelbar auf Art. 20 Abs. 1 und 2 GG.[403] Somit wäre der Schutzbereich des Art. 79 Abs. 3 GG nicht unmittelbar betroffen, da Art. 28 Abs. 1 GG nicht zu den Grundsätzen gehört, die durch Art. 79 Abs. 3 GG geschützt werden. Bei genauerer Betrachtung der Begründung der Entscheidung des BVerfG zum Ausländerwahlrecht lässt sich jedoch feststellen, dass Ausgangspunkt der Argumentation des BVerfG der Volksbegriff des Art. 20 Abs. 1 und Abs. 2 GG ist. So führt das BVerfG in seinem Urteil zur Beteilung von Ausländern an den Wahlen zu den Hamburger Bezirksvertretungen aus, dass auch das Wahlrecht zu den Bezirksvertretungen gegen den Grundsatz des demokratischen Rechtsstaates nach Art. 28 Abs. 1 S. 1 GG verstoße, an dem sich

---

400 BVerfGE 30, 1, 24; 84, 90, 120f.

401 Sieveking, DÖV 1993, 449, 451.

402 Maunz/Dürig-*Maunz/Dürig* Art. 79 Abs. 3 Rn 47; v.Münch/Kunig–*Bryde* Art. 79 Rn. 39ff; BK-*Evers* Art. 79 Abs. 3 Rn. 180.

403 BVerfGE 83, 37, 59; Maunz/Dürig-*Randelzhofer*, Art. 24 Rn. 171.

die verfassungsmäßige Ordnung der Länder orientieren müsse.[404] Daraus kann abgeleitet werden, dass der Grundsatz des demokratischen Rechtsstaates wiederum den aus Art. 20 Abs. 2 GG entwickelten Grundsatz, dass staatliche Legitimation nur durch das deutsche Volk vermittelt werden könne, beinhaltet. Dieser gelte nach Art. 28 Abs. 1 GG dann auch für die Länder und ihre Untergliederungen.[405] Somit begründet nicht erst Art. 28 Abs. 1 S.2 GG den Grundsatz der Volkssouveränität für die Gemeinden[406], sondern Art. 20 Abs. 2 GG legt bereits umfassend fest, dass alle Staatsgewalt, also auf Bundes-, Landes- und Kommunalebene, vom Volk ausgehen muss.[407] Art. 20 Abs. 2 GG ist somit zentrale und grundlegende Norm der Argumentation und findet unmittelbare Anwendung auch auf kommunaler Ebene.[408]

3.2.2. Vorliegen eines unmittelbaren Verstoßes gegen den Kerngehalt des Art. 20 Abs. 1 und 2 GG

Aufgrund der gewonnenen Erkenntnisse ist nun zu prüfen, ob die Einführung eines Kommunalwahlrechtes für Unionsbürger gegen den von Art. 79 Abs. 3 GG geschützten Kerngehalt des Demokratieprinzips des Art. 20 Abs. 2 GG verstößt.

3.2.2.1. Konsequenz aus der Rechtsprechung des BVerfG zum Ausländerwahlrecht

Aus der Rechtsprechung des Bundesverfassungsgerichts ergibt sich, dass in der Verfassungsordnung des Grundgesetzes die Quelle der Legitimation aller staatlicher Gewalt[409], das deutsche Volk, d.h. die Gesamtheit der (wahlberechtigten)

---

404 BVerfGE 83, 60, 76.

405 Jedoch macht das BVerfG in seiner Entscheidungen zum Wahlrecht für Ausländer zu den Hamburger Bezirksvertretungen keine näheren Ausführungen zur Reichweite des Homogenitätsgebotes.

406 So aber Lamers, S. 69f; Birkenheier, S. 131; Papier, KritV 1987, 309, 310; nach denen sich Art. 20 Abs. 2 GG nur auf die Bundes- und Landesebene bezieht.

407 Isensee, VVDStRL 1974 (32), 49, 96; Papier, KritV 1987, 309, 313; Kämper, ZRP 1989, 96, 97.

408 Vgl, Niedermeyer.Krauß S. 132; Kämper, ZRP 1989, 96, 99; Hierl S. 69.

409 So kommt ein Verstoß gegen Art. 79 Abs. 3 GG auch hier in Betracht, da Art. 20 Abs. 2 GG auch für die kommunale Ebene unmittelbare Geltung beanspruchen kann. Das BVerfG begründet zwar die Verfassungswidrigkeit des Ausländerwahlrechts auf kommunaler Ebene in Schleswig – Holstein in erster Linie mit Art 28 Abs. 1 S. 2 GG, der nicht unter den besonderen Schutz des Art. 79 Abs. 3 GG gestellt ist und nicht direkt mit einem Verstoß gegen Art. 20 Abs. 2 GG. Aber zentrale Grundlage der Argumentation des Gerichtes ist auch hier Art. 20 Abs. 2 GG, wonach die Staatsgewalt vom deutschen

Deutschen im Sinne des Art. 116 GG, ist. [410] Nach Ansicht des Bundesverfassungsgerichts, können Wahlen, an denen auch Ausländer beteiligt werden, keine demokratische Legitimation im staatsrechtlichen Sinne vermitteln.[411] Folgt man dieser Argumentation des Bundesverfassungsgerichtes lässt diese nur den Schluss zu, dass eine Beteiligung von ausländischen Unionsbürgern an den Kommunalwahlen zur Folge hat, dass den unter Beteiligung der Ausländer gewählten Kommunalvertretungen die demokratische Legitimation fehlt. Dieses stellt einen Verstoß gegen das Demokratieprinzip dar, da die Gemeinden weiterhin Staatsgewalt ausüben.[412]

Gleichzeitig macht das Bundesverfassungsgericht jedoch in dem schon mehrfach erwähnten „obiter dictum" deutlich, dass es eine im Rahmen der Europäischen Gemeinschaft erörterte Einführung eines kommunalen Ausländerwahlrechtes nicht zwingend als Verstoß gegen Art. 79 Abs. 3 GG einordne.[413] Zu Recht wird dieses „obiter dictum" auch als „etwas überraschend" bezeichnet[414], denn einen Ansatz dafür, wie dieses Junktim zwischen der Eigenschaft als Deutscher und der Zugehörigkeit zum Staatsvolk gelockert werden könne, bietet das Bundesverfassungsgericht nicht.

In der Literatur wird dieser Konflikt von der Bestimmung des Staatsvolks als deutsche Staatsangehörige in Art. 20 Abs. 1 und 2 GG und dem neuen Art. 28 Abs. 1 S. 3 GG ebenfalls gesehen.[415] Es ist jedoch wenig Bereitschaft erkennbar, sich mit der Diskrepanz der bisherigen Argumentation des Bundesverfassungsgerichts zum Verstoß gegen das Demokratieprinzip einerseits und dem

---

Volk ausgeht und dieses auch für die Kreise und Gemeinden gilt, ausführlich dazu Hierl S. 67ff.

410 Vgl. insb. BVerfGE 83, 37, 50/53; 83, 60, 71.

411 BVerfGE 83, 60, 81.

412 Isensee hatte bereits im Vorfeld der Grundgesetzänderung argumentiert, dass durch diese Veränderung der Legitimationsbasis auf kommunaler Ebene die Gemeinden und Kreisen in ihrer staatsrechtlichen Stellung verändert würden, sie vom Staat abgetrennt und privatisiert würden. Mehrheitlich ist ein solcher Gedanke über eine neue Bestimmung der staatsrechtlichen Stellung der Kommunen jedoch nicht aufgegriffen worden; siehe dazu Bovenschulte S. 525 ff m.w.N. in FN 231, 232.

413 BVerfGE 83, 37, 59.

414 von Simson/Schwarze, Rn 99; Schefold/Neumann, Entwicklungstendenzen der Kommunalverfassungen, S. 152; Bovenschulte S. 528.

415 Doehring, ZRP 1993, 98, 101; Herdegen, EuGRZ 1992, 589, 592/593; Papier, Kommunalwahlrecht für Angehörige anderer Mitgliedstaaten der EG, in Magiera (Hrsg.) Das Europa der Bürger in einer Gemeinschaft ohne Binnengrenzen, S. 33, 36; Röger, VR 1993, 137, 139; Schefold/Neumann, Entwicklungstendenzen S. 154.

„obiter dictum" andererseits vertieft auseinanderzusetzen. Lediglich einzelne Stimmen in der Literatur vertreten offen die Ansicht, dass der Gesetzgeber durch den neuen Art. 28 Abs. 1 S. 3 GG gegen das durch Art. 79 Abs. 3 GG geschützte Demokratieprinzip verstoßen habe. Zur Begründung führen sie an, dass durch die Grundgesetzänderung der Kreis der Wahlberechtigten erweitert werde, mit der Folge, dass an der Stelle der Staatsangehörigen nun eine andere Personengruppe Volkssouveränität ausübe. Das Ergebnis eines solchen Vorganges sei daher eine demokratiewidrige Fremdbestimmung.[416]

3.2.2.2. Anknüpfung der Wahlberechtigung an die Staatsangehörigkeit als Kernbestand des demokratischen Prinzips

Einen Verstoß gegen Art. 79 Abs. 3 GG stellt die Einführung des Kommunalwahlrechts für Unionsbürger nur da, wenn die Anknüpfung an die deutsche Staatsangehörigkeit als Berechtigung für die Teilhabe an Wahlen Kernbestand des demokratischen Prinzips ist. Denn Art. 79 Abs. 3 GG schützt nur den Kernbestand des Demokratieprinzips.

Kernbestand des demokratischen Prinzips ist die ununterbrochene Legitimationskette von der Ausübung der Staatsgewalt auf eine entsprechende Entscheidung des Volkes.[417] Zu diesem zählen nach zutreffender Feststellung des Bundesverfassungsgerichts nur die Deutschen im Sinne des Art. 116 GG. Daraus wird gefolgert, dass die Teilnahme nichtdeutscher Staatsangehöriger an den Kommunalwahlen gegen den Grundsatz der Legitimation durch das Volk verstoße, da durch deren Wahlbeteiligung Personen an der Legitimation teilhätten, die gerade nicht zu dem berechtigten Personenkreis gehörten.[418] In der Konsequenz bedeutet dies, dass die Einführung des Unionsbürgerwahlrechtes in Art. 28 Abs. 1 S. 3 GG gegen die „Ewigkeitsgarantie" des Art. 79 Abs. 3 GG verstößt. Diese Argumentation wird jedoch von vielen Kritikern abgelehnt, da sie ihrer Ansicht nach mit der restriktiven Auslegung des Art. 79 Abs. 3 GG nicht vereinbar sei. Die einzelnen Begründungen sollen im Folgenden kurz skizziert werden.

3.2.2.2.1. Historische Hintergrund des Art. 79 Abs. 3 GG

Nach Ansicht von *Grumann* ist die Anknüpfung an die deutsche Staatsangehörigkeit als Berechtigung für die Teilhabe an Wahlen nicht Kernbestand des de-

---

416 Scholl, ZAR 1989, 62,66; Isensee, KritV 1987, 300, 303f.

417 Maunz/Dürig – *Maunz,* Art. 79 Rn 47; Papier, Kommunalwahlrecht für Angehörige anderer Mitgliedstaaten der EG, in Magiera (Hrsg.) Das Europa der Bürger in einer Gemeinschaft ohne Binnengrenzen, S. 36; Doehring, FS für Kutscher, S. 120; BK – *Evers,* Art. 79 Abs. 3 Rn. 180.

418 Doehring, in FS für Kutscher, S. 120.

mokratischen Prinzips.[419] Eine solche Schlussfolgerung sei nicht mit einer engen Auslegung des Art. 79 Abs. 3 GG vereinbar, insbesondere vor dem historischen Hintergrund dieser Norm. Grundgedanke des Art. 79 Abs. 3 GG sei, zu verhindern, dass es in Deutschland nochmals zu revolutionsähnlichen Vorgängen auf legaler Grundlage kommen könne, die Demokratie und Rechtsstaat gefährden. Die Einführung des Kommunalwahlrechtes für Unionsbürger als kleiner Bestandteil einer europäischen Entwicklung könne nicht als ein solcher Vorgang gewertet werden. Weder das Unionsbürgerwahlrecht noch die durch den Maastrichter Vertrag insgesamt festgelegte europäische Entwicklung könne dem Vorwurf unterzogen werden, dass es den bundesdeutschen demokratischen Rechtsstaat in ein totalitäres System umwandeln wolle.[420]

Diese Argumentation überzeugt nicht. Es ist zwar richtig, dass durch die Europäische Union weder der Staatsaufbau in der Bundesrepublik gefährdet wird noch revolutionsartige Vorgänge drohen. Dieses wird bereits durch Art. 23 GG gewährleistet, wonach der Bund nur innerhalb der durch Art. 79 Abs. 3 GG gesetzten Schranken die Möglichkeit hat, Hoheitsrechte zu übertragen. Durch die Einführung des Kommunalwahlrechtes für Unionsbürger werden jedoch unterschiedliche Legitimationsgrundlagen für die Ausübung von Staatsgewalt geschaffen. Der Begriff der Volkssouveränität bekommt auf kommunaler Ebene eine andere Bedeutung, als sie auf Landes- oder Bundesebene verwandt wird. Dieses beinhaltet an sich zwar keinen revolutionsähnlichen Vorgang, die Schutzfunktion des Art. 79 Abs. 3 GG kann jedoch auch nicht auf ein derartig schmales Spektrum begrenzt werden. Würde man einen Eingriff in den Kernbestand des Demokratieprinzips nur bei offenkundigen Revolutionsvorgängen bejahen, würde die sog „Ewigkeitsgarantie“ des Art. 79 Abs. 3 GG ihre von den Verfassungsgebern gewollte Bedeutung des Schutzes der Verfassungsordnung des Grundgesetzes und seines demokratischen Staatssystem verlieren. Entgegen der Ansicht *Grumanns* ist Art. 79 Abs. 3 GG nicht so auszulegen, dass diese Vorschrift nur die Beeinträchtigung der Verfassungsprinzipien erfassen will, soweit diese nahezu vollständig aufgehoben oder umfassend modifiziert werden.[421] Der Schutzzweck des Art. 79 Abs. 3 GG ist gerade vor dem Hintergrund der historischen Erfahrungen im Nationalsozialismus umfassender und will auch einen schleichenden Verfall der demokratischen Prinzipen durch einzelne Verstöße entgegenwirken. Einen solchen Verstoß stellt der Eingriff in die Volkssouveränität durch die Änderung des Legitimationssubjektes für die Ausübung der staatlichen Gewalt auf kommunaler Ebene dar. Zwar wird damit nicht der demokratische Staatsaufbau vollständig aufgehoben, die Legitimation

---

[419] Grumann, S. 79ff.

[420] Grumann, S. 97.

[421] So Grumann, S. 82.

der Staatsgewalt wird jedoch verändert. Eine Antwort auf die Frage, wann ein solcher Eingriff bereits eine „nahezu vollständige Aufhebung" des Verfassungsprinzips darstelle, bleibt *Grumann* schuldig.

3.2.2.2.2. Keine grundsätzliche Modifikation des Volksbegriffes des Art. 20 Abs. 2 GG

Überwiegend wird in der Literatur die Auffassung vertreten, dass die Einführung des Kommunalwahlrechtes für Unionsbürger in Art. 28 Abs. 1 S. 3 GG nicht gegen Art. 79 Abs. 3 GG verstoße.[422] Das Kommunalwahlrecht für Unionsbürger stelle weder die in Art. 20 Abs. 1 GG enthaltene Verfassungsentscheidung für die Demokratie noch den in Art. 20 Abs. 2 S. 1 GG niedergelegten Grundsatz der Volkssouveränität prinzipiell in Frage. Der zugrunde liegende Volksbegriff werde in zwar nicht unwesentlicher, zugleich aber doch auch nur begrenzter, vor allem aber nicht in identitätsbedrohender Weise modifiziert. Eine Verletzung des grundsätzlichen Gehalts des Volkssouveränitätsprinzips sei nicht erkennbar.[423] Durch die Aufnahme der Unionsbürger im Kreis der Wahlberechtigten auf kommunaler Ebene würde vielmehr der Zielsetzung des Art. 23 GG und der Präambel des Grundgesetzes entsprochen, durch den die europäische Integration unstreitig ein hochrangiges Verfassungsinteresse geworden sei.[424] Die Einführung des Kommunalwahlrechts für Unionsbürger stelle somit lediglich eine zulässige Modifikation des Volksbegriffs im Sinne des Verfassungszieles der europäischen Integration dar.[425] Die Modifikation von Verfassungsprinzipien durch hochrangige andere Verfassungsinteressen sei allgemein anerkannt.[426]

Zuzustimmen ist dieser Ansicht in der Literatur dahingehend, dass die Ergänzung des Art. 28 Abs. 1 GG den Volksbegriff des Art. 20 Abs. 2 S.1 GG nicht grundsätzlich in dem Sinne modifiziere, dass der Volksbegriff des Grundgesetzes nunmehr alle Staatsangehörigen aus den Mitgliedstaaten der Europäischen Union umfasse. Aus diesem Grund hat der Verfassungsgeber wahrscheinlich

---

[422] Jahn/Riedel, ZAR 1989, 58, 60; Schink, DVBl. 1988, 417, 425; Sennewald, VR 1981, 77, 82; von Simson/Schwarze, S. 55.

[423] von Simson/Schwarze, S. 55; Maunz/Dürig-*Scholz,* Art. 28 Rn. 41d; Jarass/Pieroth – *Pieroth*, Art. 28 Rn. 4a; Sieveking, DÖV 1993, 451f; Jahn/Riedel, ZAR 1989, 58, 60; Schink, DVBl. 1988, 417, 425; Sennewald, VR 1981, 77, 82; Röger, VR 1993, 137ff.

[424] BVerfGE 73, 339, 386; Herdegen, EuGRZ 1992, 589, 590; Jahn/Riedel, ZAR 1989, 58, 60;

[425] Ähnlich Barley, S. 103f; Weigl, S. 106.

[426] Vgl. BVerfG EuGRZ 1993, 429, 444, das bei der Entscheidung über die Errichtung und Kompetenzeinräumung der Europäischen Zentralbank ausdrücklich eine Modifikation des Demokratieprinzips als mit Art. 79 Abs. 3 GG vereinbar eingeordnet hat.

auch das Kommunalwahlrecht für Ausländer nicht in Art. 20 GG, sondern in Art. 28 Abs. 1 GG eingefügt.[427] Dieses wird als Indiz gewertet, dass lediglich die Übertragung der Grundsätze des Art. 20 Abs. 2 GG auf die kommunale Ebene durch Art. 28 Abs. 1 S. 2 berührt werde, der seinerseits jedoch nicht der Ewigkeitsgarantie des Art. 79 Abs. 3 GG unterliege.[428] Indem der Verfassungsgeber jedoch über Art. 28 Abs. 1 S. 3 GG den Volksbegriff für die Gemeinden und Kreise abweichend regelt, greift er auch in Art. 20 Abs. 2 GG ein. Das in Art. 20 Abs. 2 GG enthaltene Prinzip der Volkssouveränität, welches sich nur auf Deutsche im Sinne des Art. 116 GG bezieht, ist für die kommunale Ebene verändert worden. Staatsgewalt wird somit zukünftig von zwei unterschiedlichen Legitimationssubjekten ausgeübt. Genau dies widerspricht jedoch dem in Art. 20 Abs. 2 GG enthaltenen Demokratieprinzip. Art. 20 Abs. 2 GG formuliert ausdrücklich, dass a l l e Staatsgewalt vom Volke ausgehen müsse. Da auch die Gemeinden und Kreise unstreitig Staatsgewalt ausüben, müssen sie bereits gemäß Art. 20 Abs. 2 GG durch das Volk – und gemeint ist das deutsche Volk – legitimiert sein, welches das einzige Legitimationsubjekt für die Ausübung staatlicher Gewalt ist. Insofern stellt die Einführung des Ausländerwahlrechts nicht lediglich einen Eingriff in die Übertragung der in Art. 20 Abs. 2 GG enthaltenen Prinzipien auf die kommunale Ebene gemäß Art. 28 Abs. 1 GG dar, sondern verändert direkt das in Art. 20 Abs. 2 GG enthaltene Prinzip der Volkssouveränität.

In der Konsequenz würde dieses jedoch bedeuten, dass der Verfassungsgeber durch die Einführung des Kommunalwahlrechts für Unionsbürger in Art. 28 Abs. 1 S. 3 GG in den Kernbereich des Art. 20 Abs. 2 S. 1 GG eingedrungen wäre, welcher durch Art. 79 Abs. 3 GG geschützt wird. In diesem Fall wäre die Änderung des Art. 28 Abs. 1 S. 3 GG mit der Einführung des Kommunalwahlrechts für ausländische Unionsbürger rechtsungültig.[429] Dieses hätte jedoch zur Folge, dass die Bundesrepublik Deutschland mangels Umsetzung des Gemeinschaftsrechtes nicht mehr am europäischen Integrationsprozess partizipieren könnte, sondern sich auf europäischer Ebene isolierte. Dieses ist jedoch weder verfassungspolitisch gewollt noch verfassungsrechtlich impliziert.

Der Verfassungsgeber hat in der Präambel und Art. 23 Abs. 1 S. 1 GG die Vereinigung Europas als Staatsziel bestimmt und damit einen rechtsverbindlichen Auftrag erteilt, zur Entwicklung des vereinten Europas durch die Mitwirkung an der Europäischen Union beizutragen.[430] Diese Entscheidung des Verfassungs-

---

[427] Hobe, Der Staat 1993 (Bd. 32), 245, 263; Kaufmann, ZG 1998, 25, 26.

[428] Barley, S. 102; Hierl S. 72;

[429] Maunz/Dürig – *Maunz/Dürig*, Art. 79 Rn. 30.

[430] Jarass/Pieroth - *Jarass*, GG, 7. Aufl. 2004, Art. 23 Rn. 5.

gebers kann und darf nicht in Kollision mit dem Bestandsschutz der das Grundgesetz prägenden Strukturelemente gesehen werden. Vielmehr ist schon bei der Auslegung dieser beiden Grundentscheidungen der deutschen Verfassung auf die jeweils andere zur Konfliktvermeidung nationaler und europäischer Interessen Rücksicht zu nehmen. Damit ändert sich die Blickrichtung des Art. 79 Abs. 3 GG im Anwendungsbereich der Präambel und Art. 23 Abs. 1 S 3 GG. Durch den Integrationsprozess auf europäischer Ebene, dem sich die Bundesrepublik Deutschland verpflichtet hat, ist eine nur binnengerichtete Interpretation des durch Art. 79 Abs. 3 GG geschützten Kerngehalts der in den Art. 1 und 20 niedergelegten Grundsätze der deutschen Verfassung obsolet geworden. Vielmehr ist Art. 79 Abs. 3 GG als Integrationsnorm zu verstehen, die eine notwendige verfassungsrechtliche Flexibilität der deutschen Bemühungen zur Vereinigung Europas gewährt, ohne die Kernstruktur des Grundgesetzes zu verlieren. Art. 79 Abs. 3 GG bedarf daher der kontextgerechten Interpretation, die auch Neuinterpretationen und Modifikationen der Strukturelemente zur Gewährung gemeinschaftsverfassungsrechtlicher Ziele nicht ausschließt.[431]

Durch die Unionsbürgerschaft und das damit verbundene Unionsbürgerwahlrecht ist abweichend vom Nationalstaatsmodell für die kommunale Ebene der Mitgliedstaaten ein neuer kultureller Volksbegriff definiert worden, der sich an der europäischen Identität orientiert. Die Bundesrepublik Deutschland kann sich nicht diesem gemeinschaftsverfassungsrechtlich - zumindest für die kommunale Ebene - determinierten Volksbegriff verschließen und den Volksbegriff des Art. 20 Abs. 2 S.1 GG weiterhin streng nationalstaatlich auslegen, ohne in Kollision mit der Entscheidung des Verfassungsgebers zugunsten der europäischen Integration zu geraten. Vielmehr ist der Volksbegriff als Bestandteil des durch Art. 79 Abs. 3 GG geschützten Demokratieprinzips integrationsfreundlich, d.h. gemeinschaftsverfassungskonform auszulegen. Die gemeinschaftsverfassungskonforme Auslegung des Volksbegriffs des Art. 20 Abs. 2 S. 1 GG führt zu einer Modifizierung des grundgesetzlichen Volksbegriffs. Denn die bisherige Beschränkung des Wahlrechts auf Deutsche ist nicht mit dem Gemeinschaftsverfassungsrecht und dessen verändertem europäischen Volksverständnis für die kommunale Ebene vereinbar. Entsprechend dem Integrationscharakter des Art. 79 Abs. 3 GG und der verfassungsrechtlich geforderten integrationsfreundlichen Interpretation der Strukturprinzipien des Grundgesetzes ist der Volksbegriff des Art. 20 Abs. 2 GG entsprechend den gemeinschaftsverfassungsrechtlichen Vorgaben zu modifizieren. Dieses bedeutet, dass für die kommunale Ebe-

---

[431] Giegerich, Europäische Verfassung und deutsche Verfassung im transnationalen Konstitutionalisierungsprozess: Wechselseitige Rezeption, konstitutionelle Evolution und föderale Verflechtung, S.1343ff.

ne der Volksbegriff des Art. 20 Abs. 2 GG auch die Staatsangehörigen der Mitgliedstaaten der Europäischen Gemeinschaft umfasst.

Die kontextgerechte Interpretation des Art. 79 Abs.3 GG steht auch nicht im Widerspruch zur Rechtsprechung des Bundesverfassungsgerichts. Zwar hat das Bundesverfassungsgericht in seiner Entscheidung zum Ausländerwahlrecht[432] die Möglichkeit der Modifizierung des Volksbegriffs des Art. 20 Abs. 2 S. 1 GG durch das europäische Gemeinschaftsrecht nicht ausdrücklich ausgesprochen. Indem es jedoch in seinem „obiter dictum" darauf hinweist, dass aus der Entscheidung nicht geschlussfolgert werden könne, dass die zum damaligen Zeitpunkt im Bereich der Europäischen Gemeinschaften erörterte Einführung eines Kommunalwahlrechts für Ausländer nicht Gegenstand einer nach Art. 79 Abs. 3 GG zulässigen Verfassungsänderung sein könne, hat es eine solche Modifikation des Grundsatzes der Beschränkung des Wahlrechts auf Deutsche zumindest für die kommunale Ebene aber als durchaus möglich bezeichnet.

3.3. Ergebnis

Die Einführung des Kommunalwahlrechts für Unionsbürger in Art. 28 Abs. 1 S. 3 GG stellt damit nicht einen Eingriff in den durch Art. 79 Abs. 3 GG geschützten Kerngehalt des Volksbegriff des Art. 20 Abs. 2 GG dar.

4. Die Beteiligung von Unionsbürgern an kommunalen Abstimmungen

Mit der Umsetzung der Richtlinie 94/80/EG zur Einführung des Kommunalwahlrechtes für Unionsbürger wurde in einigen Bundesländern auch die Beteiligung von Unionsbürgern an kommunalen Abstimmungen gesetzlich geregelt.[433] Auch in Bremen wurde den Unionsbürgern ermöglicht, sowohl in der Stadtgemeinde Bremen als auch in Bremerhaven an kommunalen Abstimmungen teilzunehmen.

Im Folgenden wird untersucht, ob die landesrechtliche Einräumung derartiger Teilnahmerechte mit höherrangigem Recht, insbesondere mit den europarechtlichen Vorgaben, aber auch Art. 28 Abs. 1 S. 3 GG vereinbar ist.

---

[432] BVerfGE 83, 37ff.

[433] So in Bayern, Baden-Württemberg, Brandenburg, Bremen, Hessen, Rheinland - Pfalz, Sachsen, Sachsen-Anhalt, Schleswig-Holstein, Thüringen.

4.1. Beteiligung der Unionsbürger an kommunalen Abstimmungen im Bundesland Bremen

In Art. 69ff der Bremischen Landesverfassung (LV) wird der Volksentscheid auf Landesebene geregelt.[434] Stimmberechtigt beim Volksentscheid ist derjenige, der auch zur Bürgerschaft wahlberechtigt ist (Art. 69 Abs. 1 LV). Das weitere Verfahren beim Volksentscheid wird in dem Gesetz über das Verfahren beim Volksentscheid[435] geregelt. Während der erste Teil des Gesetzes das Verfahren beim Volksbegehren und Volksbescheid im Land Bremen behandelt, ist in dem zweiten Teil das Verfahren in der Stadtgemeinde Bremen geregelt. Während auf Landesebene nur die deutschen wahlberechtigten Staatsangehörigen beim Volksentscheid und Volksbegehren stimmberechtigt sind, können in der Stadt Bremen gemäß § 25 Abs. 2 des o.g. Gesetzes an den Volksbegehren und Volksentscheiden in der Stadtgemeinde Bremen auch die Unionsbürger teilnehmen.

In Bremerhaven werden der Bürgerentscheid und das Bürgerbegehren in § 15b der Stadtverfassung[436] erwähnt, Näheres regelt jedoch das Ortsgesetz über Bürgerbeteiligung.[437] Danach finden für die Teilnahme an Bürgerentscheid und Bürgerbegehren die Vorschriften des Bremischen Wahlgesetzes, insbesondere die §§ 42 und 43 WahlG, Anwendung. § 43 Abs. 2 WahlG bestimmt, dass die Unionsbürger wahlberechtigt zur Stadtverordnetenversammlung sind, so dass sie bei der entsprechenden Anwendung dieser Vorschrift auf Bürgerbegehren und Bürgerentscheid auch hier stimmberechtigt sind.

4.2. Vereinbarkeit mit dem EG-Vertrag und der Richtlinie 94/80/EG

Sowohl der EG-Vertrag als auch die Richtlinie[438] beinhalten keine ausdrücklichen Regelungen zur Beteiligung der Unionsbürger an kommunalen Abstimmungen. Diese Form der Bürgerbeteiligung lässt sich auch weder begrifflich noch inhaltlich unter den Terminus „Kommunalwahlen“ subsumieren.[439]

---

434 Insbesondere wird in der Landesverfassung geregelt, dass der Volksentscheid nur zulässig ist, wenn er gemäß Art. 70 Abs. 3 LV nicht Abstimmungen über den Haushaltsplan, über Dienstbezüge und über Steuern, Abgaben und Gebühren sowie über Einzelheiten solcher Gesetzesvorlagen betrifft.

435 In der Fassung vom 22.12.1998, Brem.GBl. 1999, S.1.

436 Zuletzt geändert durch Ortsgesetz vom 05.09.1996, BremgBl. S. 325.

437 In der Fassung vom 18.04.1996, BremGbl. S. 191.

438 Die Richtlinie als sekundäres Gemeinschaftsrecht darf auch nicht über den Vertrag hinausgehen, sondern ihn nur durch Festlegung der Einzelheiten ausfüllen.

439 Engelken, NVwZ 1995, 432ff.

Die Feststellung, dass das EG-Recht die Teilnahme an kommunalen Abstimmungen nicht regelt, lässt den Schluss zu, dass es eine solche dann auch nicht ausschließt. Der Umkehrschluss dagegen wäre nicht gerechtfertigt.[440] Dieser widerspricht dem Charakter des Gemeinschaftsrechts, welches einen positiven rechtsgewährenden Regelungsgehalt hat und keinen ausschließenden Charakter für andere nicht in ihm enthaltene Regelungen. Das Gemeinschaftsrecht setzt lediglich Mindeststandards, den Mitgliedstaaten steht es jedoch frei, den Unionsbürgern darüber hinaus mit eigenen Staatsangehörigen gleichzusetzen.[441] So regelt die Richtlinie beispielsweise ausdrücklich nicht die Frage des aktiven und passiven Wahlrechts für Staatsangehörige von Drittstaaten bei den Kommunalwahlen, d.h. ein allgemeines Ausländerwahlrecht. Unstreitig war jedoch bei den Verhandlungen über den EG-Vertrag und die Richtlinie, dass daraus nicht abgeleitet werden kann, dass die Mitgliedstaaten, in denen ein solches Wahlrecht existiert, daran gehindert werden, es diesen Personen zu gewähren.[442]

Die Beteiligung der Unionsbürger an kommunalen Abstimmungen verstößt somit nicht gegen Gemeinschaftsrecht, sondern ist vielmehr eine Frage, die sich nach deutschem Verfassungsrecht beurteilt.

4.3. Vereinbarkeit mit Art. 28 Abs. 1 S. 3 GG

Die Teilnahme von Unionsbürgern an kommunalen Abstimmungen ist verfassungsrechtlich, insbesondere hinsichtlich der Vereinbarkeit mit Art. 28 Abs. 1 S. 3 GG, umstritten.[443]

Der Wortlaut des geänderten Art. 28 Abs. 1GG nimmt zur Frage der Einbeziehung von Unionsbürgern bei kommunalen Abstimmungen keine Stellung. Art. 28 Abs. 1 S. 3 GG bezieht sich nur auf „Wahlen bei Kreisen und Gemeinden". Somit ist durch Auslegung zu ermitteln, ob Art. 28 Abs. 1 S. 3 GG auch die Beteiligung der Unionsbürger an kommunalen Abstimmungen umfasst.

4.3.1. Veränderung der demokratischen Legitimationsgrundlage auf kommunaler Ebene

Die rechtliche Argumentation der Befürworter einer Teilnahme der Unionsbürger auch an kommunalen Abstimmungen stützt sich im Wesentlichen darauf, dass durch die Einbeziehung der Unionsbürger in den Kreis der Wahlberechtigten die demokratische Legitimationsgrundlage für die Ausübung von Staatsge-

---

440 Klug, Juristische Logik, S.137; Larenz, Methodenlehre der Rechtswissenschaften, S. 295.

441 Burkholz, DÖV 1995, 816, 817; Engelken, NVwZ 1995, 432, 433.

442 Siehe dazu unter Abschnitt II 2.3 und 3.2.

443 Siehe dazu Engelken, NVwZ 1995, 433; Kaufmann, ZG 1998, 25; Burkholz, DÖV 1995, 818; Meyer-Teschendorf / Hofmann, ZRP 1995, 290; Grumann S.182ff; Hierl S. 148ff.

walt insgesamt auf kommunaler Ebene verändert worden sei. Damit sei das Argument, dass das Homogenitätsgebot des Art. 28 Abs. 1 S. 1 GG den Ländern vorschreibe, dass die demokratische Legitimationsgrundlage allein das deutsche Staatsvolk i.S. von Art. 20 Abs. 2 GG bilde, obsolet geworden.[444] Dieses müsse nunmehr nicht nur für die Beteiligung an Wahlen, sondern auch an kommunalen Abstimmungen gelten. Das Homogenitätsgebot des Art. 28 Abs. 1 S. 1 GG eröffne für die demokratische Legitimation auf Gemeindeebene dem Landesgesetzgeber einen entsprechenden Spielraum für rechtliche Regelungen. Denn durch die Änderung des Art. 28 Abs. 1 S. 3 GG sei die Legitimationsgrundlage für die Gemeinden und Kreise insgesamt verändert worden.[445]

Diese von den Befürwortern der Einbeziehung der Unionsbürger auch bei den kommunalen Abstimmungen vorgetragene Argumentation lässt sich jedoch weder mit dem Wortlaut noch aus der Entstehungsgeschichte des neuen Art. 28 Abs. 1 S. 3 GG begründen.[446] Der in Art. 28 Abs. 1 S. 3 GG aufgeführte Begriff „Wahlen“ umschließt im grundgesetzlichen Sinnzusammenhang nicht jede Form der unmittelbaren Ausübung der Staatsgewalt durch das Volk. In der Verfassung wird vielmehr zwischen „Wahlen“ und „Abstimmungen“ unterschieden, so werden in Art. 20 Abs. 2 S. 2 GG die Begriffe „Wahlen“ und „Abstimmungen“ auch gegenübergestellt. Diese Differenzierung zwischen der politischen Entscheidungsform der “Wahl“ und der unmittelbaren Sachentscheidung des Volkes durch „Abstimmungen“ entzieht der Argumentation, mit der Änderung des Art. 28 Abs. 1 S. 3 GG sei die gesamte Legitimationsgrundlage für die kommunale Ebene verändert worden, die Grundlage.[447]

Die in Art. 28 Abs. 1 S. 3 GG gewählte Formulierung, dass das Unionsbürgerwahlrecht nur nach „Maßgabe von Recht der Europäischen Gemeinschaft“ gewährt wird, verdeutlicht, dass Art. 28 Abs. 1 S. 3 GG keinen eigenen – konstitutiven – Regelungsgehalt hat. Die Bestimmung gewährt nicht selber das Kommunalwahlrecht für Unionsbürger, sondern verweist insoweit auf eine andere Rechtsquelle. Dadurch wird zum Ausdruck gebracht, dass Art. 28 Abs. 1 S. 3 GG nicht als konstitutive materielle Regelung zu verstehen ist. Vielmehr nachvollzieht Art. 28 Abs. 1 S. 3 GG die bereits durch das Gemeinschaftsrecht ein-

---

[444] BaWüLt – Drs. 11/5402, S. 31f; HessLt.-Drs. 14/93, S. 10ff; Engelken, NVwZ 1995, 432, 434.

[445] BaWüLt – Drs. 11/5402, S. 31f; HessLt.-Drs. 14/93, S. 10ff; Engelken, NVwZ 1995, 432, 434.

[446] So auch Burkholz, DÖV 1995, 816, 818; Meyer-Teschendorf/Hofmann, ZRP 1995, 290; Hierl, S. 153ff.

[447] So auch Maunz/Dürig – *Scholz,* Art. 28 Rn. 41f; Burkholz, DÖV 1995, 817; Schrapper, DVBl. 1995, 1167, 1170.

geräumten Beteiligungsrechte der Unionsbürger – die sich nur auf das aktive und passive Wahlrecht bei Kommunalwahlen im Wohnsitzstaat beziehen – im Umfang dessen Rechtsgewährung.[448]

Auch die Entstehungsgeschichte des Art. 28 Abs. 1 S. 3 GG bietet keine Anhaltspunkte, dass die Einbeziehung der Unionsbürger auch bei kommunalen Abstimmungen gewollt wurde. Vielmehr ist sie Indiz dafür, dass gerade dieses vom verfassungsändernden Gesetzgeber nicht gewünscht war. Denn die Gemeinsame Verfassungskommission einigte sich in ihren Beratungen und Beschlüssen nur darauf, das kommunale Wahlrecht für Unionsbürger „nach Maßgabe von Recht der Europäischen Gemeinschaft" einzuräumen. Ein von Vertretern der SPD der Gemeinsamen Verfassungskommission vorgelegter Antrag, demzufolge die vorgeschlagene Regelung auch für Abstimmungen in den Kreisen und Gemeinden entsprechend gelten solle, wurde nicht angenommen.[449] Dies belegt, dass die Problematik zwar gesehen wurde, die Verfassungskommission sich aber entschlossen hatte, die letztlich vorgeschlagene Ergänzung des Art. 28 Abs. 1 GG nur im engen, auf die Wahlen bezogenen Sinne aufzugreifen.[450]

4.3.2. Regelungsspielraum der Länder

In einigen Bundesländern, in denen den Unionsbürgern die Teilnahme an den kommunalen Abstimmungen ermöglicht wird, wird argumentiert, dass die Parallelität zwischen kommunalen Wahlen und kommunalen Abstimmungen die Einbeziehung der Unionsbürger in diese Abstimmungen erfordere. Art. 28 Abs. 1 S. 3 GG schließe zwar die kommunalen Abstimmungen nicht ausdrücklich mit ein, stehe aber auch entsprechenden landesrechtlichen Regelungen nicht entgegen. Aufgrund dieser indifferenten Haltung des GG könne der Landesgesetzgeber kraft seiner originären Kompetenz für das Kommunalwahlrecht eine solche Einbeziehung mitregeln. Er genieße insoweit einen Regelungsspielraum.[451]

Auch diese Argumentation überzeugt nicht, da sie verkennt, dass die verfassungsmäßige Ordnung in den Ländern den Grundsätzen des demokratischen Rechtsstaates gemäß Art. 20 GG entsprechen muss. Zwar fordert das Grundgesetz keine Konformität oder Uniformität der Landesverfassungen, jedoch ein

---

448 Burkholz, DÖV 1995, 816, 818.

449 Vgl. die Empfehlungen der Berichterstatter zum Thema „Grundgesetz und Europa" vom 26.06.1992, Kommissionsdrs. Nr. 7 (neu), S. 3.

450 Burkholz, DÖV 1995, 816, 818.

451 Vgl. Engelken, NVwZ 1995, 432; Schrapper, DVBl. 1995, 1176, 1170; aber auch BaWüLt – Drs. 11/6505 S. 9, 14; HessLt – Drs. 14/93 S. 10ff.

gewisses Maß an Homogenität.[452] Da Art. 28 Abs. 1 S. 3 GG keine Aussage über die Teilnahme an kommunalen Abstimmungen trifft, ist der Maßstab, der an das Homogenitätsgebot der Länder zu legen ist, insgesamt an den Grundprinzipien, die in Art. 20 und 28 Abs. 1 S. 1 GG festgeschrieben sind, zu messen, vorliegend dem Grundsatzprinzip des demokratischen Rechtsstaates. Für den Landesgesetzgeber besteht somit nur ein Spielraum innerhalb der Grenzen des in Art. 28 Abs. 1 S.1 GG dargelegten demokratischen Rechtsstaates. Der demokratische Rechtsstaat wird durch die Bestimmung des demokratischen Legitimationssubjektes definiert. Dieses ist grundsätzlich, wie erörtert, das deutsche Volk. Die Vermittlung demokratischer Legitimation nur durch Deutsche ist somit ein entscheidender Grundsatz des demokratischen Rechtsstaates. Aufgrund des Homogenitätsgebotes sind auch die Länder gezwungen, ihre verfassungsmäßige Ordnung danach zu richten. Eine Ausnahme von diesen Grundsätzen, wie sie in dem neuen Art. 28 Abs. 1S. 3 GG verankert ist, ist nur zulässig, wenn diese das Grundgesetz ausdrücklich bestimmt und Art 79 Abs. 3 GG beachtet wird.

4.3.3. Parallelität von Personalwahlen und Sachabstimmungen

Ebenfalls vertreten wird die Ansicht, dass sich die Gleichbehandlung der Unionsbürger bei der Beteiligung an kommunalen Wahlen und kommunalen Abstimmungen aus der vergleichbaren Rechtsqualität des Ergebnisses einer kommunalen Abstimmung und des Beschlusses eines kommunalen Vertretungsorganes ergebe.[453] Eine Unterscheidung hinsichtlich der diese Entscheidungen jeweils legitimierenden Personengruppen sei nach Ansicht der Befürworter daher nicht angemessen. Die vergleichbare Rechtsqualität lege es vielmehr nahe, die kommunalen Abstimmungen als von Art. 28 Abs. 1 S. 3 GG mitumfasst zu sehen.[454]

Zwar ist es zutreffend, dass ein Vergleich der Kompetenzen der Stadtbürgerschaft bzw. Stadtverordnetenversammlung und dem kommunalen Volksentscheid bzw. Bürgerentscheid zeigt, dass eine Beteiligung der Unionsbürger auch an diesen Abstimmungen systemgerecht wäre. Denn im Ergebnis stehen Volksentscheid bzw. Bürgerentscheid den Beschlüssen der Stadtbürgerschaft bzw. Stadtverordnetenversammlung gleich.[455] Die deutsche Verfassung unterscheidet in Art. 20 Abs. 2 S.2 GG jedoch ausdrücklich zwischen der Möglichkeit der Ausübung von Staatsgewalt durch das Volk in Wahlen u n d in Ab-

---

452 St. Rspr. BVerfGE 9, 268, 279.

453 Rh-PflzLt - Drs. 12/7293 S. 18.Grumann, S. 185.

454 Grumann, S. 185.

455 Nach § 15b Abs. 7 der VerfBrhv hat der Bürgerentscheid die Wirkung eines endgültigen Beschlusses der Stadtverordnetenversammlung.

stimmungen. Die unmittelbare Sachentscheidung durch Abstimmung und die personellen Legitimation durch Wahl stehen in einem Gleichordnungs- und nicht in einem Nachordnungsverhältnis nebeneinander. Deutlich wird dadurch, dass das Grundgesetz klar unterscheidet zwischen Wahlen und Abstimmungen. Dieses wird noch dadurch verdeutlicht, dass es in der repräsentativen Demokratie des Grundgesetzes gerade für die Abstimmung als Ausnahmetatbestand der ausdrücklichen Anordnung bedarf.[456]So sieht das Grundgesetz selber nur in Art. 29 GG plebiszitäre Elemente vor. Den Ländern ist allerdings die Möglichkeit gegeben, weitergehende Plebiszite einzuführen.[457] Es ist daher mit der Verfassungssystematik nicht vereinbar, die Beteiligung der ausländischen Unionsbürger an den „Abstimmungen" von der Formulierung „bei Wahlen in Kreisen und Gemeinden" des Art. 28 I S.3 GG mitzuumfassen. Dem steht auch – wie bereits ausgeführt – auch die historische Interpretation des Art. 28 Abs. 1 S. 3 GG entgegen.

4.3.4. Erreichung des in dem europäischen Gemeinschaftsrecht angestrebten Zieles der Integration der ausländischen Unionsbürger

Nach Ansicht der Befürworter der Beteiligung der Unionsbürger auch an kommunalen Abstimmungen führt eine enge Auslegung des Art. 28 Abs. 1 S. 3 GG dazu, dass das durch die Einführung eines Wahlrechtes für ausländische Unionsbürger auf kommunaler Ebene angestrebte Ziel der Integration der Unionsbürger in die Bundesrepublik Deutschland behindert werde.[458] Ein Ausschluss von der Teilhabe an kommunalen Abstimmungen stehe der Intention sowohl des Art. 19 EGV als auch der Richtlinie entgegen. Beide Normen bezwecken, den rechtlichen Unterschied an der politischen Partizipation von ausländischen Unionsbürgern und Bürgern des jeweiligen Mitgliedstaates auf kommunaler Ebene zu verringern. Um genau dieses umzusetzen, sei auf nationaler Ebene der neue Art. 28 Abs. 1 S. 3 GG eingeführt worden. Dieses könne daher nur bedeuten, dass Art. 28 Abs. 1 S. 3 GG weit auszulegen sei und daher auch eine Beteiligung der Unionsbürger an den kommunalen Abstimmungen beinhalte.[459]
Verfassungspolitisch mögen die Argumente der Befürworter einer weiten Auslegung des Art. 28 Abs. 1 S. 3 GG überzeugen, sie reichen dennoch nicht aus, um die verfassungsrechtliche Zulässigkeit der Teilnahme von ausländischen Unionsbürgern an kommunalen Abstimmungen zu begründen. Zwar wird richtig festgestellt, dass die in Art. 28 Abs. 1 S. 3 GG vorgenommene Erstreckung

---

[456] von Münch/Kunig – *Schnapp*, GG, Art. 20 Rn. 18; Kaufmann, ZG 1998, 25, 32.

[457] von Münch/Kunig – *Schnapp, GG,* Art. 20 Rn. 18 m.w.Nachweisen.

[458] Begründung des Gesetzesentwurfes d. brandenburgischen Landesregierung S. 28; HessLt-Drs. 14/93 S. 12; NRWLt-Drs. 12/175 S.12; Rh-PfLt-Drs. 12/7293 S. 13; Engelken NVwZ 1995, 432, 433.

[459] Grumann, S. 184.

des Kommunalwahlrechtes auf EU-Ausländer nach Maßgabe des Gemeinschaftsrechts erfolgt. Dieser Verweis auf das europäische Gemeinschaftsrecht führt jedoch nicht dazu, dass die verfassungsrechtlichen Grundprinzipien der Bundesrepublik Deutschland ohne weiteres obsolet werden. Das europäische Gemeinschaftsrecht verfügt über keine Verfassungsqualität und ist nach Maßgabe des Zustimmungsgesetzes eng auszulegen.[460] Selbst wenn die Beteiligung der ausländischen Unionsbürger an den kommunalen Abstimmungen in der Intention des europäischen Gesetzgebers gelegen hätte, wäre dieses für das nationale Verfassungsrecht ohne Belang. Denn dies unterliegt keiner sich fortentwickelten „Rechtsquelle" oder "Maßgabe" dieser Art.[461]

Zudem ist bereits der Ausgangspunkt dieser Argumentation anzuzweifeln, denn dem europäischen Gemeinschaftsrecht kann nicht entnommen werden, dass es dem Willen der Europäischen Gemeinschaft entspricht, die Integration der ausländischen Unionsbürger in ihrem jeweiligen Aufenthaltsstaat gerade durch die Beteiligung der Unionsbürger an den kommunalen Abstimmungen zu fördern. Dieses lässt sich weder begrifflich noch inhaltlich Art. 19 EGV oder der Richtlinie entnehmen. Die Normengenese der Richtlinie spricht sogar eher dagegen, denn der Rat hat die Vorstöße von Parlament und Ausschuss der Regionen, „Abstimmungen" ausdrücklich einzubeziehen, ersichtlich nicht aufgegriffen.[462] Der Verweis auf das europäische Gemeinschaftsrecht in Art. 28 Abs. 1 S. 3 GG ist somit keine Grundlage für eine landesrechtliche Kompetenz zur Einbeziehung der ausländischen Unionsbürger an der Teilhabe an kommunalen Abstimmungen.

4.3.5. Ergebnis

Die in Art. 28 Abs. 1 S. 3 GG enthaltene Regelung, dass ausländische Unionsbürger an Wahlen auf Kreis- und Gemeindeebene partizipieren, ist eng auszulegen. Dies hat zur Folge, dass es dem Landesgesetzgeber nicht freisteht, Unionsbürgern über das Kommunalwahlrecht im Sinne der Kommunalwahlrechtsrichtlinie des Europäischen Rates hinaus auch das Recht auf Beteiligung an kommunalen Sachabstimmungen einzuräumen.[463] Die Beteiligung der ausländischen Unionsbürger an den kommunalen Abstimmungen in Bremen und Bremerhaven verstößt damit gegen innerdeutsches Verfassungsrecht. Eine Beteiligung der ausländischen Unionsbürger ist zwar verfassungspoltisch wünschenswert, da es

---

[460] Maunz/Dürig-*Scholz*, Art. 28 Rn. 41f.

[461] Maunz/Dürig-*Scholz*, Art. 28 Rn. 41f; BVerfGE 83, 155, 188, 208ff.

[462] Vgl. Bericht Palacio, A4-0011/94, und entsprechenden Plenarbeschluss vom 26.10.1994.

[463] So auch Meyer-Teschendorf/Hofmann, ZRP 1995, 290, 292; Burkholz, DÖV 1995, 816; Kaufmann, ZG 1998, 25; Hierl, S. 159; Maunz/Dürig – *Scholz*, Art. 28, Rn. 41f; a.A. Engelken, NVwZ 1995, 432; Grumann, S. 182ff; Zuleeg, in FS Schefold, S. 123f.

die Integration der hier lebenden Unionsbürger im Sinne der Europäischen Gemeinschaft fördert, sie setzt jedoch eine nochmalige Verfassungsänderung voraus.[464]

[464] So auch Burkholz, DÖV 1995816, 819; Meyer-Teschendorf/Hofmann, ZRP 1995, 290, 292.

V. Die Umsetzung des Kommunalwahlrechtes für ausländische Unionsbürger in der Freien Hansestadt Bremen

1. Vorbemerkung

Mit der Änderung des Art. 28 Abs. 1 S. 3 GG waren die verfassungsrechtlichen Hürden zur Beteiligung der ausländischen Unionsbürger an den Kommunalwahlen genommen. Die Länder konnten und mussten das Wahlrecht für ausländische Unionsbürger entsprechend der EG-Richtlinie einführen. Mit Ausnahme von Bremen wurde die Richtlinie in den anderen deutschen Bundesländern zügig umgesetzt. Wesentlicher Streitpunkt war dort zumeist nur die Frage der Beteiligung der ausländischen Unionsbürger an den Wahlen der kommunalen Exekutivspitze.[465]

Bremen, das sowohl nach der Fläche als auch der Einwohnerzahl kleinste Bundesland, setzte als einziges die Richtlinie nicht fristgerecht zum 01. Januar 1996 um und brachte die Bundesrepublik damit in die Gefahr eines Vertragsverletzungsverfahrens seitens der Kommission.[466] Im Folgenden soll dargestellt werden, aus welchen Gründen Bremen vor besonderen rechtlichen Schwierigkeiten bei der Umsetzung der Richtlinie stand. Voraussetzung dafür ist eine kurze Erläuterung der staatsrechtlichen Struktur des Landes Bremen unter besonderer Berücksichtigung des kommunalverfassungsrechtlichen Aufbaus. Im Anschluss daran werden die Beiträge Bremens bei der Grundgesetzänderung des Art. 28 Abs. 1 S. 3 GG und der Erarbeitung der EG-Richtlinie gewürdigt. Im Mittelpunkt steht jedoch die kritische Würdigung der vier Modelle, die in Bremen bei der Umsetzung des Kommunalwahlrecht für ausländische Unionsbürger in der Diskussion waren. Diese werden auf ihre Vereinbarkeit mit dem Gemeinschaftsrecht und dem deutschen Verfassungsrecht überprüft und kritisch gewürdigt.

2. Staatsaufbau des Landes Bremen

2.1. Verfassung der Freien Hansestadt Bremen

Das Land Bremen trägt gemäß Art. 64 der Bremischen Landesverfassung (LV) den offiziellen Namen „Freie Hansestadt Bremen". Die am 12. Oktober 1947 durch Volksentscheid angenommene und neun Tage später in Kraft getretene Landesverfassung der Freien Hansestadt Bremen bildet die rechtliche Grund-

---

465 Siehe dazu Grumann, S. 158ff; Hierl, S. 120ff; Schunda, S. 200ff.

466 Mitteilung des Senats vom 07. Mai 1996, BB Drs. 14/294, S. 2 (Gesetz vom 01.10.1996, GBl. S. 303 bis 319).

ordnung des bremischen Gemeinwesens. Die Bremische Verfassung ist eine „Vollverfassung“, d.h. sie beschränkt sich nicht nur auf eine Regelung der staatlichen Organisation und Aufgaben, sondern normiert auch die Grundzüge des nicht-staatlichen Lebens.[467] Die Bestimmungen der Landesverfassungen binden Gesetzgebung, Regierung und Verwaltung sowie Rechtsprechung als unmittelbar geltendes Recht (Art. 20 Abs. 2, 66 Abs. 2, 134 LV). Bis 1994 konnte die Landesverfassung nur durch einstimmigen Beschluss der Bürgerschaft oder durch Annahme durch Volksentscheid geändert werden. Seit 1994 genügt grundsätzlich ein Beschluss der Bürgerschaft mit einer Mehrheit von zwei Dritteln ihrer Mitglieder (Art. 125 Abs. 3 LV). Jedoch sind Änderungen, die die Grundzüge der gemeindlichen Selbstverwaltung gemäß Art. 143ff LV betreffen und die Einteilung des Wahlgebiets in die Wahlbereiche Bremen und Bremerhaven, weiterhin nur durch einstimmigen Beschluss der Bürgerschaft oder durch Volksentscheid möglich (Art. 125 Abs. 4 LV).

2.2. Die Bremische Bürgerschaft

Der Landtag in Bremen heißt gemäß hanseatischer Tradition „Bürgerschaft“. Die Bürgerschaft ist Organ der Freien Hansestadt Bremen und repräsentiert gleichzeitig die Vertretung des Volkes der Freien Hansestadt Bremen.[468] Ihre Stellung sowie Aufgaben und Organisation ergeben sich aus Art. 75ff LV sowie den verfassungsrechtlichen Nebengesetzen, insbesondere der Geschäftsordnung der Bremischen Bürgerschaft.

2.2.1. Rechte und Pflichten der Abgeordneten

Der Bürgerschaft gehörten bis einschließlich der 15. Wahlperiode / Legislaturperiode 100 Abgeordnete an, 80 davon aus Bremen und 20 aus Bremerhaven. Mit Beginn der 16. Wahlperiode wurde die Bürgerschaft verkleinert, die nunmehr aus 83 Mitglieder besteht. Die Verteilung der Sitze zwischen Bremen und Bremerhaven (67 Abgeordnete aus Bremen und 16 aus Bremerhaven)[469] ist jedoch umstritten. Argumentiert wird, dass sie zu einem Ungleichgewicht der Stimmengewichtung führe und nicht die reale Bevölkerungsentwicklung widerspiegele.[470]

---

467 Kröning, Bremen in der Gesamtverfassung von Land, Bund und Gemeinschaft, in HbbremVerf, S. 139, 142.

468 Preuß, Aufbau und Aufgaben des Staates – Landtag (Bürgerschaft), in HbbremVerf, S. 301, 303.

469 Nach Art. 75 Abs. 2 LV kann die Zahl der Mitglieder der Bürgerschaft durch den einfachen Gesetzgeber festgelegt werden.

470 Der Staatsgerichtshof als Wahlprüfungsgericht II. Instanz hat in seinem Urteil vom 05. November 2004 – St 2/04 - dazu u.a. ausgeführt, dass eine Differenz beim Erfolgswert der Stimmen bis zu 5 % nach Ausgestaltung des bremischen Wahlrechts noch zulässig

Im Gegensatz zu den Berufsparlamentariern im Deutschen Bundestag und auch anderen Landestagen gilt in Bremen bis heute das Leitbild des ehrenamtlich tätigen Abgeordneten. Bis 1994 war dieses als Grundsatz sogar ausdrücklich in der Verfassung festgeschrieben, inzwischen heißt es nur noch neutral: „Die Mitglieder der Bürgerschaft haben Anspruch auf ein angemessenes Entgelt". Verfassungsrechtlich ist damit der Weg zum Berufsabgeordneten freigemacht worden. In der politischen Diskussion herrscht aber nach wie vor Einigkeit, dass die Parlamentstätigkeit neben und nicht anstelle der eigentlichen Berufstätigkeit ausgeführt werden soll. Vorteil der Ehrenamtlichkeit des Mandats ist, dass die im Beruf erworbenen Erfahrungen in die parlamentarische Arbeit eingebracht werden können. Ein weiterer Aspekt ist sicherlich auch, dass im Bundesvergleich die steuerpflichtige Entschädigung gering ist und die mit der Einführung eines Vollzeitparlamentes verbundene Erhöhung in der Öffentlichkeit nicht vertretbar wäre. Dennoch hat sich im Laufe der Zeit die Alimentierung der Bürgerschaftsabgeordneten, aber auch der mit der Ausübung des Mandates verbundene Zeitaufwand von der ehemals rein ehrenamtlichen Tätigkeit hin zu einer Teilzeitbeschäftigung gewandelt. Die Abgeordneten, die dem öffentlichen Dienst angehörten, können heute schon als reine Berufsparlamentarier bezeichnet werden, da sie aufgrund der Inkompatibilität mit der Wahl in die Bürgerschaft aus dem aktiven Dienst ausscheiden müssen (§§ 28ff Abgeordnetengesetz i.V.m. Art. 137 Abs. 1 GG).

Die Mitglieder der Bürgerschaft sind als „Vertreter der ganzen bremischen Bevölkerung" an Weisungen und Aufträge nicht gebunden und nur ihrem Gewissen verantwortlich (Art. 83 Abs. 1 LV). Das freie Mandat verschafft den Abgeordneten eine relative Unabhängigkeit von Fraktion und Partei. In der parlamentarischen Praxis spielen jedoch Fraktionsdisziplin und Parteibindung eine große Rolle.

Neben den Beteiligungsrechten, wie Rederecht, Auskunftsrecht und Abstimmungsrechte, sind noch insbesondere die Rechte der Abgeordneten zu nennen, die ihre Unabhängigkeit sichern sollen. So darf kein Mitglied der Bürgerschaft wegen seiner Abstimmung oder der in Ausübung seiner Abgeordnetentätigkeit getätigten Äußerungen gerichtlich oder dienstlich verfolgt werden oder sonst außerhalb der Bürgerschaft zur Verantwortung gezogen werden (Art. 94 LV Indemnität). Die Abgeordneten haben zudem ein Zeugnisverweigerungsrecht, welches sich auf Personen erstreckt, die ihnen in ihrer Eigenschaft als Abge-

---

sei, wenn der Landesgesetzgeber zugleich andere widerstreitende gewichtige verfassungsrechtliche Belange berücksichtigen muss. Der Landesgesetzgeber müsse jedoch fortlaufend prüfen, ob die von ihm verfolgten verfassungsrechtlichen Belange und die Wahlrechtsgleichheit noch in einem angemessenen Verhältnis zueinander stehen.

ordneten Tatsachen anvertrauen bzw. denen sie solche anvertrauen, sowie die anvertrauten Tatsachen selbst (Art. 96 LV). Die Immunität schützt den Abgeordneten vor nicht von der Bürgerschaft genehmigten Strafverfolgungen oder anderen Beschränkungen ihrer persönlichen Freiheit, die nicht im Zusammenhang mit der Ausübung seiner Abgeordnetenmandats stehen (Art. 95 LV).

2.2.2. Ausschüsse und Deputationen

Die Bürgerschaft gliedert sich fachlich in Ausschüsse und Deputationen. So wählt die Bürgerschaft einen Geschäftsordnungsausschuss, einen Haushalts- und Finanzausschuss und für die verschiedenen Zweige ihrer Aufgaben ständige und nichtständige Ausschüsse (Art. 105 Abs. 1 LV), zur Zeit sind es insgesamt 12 ständige parlamentarische Ausschüsse.[471] Wesentliche Aufgabe der Ausschüsse ist es, die vom Parlament überwiesenen Vorlagen und Anträge zu beraten, des Weiteren haben sie verschiedene Auskunfts-, Akteneinsichts- und Inspektionsrechte gegenüber der Exekutive (Art. 105 Abs. 4 LV). Darüber hinaus besteht auch die Möglichkeit, parlamentarische Untersuchungsausschüsse als Kontrollinstrument einzusetzen (Art. 105 V LV), die in entsprechender Anwendung der Strafprozessordnung Beweis erheben können.

Eine historisch bedingte Besonderheit des bremischen Verfassungsrechtes bilden die Deputationen.[472] Nach Art. 129 Abs. 1 LV werden sie von der Bürgerschaft zur Beratung und Beschlussfassung über die Angelegenheiten der verschiedenen Verwaltungszweige eingesetzt. Im Unterschied zu den Ausschüssen handelt es sich bei den Deputationen nicht um rein parlamentarische Gremien. Zum einen besteht die Deputation aus Vertretern von Bürgerschaft und Senat, der Vorsitz der Deputation wird von dem zuständigen Senator geführt, zum anderen können als Vertreter der Bürgerschaft auch Personen gewählt werden, die ihr nicht angehören (Art. 129 Abs. 1 S. 2 LV). Deputationen haben damit eine Doppelfunktion als Verwaltungs- und Parlamentausschuss. Auf der einen Seite beraten sie genau wie Parlamentsausschüsse Vorlagen und Anträge der Bürgerschaft (§ 33 GO der BB), auf der anderen Seite wirken sie direkt an Entscheidungen der Verwaltung mit. Diese Doppelfunktion ist seit längerem in der rechtspolitischen Kritik, da sie nach einer von einigen vertretenen Ansicht eine Gefahr für die Einheitlichkeit der Verwaltung birgt und zudem durch die Mitwirkung der Abgeordneten im Bereich der Verwaltung deren Kontrollmöglich-

---

471 Stand 16. Legislaturperiode.

472 Ausführlich Röper, Aufbau und Aufgaben des Staates – Deputationen, in HbbremVerf. S. 428, 443f; Maas, DÖV 1969, S. 835, 836.

keiten minimiert würden.[473] In der Praxis trägt jedoch diese Doppelfunktion der Deputationen dazu bei, dass die durch die zunehmende Verlagerung von Kompetenzen auf Bundes- oder Europaebene an sich immer geringer werdenden Gestaltungsspielräume der Landtagsabgeordneten durch größere Einfluss- und Aktionsmöglichkeiten ausgeweitet werden.[474]

2.2.3. Kompetenzen des Landtages

Zu den Kompetenzen der Bürgerschaft gehören neben der Gesetzgebungskompetenz die Wahl und Abberufung der Senatsmitglieder, die Kontrolle des Senats und die Mitwirkung an der Verwaltung.

Als erste und wichtigste Aufgabe des Parlamentes ist die Gesetzgebungskompetenz zu nennen. Die Bremer Landesverfassung weist in Art. 67, 101 Abs. 1 Nr. 1 LV die gesetzgebende Gewalt ausschließlich der Bürgerschaft zu, soweit nicht das Volk direkt durch Volksentscheid handelt. Gesetzesvorlagen werden durch Bürgerantrag, vom Senat oder aus der Mitte der Bürgerschaft eingebracht (Art. 123 Abs. 1 LV). Diese Kompetenz zum Erlass förmlicher Gesetze ist nicht delegierbar (Art. 105 Abs. 3 LV). Wesentlichstes Gestaltungsinstrument ist dabei sicherlich der durch Haushaltsgesetz festgestellte Haushaltsplan (Art. 131ff LV). Der Haushaltsplan ermächtigt die Exekutive zur Ausgabe der bereitgestellten Mittel, verpflichtet sie jedoch nicht dazu.[475]

Durch die personenbezogene Wahl aller Senatsmitglieder, aber auch die Möglichkeit ihrer Abberufung kann die Bürgerschaft wesentlichen Einfluss auf die Politik des Senats nehmen. Die Bürgerschaft legt nicht nur die Größe des Senats fest, sondern bestimmt auch, wer im Senat sitzt. Dagegen ist die Aufgabenverteilung im Senat und damit die Ressortzuständigkeit eine Angelegenheit, die der Senat selber regelt. Neben der Wahl der Senatsmitglieder ist die Bürgerschaft aber auch zuständig für die Wahl der Mitglieder des Staatsgerichtshofes und des Rechnungshofes. Außerdem hat sich die Bürgerschaft das Recht zur Auswahl der Vertreter Bremens in den europäischen Organen vorbehalten (Art. 101 Abs. 3 LV i.V.m. dem Gesetz über die Rechte der Bürgerschaft bei der Benennung von Mitgliedern in europäischen Organen).

---

[473] Röper, Aufbau und Aufgaben des Staates – Deputationen, in HbbremVerf., S. 445ff; Stadtstaatenkommission, Berlin – Bremen – Hamburg, Zur Regierungsstruktur in den Stadtstaaten, 1989, S. 48.

[474] Im gleichen Sinne Maas, DÖV 1969, 835, 836, der den positiven Beitrag des Deputationswesen zur engen Zusammenarbeit zwischen Parlament, Regierung und Verwaltung würdigt.

[475] Umfassend dazu Heun, Staatshaushalt und Staatsleitung, S. 409ff, m.w.N.

Etwas überraschend ist dagegen die ausdrückliche Kompetenz des Landtages bei der Mitwirkung an der Verwaltung. Denn Gesetzesvollzug und die Führung der Verwaltung liegen grundsätzlich bei der Regierung und nicht bei dem Parlament. Dieses ist auch in der Bremer Landesverfassung entsprechend geregelt (Art. 67 Abs. 2, 118 Abs. 1, 127 LV). Gleichwohl räumt die Landesverfassung gleichzeitig der Bürgerschaft weit reichende, über nachträgliche Kontrollbefugnisse hinausgehende Entscheidungs- und Mitwirkungsbefugnisse im Bereich der Exekutive ein.[476] Zu nennen ist hier nur, dass die Bürgerschaft durch ihr Deputationswesen im Gegensatz zum Bundestag oder auch anderen Länderparlamenten in die grundsätzlich dem Senat obliegende Aufstellung des Haushaltsplanes einbezogen ist. Daneben hat die Bürgerschaft auch eine Richtlinienkompetenz für die Verwaltung, die sich aus der Tradition der Verbindung von kommunaler und staatlicher Ebene ergibt. Nach Art. 118 S. 1 LV führt der Senat die Verwaltung nicht nur nach den Gesetzen, sondern auch nach den von der Bürgerschaft vorgegebenen Richtlinien. Unter Richtlinien sind alle nicht gesetzesförmigen Beschlüsse der Bürgerschaft zu verstehen mit abstrakt-generellem Charakter.[477] Diese Richtlinienkompetenz ist rechtspolitisch umstritten,[478] verdeutlicht jedoch die starke institutionelle Stellung des Parlamentes in Bremen.[479]

Abschließend sei noch die Kontrollkompetenz der Bürgerschaft gegenüber dem Senat genannt. Die Parlamentarische Kontrolle dient der Rückkoppelung des Regierungshandelns an das Parlament und damit unmittelbar an die Bevölkerung. Damit das Parlament kontrollieren kann, bedarf es der entsprechenden Informationen über die Arbeit der Exekutive. Um diese möglichst zeitnah und zutreffend zur Verfügung gestellt zu bekommen, müssen die Abgeordneten über entsprechende effektive Instrumente zur Informationsbeschaffung, -aufbereitung und -verwertung verfügen. Diese dürfen sich nicht nur auf eigentliche öffentliche Verwaltung beziehen, sondern auch auf die Bereiche, die aus der Kernverwaltung ausgegliedert wurden.[480] Eine besondere Bedeutung bei der

---

[476] Dazu ausführlich Rinken, Aufbau und Aufgaben des Staates – Allgemeines, in HbbremVerf S. 280, 285f; Brandt/Schefold, Aufbau und Aufgaben des Staates – Gemeinden, in HbbremVerf, S. 547, 562f.

[477] Bspw. das Landesenergieprogramm etc.

[478] Preuß, a.a.O, S.330f; Göbel, Aufbau und Aufgaben des Staates – Verwaltung, in HbbremVerf, S.384, 388.

[479] BremStGHE 1,96, 103f.

[480] Vgl. BremStGHE 6,11, 23ff (Rechte des Petitionsausschusses gegenüber privatrechtlich organisierten Trägern der öffentlichen Verwaltung) und BremStGH Urteil vom 15.01.2002, St 1/01 (parlamentarische Kontrolle beliehener Eigengesellschaften) NordÖR 2002, 60.

Kontrollfunktion kommt dabei sicherlich der parlamentarischen Opposition zu. In Art. 78 LV wird ausdrücklich bestimmt: „Das Recht auf Bildung und Ausübung der parlamentarischen Opposition wird gewährleistet. Oppositionsfraktionen haben das Recht auf politische Chancengleichheit sowie Anspruch auf eine zur Erfüllung ihrer besonderen Aufgaben erforderliche Ausstattung.“ Diese Erleichterung der Kontrollfunktion der Opposition drückt sich u.a. in bestimmten Minderheitenquoten, aber auch besonderen Fraktionszuschüssen aus, die in der Verfassung oder der Geschäftsordnung der Bürgerschaft geregelt sind. Als Instrumente zur Informationsbeschaffung, -aufbereitung und -bewertung sollen hier nur kurz die Informationspflicht des Senates (Art. 79 LV), das Zitierrecht des Parlamentes (Art. 98 Abs. 2 LV), das Fragerecht der Abgeordneten oder auch die Arbeit des Petitionsausschusses und die Einsetzung eines Untersuchungsausschusses genannt werden.

2.3. Der Senat

Die Landesregierung in dem Stadtstaat Bremen heißt nach hanseatischer Tradition Senat. Sie besteht aus dem Regierungschef, Präsident des Senats genannt, sowie weiteren Ministern, die die Amtbezeichnung Senator führen (Art. 112 LV). Der Präsident des Senats und sein Stellvertreter sind nach Art. 114 LV „Bürgermeister“. Daraus wird deutlich, dass sie neben ihrer Funktion als Mitglieder der Landesregierung auch die kommunalverfassungsrechtliche Funktion als Bürgermeister der Stadtgemeinde Bremen ausfüllen.
Eine weitere besondere Komponente, die sich aus der Struktur des Stadtstaates ergibt, ist die Tatsache, dass es der Tradition und der partnerschaftlichen Zusammenarbeit der beiden Gemeinden im Land entspricht, dass der Bremerhavener Oberbürgermeister bzw. sein Stellvertreter ein Gastrecht bei den wöchentlich stattfindenden Senatssitzungen hat.[481]

2.3.1. Wahl und Abberufung der Mitglieder des Senats

Der Senat wird gemäß § 107 LV von der Bürgerschaft gewählt, die auch die Anzahl der Mitglieder des Senats durch Gesetz festlegt (Art. 107 Abs. 1 S. 2 LV). Im Gegensatz zum Deutschen Bundestag[482], aber auch anderen Landesparlamenten[483] wählt die Bremische Bürgerschaft nicht nur den Regierungschef, sondern auch jedes einzelne Senatsmitglied. Der Präsident des Senats wird gesondert im ersten Wahlgang allein gewählt, die weiteren Senatsmitglieder folgen zusammen in einem zweiten Wahlgang. Alle benötigen die Mehrheit der

---

481 Ein Bremerhavener Beamter nimmt ebenso an den diesen Sitzungen vorausgehenden vorbereitenden Staatsräterunden teil, vgl. Dierksen/Freitag, Die Kommunalverfassung der Stadt Bremerhaven, NordÖR 2000, 51, 56; Maas, DÖV 1969, 835, 837.

482 Siehe Art. 64 GG.

483 Z.B. Nordrhein-Westfalen und Schleswig Holstein.

abgegebenen Stimmen.[484] Damit hat die Bürgerschaft im Gegensatz zum deutschen Bundestag einen unmittelbaren Einfluss auf die Zusammensetzung des Senats.[485]

Nach Art. 107 Abs. 4 S. 1 LV ist wählbar in den Senat, wer auch das passive Wahlrecht für die Bürgerschaft besitzt. Dazu gehört neben der Vollendung des 18. Lebensjahres auch das Innehaben des Hauptwohnsitzes in Bremen. Die letztgenannte Wählbarkeitsvoraussetzung findet jedoch gemäß Art. 107 Abs. 4 S. 2 LV ausdrücklich keine Anwendung auf die Wahl der Senatsmitglieder. Die Senatsmitglieder müssen also im Gegensatz zu den Abgeordneten nicht die Voraussetzung erfüllen, drei Monate vor der Wahl ihren gewöhnlichen Aufenthalt in Bremen zu haben. Diese Ausnahme von den Voraussetzungen der Wählbarkeit für die Bürgerschaft wurde bei der Verfassungsänderung 1994 neu aufgenommen. Grund dafür war ein Urteil des Staatsgerichtshofes, der die Wahl einer Senatorin für ungültig erklärte, weil diese zum Zeitpunkt ihrer Wahl nicht den Mittelpunkt ihrer Lebensbeziehungen, wonach die Hauptwohnung bestimmt wird, in Bremen hatte.[486] Durch die Verfassungsänderung wurde die Möglichkeit eröffnet, auch außerhalb Bremens Mitglieder für den Senat zu gewinnen.

Die Besonderheiten bei der Wahl des Senats spiegeln sich auch in den Möglichkeiten der Abberufung von Senatsmitgliedern wider. Nach Art. 110 LV kann die Bürgerschaft dem Präsidenten des Senats, jedem einzelnen Senator oder dem Senat insgesamt das Misstrauen aussprechen.[487] Mindestens ein Viertel der gesetzlichen Mitglieder der Bürgerschaft muss dafür einen Antrag auf ein Misstrauensvotum stellen, der mindestens eine Woche vor der Abstimmung auf die Tagesordnung der Bürgerschaft gesetzt und allen Abgeordneten und Senatsmitgliedern mitgeteilt werden muss. Das Misstrauensvotum kommt zustande, wenn die Mehrheit der gesetzlichen Mitglieder der Bürgerschaft dem Senat oder einem seiner Mitglieder das Misstrauen ausspricht. Im Gegensatz zur Wahl der Senatsmitglieder ist hier also die absolute Mehrheit erforderlich. Möglich ist

---

[484] Bis zur Verfassungsänderung 1994 wurden alle Mitglieder des Senats einheitlich in einem Wahlgang von der Bürgerschaft gewählt und dieser neu gewählte Senat bestimmte in geheimer Wahl den Präsidenten des Senats.

[485] Ein weiterer Unterschied ist, dass die Mitglieder des Senates in Bremen nur die Mehrheit der abgegebenen Stimmen der Mitglieder der Bürgerschaft benötigen, während im Deutschen Bundestag für die Wahl des Bundeskanzlers die Mehrheit der Mitglieder der Bundestages stimmen müssen (sog. Kanzlermehrheit).

[486] Urteil des Staatsgerichtshofes vom 28.02.1994, DVBl. 1994, S. 633 = DÖV 1994, S. 517.

[487] Auf Bundesebene ist dagegen nur ein Misstrauensvotum gegen den Bundeskanzler vorgesehen, Art. 67 GG.

somit nicht nur ein konstruktives Misstrauensvotum durch die Neuwahl des Senats oder eines Senatsmitgliedes, sondern auch ein einfaches Misstrauensvotum. Das einfache Misstrauensvotum entfaltet jedoch keine rechtlich verbindlichen Konsequenzen.[488] Rechtswirksam wird es erst, wenn die Bürgerschaft ein neues Senatsmitglied wählt oder die Zahl der Mitglieder im Senat durch Gesetz verringert. Solange bleibt der Senat bzw. das Senatsmitglied, dem das Vertrauen entzogen wurde, im Amt.

Ebenfalls sieht die Verfassung in Art. 110 Abs. 4 LV vor, dass auf Antrag des Senats einem Senatsmitglied, das sich beharrlich weigert, seinen gesetzlichen oder sich aus der Geschäftsordnung obliegenden Verpflichtungen nachzukommen oder diesen zuwiderhandelt, durch Beschluss der Bürgerschaft die Mitgliedschaft im Senat entzogen werden kann. Auch wenn nach Art. 110 Abs. 4 LV keine absolute Mehrheit für diesen Beschluss erforderlich ist, sind die Regeln zur Rechtswirksamkeit des Misstrauensvotums hier analog anwendbar. Nicht vorgesehen ist in der Landesverfassung, dass der Senat oder einzelne Senatsmitglieder selbst die Vertrauensfrage stellen.

Auch die Mitglieder des Senats unterliegen Inkompatibilitätsregeln. So können sie nicht gleichzeitig auch Mitglieder der Bürgerschaft sein. Wird ein Mitglied der Bürgerschaft in den Senat gewählt, muss es von seinem Bürgerschaftsmandat zurücktreten. Es hat jedoch ein Rückkehrrecht (ruhendes Mandat), wenn die Mitgliedschaft im Senat endet.[489] Des Weiteren ist die Mitgliedschaft im Senat unvereinbar mit der Ausübung eines anderen öffentlichen Amtes. Dagegen kann der Senat bei der Ausübung einer anderen Berufstätigkeit Ausnahmen gestatten, sie bedürfen jedoch der ausdrücklichen Genehmigung durch den Senat.[490]

2.3.2. Aufgaben und Funktion des Senats

Die Aufgaben des Senates sind in Art. 118 LV festgeschrieben. Danach führt der Senat die Verwaltung nach den Gesetzen und den von der Bürgerschaft gegebenen Richtlinien. Der Senat ist damit zwar die Spitze der Landesverwaltung, gleichzeitig liegt jedoch die Richtlinienkompetenz nicht beim Regierungschef, sondern bei der Bremischen Bürgerschaft und damit den Volksvertretern. Der Senat ist jedoch berechtigt, die von der Bürgerschaft beschlossenen Gesetze, aber auch deren Beschlüsse zu überprüfen. Während es sich bezüglich der Gesetze nur um eine formelle Prüfungskompetenz vor deren Ausfertigung und

---

[488] Bovenschulte/Fisahn, Die Verfassung der Freien Hansestadt Bremen, in Bremer Recht, S. 18, 69; a.A. Preuß, a.a.O. S. 342.

[489] Zu dieser Problematik Preuß, a.a.O. S. 344.

[490] Vgl. dazu die Geschäftsordnung des Senats in der Fassung vom 13.07.2004.

Verkündung durch den Senat handelt, müssen die Beschlüsse der Bürgerschaft dahingehend überprüft werden, ob sie konform mit landes-, bundes- und europarechtlichen Regelungen sind. Kommt es dabei zum Streit zwischen Senat und Bürgerschaft, muss dieser im Organstreit vor dem Staatsgerichtshof ausgetragen werden.[491]

Der Senat hat die Möglichkeit, durch Initiativen und die Erarbeitung von Gesetzesentwürfen die Arbeit der Bürgerschaft zu begleiten. In der Praxis sieht es so aus, dass die ganz überwiegende Zahl der in der Bürgerschaft beratenen Gesetzesentwürfe aus der Feder des Senats stammt, teils weil er dazu von der Bürgerschaft aufgefordert wurde, teils weil er selber initiativ wurde. Dieses hängt sicherlich damit zusammen, dass weder die Fraktionen noch die Bürgerschaft selber personell so ausgestattet sind, dass komplexe Gesetzesentwürfe dort vollständig erarbeitet werden könnten, dazu bedarf es regelmäßig des Zugriffs auf die jeweiligen Fachverwaltungen.[492]

Der Senat ist Repräsentant des Landes Bremen im Bundesrat und vertritt damit Bremens Interessen auf Bundesebene. Zur Abgabe von rechtsverbindlichen Erklärungen für das Bundesland Bremen sind jedoch nur der Präsident des Senates und sein Stellvertreter berechtigt. Gleichzeitig wird in Art. 120 Abs. 1 LV bestimmt, dass die Senatoren befugt sind, innerhalb ihres Geschäftsbereiches das Land zu vertreten. Diese Regelung erscheint zwar auf den ersten Blick widersprüchlich, führt jedoch in der Praxis zu keinen Auseinandersetzungen. Die Ressorts vertreten selbständig in den jeweiligen Fachausschüssen auf Bundesebene die jeweiligen Fachpositionen des Bundeslandes Bremen, die Vertretung gegenüber den sonstigen Organen auf Bundes- und Europaebene, aber auch bei internationalen Kontakten wird von dem Präsidenten des Senats wahrgenommen.[493]

2.3.3. Interne Organisation des Senates

Die Landesregierungen in Deutschland, aber auch die Bundesregierung zeichnen sich in der Regel durch drei Organisationsprinzipien aus, das Kanzlerprinzip, das Kollegialprinzip und das Ressortprinzip. Aus dem Verfahren zur Wahl des Senats lässt sich schon ableiten, dass in Bremen anders als in den anderen Bundesländern und im Bund das Kanzlerprinzip nicht in die Landesverfassung aufgenommen wurde. Die Senatoren, die vom Parlament gewählt werden, sind auch nur diesem gegenüber verantwortlich, nicht jedoch gegenüber dem Präsi-

---

491 Bovenschulte/Fisahn, a.a.O., S. 72.
492 Bovenschulte/Fisahn, a.a.O., S. 71.
493 Bovenschulte/Fisahn a.a.O., S. 66.

denten des Senats. Dieser hat keine Richtlinienkompetenz und somit auch keine Gesamtverantwortung für die Regierung.[494]

Die verfassungsrechtliche Stellung des Präsidenten des Senats kann als Primus inter Pares charakterisiert werden. Er leitet die Geschäfte des Senats und sorgt für einen ordnungsgemäßen Geschäftsgang sowie die ordnungsgemäße Amtsführung der Senatoren (Art. 115 LV). Hervorzuheben ist jedoch, dass bei Stimmengleichheit im Senat gemäß Art. 117 Abs. 1 LV die Abstimmung durch die Stimme des Präsidenten entschieden wird.

Beschlüsse des Senats werden mit einfacher Mehrheit gefasst. Die Geschäftsordnung des Senats gibt dem Finanzsenator in finanzwirksamen Angelegenheiten ein Widerspruchsrecht (§14), erhebt er diesen Widerspruch, muss über die Angelegenheit erneut beraten werden.

Der Senat entscheidet als Kollegialorgan über Fragen, die durch Verfassung oder Gesetz einen Senatsbeschluss verlangen (Art. 120 LV). § 1 Abs. 2 der Geschäftsordnung des Senats vom 07.07.1999 enthält eine nicht abschließende Liste von Angelegenheiten, die durch Senatsbeschluss entschieden werden müssen. Des Weiteren kann jedes Senatsmitglied einen Senatsbeschluss beantragen, wenn es eine Angelegenheit betrifft, die für die gesamte Verwaltung von Bedeutung ist. Untergeordnete oder ressortspezifische Belange werden dagegen innerhalb des Ressorts oder vom zuständigen Senator entschieden. Die Senatoren tragen gemäß Art. 120 LV die Verantwortung für die ihnen zugewiesenen Behörden und Ämter. Die Senatoren geben Weisungen und Richtungen, nach denen die Ressorts geleitet werden. Über den Zuschnitt oder die Zuständigkeiten der Ressorts kann der Senat beschließen, soweit die Bürgerschaft hierzu keine Vorgaben gemacht hat.[495]

2.4. Der Staatsgerichtshof

Art.139 Abs. 1 LV enthält das verfassungsrechtliche Gebot, dass Bremen einen Staatsgerichtshof zu errichten hat.[496] Der Staatsgerichtshof ist gegenüber den anderen Verfassungsorganen der Freien Hansestadt Bremen ein selbständiger und unabhängiger Gerichtshof.[497]

---

494 Bovenschulte/Fisahn a.a.O., S. 74.

495 Friedrich, Aufbau und Aufgaben des Staates – Zur Staatspraxis, in HbbremVerf S. 353, 370.

496 Ausführlich zur Stellung und Aufgaben des Staatsgerichtshofes: Rinken, a.a.O., S. 484ff.

497 § 1 des Gesetzes über den Staatsgerichtshof vom 18.Juni 1996 BremGBl. S. 179.

Der Staatsgerichtshof ist zuständig für die Verhandlung und Entscheidung über Anklagen der Bürgerschaft gegen Mitglieder des Senats wegen vorsätzlicher Verletzung der Verfassung (Art. 111 LV), von Zweifelsfragen über die Auslegung der Verfassung und andere staatsrechtliche Fragen (Art. 140 LV), über die Vereinbarkeit eines Landesgesetzes mit der Landesverfassung(Art. 142 LV) und in anderen durch die Verfassung oder Gesetz vorgesehenen Fällen. Des Weiteren ist der Staatsgerichtshof als Landesverfassungsgericht gleichzeitig auch Wahlprüfungsgericht zweiter Instanz.[498] Bürger- oder Grundrechtsklagen können dagegen nicht an den Staatsgerichtshof gerichtet werden.[499] Verfassungsrechtliche Funktion des Staatsgerichtshofes ist damit der unmittelbare gerichtliche Schutz der Verfassung.[500]

Antragsberechtigte des Staatsgerichtshofes sind nach Art. 140 LV der Senat, die Bürgerschaft als Ganzes oder ein Fünftel ihrer gesetzlichen Mitglieder oder eine öffentlich-rechtliche Körperschaft des Landes Bremen.

3. Die kommunalverfassungsrechtliche Grundstruktur der Freien Hansestadt Bremen

3.1. Der Zwei-Städte-Staat Bremen

Das Land Bremen besteht nach Art. 143 LV aus den beiden Stadtgemeinden Bremen und Bremerhaven. Jedoch bilden diese beiden Stadtgemeinden keine räumliche Einheit, sondern liegen ca. 60 km voneinander entfernt, getrennt durch niedersächsisches Gebiet. Durch die bremische Landesverfassung wird diesen Gemeinden ein erheblicher Freiraum bei der Selbstverwaltung überlassen, der über den Gewährleistungsgehalt des Art. 28 Abs. 2 GG hinausgeht.[501] Nach Art. 144 und 145 LV haben beide Gemeinden das Recht auf eine selbständige Gemeindeverfassung, die sie sich selber geben können. Das Land kann zwar durch Gesetz Grundsätze für die Verfassungen seiner Gemeinden aufstel-

---

498 Zuweisung der Entscheidung über Beschwerden des Wahlprüfungsgerichtes durch § 39 Abs. 1 BremWahlG.

499 Vgl. dazu Häberle, „Die Zukunft der Landesverfassung der Freien Hansestadt Bremen im Kontext Deutschlands und Europa", in: 50 Jahre Landesverfassung der Freien Hansestadt Bremen, Bremische Bürgerschaft (Hrsg.), S. 19, 50, = in JZ 1998, 57ff), der die Notwendigkeit einer Verfassungsbeschwerde vor dem Bremischen Staatsgerichtshof sieht, zum einen um das BVerfG zu entlasten, zum anderen für eine „fruchtbare Interpretationskonkurrenz" zwischen StGH und BVerfG.

500 Rinken, a.a.O., S. 491.

501 Brandt/Schefold, a.a.O., S.551 m.w.N. in FN 17; Dierksen/Freitag, NordÖR 2000, 51, 52.

len, von diesem Recht ist jedoch bisher wenig Gebrauch gemacht worden.[502] Eine bremische Gemeindeordnung oder Kommunalverfassung - wie sie in deutschen Flächenländern wie Bayern, Niedersachsen und Hessen allgemein üblich ist - gibt es in Bremen nicht. Ebenso wenig gibt es in der Freien Hansestadt Bremen eine staatliche Mittelinstanz, wie z.B. einen Regierungspräsidenten.

Bremen wird daher auch zutreffend als „Städtestaat" oder „Zwei–Städte-Staat"[503] bezeichnet, da es weder die Merkmale eines klassischen Flächenstaates trägt, noch mit den anderen Stadtstaaten Berlin und Hamburg ohne weiteres auf eine Stufe gestellt werden kann. Bremen hat weder wie die anderen Territorialstaaten eine klare Trennung von Land einerseits und Gemeinden andererseits, die sich in der Regel in einem dreistufigen Behördenaufbau deutlich macht, noch vereint Bremen im Gegensatz zu den Stadtstaaten Hamburg und Berlin als Gebietskörperschaft deckungsgleich die Eigenschaft einer Gemeinde und eines Staates.[504] Welche Tradition und Bedeutung diese besondere kommunalverfassungsrechtliche Struktur des „Zwei-Städte-Staates" für die Selbständigkeit Bremens als Bundesland hat, spiegelt sich auch in der Landesverfassung wider. Denn diese Struktur kann gemäß Art. 125 Abs. 4 LV nur durch einstimmigen Beschluss der Bürgerschaft oder durch Volksentscheid geändert werden. Bremen hat sich darüber hinaus in seiner Verfassung ausdrücklich zum „Zusammenhalt der Gemeinden" bekannt und den bremischen Staat verpflichtet, auf gleichwertige Lebensverhältnisse hinzuwirken (Art. 65 Abs. 3 LV).[505]

3.2. Die historische Entwicklung des Staatsaufbaus des Landes Bremen

Um das Verfassungssystem des Landes Bremen und seiner Gemeinden zu verstehen, ist es notwendig, sich kurz die Historie der Bremer Verfassung und die Entwicklung des Bremer Staatsaufbaus vor Augen zu führen. Aufgrund der gebotenen Kürze wird jedoch im Folgenden nur auf die neuere Geschichte eingegangen.[506]

---

502 Als Beispiel sind hier zu nennen: das Gesetz über Rechtsetzungsbefugnisse der Gemeinden vom 16 Juni 1964 (Brem.GBl. S. 59), zuletzt geändert durch Gesetz vom 03. Mai 1994(Brem.GBl. S. 124) und die Landeshaushaushaltsordnung der Freien Hansestadt Bremen vom 25. Mai 1971 (Brem.GBl. S. 143), zuletzt geändert durch Gesetz vom 06. Juni 2004 (Brem.GBl. S. 353).

503 Heise, in HBKWP, S. 310, 311.

504 Thieme, DÖV 1993, 361, 363; Stierling S.1; Heise, HBKWP S. 311.

505 So auch Bovenschulte/Fisahn, a.a.O., S. 24.

506 Ausführlich zur verfassungsrechtlichen Geschichte Bremens: Kessler, Die Entstehung der LV der FH Bremen vom 21.10.1947; Bollmann, Bremisches Staats- und Verwaltungsrecht, 1904; Arendt, Bremen in: Hans Peters (Hrsg.), Handbuch der kommunalen Wissenschaft und Praxis, 1. Aufl. Bd. 1, 1956, S. 521ff; Schwarzwälder, Geschichte der Frei-

3.2.1. Vor dem 1. Weltkrieg

Vor dem Ersten Weltkrieg bestand das Gebiet des Freistaates Bremen aus den Städten Bremen, Bremerhaven und Vegesack sowie aus dem bremischen Landesgebiet mit einer Vielzahl von Gemeinden. [507] Die Stadt Bremerhaven war 1827 von der Stadt Bremen etwa 50 km nördlich von Bremen an der Wesermündung gegründet worden, um aufgrund der zunehmenden Versandung der Weser weiterhin direkten Zugang zum Meer zu haben. Zu diesem Zwecke erwarb der damalige bremische Bürgermeister Johann Smidt von Hannover entsprechendes Gelände. Die ebenfalls an der Wesermündung liegenden, seit 1866 preußischen Gemeinden Geestemünde, Lehe und Wulsdorf wurden 1924 zu der preußischen Stadt Wesermünde vereinigt.[508]

Die Stadt Bremen war gemäß der vor dem Ersten Weltkrieg geltenden Verfassung das herrschende Gemeinwesen im bremischen Staat. Neben der Bürgerschaft und dem Senat, die einerseits die obersten Landesbehörden und andererseits die obersten städtischen Behörden in Bremen waren, gab es vor dem Ersten Weltkrieg als untere staatliche Behörde für die beiden Hafenstädte Vegesack und Bremerhaven je ein staatliches „Amt".[509] Zur Ausübung der bremischen Staatsgewalt auf dem Lande war ein Senator als Behörde berechtigt, der den Titel „Landherr" führte.[510] Neben der Kommunalverwaltung der Stadt Bremen besaßen die Städte Bremerhaven und Vegesack eigene Stadtverwaltungen. Für das außerhalb der drei Städte liegende Landgebiet wurde ein Kommunalverband nach preußischem Vorbild gebildet, der „Landkreis Bremen". In ihm hatte der Landherr die Stellung des Landrates und verwaltete mit sechs Mitgliedern aus den Landgemeinden den Landkreis, d.h. die kreiskommunalen Angelegenheiten.[511] Staats- und Kommunalverwaltung waren somit nur in der Stadtgemeinde Bremen deckungsgleich. Bereits in der Verfassung von 1849 wurde jedoch geregelt, dass diese Einheit aufgehoben werden kann. So hieß es in § 151 der damaligen Landesverfassung:

en Hansestadt Bremen; Schefold, „Hundertfünfzig Jahre Bremische Verfassung – vom Verfassungskonsens des 08. März 1849 zur Aufgabe bremischer Verfassungspolitik", in Jahrbuch der Juristischen Gesellschaft 2000, S. 7ff.

507 Siehe § 1 Abs. I der Verfassung vom 18.05.1920 im Brem.GBl. S. 183.

508 Ernst, Von der Colonie zur Hafenstadt, S. 10ff.

509 Bollmann, a.a.O. S. 104ff.

510 Bollmann, a.a.O. S. 121ff.

511 Bollmann, a.a.O. S. 135.

„Sobald der Senat und die Stadtbürgerschaft es verlangen, soll die Verwaltung der städtischen Gemeindeangelegenheiten von der Staatsverwaltung getrennt werden“[512]

Obwohl diese Trennung immer wieder Gegenstand von Diskussionen war, ist sie niemals ernsthaft betrieben worden.[513]

3.2.2. Die Weimarer Zeit

In der Folgezeit wuchsen durch die zunehmende Industrialisierung die Stadt Bremen und die stadtnah gelegenen Landgemeinden zusammen. Die Folge war die Eingemeindung zahlreicher bremischer Gemeinden in die Stadt Bremen durch besondere Eingemeindungsgesetze.[514] Dennoch änderte sich auch in der Weimarer Zeit am Verwaltungsaufbau Bremens wenig. Maßgeblich waren jetzt die staatsorganisatorischen Bestimmungen, die in der Verfassung von 1920 geregelt wurden.[515] Danach waren Organe des Landes Bremen die Bürgerschaft (Landesparlament) und der Senat als Kollegialorgan (Landesregierung). An herausgehobener Stelle in der Verfassung von 1920 wurden der Volksentscheid und das Volksbegehren geregelt. Wohl vor dem Hintergrund der Räte - Erfahrung wurden diese Institutionen, als erste und direkte Form der Ausübung von Staatsgewalt, noch vor der Ausübung von Staatsgewalt durch Bürgerschaft oder Senat vorgesehen.[516]

Kommunalrechtlich blieben die Stadt Bremen, die beiden Hafenstädte Bremerhaven und Vegesack und einige Landgemeinden bestehen.[517] Die Zahl der Landgemeinden wurde jedoch durch das große Eingemeindungsgesetz von 1921[518] erheblich reduziert. Die Selbstverwaltung der Gemeinden wurde verfassungsrechtlich garantiert.[519] Den Gemeinden Bremerhaven und Vegesack war

---

[512] Eine inhaltlich gleiche Regelung enthielt auch die Landeserfassung von 1854 (§§ 75-79, 81).

[513] Wolfard, Die staatsrechtliche Stellung des Bremischen Senats, S 136.

[514] Gesetze vom 29.12.1875 (Brem.GBl. S. 352), vom 21.11.1885 (Brem.GBl. S. 123), vom 27.10.1891 (Brem.GBl. S. 119), vom 12.12.1901 (S. 307).

[515] Verfassung der Freien Hansestadt Bremen vom 18. 05. 1920, Brem.GBl. S. 183.

[516] Ausführlicher zu der bremischen Verfassungsgeschichte vor der Weimarer Zeit: Schminck-Gustavus, Vryheit do ik ju openbar. Versuch zu einigen Aspekten der bremischen Verfassungsgeschichte, in HbbremVerf, S. 13ff; Kessler, a.a.O., S. 10ff.

[517] Ihre Rechtsstellung regelte sich nach der Städteordnung vom 23.05.1922, Brem.GBl. S. 243, der Landgemeindeordnung vom 20.04.1923, Brem.GBl. S. 199, und der Kreisordnung vom 17.03.1926, Brem.GBl. S. 39.

[518] Eingemeindungsgesetz vom 19.03. 1921, Brem.GBl. S. 95.

[519] LV von 1920, § 71.

zudem durch das Land Bremen ein weiteres großes Maß an Autonomie zugestanden worden. Beide Gemeinden waren ermächtigt, Ortsgesetze zur Regelung ihrer örtlichen Angelegenheiten zu erlassen. Dieses Recht ergab sich aus der Städteordnung vom 23.05.1922, welche zwar einen groben Rahmen vorgab, aber die Ausgestaltung der Einzelheiten den Gemeinden überließ.[520] Aufgrund der verfassungsrechtlichen Besonderheit konnten die Gemeinden Bremerhaven und Vegesack selber entscheiden, ob sie sich eine Bürgermeister- oder eine Magistratsverfassung geben wollten. Beide Gemeinden entschieden sich für die Einführung der echten Magistratsverfassung, wonach der Magistrat als Kollegialorgan die Geschäfte der Verwaltung führt.[521] Die Stadt Bremen behielt ihren Sonderstatus. Sie war weiterhin selbständige Gemeinde des Landes Bremen, besaß jedoch weder eine eigene Gemeindeverfassung noch eine eigene Exekutive. Sie wurde wie das Land vom Senat mitverwaltet. Der Senat war somit Landesregierung und zugleich Magistrat der Stadt Bremen.[522]

2.2.3. Unter nationalsozialistischer Herrschaft

In den Jahren 1933 und 1934 wurden mit der Gleichschaltung der Länder und im Zuge des Neuaufbaues des Reiches durch die Nationalsozialisten die Parlamente der Länder und somit auch die bremische Bürgerschaft aufgelöst. Zum obersten staatsrechtlichen Organ in Bremen wurde der Reichsstatthalter von Oldenburg ernannt. Dieser wiederum übertrug die Befugnisse der Bürgerschaft und auch des Senats an einen von ihm ernannten Bürgermeister von Bremen.[523]

Mit der Einführung der Deutschen Gemeindeordnung (DGO) 1935 versuchten die Nationalsozialisten auch die Gemeinden einer zentralen staatlichen und vor allem parteipolitischen Kontrolle zu unterwerfen.[524] Bremen sah sich der Gefahr ausgesetzt, dass es durch die Einführung der DGO seine Autonomie und die Landeshoheit über Bremerhaven verlieren könnte, da Bremerhaven mit dem preußischen Wesermünde vereinigt werden sollte.[525] Dieses hätte zur Folge gehabt, dass Bremen auch seine Hoheit über die mit bremischen Mitteln angelegten Häfen in Bremerhaven verloren hätte, welches erheblichen Konsequenzen für die wirtschaftliche Situation in Bremen gehabt hätte.[526] Bremen versuchte daher, die Einführung der Gemeindeordnung in Bremen zu verhindern. Dabei

---

520 Brem.GBl. S. 243.

521 Brem.GBl. 1922, S. 741; dazu ausführlich Lutz, Die deutsche Gemeindeordnung in Bremen, S. 13ff.

522 ausführlich Lutz, a.a.O., S. 8ff.

523 Duckwitz, S. 17f.

524 Ausführlich Lutz a.a.O., S. 43ff.

525 Dazu ausführlich Hasenkamp, S. 41ff; Lutz, a.a.O. S. 39ff.

526 Stierling, S. 5; zur Bedeutung der Häfen für Bremen siehe auch Maas, DÖV 1969, 835ff;

kam ihm zugute, dass es aufgrund der Sonderstellung der Stadtgemeinde Bremen, die keine eigenen Gemeindestrukturen besaß, nicht problemlos in das Schema der DGO hineinpasste. Es wurde daher entschieden, dass für das Land Bremen – im übrigen auch für die anderen beiden Hansestädte Hamburg und Lübeck - die Einführung der Gemeindeordnung vorläufig bis zum 01.April 1937 ausgesetzt wurde. Danach sollte jedoch eine Lösung gefunden werden.[527]

Bremen konnte in den folgenden Beratungen erreichen, dass weiterhin sichergestellt wurde, dass es die Hoheit über die Häfen in Bremerhaven behielt. Die Reichsregierung in Berlin maß den Häfen und ihrer einheitlichen Verwaltung insofern eine große Bedeutung zu. In der Verordnung über die Einführung der DGO in den Gemeinden des Bremischen Landesgebietes vom 30. März 1938[528] wurde das Hafengebiet in Bremerhaven von der restlichen Wohngemeinde Bremerhaven abgegrenzt und dem Gemeindebezirk Bremen zugeordnet. Damit wurden die Voraussetzungen geschaffen, für die Ausgliederung der Stadt Bremerhaven mit Ausnahme der Häfen mit Wirkung vom 01. November 1939 aus dem Land Bremen und die Eingliederung in die preußische Stadt Wesermünde.[529] Im Gegenzug wurden die ca. 60 km entfernten Häfen der ehemaligen Stadt Bremerhaven in die Stadtgemeinde Bremen eingemeindet. In dem nun sog. „Stadtteil Überseehafen Bremerhaven" galt fortan das Ortsrecht der Gemeinde Bremen.[530] Die Gemeinde Vegesack sowie einige Gemeinden aus den zur Provinz Hannover gehörenden Landkreisen Osterholz und Verden wurden ebenfalls in die Stadtgemeinde Bremen eingemeindet.[531] Für die Gemeinden des bremischen Landkreises, also auch das nun zur preußischen Gemeinde Wesermünde gehörende bisherige Bremerhaven, galt die DGO.

Die Stadt Bremen war die einzige deutsche Gemeinde, in der niemals die DGO galt. Die Tatsache, dass die traditionelle Sonderstellung Bremens auch in den Zeiten der nationalsozialistischen Herrschaft nicht gebrochen werden konnte, wird von den Befürwortern der Selbständigkeit Bremens als deutsches Bundesland auch heute noch angeführt.[532]

---

[527] Lutz,a.a.O. S. 39ff.

[528] RGBl. I 1938, S. 34.

[529] § 1 der 4. VO über die Neuordnung des Reiches vom 28.09.1939 (RGBl. I S. 2041).

[530] § 5 der bremischen Überleitungsverordnung zur Deutschen Gemeindeordnung vom 16.05.1938, Brem.GBl. S. 86.

[531] § 3 VO vom 28.09.1939 (RGBl. I S. 2041).

[532] Stierling ,S. 6 Fn. 8; Lutz, a.a.O., S. 139.

3.2.4. Die Entwicklung nach 1945

Nach dem Ende des Zweiten Weltkrieges gehörte die Stadt Bremen zunächst zur britischen Besatzungszone. Die bremischen Landgemeinden waren 1945 aufgelöst und in die Stadt Bremen eingegliedert worden.[533] Die bremischen Häfen wurden als Nachschubhäfen für die Länder der amerikanische Besatzungszone benötigt, so dass auch die amerikanische Besatzungsmacht einen Teil der Hoheitsgewalt ausübte. Dieser umfasste insbesondere die Bereiche Hafen, Presse und Polizei.

Diese Situation führte dazu, dass Unklarheit herrschte, welcher Besatzungszone Bremen zuzurechnen war. So nahm der Präsident des bremischen Senats, Bürgermeister Kaisen, sowohl an den Sitzungen des Süddeutschen Länderrates der amerikanischen Besatzungszone als auch am Zonenbeirat der britischen Besatzungszone teil.[534] Auch in Wesermünde war die Situation ähnlich ungeklärt. Hier überließen die Briten die Häfen den Amerikanern als Nachschubhäfen, so dass Zuständigkeiten sowohl von Briten als auch Amerikanern entstanden.[535] Die Beseitigung dieser Unklarheiten und notwendige Neuordnung im Unterweserraum erfolgte durch die Vereinbarung zwischen der amerikanischen und britischen Militärregierung vom 21. 01. 1947.[536] In dieser Vereinbarung wurde geregelt, dass als viertes Land der amerikanischen Besatzungszone aus den Gemeinden Bremen und Wesermünde das Land Bremen gebildet wurde. Wesermünde wurde gegen ausdrücklichen Protest mit Wirkung vom 31.12.1946 aus dem Land Preußen aus- und in das Land Bremen eingegliedert. Am 07.02.1947 wurde durch einstimmigen Beschluss der Stadtvertretung Wesermünde der bisherige Name der Gemeinde Wesermünde abgelegt und als neuer Name wieder der Name des alten bremischen Bremerhavens angenommen.[537]

Die Entscheidung, ob Wesermünde zu Bremen oder zu Niedersachsen gehören sollte, überließen die Amerikaner und auch der bremische Senat Wesermünde selber.[538] Wesermünde entschied sich aufgrund der vergleichbaren wirtschaftlichen Interessen, aber auch der historischen Beziehungen für einen Anschluss an Bremen. Bremen sah in der Eingliederung Wesermündes insbesondere die Ein-

---

533 Gesetz vom 19.09.1945, Brem.GBl. S. 9.

534 Kessler, a.a.O.,S. 22ff; Kringe, S. 12ff; Stiering, S. 7; Lutz,a.a.O., S. 131.

535 Ausführlich zu der Geschichte Bremerhavens nach 1945: Brandt, in Verfassung, Verwaltung und Demokratie, Beiträge zum 50. Jahrestag der Verabschiedung der Bremerhavener Stadtverfassung, S. 9ff.

536 Proklamation Nr. 3 vom 21.01.1947 (Amtsblatt der Militärregierung im Amerikanischen Kontrollgebiet vom 01.04.1947, S. 1).

537 So auch im Ortsgesetz nr. 1 vom 10.03.1947 (Brem.GBl. S. 48).

538 Spitta, S. 257.

grenzung der Gefahr, dass es bei einer zukünftigen staatsrechtlichen Neuordnung die ihm gehörenden kommunalen Häfen an der Wesermündung verlieren könnte.[539]

Die bereits 1946 begonnenen Arbeiten an einer Verfassung für Bremen wurden durch die im Januar 1947 erfolgte Unterstellung des Landes in die amerikanische Besatzungszone unterbrochen. Der bisherige Entwurf, der sich an den britischen Richtlinien orientierte, wurde von den Amerikanern abgelehnt.[540] Auf Wunsch der amerikanischen Besatzungsmacht wurde eine neue Verfassung in Angriff genommen, die die Züge einer echten Staatsverfassung tragen sollte. Die Gemeinden Bremen und Bremerhaven sollten in der Verfassung von dem Land Bremen unterschieden werden.[541] Am 15.09.1947 wurde die von der Verfassungsdeputation der Bürgerschaft erarbeitete Verfassung in der Bürgerschaft gegen die Stimmen der Kommunistischen Partei verabschiedet.[542] Die bremische Bevölkerung entschied sich am 12. Oktober 1947 in einem Volksentscheid für diese Verfassung, die am 21. Oktober 1947 in Kraft trat. Diese Verfassung vom 21.10.1947 steht in Kontinuität mit der bremischen Verfassungstradition. Grundzüge wie auch Einzelbestimmungen der Verfassung von 1920 sind in den staatsorganisatorischen Teil der neuen Verfassung übernommen und nur vorsichtig weiterentwickelt worden.[543]

3.3. Rechtsstellung der Gemeinden im Land Bremen

3.3.1. Verfassungsrechtliche Garantie der institutionellen und individuellen Existenz der Gemeinden im Land Bremen

Die Rechtsstellung der Gemeinden im Land Bremen wird in Art. 143 LV geregelt. Dort heißt es:

„Die Stadt Bremen und die Stadt Bremerhaven bilden jede für sich eine Gemeinde des bremischen Staates. Die Freie Hansestadt Bremen bildet einen aus

---

539 Brandt, in Verfassung, Verwaltung und Demokratie, Beiträge zum 50. Jahrestag der Verabschiedung der Bremerhavener Stadtverfassung, S. 9ff.

540 Kringe, S. 23; Stierling, S. 10.

541 Stierling, S. 11.

542 Die Amerikaner hatten sich zunächst gewehrt, die noch unter britischer Besatzungsmacht gewählte Bürgerschaft als verfassungsgebende Versammlung anzuerkennen, und verlangten zunächst die Wahl einer besonderen verfassungsgebenden Versammlung. Schließlich einigte man sich dann jedoch, dass diese Aufgabe der Bürgerschaft zukommen sollte, die dann wiederum aus ihrer Mitte eine Verfassungsdeputation bildete, Krings S. S.51ff; Kessler, a.a.O. S. 135ff.

543 Kulenkampff/Coenen, JöR 3 (1954), 179, 184.

den Gemeinden Bremen und Bremerhaven zusammengesetzten Gemeindeverband höherer Ordnung[544]."

Diese Regelung umfasst die Garantie sowohl für die institutionelle als auch individuelle Existenz der beiden Gemeinden. Damit hat der bremische Verfassungsgeber die Stellung der Gemeinden im Land Bremen über die grundgesetzlich verbürgte kommunale Selbstverwaltung hinaus erweitert.[545] Art 28 Abs. 2 GG schützt lediglich die institutionelle Existenz der Gemeinde, nicht jedoch den Bestand einer einzelnen Gemeinde als solche. In Bremen wird es dagegen dem einfachen Gesetzgeber unmöglich gemacht, die Stadtgemeinden Bremen und Bremerhaven aufzulösen oder wesentliche Änderungen an ihrem Gebietsbestand vorzunehmen.[546]

Art. 144 S. 2 und 145 Abs. 1 S. 1 LV geben den Gemeinden das Recht auf eine selbständige Gemeindeverfassung.[547] Bisher hat nur die Stadtgemeinde Bremerhaven von diesem Recht Gebrauch gemacht und sich eine eigene Stadtverfassung gegeben. Die Stadtgemeinde Bremen hingegen hat die ihr zugestandene Verfassungsautonomie bisher nicht in Anspruch genommen. Es greift daher die subsidiäre Regelung des Art. 148 LV, nach der Senat und die stadtbremischen Abgeordneten der Bürgerschaft die Stadt Bremen mitregieren.

Die den Gemeinden gegebene Verfassungsautonomie wird begrenzt durch die Möglichkeit der Bürgerschaft (Landtag), die Grundsätze für die Gemeindeverfassungen durch Landesgesetz zu bestimmen (Art. 145 Abs. 1 S. 2 LV). Von dieser Befugnis hat die Bürgerschaft jedoch ebenfalls bisher keinen Gebrauch gemacht. Insgesamt kann festgestellt werden, dass der Landesgesetzgeber sehr zurückhaltend mit Regelungen des Kommunalverfassungsrechtes ist. So fehlt es ebenfalls an den sonst üblichen kommunalrechtlichen Ergänzungsgesetzen, z.B.

---

544 Bei dem „Gemeindeverband höherer Ordnung", den die Freie Hansestadt Bremen aus ihren beiden Gemeinden bildet, handelt es sich im Wesentlichen um ein juristisches Konstrukt. Durch ihn soll lediglich sichergestellt werden, dass die Freie Hansestadt Bremen auch die Aufgaben wahrnehmen kann, die in Bundesgesetzen eine kommunale Trägerschaft oberhalb der Gemeindeebene zwingend vorschreiben, vgl. Neumann, Art. 143LV Rn. 4; Brandt/Schefold, a.a.O., S. 550;

545 Zur grundgesetzlichen Stellung der Gemeinden siehe ausführlich, Bovenschulte, Gemeindeverbände als Organisationsformen kommunaler Selbstverwaltung, S. 81ff.

546 Neumann, Art. 142, Rn. 3.

547 Die kommunale Verfassungsautonomie steht auch nicht im Widerspruch zum Grundgesetz, insbesondere stellt sie keinen Verstoß gegen den über Art. 28 Abs. 1 S. 1 GG auch für den Landesverfassungsgeber verbindlichen Grundsatz des Parlamentsvorbehaltes dar, dazu Brandt/Schefold, a.a.O,. S. 551; Bovenschulte, a.a,O., S. 106 ff.

einer Kommunalhaushaltsordnung, Eigenbetriebsverordnungen oder einem Kommunalwahlgesetz. Kommunalverfassungsrechtliche Regelungen, die landesrechtliche Qualität erfordern, finden sich jedoch in verschiedenen Landesgesetzen.[548]

3.3.2. Aufgaben der Gemeinden

Trotz der für die Stadtgemeinde Bremen bestehenden Verknüpfung zwischen Staat und Kommune unterscheiden sich die Aufgaben der Gemeinden im Land Bremen nicht von denen anderer Gemeinden in Deutschland. Lediglich bei der Ausübung in der Stadt Bremen ist oftmals schwer zu unterscheiden, ob die Verwaltung jetzt als kommunaler Träger oder als Land handelt.

Die Gemeinden haben nach Art. 144 S. 2 LV das Recht der Selbstverwaltung innerhalb der Schranken der Gesetze. Eine nähere Definition von Inhalt und Umfang dieses Rechtes der Selbstverwaltung enthält die Landesverfassung nicht. Deutlich wird jedoch, dass das Land den Gemeinden ohne gesetzliche Grundlage keine Vorgaben bezüglich ihrer Handlungen und Planungen machen darf.[549] Da die Landesverfassung die Aufgaben der Gemeinden nicht näher regelt, wird insoweit auf die grundgesetzliche Regelung in Art. 28 Abs. 2 S. 1 GG zurückgegriffen. Art. 28 Abs. 2 S. 1 GG ermächtigt die Gemeinden, sich aller Angelegenheiten der örtlichen Gemeinschaft ohne besonderen Kompetenztitel im Rahmen der Gesetze anzunehmen. Darüber hinaus können auch staatliche Aufgaben auf die Gemeinden übertragen werden. Dem Landesgesetzgeber steht es danach frei, den Gemeinden originäre Landesaufgaben als weisungsfreie, beschränkt weisungsgebundene oder unbeschränkt weisungsgebundene Angelegenheiten zu übertragen.[550] Die bremische Verfassung konkretisiert in Art. 149 LV, dass durch Gesetz bestimmt werden kann, dass einzelne Verwaltungszweige des Staates von einer Behörde einer Gemeinde wahrzunehmen sind.[551] Das Land Bremen hat von der Möglichkeit, originäre Landesaufgaben auf die Gemeinden zu übertragen, in größerem Umfang Gebrauch gemacht als andere

---

548 Z.B: der Haushaltsordnung der Freien Hansestadt Bremen (LHO) , dem Bremischen Abgabengesetz oder auch dem Bremischen Wahlgesetz.

549 Vgl. BremStGHE 4, 57ff.

550 Bovenschulte/Fisahn, a.a.O.S. 83.

551 Zum Teil ist diese Regelung als verfassungsrechtliche Grundlage der kommunalen Auftragsverwaltung in Bremen gedeutet worden, Neumann, Art. 149 LV Rn. 1; andere sehen darin eher eine Ermächtigung zur Begründung einer Organleihe zwischen Land und Gemeinden, Brandt/Schefold, a.a.O., S. 566.

Bundesländer, was insbesondere mit der besonderen Stadtstaatensituation zusammenhängt.[552]

3.3.3. Kommunalaufsicht

Der Senat hat als Landesregierung die Kommunalaufsicht gegenüber den Stadtgemeinden Bremen und Bremerhaven (Art. 147 Abs. 1 LV). Diese Aufsicht weist die Verfassung dem Senat als Kollegialorgan zu, eine Übertragung von Aufsichtsbefugnissen auf einzelne Mitglieder gemäß Art. 118 Abs. 2 S. 3 LV würde dem entgegenstehen.[553] In der Praxis wird jedoch regelmäßig der Senator für Inneres mit der Wahrnehmung der laufenden Geschäfte der Kommunalaufsicht betraut.[554]

Die Kommunalaufsicht beschränkt sich auf die Aufsicht über die Gesetzmäßigkeit der Verwaltung. Ergänzt wird dieses Aufsichtsrecht durch einige Genehmigungsvorbehalte in der Landeshaushaltsordnung.[555] Die Landesverfassung und das einfache Landesrecht enthalten jedoch keine weiteren Regelungen bezüglich Aufsichtsmittel und –verfahren. Dieses erscheint in Bezug auf die Stadtgemeinde Bremen nicht erstaunlich, da aufgrund der Doppelstellung des Senats als Landes- und als Kommunalregierung die Kommunalaufsicht als wirkungsvolles Kontrollinstrument ausscheidet.[556] Eine Rolle kann die Kommunalaufsicht daher nur im Hinblick auf die Stadtgemeinde Bremerhaven spielen. So enthält auch die Bremerhavener Stadtverfassung in den §§ 64-69 die Regelung von Aufsichtsmitteln, wie die Information, Beanstandung, Ersatzvornahme und Bestellung eines Beauftragten.[557]

Umstritten ist jedoch, ob die Stadtgemeinde Bremerhaven überhaupt eine Kompetenz zur Regelung der Aufsichtsmittel und damit zur Konkretisierung des Art.

---

552 So lag bis 1998 in Bremen der Polizeivollzugsdienst vollständig in kommunaler Trägerschaft.

553 Heise, in HBKWP,S. 313; Bovenschulte/Fisahn, a.a.O., S. 84.

554 So sieht auch die derzeit geltende Geschäftsordnung des Senats eine Übertragung dieser Aufgabe auf den Innensenator vor.

555 § 118 Abs. 4 LHO i.d.F. vom 18. Februar 1992, Brem.GBl. S. 31.

556 Brandt/Schefold, a.a.O., S. 554; Wahl, in Jeserich/Pohl/ v. Unruh (Hrsg.) Deutsche Verwaltungsgeschichte, Bd. V, S. 284; Heise, in HBKWP, S. 313. Der Staatsgerichtshof hat jedoch in seiner Entscheidung am 09. März 1977 im Rahmen seiner Prüfung, ob er zur Entscheidung von Zweifeln über die Auslegung der für die Stadt Bremen entsprechend geltenden Vorschriften der Landesverfassung (Art. 148 LV) befugt sei, die Ansicht vertreten, dass dem Senat als Landesregierung auch die Rechtsaufsicht über die Stadt Bremen obliege, BremStGHE 3/ 32.

557 Vgl. dazu Brandt/Schefold, a.a.O., S. 584.

147 LV besitzt. Aufgrund des Gesetzesvorbehaltes ist von der Nichtigkeit der §§ 64-69 Verf.Brhv auszugehen, da es einer landesgesetzlichen Ausformung der Kommunalaufsicht bedarf, die auch nicht durch die Genehmigung der Stadtverfassung durch den Senat ersetzt werden kann.[558] An einer solchen landesgesetzlichen Ausformung fehlt es aber.

In der Vergangenheit ist es bisher kaum zum Einsatz formaler Aufsichtsmittel gekommen, die Kommunalaufsicht wurde zumeist nur auf das Notwendigste beschränkt und behutsam vollzogen.[559] Richtschnur ist hierbei, der Stadtgemeinde Bremerhaven ein weitgehendes Recht auf Selbstverwaltung zu gewähren und alles zu vermeiden, was in irgendeiner Weise als Majorisierung der kleineren Stadt durch das an Einwohnern viermal größere Bremen erscheinen könnte.[560] Die Überschaubarkeit der Verhältnisse und der laufende unmittelbare Meinungsaustausch zwischen den faktisch betroffenen Stellen führen dazu, dass auftauchende Probleme zumeist in partnerschaftlichen Gesprächen gelöst werden.[561]

3.4. Organisationsstruktur der Stadtgemeinde Bremen

Art. 144 LV gewährleistet den Stadtgemeinden Bremen und Bremerhaven die Eigenschaft als Gebietskörperschaften des öffentlichen Rechts und das Recht auf eine selbständige Gemeindeverfassung. Organe der Stadtgemeinde Bremen sind die Stadtbürgerschaft und der Senat (Art. 148 Abs. 1 S. 1 LV). Anstelle einer eigenen Stadtverfassung gelten für die Verwaltung die Vorschriften der Landesverfassung (Art. 148 Abs. 1 S. 2 LV), ergänzt durch ortsgesetzliche Bestimmungen.

3.4.1. Die Stadtbürgerschaft

Volksvertretung der Stadtgemeinde Bremen ist die Stadtbürgerschaft, die aus den von den stadtbremischen Wählern in die Bürgerschaft gewählten Vertretern besteht (Art. 148 Abs. 1 S. 3 LV). Das Nebeneinander von Bürgerschaft als Landtag und als Stadtbürgerschaft ist nicht unproblematisch und wirft zahlreiche (kommunal)verfassungsrechtliche Fragen auf.

Während es in der Zeit zwischen 1849 und 1956 unstreitig war, dass die in der Stadtgemeinde Bremen gewählten Vertreter nur ein einziges Mandat, und zwar

---

558 Vgl dazu Ernst, „Stadtverfassung im Konflikt", in Bickelmann (Hrsg.), Verfassung, Verwaltung und Demokratie, S. 71ff; Brandt/Schefold, a.a.O., S. 554.

559 Heise, in HBKWP, S. 313.

560 Maas, DÖV 1969, 835, 837;Heise, in HBKWP, S. 313.

561 Heise, in HBKWP, S. 313; Brandt/Schefold, a.a.O., S. 585; Maas, DÖV 1969, 835, 837; Dierksen/Freitag, NordÖR 2000, 51, 56.

das für die Bürgerschaft (Landtag) besitzen[562] und es auch in diesem Zeitraum nicht zu Aufspaltungen des Mandats der in der Stadt Bremen gewählten Bürgerschaftsvertreter kam, änderte sich dies 1957. Anlass war ein Urteil des BVerfG,[563] welches gemäß Art. 21 Abs. 2 GG die Kommunistische Partei Deutschlands (KPD) für verfassungswidrig erklärte. Da die KPD mit vier Abgeordneten aus der Stadtgemeinde Bremen in der Bürgerschaft vertreten war, bat die Bürgerschaft den Staatsgerichthof um gutachterliche Entscheidung, ob die Vertreter der KPD durch die Entscheidung des BVerfG ihren Sitz in der Bürgerschaft verloren hätten und welche Folge dies für die Mitgliedschaft in der Stadtbürgerschaft habe. Der Staatsgerichtshof stellte dazu in seiner Entscheidung vom 05. Januar 1957[564] mehrheitlich (mit 4 zu 3 Stimmen) fest, dass die Mandate in der Bürgerschaft (Landtag) und in der Stadtbürgerschaft unterschiedlich seien. Dem stehe nicht entgegen, dass es in einem stadtstaatlichen Lande wie Bremen – entsprechend seiner historischen Entwicklung – eine enge Verbindung der staatlichen und kommunalen Organisationselemente gebe, die auch ihren Ausdruck finde bei den Bürgerschaftswahlen, bei denen durch einen Wahlakt die Abgeordneten zu beiden Parlamenten bestimmt werden würden. Die vom Senat damals vertretene Auffassung, dass die gewählten Abgeordneten nur „ein einziges Mandat" besäßen - das Landtagsmandat - wurde ausdrücklich vom Staatsgerichtshof zurückgewiesen. Der Staatsgerichtshof verwies zur Begründung auf die strukturelle Gestaltung des Verhältnisses von Staat und Stadtgemeinden in der Landesverfassung. Der Gemeinde Bremen werde in der Verfassung eine eigenständige Rechtsstellung und sogar Verfassungsautonomie zugestanden, daher seien auch Landes- und Stadtparlament zwar miteinander verbundene, aber dennoch unterscheidbare und unterschiedene Organe mit verschiedenen Aufgabenbereichen; dem einen falle die staatliche, dem anderen die kommunale Kompetenz zu.[565]

Dieser Auffassung des Staatsgerichtshofes wurde in der darauf folgenden Zeit sowohl seitens des Bremer Verwaltungsgerichtes[566] als auch in der Literatur[567]

---

[562] Vgl. Protokoll der Verhandlungen der Bremischen Bürgerschaft von 1952, S. 401, aus dem hervorgeht, dass sich Bürgerschaft und Senat in dieser Frage einig waren.

[563] Urteil des BVerfG vom 17. August 1956, BVerfGE 5, 85.

[564] BremStGHE 1, 73, mit dem Minderheitenvotum dreier Richter, die aus Art. 148 LV ableiteten, dass die Mandate der Stadtbürgerschaft als mit denen in der Bürgerschaft (Landtag) identisch behandelt werden müssten.

[565] Der Staatsgerichtshof entschied auf Grundlage dieser Argumentation, dass das seinerzeitige Verbot der KPD nur zum Verlust des Mandats in der Bürgerschaft geführt habe, nicht aber zum Verlust des Mandats in der Stadtbürgerschaft, BremStGHE 1, 73ff, 80f.

[566] Entscheidung des Verwaltungsgerichtes Bremen vom 01. Oktober 1959 (Bolte – Stadtgemeinde Bremen), NJW 1960, 549f..

widersprochen. Dort wurde die Ansicht vertreten, dass das Abgeordnetenmandat in der Bürgerschaft (Landtag) und in der Stadtbürgerschaft identisch und unteilbar sei, so dass der Verlust des Mandats in der Bürgerschaft auch den Verlust der Zugehörigkeit zur Stadtbürgerschaft unmittelbar zur Folge habe.[568] Für die Untrennbarkeit des Doppelmandates spreche neben dem Wortlaut des Art. 148 LV auch, dass die Bremische Verfassung die Doppelfunktion der Stellung der Abgeordneten der Bürgerschaft, die auch entsprechend für die Mitglieder der Stadtbürgerschaft gelte, schon durch das Aufgreifen kommunalverfassungsrechtlicher Elemente berücksichtige, wie z.B. die Treuepflicht Art. 83 LV und die Befangenheitsvorschrift Art. 84 LV.[569]

Die Frage, welche demokratische Legitimation die Abgeordneten der Stadtbürgerschaft haben, wenn die Stadtbürgerschaft ein eigenständiges Organ ist, ihre Wahl jedoch in Form der Landtagswahl erfolgt, hat der Staatsgerichtshof wie folgt beantwortet: Die vom Grundgesetz gemäß Art. 28 GG verlangte demokratische Legitimation sei sowohl bei der Bürgerschaft (Landtag) wie der Stadtbürgerschaft vorhanden, wenn auch inhaltlich zusammengefasst. [570] Der Staatsgerichtshof verweist dabei auf die lange und durchgehende Tradition, die zu dieser Lösung geführt habe. Das Doppelmandat der stadtbremischen Abgeordneten sei keine wahlrechtliche Konstruktion, sondern eine Folge der bremischen Staatsorganisation. Die Einheitlichkeit des Wahlaktes dürfe nicht als Verkürzung des Wählereinflusses gewertet werden.[571]

So heißt es:

„Die Tatsache, dass der Wähler in Bremen nicht differenzieren kann, welchem Abgeordneten er für den Landtag und welchem er für die Stadtbürgerschaft sein Vertrauen schenken will, muss damit auf der Grundlage der gesamten stadtstaatlichen Organisation einschließlich der in diesem Rahmen ausgeübten Bür-

---

567 Heise, in HBKWP, S. 311, 316; Spitta, S. 262; in diesem Sinne auch Brandt/Schefold, a.a.O. S. 559; a.A. Röper, ZParl 1973, 365, der in der Stadtbürgerschaft ein Parlament minderen Rechts sieht und daraus die Notwendigkeit ableitet, das Land Bremen in einen Drei-Städte-Staat mit getrennter kommunaler und staatlicher Ebene zu verwandeln.

568 Entscheidung des Verwaltungsgerichtes Bremen vom 01. Oktober 1959 (Bolte – Stadtgemeinde Bremen), NJW 1960, 549f.

569 Vgl. Brandt/Schefold, a.a.O., S. 559; Spitta, S. 262.

570 Entscheidung des Wahlprüfungsgericht II. Instanz am 04. Mai 1981, BremStGHE 4, 111.

571 Diese Auslegung des Staatsgerichtshofes hat der Vorprüfungsausschuss des Bundesverfassungsgericht in seinem Beschluss vom 19. Mai 1982 NVwZ 1982, 613 bestätigt, dem wiederum der Staatsgerichtshof als Wahlprüfungsgericht 2. Instanz in der Entscheidung am 28. Januar 1989 gefolgt ist, BremStGHE 5/94.

gerrechte[572] gewürdigt werden. Unter Berücksichtigung dieser tatsächlichen Gegebenheiten ist nicht festzustellen, dass der bremische Gesetzgeber die Grenzen seines Ermessens überschritten hat. Angesichts der stadtstaatlichen Organisation stellt sich die Vereinheitlichung der Wahl zum Landtag und zur Stadtbürgerschaft nicht als eine übermäßige und deshalb nicht mehr zu rechtfertigende Einschränkung des Wahlrechts dar.“ [573]

Die Regeln für den Landtag gelten nach Art. 148 Abs. 1 S.2 LV für die Stadtbürgerschaft entsprechend. Für die Mitglieder der Stadtbürgerschaft bedeutet dieses u.a., dass ihnen zwar das Recht der Immunität (Art. 95 LV) wegen ihrer gleichzeitigen Eigenschaft als Landtagsabgeordnete mittelbar zukommt. Umstritten ist dagegen, ob sie sich auch auf die parlamentarischen Rechte gemäß Art. 93, 94, 96 und 97 LV (z.B. Indemnität, Zeugnisverweigerungsrecht) im Rahmen ihrer Tätigkeit in der Stadtbürgerschaft berufen können. Da Art. 148 Abs. 1 S. 2 LV insoweit keine Differenzierung vorschreibt und die bremische Bürgerschaft sowohl staatliche und kommunale Parlamentsrechte verbindet, spricht vieles dafür, diese Vorschriften auch auf die Stadtbürgerschaft anzuwenden.[574] Für die Abgeordneten der Stadtbürgerschaft gelten die gleichen Inkompatibiliätsregelungen wie für die Landtagsabgeordneten.

Der Aufgabenbereich der Stadtbürgerschaft ist genau wie der des Landtages in Art. 101 LV geregelt und ähnelt der im Kommunalrecht üblichen Aufgabenumschreibung der Gemeindevertretungen.[575] Hinsichtlich der Geschäftsordnung herrscht die Praxis, dass die Geschäftsordnung der Bürgerschaft durch Beschluss von der Stadtbürgerschaft übernommen wird. Die Geschäftsordnung enthält dementsprechend bereits Sonderregelungen für die Stadtbürgerschaft, etwa die Verabschiedung von Ortsgesetzen.[576] Aber auch die Landesverfassung selbst enthält bereits Regelungen, die typisch sind für Kommunalparlamente, wie die Treuepflicht in Art. 83 Abs. 1 LV und die Befangenheitsvorschrift des Art. 84 LV.[577]

---

572 Der Staatsgerichtshof verweist hier auf die Möglichkeit der Mitwirkung der Bürger durch die Beteiligung an der Verwaltung mittels der als Verwaltungskörper mit eigenen Aufgaben und Befugnissen ausgestatteten Deputationen, BremStGHE 4, 111, 139.

573 BremStGHE 4, 111, 139f.

574 So auch Brandt/Schefold, a.a.O., S. 545, 559; a.A. Spitta, S. 262; Heise, HBKWP, S. 310, 317.

575 Umstritten ist, ob es sich hierbei um eine abschließende Aufzählung handelt oder diese nur exemplifikativ ist, der letzten Auffassung folgend Brandt/Schefold, a.a.O. S. 545, 562f; a.A. Heise, in HBKWP S. 310, 317; Spitta, S. 191; Arendt, in HBKWP, S. 527.

576 Brandt/Schefold, a.a.O., S. 545, 558.

577 Schmidt-Jorzig, Kommunalrecht, S. 76f, Rn. 173.

Eine weitere Besonderheit ist, dass die Stadtbürgerschaft nicht den Vorsitz ihres Organs wählen kann. Denn Art. 148 Abs. 2 LV setzt die Realunion auch zwischen dem Präsidenten der Bürgerschaft als Landesparlament und dem Präsidenten der Stadtbürgerschaft als der Kommunalvertretung fort. Diese Regelung steht jedoch ebenfalls unter dem Vorbehalt, dass dieses nur gilt, „sofern die Stadtbürgerschaft nicht etwas anderes beschließt".[578] Somit kann es zu dem Kuriosum kommen, dass ein vom Landtag als Präsident gewählter Abgeordneter aus Bremerhaven, der nicht Mitglied der Stadtbürgerschaft ist, zugleich dessen Präsident ist. In diesem Fall regelt jedoch die Verfassung, dass sich seine Befugnisse auf die Führung der Präsidialgeschäfte beschränken.[579] Dasselbe gilt auch für die übrigen Mitglieder des Vorstandes der Stadtbürgerschaft.

3.4.2. Der Senat als kommunale Regierung

Der bremische Senat ist zugleich Landesregierung und städtischer Magistrat, er handelt somit als staatlich-kommunale Mischbehörde. Dieses bereitet nicht unerhebliche Schwierigkeiten, da gemäß Art. 148 Abs. 1 S. 2 LV die Vorschriften der Landesverfassung für das Verhältnis Bürgerschaft und Senat auch für die Stadtbürgerschaft entsprechende Anwendung finden. So gilt für das Verhältnis zwischen Senat und Stadtbürgerschaft abweichend von den üblichen Kommunalverfassungsgrundsätzen das Prinzip der Gewaltenteilung (Art. 67 LV).[580] Dieses ist ungewöhnlich, da die kommunale Selbstverwaltung ansonsten dem Bereich der vollziehenden Gewalt zugeordnet wird, so dass für die Gewaltenteilung kein Raum bleibt.[581] Für Bremen bedeutet dieses, dass bei der Wahrnehmung der Selbstverwaltungsfunktion eine scharfe Trennung zwischen politisch beratender und beschließender Tätigkeit einerseits und administrativer Leitung und Ausführung andererseits erfolgen muss.[582] Jedoch berücksichtigt die Landesverfassung diese Problematik insoweit, dass sie die Zuständigkeit der Bürgerschaft nicht ausschließlich unter dem Gesichtspunkt der Gewaltenteilung zuordnet, sondern den Aufgabenkreis der Bürgerschaft um Grundsatzbeschlüsse auch verwaltungsmäßiger Natur erweitert (Art. 102 Abs. 1 Nr. 2 – 7 LV). In diesem Zusammenhang ist auch Art. 118 LV zu sehen, der der Bürgerschaft das Recht gibt, dem Senat Richtlinien über die Führung der Verwaltung zu geben, deren Grenzen jedoch durch die verfassungsrechtlich dem Senat zugewiesenen

---

578 Art. 148 Abs. 2 LV.

579 Art. 148 Abs. 3 LV.

580 In diesem Sinne hat auch der Staatsgerichtshof am 17. Dezember 1952 entschieden, BremStGHE 1, 27.

581 BVerfGE 32, 346; 65, 283, 289.

582 Brandt/Schefold, a.a.O., S. 545, 562.

Zuständigkeiten – Führung der Verwaltung, Vertretung Bremens und Personalhoheit - gesetzt sind.[583]

Der Senat wird durch die Mitglieder der Bürgerschaft gewählt. Ein eigenständiger Wahlakt für die kommunale Ebene findet nicht mehr statt. Als Konsequenz daraus wird einhellig abgeleitet, dass auch das Recht zur Abwahl, also zum Vertrauensentzug, für die Stadtbürgerschaft nicht besteht, obwohl gemäß Art. 148 Abs. 1 S. 2 LV die Regelung des Art. 110 LV entsprechend auf die Stadtbürgerschaft anwendbar wäre.[584]

3.4.3. Teilidentität von staatlicher und städtischer Verwaltung

Nicht nur der Senat nimmt sowohl staatliche als auch kommunale Aufgaben wahr, sondern dieses trifft für die gesamte bremische Verwaltung zu. Die in anderen Bundesländern einfach vorzunehmende Differenzierung zwischen den jeweiligen öffentlichen Trägern führt in Bremen zumindest zum Teil zu Schwierigkeiten.

Relativ leicht ist die Abgrenzung zwischen Land oder Gemeinde als Verwaltungsträger nur für Bremerhaven. Dort kann anhand der handelnden Personen, aber auch bei Feststellung der entsprechenden rechtlichen Grundlagen schnell ermittelt werden, ob das Land oder die Gemeinde Bremerhaven im Rahmen ihrer jeweiligen Kompetenz tätig geworden ist. Schwieriger wird es bei der Abgrenzung zwischen dem Land Bremen und der Stadtgemeinde Bremen. Denn hier besteht sowohl bezüglich der handelnden Personen als auch der rechtlichen Grundlagen keine klare Abgrenzung. Die für das Land Bremen in der Ausübung ihrer Aufgaben der öffentlichen Verwaltung tätigen Personen werden in der Regel auch für die Stadtgemeinde Bremen tätig. So ist nicht nur der Senat zugleich Landesregierung und Spitze der stadtbremischen Verwaltung, sondern auch jeder leitende Beamte nimmt zugleich staatliche und städtische Aufgaben wahr.[585] Dabei wird in der Regel nicht offen gelegt, ob sie in staatlicher oder kommunaler Eigenschaft handeln.[586] Auch bezüglich der rechtlichen Grundlagen gibt es keine Differenzierung zwischen Stadt und Land. Denn die Stadtgemeinde Bremen hat von ihrem in der bremischen Verfassung verbürgten Recht auf eine von ihr selbst festgestellte selbständige Gemeindeverfassung keinen

---

583 Brandt/Schefold, a.a.O., S. 545, 563.

584 Arendt, in HBKWP, S. 528; Spitta, S. 261; Heise, in HBKWP, S. 318; Thieme, DÖV 1993, 361, 361; Brandt/Schefold, a.a.O., S. 547, 563, der dazu ausführt, dass ansonsten die Bremerhavener Abgeordneten übergangen werden würden.

585 Maas, DÖV 1969, 835, 836.

586 Brandt/Schefold,a.a.O., S. 547.

Gebrauch gemacht.[587] Die Bestimmungen der Landesverfassung für Senat und Bürgerschaft sind auf die Verwaltung der Stadtgemeinde Bremen entsprechend anzuwenden.[588]

Streitig ist, ob diese entsprechende Anwendung der Verfassungsbestimmungen dazu führt, dass diese, wenn sie lediglich entsprechend angewandt werden, nicht als Verfassungsrecht, sondern als einfaches Landesrecht zu qualifizieren sind.

Der Staatsgerichtshof hat in seiner früheren Rechtsprechung die Verfassungsqualität der Verfassungsbestimmungen auch bei entsprechender Anwendung auf den kommunalen Bereich der Stadtgemeinde Bremen bejaht. Dementsprechend hat sich der Staatsgerichtshof bei Streitigkeiten, die die Verwaltung der Stadtgemeinde Bremen betrafen, als zuständig betrachtet.[589] Solange die Stadt Bremen nicht von ihrem Recht Gebrauch mache, sich eine eigenständige Verfassung zu geben, seien die Bestimmungen der Landesverfassung entsprechend anwendbar. Soweit der kommunale Bereich betroffen sei, handele es sich um „Zweifelsfragen über die Auslegung der Verfassung“ im Sinne des Art. 140 LV. Damit sei bei diesen Streitigkeiten auch nicht die Kommunalaufsicht zuständig, sondern der Staatsgerichtshof.[590]

In seiner Entscheidung über die Frage eines Mitwirkungsverbotes nach Art 84 Abs. 1 LV bei Beratungen und Entscheidungen der Stadtbürgerschaft änderte der Staatsgerichtshof seine bisherige Rechtsprechung.[591] Er entschied, dass die Transformationswirkung des Art. 148 LV die entsprechend anzuwendenden Verfassungsbestimmungen im Rahmen der Stadt Bremen als einfaches Landesrecht qualifiziere. Die Verweisung des Art. 148 LV bedeute nicht, dass die nach dieser Vorschrift entsprechend anzuwendenden Bestimmungen der Landesverfassung auch im kommunalen Bereich Verfassungskraft hätten. Denn der entsprechenden Anwendung der Landesverfassung auf die Verwaltung der Stadtgemeinde Bremen kann durch einfache Gemeinde- oder Landesgesetzgebung ein Ende bereitet werden. Der Kommunalstatus der Stadt Bremen stehe nach den Bestimmungen des Art. 148 LV mithin im Ganzen zur Disposition des Ge-

---

587 Schon in der Verfassung von 1849 wurde der Stadt Bremen das Recht auf eine selbständige Gemeindeverfassung eingeräumt.

588 Dies gilt jedoch nur, wenn die Stadtgemeinde Bremen nach Art. 145 LV nichts anderes bestimmt.

589 BremStGHE 1, 27; 1,46; 1, 65; offen gelassen in 2, 26.

590 BremStGHE 1, 27.

591 BremStGHE 3, 32.

setzgebers des Landes und der Stadtgemeinde Bremen.[592] Dieses bestätige, dass es sich hierbei vielmehr um einfaches Kommunalrecht handele. Dementsprechend erklärte sich der Staatsgerichtshof für Streitigkeiten, die die Verwaltung der Stadtgemeinde Bremen betreffen, für unzuständig.[593]

3.4.4. Die Beiräte

Die Stadt Bremen ist gemäß Verordnung über die Neuordnung der stadtbremischen Verwaltungsbezirke vom 23.02.1951[594] zur Erleichterung des Verkehrs der Bevölkerung mit den Verwaltungsdienststellen und zur Förderung eines übersichtlichen und wirksamen Verwaltungsablaufs in fünf Stadtbezirke, 18 Stadtteile und 89 Ortsteile gegliedert. Zur Sicherung einer volks- und ortsnahen Verwaltung hat die Stadt Bremen von ihrem verfassungsmäßigen Recht nach Art. 145 Abs. 2 LV Gebrauch gemacht und für die Verwaltung der örtlichen Angelegenheiten örtlich gewählte Bezirksvertretungen eingerichtet.[595] Diese Beiräte werden in allgemeiner, unmittelbarer, freier, gleicher und geheimer Wahl gewählt. Der Beirat hat Beratungsrechte bei allen Angelegenheiten im Beiratsbereich von öffentlichem Interesse, Beteiligungsrechte bei bestimmten Maßnahmen und Planungen im Stadtteil sowie Entscheidungsrechte (z.B. bei Mittelverwendungen für stadtteilbezogenen Maßnahmen). Die Zuständigkeiten der Beiräte sind dennoch beschränkt, sie gelten nur nach Maßgabe der von der Stadtbürgerschaft zur Verfügung gestellten Mittel und im Einvernehmen mit den jeweiligen Fachbehörden.[596] Es handelt sich bei den Beiräten somit mehr um beratende, allenfalls mitbestimmende Verwaltungsausschüsse und nicht um eigentliche Organe der Selbstverwaltung.[597]

---

592 BremStGHE 3, 32, 39.

593 BremStGHE 3, 32, 39; zustimmend Göbel, a.a.O., S. 384, 386 jedoch mit dem Hinweis, dass nur der Ortsgesetzgeber durch Erlass einer Gemeindeverfassung diese entsprechende Anwendung des Bestimmungen der Landesverfassung auf die Verwaltung der Stadt Bremen beenden kann und nicht auch der Landesgesetzgeber; kritisch: Brandt/Schefold, a.a.O., S. 547, 556, der in Frage stellt, ob diese Entscheidung der von der Verfassung so betonten kommunalen Verfassungshoheit deren parlamentarisch-demokratischer Legitimation und der Annäherung an staatliche Entscheidungsprozesse hinreichend Rechnung trägt.

594 Brem.GBl. S. 23; zuletzt geändert durch Verordnung vom 07.04.1987 (Brem.GBl. S. 147) sowie durch die Geschäftsverteilung im Senat vom 14.01.1992 (Brem.ABl. S. 51)

595 Ortsgesetz über Beiräte und Ortsämter vom 20. 06.1989, Brem.GBl. S. 241.

596 BremStGHE 4, 19, 47,52f.

597 BVerfGE 83, 60 zu den Hamburger Bezirksvertretungen; vgl. hierzu auch die Ausführungen unter IV 1.2.4..

3.5. Die Stadtgemeinde Bremerhaven

Die Stadt Bremerhaven wird wohl zu Recht als freieste Gemeinde der Bundesrepublik Deutschland bezeichnet[598], dieser Eindruck entsteht zumindest, wenn man sich die kommunalverfassungsrechtliche Situation der Stadt vor Augen führt. Diese wird im Wesentlichen durch die Landesverfassung geprägt und ist nach Art. 125 Abs. 4 LV nur durch Volksentscheid oder durch einstimmigen Beschluss der Bürgerschaft änderbar. Damit sind einer Änderung sehr hohe Hürden gesetzt, denn der Volksbescheid bedarf in dieser Frage der Zustimmung der Hälfte der Stimmberechtigten nach Art. 72 Abs. 2 LV, und ein einstimmiger Beschluss der Bürgerschaft ist nur mit den Stimmen der 16 Abgeordneten aus Bremerhaven erreichbar. Somit ist die Stadt Bremerhaven wohl auch die einzige Gemeinde in Deutschland, in deren rechtliche und gebietliche Existenz nur in sehr engen Grenzen gegen ihren Willen eingegriffen werden kann.[599]

3.5.1. Die Stadtverfassung

Die Stadt Bremerhaven hat von der ihr zustehenden Verfassungsautonomie Gebrauch gemacht und sich eine eigene Verfassung gegeben.[600] In dieser Verfassung hat sie die für die Verwaltung der Stadt notwendigen Regelungen entsprechend der Gemeindeordnungen anderer Bundesländern aufgenommen. Lediglich für die Ermächtigung zum Erlass von Ortsgesetzen, die grundrechtsbeschränkende Regelungen treffen, bedurfte es eines Landesgesetzes.[601] Auf diesem Gesetz beruht auch die Besonderheit, dass Bremerhavener Satzungen als Ortsgesetze bezeichnet werden.

Die Stadtverfassung Bremerhavens orientiert sich an den Grundsätzen der unechten Magistratsverfasssung. Willensbildungsorgan der Stadt ist die Stadtverordnetenversammlung und Vollzugsorgan der Magistrat.[602] Für eine Änderung der Stadtverfassung bedarf es nach § 3 der Stadtverfassung der Zustimmung von zwei Dritteln der gesetzlichen Mitglieder der Stadtverordnetenversammlung sowie der Genehmigung des Senats der Freien Hansestadt Bremen.

---

598 Maas, DÖV 1969, 835, 837; Dierksen/Freitag, NordÖR 2000, 51.

599 Dierksen/Freitag, NordÖR 2000, 51, 52.

600 Verfassung für die Stadt Bremerhaven in der Neufassung vom 13.10.1971, Brem.GBl. S. 243.

601 Gesetz vom 16.06.1964 (BremGBl. S. 59), SaBremR 2012-a-1.

602 Grundlage für die Stadtverfassung war ein Musterentwurf des Deutschen Städtetages für die Britische Zone vom 28.01.1947 für ein Einkammersystem mit kollegialer Durchführung. 1971 wurde die Verfassung nochmals umfassend überarbeitet, wobei jedoch an dem Kern der unechten Magistratsverfassung nichts verändert wurde, Dierksen/Freitag, NordÖR 2000, 51, 53.

3.5.2. Die Stadtverordnetenversammlung

Die Stadtverordnetenversammlung ist das Willensbildungsorgan der Stadtgemeinde Bremen. Sie besteht aus 48 Stadtverordneten, die nach den landesrechtlichen Vorschriften gewählt werden.[603] Aufgabe der Stadtverordnetenversammlung ist die Entscheidung in allen Angelegenheiten der Stadt (§ 17 Stadtverfassung). Die Stadtverordnetenversammlung überwacht die Amtsführung des Magistrats und kann von ihm Auskunft verlangen. Repräsentiert wird die Stadtverordnetenversammlung durch den aus ihrer Mitte gewählten Stadtverordnetenvorsteher.

3.5.3. Der Magistrat

Der Magistrat ist die Verwaltungsbehörde der Stadt. Er hat die Beschlüsse der Stadtverordnetenversammlung zu vollziehen und die laufende Verwaltung zu besorgen (§§ 33, 42 Stadtverfassung). Beschlüsse der Stadtverordnetenversammlung muss und kann er nur beanstanden, wenn sie nach seiner Auffassung das Recht verletzen (§ 32 Stadtverfassung). Der Magistrat besteht aus dem Oberbürgermeister, dem Bürgermeister und weiteren hauptamtlichen und ehrenamtlichen Mitgliedern (Stadträte). Die Zahl der ehrenamtlichen Mitglieder des Magistrats muss die der hauptamtlichen übersteigen (§ 38 Stadtverfassung). Die Zahl der Magistratsmitglieder wird durch Ortsgesetz festgesetzt.[604] Gewählt werden die hauptamtlichen Magistratsmitglieder durch die Stadtverordnetenversammlung für die Dauer von sechs Jahren. Sie sind Beamte auf Zeit im Sinne des Bremischen Beamtengesetzes. Die ehrenamtlichen Mitglieder des Magistrats werden von der Stadtverordnetenversammlung für die Dauer ihrer Wahlzeit gewählt. Die Geschäftsführung des Magistrats ist eine kollegiale unter Vorsitz des Oberbürgermeisters (§ 43 Stadtverfassung).

Magistratsmitglieder können nicht zugleich Mitglieder der Stadtverordnetenversammlung oder der Bürgerschaft sein. Ein Vertrauensentzug durch die Mehrheit der Stadtverordnetenversammlung ist nur in zwei zeitlich getrennten Sitzungen gegenüber den hauptamtlichen Magistratsmitgliedern möglich (§ 41 Stadtverfassung).

---

[603] Siehe dazu unter Abschnitt IV 4.2.

[604] Derzeit gehören dem Magistrat fünf hauptamtliche und acht ehrenamtliche Magistratsmitglieder an.

4. Das bremische Wahlrecht

In der Freien Hansestadt Bremen unterscheidet man zwischen den Wahlen:

- zur Bremischen Bürgerschaft (Landtag der Freien Hansestadt Bremen),
- zur Stadtverordnetenversammlung der Stadt Bremerhaven (Kommunalvertretung der Stadt Bremerhaven),
- zu den Beiräten im Gebiet der Stadt Bremen (Wahlen von innerörtlichen Vertretungen unterhalb der Ebene einer Kommunalvertretung).

Die entsprechenden Wahlvorschriften für alle drei Wahlakte finden sich im Bremischen Wahlgesetz (WG). Dessen erster Teil bezieht sich auf die Wahlen zur Bremischen Bürgerschaft (Landtag), der folgende zweite Teil auf die Wahl zur Stadtverordnetenversammlung der Stadt Bremerhaven und dementsprechend der dritte Teil auf die Wahlen zu den Beiräten im Gebiet der Stadt Bremen. Die folgende Darstellung berücksichtigt die Rechtslage vor der Einführung des Unionsbürgerwahlrechtes in Bremen, die durch die Einführung des kommunalen Unionsbürgerwahlrechts eingetretenen Veränderungen werden unter Ziffer 8.4 erläutert.

4.1. Die Wahl zur Bürgerschaft

Die Mitglieder der Bürgerschaft werden in den Wahlbereichen Bremen und Bremerhaven auf vier Jahre in allgemeiner, gleicher, unmittelbarer, freier und geheimer Wahl gewählt (Art. 75 Abs. 1 LV). Die Bürgerschaft besteht wie bereits ausgeführt aus 83 Abgeordneten, davon 67 aus dem Wahlbereich Bremen und 16 aus Bremerhaven. Die Anzahl der Mitglieder der Bürgerschaft wird durch den einfachen Gesetzgeber bestimmt.

Wahlberechtigt sind alle Deutschen im Sinne des Art. 116 Abs. 1 GG, die das 18. Lebensjahr vollendet haben und seit mindestens drei Monaten im Gebiet der freien Hansestadt Bremen eine Hauptwohnung innehaben (§ 1 Abs. 1 und 2 WG). Die Bürgerschaft wird wie fast alle Parlamente im Wege der Verhältniswahl gewählt, wobei jedoch nur die Möglichkeit einer reinen Listenwahl von Parteien und Wählervereinigungen besteht, da es keine Wahlkreise mit Direktmandaten gibt. Durch die in Art. 75 Abs. 3 LV geregelte 5% - Sperrklausel wird ein reines Mehrheitswahlrecht ausgeschlossen.[605] Dementsprechend hat sich der

[605] Nach dem BremStGHE 1, 14 schließt Art. 75 Abs. 3 LV ein modifiziertes Wahlsystem (ein durch Grundsätze des Verhältniswahlrechts modifiziertes Mehrheitswahlrecht oder ein durch Grundsätze des Mehrheitswahlrechts modifiziertes Verhältniswahlrecht) nicht aus.

Gesetzgeber in § 7 Abs. 1 WG für das durch die 5% - Sperrklausel modifizierte reine Verhältniswahlrecht entschieden.[606]

Zu den Besonderheiten des Bremischen Wahlrechts gehört, dass das Land gemäß Art. 75 Abs. 1 LV in zwei voneinander unabhängige Wahlbereiche Bremerhaven und die Stadtgemeinde Bremen unterteilt ist. Diese verfassungsrechtliche Regelung kann nur mit einstimmigem Beschluss der Bürgerschaft oder durch Volksentscheid geändert werden (Art. 125 Abs. 4 LV). Um ein Mandat in der Bürgerschaft zu erringen, reicht es aus, wenn eine Partei in einem Wahlbereich die 5 % - Klausel überspringt. Dieses wird zum Teil in der Literatur als eine gleichheitswidrige Systemwidrigkeit angesehen.[607] Denn ein Wahlvorschlag, der in Bremerhaven 5% der Stimmen erreiche, würde bezogen auf das gesamte Wahlgebiet weit unterhalb der 5% - Grenze bleiben. Eine Mandatszersplitterung im Landtag wäre die Folge.[608] Zudem seien die Auswirkungen der 5% - Klausel im stadtbremischen Gebiet erheblich schärfer. Selbst die Kritiker dieser Regelung räumen jedoch ein, dass diese Systemwidrigkeit hingenommen werden müsse, da sie durch die territoriale Trennung der beiden Wahlbereiche gerechtfertigt sei.[609] Auch der Staatsgerichtshofes bestätigte zuletzt im Jahr 2000 seine Rechtsprechung zur Rechtmäßigkeit der Einteilung des Landes Bremen in die beiden Wahlbereiche Bremen und Bremerhaven und die getrennte 5% - Sperrklausel.[610] Nach Auffassung des Staatsgerichtshofs sei diese Festlegung im Hinblick auf die verfassungsmäßige Ordnung und Tradition, die geographische Lage und die Zahlen der Gesamtbevölkerung und Wahlberechtigten als Ausdruck eines ausgewogenen Verhältnisses zwischen den beiden Gemeinden im Zwei-Städte- Staat nicht zu beanstanden.[611]

---

[606] Zur Zulässigkeit einer solchen 5% - Sperrklausel zur Sicherung der Funktionsfähigkeit staatlicher und kommunaler Volksvertretung„ BVerfGE 1, 208 ff; 51, 222ff; 82, 322ff; 95, 408ff; dieser Rechtsprechung ist auch der Staatsgerichtshof gefolgt, BremStGHE 1, 205ff; 4, 111ff; 5, 94ff; und hat zuletzt in seiner Entscheidung, BremStGHE 6, 253, nicht nur die 5% - Klausel bei der Wahl zur Bürgerschaft materiell bestätigt, sondern auch eine Überprüfungspflicht des Gesetzgebers hinsichtlich der Frage, ob die bestehenden Verhältnisse eine Fortbestehen der Klausel rechtfertigen, verneint.

[607] Brandt/Schefold, a.a.O., S. 545, 558.

[608] Dieses führte dazu, dass die DVU seit 1999 und die FDP seit 2003 mit einem Abgeordneten aus Bremerhaven im Parlament vertreten ist.

[609] Brandt/Schefold, a.a.O., S, 545, 558; vgl. auch Röper, „Die 5% - Klausel im Wahlrecht von Bund und Ländern“, DÖV 1980, 327ff.

[610] BremStGHE 6, 253, 268, die Bezug nimmt auf die Entscheidungen BremStGHE 1, 205, 212ff; 4, 111, 122ff; 5, 94, 99.

[611] BremStGHE 4, 111, 126ff.

4.2. Die Wahl zur Stadtverordnetenversammlung

Das bremische Wahlgesetz sieht vor, dass die Wahlen zur Bremerhavener Stadtverordnetenversammlung und die Wahl zur Bürgerschaft (Landtag) in einem Verbundsystem stattfinden. So sind auch die wahlrechtlichen Regelungen für die Bürgerschaftswahl auf den Kommunalwahlakt in Bremerhaven entsprechend anwendbar (§ 42 WG). Beide Wahlen finden gemäß § 44 WG am gleichen Tag statt. § 43 Abs. 1 Wahlgesetz knüpft die Wahlberechtigung zur Stadtverordnetenversammlung an die Wahlberechtigung zur Bürgerschaft im Wahlbereich Bremerhaven an.

Dieses Verbundwahlsystem ist aufgrund der vorgezogenen Neuwahlen der Bürgerschaft (Landtag) im Jahr 1995, dem sich die Stadtverordnetenversammlung nicht angeschlossen hat, derzeit suspendiert. Durch Änderung des Wahlgesetzes vom 23. Februar 1995[612] wurde der Stadtverordnetenversammlung jedoch in dem neugeschaffenen § 60 WG die Option eingeräumt, künftig zum Verbund mit der Bürgerschaftswahl zurückzukehren.[613] Macht die Stadtverordnetenversammlung von diesem Recht aus § 60 Wahlgesetz keinen Gebrauch, finden die Vorschriften des Zweiten Teils des Bremischen Wahlgesetz unter Maßgabe der in § 60 Abs. 2 Wahlgesetz aufgezählten Änderungen / Ergänzungen Anwendung. Bisher hat die Stadtverordnetenversammlung von diesem Recht aus § 60 WG keinen Gebrauch gemacht.[614]

4.3. Die Wahl zu den Beiräten

Nach § 49 WG i.V.m. § 3 Abs. 1 Beiratsgesetz knüpft die Wahlberechtigung zu den Beiräten an die Wahlberechtigung zur Bürgerschaft in dem jeweiligen Beiratsbereich an. Die Wahl zum Beirat findet ebenfalls am Tage der Wahl zur Bürgerschaft statt. Diese Regelung ermöglicht ein einheitliches, kostengünstiges und praktikables Verbundwahlsystem.

---

612 Brem.GBl. S. 117.

613 Nach § 60 Abs. 1WahlG besteht die Möglichkeit, dass die Stadtverordnetenversammlung bei vorzeitiger Beendigung der Wahlperiode der Bürgerschaft nach Art. 76 LV auch ihre Wahlperiode zur Aufrechterhaltung der Übereinstimmung der Wahlperioden von Bürgerschaft und Stadtverordnetenversammlung durch Beschluss vorzeitig beenden kann. Die Stadtverordnetenversammlung hat aber auch nach § 60 Abs. 3 WahlG das Recht, ihre Wahlperiode zu einem späteren Zeitpunkt zur Wiederherstellung der Übereinstimmung der Wahlperioden von Bürgerschaft und Stadtverordnetenversammlung und der Wahltage durch Beschluss vorzeitig zu beenden.

614 Derzeit scheint sich in der politischen Diskussion über eine Rückkehr zum Verbundsystem eine Mehrheit abzuzeichnen.

Wählbar ist zum Beirat jeder Wahlberechtigte, der am Wahltag seit mindestens drei Monaten im jeweiligen Beiratsbereich eine Wohnung innehat. Die Wählbarkeit wird für die laufende Wahlperiode des Beirats jedoch nicht berührt, wenn das Beiratsmitglied seine Wohnung in einen anderen Beiratsbereich verlegt oder sich die Grenzen des Beiratsbereiches nach § 27 Beiratsgesetz ändern.

4.4. Das Wahlprüfungsgericht

Nach § 37 Abs. 1 WG entscheidet über die Gültigkeit der Wahl oder von Teilen der Wahl ein Wahlprüfungsgericht, das aus dem Präsidenten und dem Vizepräsidenten des Verwaltungsgerichtes sowie fünf Mitgliedern der Bürgerschaft besteht. Die Prüfung erfolgt nur aufgrund von Einspruch, den jeder Wahlberechtigte, jede an der Wahl beteiligte Partei und Wählervereinigung sowie jede sonstige Gruppe von Wahlberechtigten und in amtlicher Eigenschaft der Landeswahlleiter und der Präsident der Bürgerschaft einlegen kann (§38 Abs. 1 WG). Gegen die Entscheidung des Wahlprüfungsgerichtes kann nach § 39 WG innerhalb von zwei Wochen ab Zustellung des Beschlusses mittels Beschwerde das Wahlprüfungsgericht II. Instanz angerufen werden. Nach § 39 Abs. 1 S.2 WG setzt sich das Wahlprüfungsgericht II. Instanz aus den Mitgliedern des Staatsgerichtshofes zusammen.[615]

5. Einführung des Kommunalwahlrechtes für ausländische Unionsbürger in den Stadtstaaten Hamburg und Berlin

Die Umsetzung der europäischen Kommunalwahlrichtlinie stellte alle drei Stadtstaaten in Deutschland vor besondere verfassungsrechtliche Überlegungen. Während in den Flächenstaaten ohne größere Probleme die ausländischen Unionsbürger an den Wahlen zu den Vertretungen der Gemeinde, Kreise und Städte beteiligt werden konnten, fehlte es in den Stadtstaaten Berlin, Hamburg und Bremen an einer selbständigen kommunalen Entscheidungsstruktur. Alle drei Stadtstaaten weichen in ihrer kommunalen Verwaltungsstruktur von den anderen Bundesländern ab, gleichzeitig bestehen aber auch zwischen den drei Stadtstaaten unterschiedliche kommunalverfassungsrechtliche Ausprägungen. Im Folgenden soll daher kurz auf die kommunalverfassungsrechtliche Struktur der Bundesländer Berlin und Hamburg eingegangen werden sowie die Probleme, die sich hieraus für die Umsetzung des Kommunalwahlrechtes für die ausländischen Unionsbürger ergaben. Gleichzeitig wird erläutert, warum die dortigen Modelle nicht auf Bremen übertragbar waren, sondern der Stadtstaat Bremen vor besondere Probleme bei der Umsetzung der Richtlinie gestellt wurde.

---

[615] Vgl. auch Art. 140 Abs. 2 LV.

5.1. Kommunalverfassungsrechtlicher Aufbau von Berlin und Hamburg

Die Bundesländer Hamburg und Berlin ähneln sich in ihrem staatsrechtlichen und kommunalverfassungsrechtlichen Aufbau. Beide Stadtstaaten sind nicht nur Bundesland, sondern auch zugleich Gemeinde, jedoch ohne eigenständige kommunale und kommunalrechtliche Organisations- und Entscheidungsstrukturen. Staatliche und gemeindliche Tätigkeiten werden nicht getrennt.[616]

5.1.1. Hamburg

Die Verfassung der Freien und Hansestadt Hamburg bezeichnet Hamburg als Staat, jedoch ist die Stadtstaatlichkeit das prägende Kennzeichen Hamburgs und seiner Verfassung. So heißt es auch Art. 4 der Hamburger Landesverfassung: „In der Freien und Hansestadt Hamburg werden staatliche und gemeindliche Tätigkeit nicht getrennt". Hamburg ist somit eine ungeteilte Gebietskörperschaft.[617] Zwar bestehen Meinungsverschiedenheiten darüber, ob Hamburg als Bundesland der Bundesrepublik Deutschland gleichzeitig auch Gemeinde i.S.v. Art. 28 GG ist und damit einen zweigliedrigen Verwaltungsaufbau besitzt.[618] Unstreitig ist jedoch, dass die Staatsorgane - der Senat und die Hamburger Bürgerschaft - sowohl staatliche als auch gemeindliche Aufgaben erfüllen.[619] Die Hamburger Bürgerschaft ist damit sowohl Landesparlament als auch kommunale Volksvertretung.[620] Ebenfalls nehmen der Senat und die Fachbehörden sowohl lenkende ministerielle Regierungsfunktionen als auch durchführende detaillierte Verwaltungsaufgaben wahr.[621]

Die Hamburger Verfassung sieht vor, dass durch Gesetz für Teilgebiete Verwaltungseinheiten gebildet werden können, denen die selbständige Erledigung übertragener Aufgaben obliegt (Art. 4 Abs. 2 Hamburger LV). Diese sog. Be-

---

616 Siehe dazu Art. 4 Abs. 1 Hamburger LV und Art. 1 Abs. 1 der Berliner LV.

617 Ausführlicher zum Hamburger Staatsrecht: David, Kommentar der Hamburger LV; Karpen, Hamburgisches Staats- und Verwaltungsrecht, S. 21ff; Thieme, Verfassung der Freien und Hansestadt Hamburg, S. 27ff.

618 Vgl. Ipsen, Hamburgerisches Staats- und Verwaltungsrecht, S. 12; Thieme, Verfassung der Freien und Hansestadt Hamburg, S. 27ff; ders., Hamburg als Gemeinde, DÖV 1969, S. 832; Schwabe, Verfassungsrecht in Hamburgerisches Staats- und Verwaltungsrecht, S. 32ff, 40; Sieveking, DÖV 1993, S. 452; Gern, Kommunalrecht, S. 104.

619 Haas, Verwaltungsorganisationsrecht, in: Hamburgerisches Staats- und Verwaltungsrecht, S. 91ff; Thieme, Hamburg als Gemeinde, DÖV 1969, S. 832; David, Kommentar der Hamburger LV, S. 79ff.

620 BVerfGE 83, 60, 76.

621 BVerfGE 83, 60, 76; David, Kommentar der Hamburger LV, S. 79ff, Karpen, Hamburgisches Staats- und Verwaltungsrecht, S. 23.

zirke[622] werden durch die Bezirksversammlung und das Bezirksamt vertreten. Die Bezirksämter führen selbständig diejenigen Aufgaben der Verwaltung durch, die nicht wegen ihrer übergeordneten Bedeutung oder Eigenart einer einheitlichen Durchführung bedürfen (§ 3 Abs. 2 S. 1 Bezirksverwaltungsgesetz). Durch die Bezirksversammlung, die alle vier Jahre von der Bevölkerung des jeweiligen Bezirkes gewählt wird, wirkt die Bevölkerung an den Angelegenheiten des Bezirkes und den Aufgaben des Bezirksamtes mit (§ 8 Bezirksverwaltungsgesetz). In Bezirksangelegenheiten haben die Beschlüsse der Bezirksversammlung grundsätzlich bindende Wirkung, in Landesangelegenheiten können jedoch nur Empfehlungen oder Stellungnahmen abgegeben werden (§§ 12 Abs. 1, 14 Abs. 1und 3 Bezirksverwaltungsgesetz).

Die gemäß Art. 4 Abs. 1 der Hamburger Landesverfassung geschaffenen Bezirke sind jedoch keine kommunalen Gebietskörperschaften im Sinne von Art. 28 Abs. 1 S. 1 bzw. 28 Abs. 2 GG, wie das Bundesverfassungsgericht ausdrücklich festgestellt hat.[623] Ihnen fehlt es insbesondere an der Rechtsfähigkeit und der Allzuständigkeit, die für die kommunale Selbstverwaltung prägend sind. Art. 28 Abs. 1 S. 2 GG ist somit weder unmittelbar noch analog anwendbar.[624] Dementsprechend gibt es in Hamburg auch weder eine eigenständige Gemeindeordnung noch eine eigenständige Kommunalwahl.[625] Trotz immer wiederkehrender Verwaltungsreformen und Diskussionen über Verfassungsänderungen, insbesondere eine damit bezweckte Stärkung der Bezirke, ist Hamburg eine Einheitsgemeinde mit einem Parlament und einer Regierung geblieben.[626]

5.1.2. Berlin

In Art. 1 Abs. 1 der Berliner Landesverfassung heißt es: „Berlin ist ein deutsches Land und zugleich eine Stadt“. Damit wird die staatliche Organisationsstruktur Berlins als Stadtstaat auf den Punkt gebracht. Parlament, Regierung und Verwaltung nehmen nach Art. 3 Abs. 2 der Berliner Verfassung die Aufgaben Berlins als Gemeinde, Gemeindeverband und Land wahr. Das Berliner Abgeordnetenhaus ist gleichzeitig Landes- und Kommunalparlament, der Senat ist Landesregierung und Gemeindeverwaltungsbehörde, in der Verwaltung wird nicht zwischen staatlicher und gemeindlicher Tätigkeiten getrennt.[627] Als „Ein-

---

[622] Derzeit ist Hamburg in sieben Bezirke eingeteilt.

[623] BVerfGE 83, 60, 76.

[624] BVerfGE 83, 60, 76; Sieveking, DÖV 1993, 452ff; Maunz/Dürig – *Scholz*, Art. 28 Rn. 41g.

[625] Maunz/Dürig - *Scholz*, Art. 28 Rn. 41g.

[626] Vgl. Bericht der Enquete - Kommission Parlamentsreform Bürgerschaftsdrucksache 14/2600 vom 20.10. 1992.

[627] Maunz/Dürig – *Scholz*, Art. 28 Rn. 41g; Gern, Kommunalrecht, S. 101.

heitsgemeinde“ genießt die Stadt Berlin den Schutz der gemeindlichen Selbstverwaltung.[628]

Die Stadt Berlin ist wie Hamburg in Bezirke untergliedert, die nach Art. 66 Abs. 2 der Berliner Landesverfassung an der Verwaltung nach den Grundsätzen der Selbstverwaltung zu beteiligen sind. Jedoch liegen die Aufgaben, die von gesamtstädtischer Bedeutung sind oder wegen ihrer Eigenart zwingend einer einheitlichen Durchführung bedürfen, allein in der Verantwortung des Senats (Art. 67 Abs. 1 der Berliner Verfassung). Die Mitwirkungsbefugnisse der Bezirke sind bei diesen Aufgaben auf Stellungnahmen begrenzt (Art. 68 Abs. 1 der Berliner Verfassung). Auch in den Angelegenheiten, die ausschließlich den jeweiligen Bezirk betreffen und damit im eigenständigen Aufgabenbereich der Bezirke liegen, kann der Senat durch den Erlass von Grundsätzen oder allgemeinen Verwaltungsvorschriften hineinwirken (Art. 67 Abs. 2, S. 1 und 2 der Berliner Verfassung). Ebenso wie in Hamburg werden die Bezirke durch die Bezirksversammlung und das Bezirksamt vertreten.[629]

Die Berliner Bezirke sind ebenfalls keine kommunalen Gebietskörperschaften im Sinne des Art. 28 Abs. 1 S. 1 bzw. 28 Abs. 2 GG, daher ist weder die Existenz der Bezirksverordnetenversammlung noch deren unmittelbare Wahl grundgesetzlich garantiert. Auch fallen die Berliner Bezirke nicht unter die Garantie der kommunalen Selbstverwaltung nach Art. 28 Abs. 2 GG.[630] Durch die Verfassungs- und Verwaltungsreform von 1994[631] wurde die bezirkliche Selbstverwaltung jedoch so gestärkt, dass die Bezirke den Gemeinden i.S.v. Art. 28 Abs. 2 GG heute nahezu gleichgestellt sind.[632] Zwar fehlt den Bezirken weiterhin die Rechtsfähigkeit, sie haben inzwischen jedoch weitgehende Haushalts- und Rechtssetzungsbefugnisse erhalten.[633]

---

628 Haaß, LKV, S. 84.

629 Zu den Bezirksversammlungen vgl. Art. 69 S.1, 70 Abs. 1 S. 1, 72 Berliner Verfassung und zu den Bezirksämtern Art. 69 S. 2, 74 Abs. 1 Berliner Verfassung; siehe auch Zivier, Verfassung und Verwaltung von Berlin, S. 227.

630 Maunz/Dürig – *Scholz,* Art. 28 Rn. 41g; Sieveking, DÖV 1993, 452; Haaß, LKV, S. 84ff.

631 Verfassungsreform vom 06.97.1994, GVBl. S. 217 und Verwaltungsreformgesetz vom 19.07.1994, GVBl. S. 241; bestätigt durch die Verfassung i.d.F. vom 23.11.1995, GVBl. S. 779.

632 Haaß, LKV, S. 85ff; Pfennig/Neumann (Hrsg.), Verfassung von Berlin, Art. 66, 67 Rn.17; Schunda, S. 342.

633 Vgl. im Einzelnen Haaß, LKV, S. 84ff.

5.2. Umsetzung der Kommunalwahlrechtsrichtlinie in Hamburg und Berlin

5.2.1. Umsetzung der Richtlinie in Hamburg

Hamburg hatte bereits 1989 versucht, ein Wahlrecht für Ausländer zu den Bezirksversammlungen einzuführen[634], war jedoch aufgrund des Urteils des Bundesverfassungsgerichtes, welches das damalige Gesetz für verfassungswidrig erklärte,[635] gescheitert. Nachdem durch die Änderung des Grundgesetzes neue Voraussetzungen geschaffen wurden, verabschiedete die Bürgerschaft am 05.12.1995 das „Gesetz zur Einführung des Wahlrechtes für Unionsbürger zu den Bezirksversammlungen".[636]

Hamburg beschränkte damit die Umsetzung der Richtlinie auf die Ebene der Bezirke. Im Gesetzesentwurf heißt es dazu, die Richtlinie gewähre nur das Wahlrecht der Unionsbürger zu den Bezirksversammlungen, da eine darüber hinausgehende Ausdehnung des Ausländerwahlrechts auf die Wahl zur Hamburger Bürgerschaft gegen das Grundgesetz verstoße. Denn die Bürgerschaft sei ihrer Natur nach ein staatliches Parlament, auch wenn es sich unter anderem mit kommunalen Angelegenheiten befasse.[637] Die Beteiligung der ausländischen Unionsbürger wurde daher auf das aktive und passive Wahlrecht zu den Bezirksversammlungen beschränkt. Zum Leiter eines Exekutivorgans – des Bezirksamtsleiters – können Unionsbürger dagegen nicht gewählt werden.[638]

5.2.2. Umsetzung der Richtlinie in Berlin

In Berlin wurde das Wahlrecht für ausländische Unionsbürger in der Landesverfassung verankert. Jedoch beschränkt sich auch in Berlin die Beteiligung der Unionsbürger auf die Bezirksebene. So wurde Art. 54 Abs. 1 der Berliner Landesverfassung, der die Bezirksverordnetenwahl regelt, ergänzt durch die Sätze:

---

634 Gesetz zur Einführung des Wahlrechts für Ausländer zu den Bezirksversammlungen vom 20.02.1989, Hamburgisches GVBl. I S. 29.

635 BVerfGE 83, 60ff; vgl. hiezu die Ausführungen unter IV 1.2.1.

636 Gesetz zur Umsetzung der Richtlinie 94/80/EG des Rates vom 19. Dezember 1994 über die Einzelheiten der Ausübung des aktiven und passiven Wahlrechts bei Kommunalwahlen für Unionsbürger mit Wohnsitz in einem Mitgliedstaat, dessen Staatsangehörigkeit sie nicht besitzen (Gesetz zur Einführung des Wahlrechts für Unionsbürger zu den Bezirksversammlungen) vom 5.12.1995, Hamburgisches GVBl. S. 353.

637 Mitteilung des Senats an die Bürgerschaft: Entwurf eines Gesetzes zur Einführung des Wahlrechts für Unionsbürger zu den Bezirksversammlungen, Bürgerschaft der Freien und Hansestadt Hamburg, Drs. 15/4207 vom 31. 10.1995.

638 Zu den Einzelheiten der Umsetzung der Richtlinie auf Bezirksebene vgl. Schunda, S. 355ff.

„Wahlberechtigt und wählbar sind unter den gleichen Voraussetzungen wie Deutsche auch Personen, die die Staatsangehörigkeit eines Mitgliedstaates der Europäischen Union besitzen. Alles Nähere bestimmt das Wahlgesetz.“[639]

Zur Begründung der Verfassungsänderung wurde ausgeführt, dass in den Stadtstaaten Berlin und Hamburg die Bezirke die „lokalen Gebietskörperschaften der Grundstufe“ im Sinn der Richtlinie darstellen würden. Die Verfassungsänderung war notwendig gewesen, da die Verfassung bisher auch das Wahlrecht zur Bezirksverordnetenversammlung ausschließlich auf Deutsche beschränkte.[640] Durch das „Fünfte Gesetz zur Änderung des Landeswahlgesetzes“ vom 20.06.1995 wurden Wahlrecht und Wählbarkeit der ausländischen Unionsbürger zu den Bezirksverordnetenversammlungen durch Einfügung des neuen § 22a auch einfachgesetzlich verankert.[641] Im Gegensatz zu Hamburg können EG-Ausländer in Berlin auch in die Ämter des Bezirksbürgermeisters und des Bezirksstadtrats gewählt werden.[642]

5.3. Unterschiede zwischen den Stadtstaaten Berlin, Hamburg und Bremen

Die kurze Darstellung des kommunalverfassungsrechtlichen Aufbaus der beiden anderen Stadtstaaten verdeutlicht die Unterschiede zwischen den drei Stadtstaaten, insbesondere zwischen Berlin und Hamburg einerseits und Bremen auf der anderen Seite.

Während Berlin und Hamburg „Einheitsgemeinden“ sind, in denen Staat und Stadt gebietsmäßig und rechtlich eine deckungsgleiche Einheit bilden, besteht in Bremen die stadtstaatliche Realunion nur zwischen den Organen des Landes und der Stadt Bremen. In Berlin und Hamburg sind keine rechtlich getrennten kommunalen Ebenen vorhanden, Bremen dagegen besteht aus den zwei selb-

639 Vgl. Dreißigstes Gesetz zur Änderung der Verfassung von Berlin vom 08.06.1995, GVBl. S. 339, in Kraft seit dem 15.06.1995.

640 Art. 54 Abs. 1, 2 Abs.1, 25 Abs. 1 Berliner Verfassung; Vorlage zur Beschlussfassung über das Neunundzwanzigste Gesetz zur Änderung der Verfassung von Berlin, Berliner Abgeordnetenhaus, Drs. 12/5498, S. 1.

641 Fünftes Gesetz zur Änderung des Landeswahlgesetzes vom 20.06.1995, GVBl. Für Berlin vom 28.06.1995, S. 375. Vgl. auch die Begründung des Gesetzesentwurfs, Berliner Abgeordnetenhaus, Drs. 12/5499.

642 Auch wenn dieses nicht ausdrücklich dem Gesetz zu entnehmen ist, kann dieses aus der Begründung des Gesetzesentwurfes abgeleitet werden, in dem ausgeführt wird, dass von den in der Richtlinie vorgesehenen Möglichkeiten, das passive Wahlrecht der Unionsbürger zu beschränken, kein Gebrauch gemacht werden soll, Begründung des Gesetzesentwurfes, Drs. 12/5499, S. 2. Zum gleichen Ergebnis kommen Schunda, S. 345; Laubach, S. 83.

ständigen Gebietskörperschaften Bremen und Bremerhaven, die beide auch über Verfassungsautonomie verfügen. Die Stadtgemeinde Bremen hat davon lediglich bisher keinen Gebrauch gemacht. Im Gegensatz zu den Städten Hamburg und Berlin hat die Stadt Bremen jedoch das verfassungsmäßige Recht, sich eine eigenständige kommunale Struktur zu geben. Insofern ist Bremen eher vergleichbar mit früheren Verhältnissen der „Stadtstaaten" Hamburg und Lübeck, als diese noch aus mehreren Gemeinden bestanden.[643]

Sowohl in Berlin, Hamburg als auch der Stadtgemeinde Bremen fehlt die Möglichkeit, durch selbständige kommunale Wahlen Einfluss auf die politische Struktur einer kommunalen Gebietskörperschaft zu nehmen. Der die Wahrnehmung von kommunalen Aufgaben legitimierende Wahlakt fällt mit der Stimmabgabe zum jeweiligen Landesparlament zusammen. Im Lande Bremen besteht jedoch zumindest in der Stadtgemeinde Bremerhaven die Möglichkeit, das Kommunalparlament in einem eigenen Wahlakt zu bestimmen.

Die Hamburger Bürgerschaft und das Berliner Abgeordnetenhaus erfüllen aufgrund der strukturellen Identität als Stadt und Staat sowohl die Funktion eines Landesparlamentes als auch einer kommunalen Volksvertretung. Die kommunale Vertretung für die Stadtgemeinde Bremen ist die Stadtbürgerschaft. Diese ist mit der Bremischen Bürgerschaft (Landtag) weder rechtlich, organisatorisch noch funktional identisch.

Aufgrund der dargestellten Unterschiede wird deutlich, dass die Umsetzung der Richtlinie in Hamburg und Berlin nicht ohne weiteres auf Bremen übertragen werden kann. Bremen verfügt im Gegensatz zu Hamburg und Berlin über zwei von der staatlichen Ebene zu trennende kommunale Gebietskörperschaften. Die Beiräte stellen damit gerade nicht die „lokale Gebietskörperschaft der Grundstufe" im Sinne der Richtlinie dar. Eine Beteiligung der ausländischen Unionsbürger nur auf Bezirks- bzw. Beiratsebene wie in Hamburg und Berlin ist daher mit erheblichen rechtlichen Problemen verbunden, die im Folgenden noch zu erörtern sind.

---

643 Heise, in HBKWP, S. 312; Thieme, DÖV 1969, 832.

6. Die Rolle Bremens bei der Änderung von Art. 28 Abs. 1 GG

Für die Umsetzung des vertraglichen Gebots aus dem Maastrichter Vertrag zum Kommunalwahlrecht für ausländische Unionsbürger war in Deutschland – wie bereits ausgeführt - eine Grundgesetzänderung erforderlich. Einen entsprechenden Vorschlag zu erarbeiten, war Aufgabe der Gemeinsamen Verfassungskommission (GVK) von Bundestag und Bundesrat [644]

Bremen versuchte schon sehr früh, sich in die bundespolitische Diskussion über die Einführung des Kommunalwahlrechtes für Unionsbürger einzubringen. Ziel war es, die besondere Lage Bremens schon bei der notwendigen Grundgesetzänderung zu berücksichtigen, um eine Lösung auf Bundesebene zu erreichen, die es Bremen ermöglichen würde, seine kommunalverfassungsrechtliche Struktur beizubehalten.[645]

6.1. Stadtstaatenklausel

Der erste Vorstoß Bremens in der GVK war auf eine gemeinsame (Ausnahme)Regelung für alle drei Stadtstaaten gerichtet. Art. 28 Abs. 1 GG sollte um eine sog. Stadtstaatenklausel ergänzt werden, die es den Stadtstaaten erlauben sollte, dass Unionsbürger uneingeschränkt an der Wahl ihrer Parlamente mitwirken dürfen, auch soweit sie Landeparlamente seien.[646]

Die Stadtstaatenklausel sollte es den Stadtstaaten erlauben, den Unionsbürgern in Ermangelung eigenständiger Kommunalwahlen die Teilnahme an den Wahlen zu den jeweiligen Landesparlamenten zu ermöglichen. Nach Ansicht des Bremer Senats trug die bislang vorgeschlagene Grundgesetzänderung nicht der besonderen Lage der Stadtstaaten Rechnung. Die von der GVK vorgeschlagene Änderung würde dazu führen, dass die Stadtstaaten den Anforderungen des nationalen und europäischen Rechts nur Genüge tun könnten, wenn sie Landes- und Kommunalparlamente trennen und in eigenständigen Wahlakten wählen würden. Gerade der Doppelcharakter der Parlamente als Landes- und Kommunalparlamente gehöre aber zu den spezifischen Eigenarten der Stadtstaaten, die

---

[644] Der Schwerpunkt der Arbeit der GVK beinhaltete die verfassungsrechtlichen Fragen einer Stärkung des Föderalismus in Deutschland und Europa, vgl. die Unterrichtung der Kommission Verfassungsreform des Bundesrates: Stärkung des Föderalismus in Deutschland und Europa sowie weitere Vorschläge zur Änderung des Grundgesetzes, BR-Drs. 360/92 vom 14. Mai 1992, S.2; vgl. auch Art. 5 des Vertrages zwischen der Bundesrepublik Deutschland und der Deutschen Demokratischen Republik über die Herstellung der Einheit Deutschlands (Einigungsvertrag) vom 31. August 1990, BGBl. 1990 II S. 885.

[645] Vgl. Beschluss des Bremer Senats vom 16. Juni 1992.

[646] Vgl. Beschluss des Bremer Senats vom 16. Juni 1992.

deren Beibehaltung rechtfertige.[647] Um den Belangen der Stadtstaaten Rechnung zu tragen und die Probleme der Einführung des Kommunalwahlrechtes für Unionsbürger zu lösen, brachte Bremen folgenden Antrag offiziell in die GVK ein:

„In den Ländern Berlin, Bremen und Hamburg können die Landesverfassungen vorsehen, dass dies (gemeint ist das Kommunalwahlrecht für Unionsbürger) auch bei Wahlen zu den Landtagen gilt, wenn staatliche und gemeindliche Tätigkeit nicht getrennt sind oder eine Gemeindevertretung aus einem Teil des Landtages besteht. „[648]

Die GVK überwies den Antrag zunächst an die Berichterstatter des Themenbereiches Grundgesetz und Europa. Diese schlugen der Kommission vor, den Antrag Bremens zunächst zu prüfen und zum gegebenen Zeitpunkt darüber zu entscheiden.[649] Im Rahmen der weiteren Beratungen in der GVK wurde jedoch deutlich, dass der Antrag keine Mehrheit finden würde. Insbesondere fehlte es auch an der Unterstützung der beiden anderen Stadtstaaten. Sowohl Hamburg als auch Berlin lehnten den Vorstoß Bremens ab. Ihrer Ansicht nach betreffe diese Problematik allein Bremen und sei kein Stadtstaatenproblem. Schließlich verfügten Hamburg und Berlin über keine eigenständige kommunale Ebene, so dass eine Beteiligung der Unionsbürger nur an den Wahlen zu den Bezirksvertretungen möglich sei.[650] Bremen zog daraufhin seinen Antrag bezüglich der Stadtstaatenklausel zurück.[651]

6. 2. Bremer Klausel

Nach dem Scheitern der Einführung der Stadtstaatenklausel versuchte Bremen durch die sog. Bremer Klausel darauf hinzuwirken, dass zumindest die spezifische Bremer Problematik bei der Grundgesetzänderung berücksichtigt wurde.[652] Der erneute Antrag Bremens in der GVK war daher explizit auf die besondere Problematik der Stadtgemeinde Bremen zugeschnitten. Im Gegensatz zur Stadtstaatenklausel wollte Bremen nunmehr keine Änderung des Art. 28 GG mehr

---

647 Beschluss des Bremer Senats vom 16. Juni 1992;vgl.auch Sieveking, DÖV 1993, 449, 454.

648 Antrag Bremen an die GVK vom 18.06.1992, Kommissions-Drs. Nr.5, BTag-Drs. 12/6000, S. 140.

649 Arbeitsunterlage Nr. 63 der GVK: Protokollnotizen zum Komplex Grundgesetz und Europa Nr. 4.

650 Tischvorlage für den Senat vom 29.09.1992; Mitteilung des Senats vom 07. Mai 1996, BB-Drs. 14/294, S. 4; Sieveking, DÖV 1993, 449, 455.

651 Kommissions-Drs. Nr.5, BTag-Drs. 12/6000, S. 140.

652 Siehe auch Sieveking, DÖV 1993, 449, 455.

erreichen, sondern schlug eine Ergänzung der im 10. Abschnitt des Grundgesetzes geregelten „Übergangs- und Schlussbestimmungen" vor. Dort sollte der bisherige Wortlaut des Art. 141 Abs. 1 GG wie folgt ergänzt werden:

„Artikel 28 Abs. 1 S. 3 findet auch in einem Land Anwendung, in dem am 07.02.1992 eine landesverfassungsrechtliche Regelung galt, nach der eine Gemeindevertretung aus einem Teil des Landtages besteht."[653]

Hintergrund dieses Vorschlages war, dass Bremen die schon bisher bestehende und in Art. 141 GG verankerte „Bremer Klausel", die den Religionsunterricht in Bremen betrifft, um eine weitere auf bremische Besonderheiten eingehende Vorschrift ergänzen wollte. Die systematische Einordnung der Ergänzung in den Abschnitt „Übergangs- und Schlussbestimmungen" sollte dabei unterstreichen, dass es sich um eine ausschließlich die Verhältnisse der Stadtgemeinde Bremen betreffende Vorschrift handele, die der Erweiterung nicht zugänglich sei. Mit der ausdrücklichen Bezugnahme auf den 07.02.1992 als Datum der Unterzeichnung des Vertrages von Maastricht versuchte Bremen, ebenfalls diesen Gedanken nochmals zu unterstreichen.[654] Bremen wollte so den Wünschen der Bundesregierung Rechnung tragen und unzweifelhaft darstellen, dass sich diese Regelung wirklich nur auf die ganz besondere Problematik in der Stadtgemeinde Bremen beschränken würde. Es sollte jedem Verdacht entgegengewirkt werden, dass eine solche Formulierung im Grundgesetz es auch anderen Bundesländern ermöglichen würde, ein Unionsbürgerwahlrecht oberhalb der kommunalen Ebene einzuführen.[655]

Doch auch dieser Versuch Bremens blieb erfolglos. Er scheiterte daran, dass dem Beschluss der GVK vom 14. Oktober 1992 die erforderliche verfassungsändernde Mehrheit fehlte.[656] Insbesondere die Bundesregierung vertrat die Auffassung, dass das gemeinschaftsrechtlich vorgegebene kommunale Wahlrecht unabhängig von landespezifischen Besonderheiten nicht für Landtagswahlen gelte. Das Gemeinschaftsrecht fordere gerade nicht eine Beteiligung der Unionsbürger an den Landtagswahlen. Bremen könne sich daher nicht darauf berufen, auf einer gemeinschaftsrechtlichen Grundlage zur Schaffung eines verein-

---

653 Kommissions-Drs. Nr. 14, BTag-Drs. 12/6000,S. 140.

654 Mitteilung des Senats vom 07. Mai 1996, BB-Drs. 14/294, S. 4.

655 Siehe dazu auch die Tischvorlage für die Sitzung des Senats vom 29. 09.1992, in der auch auf die Berichterstattergespräche vom 24.09.1992 verwiesen wird, aufgrund der man diese Ergänzung mit dem Datum noch zusätzlich in die bremische Formulierung aufgenommen hatte.

656 Kommissions-Drs. Nr.5, BTag-Drs. 12/6000, S. 140; vgl. auch Sieveking, DÖV 1993, 449, 455.

ten Europas beizutragen. Vielmehr handele es sich um eine reine innerstaatliche Ausnahme von dem Prinzip der demokratischen Repräsentation des Volkes nur durch deutsche Staatsbürger. Die bremischen Besonderheiten in der kommunalverfassungsrechtlichen Struktur vermögen jedoch keine solche Ausnahme von diesem verfassungsrechtlichen Prinzip zu rechtfertigen.[657]

In der Beratung in der GVK wurden zudem Bedenken geäußert, dass mit der Bremer Klausel ein allgemeiner Einstieg in das Ausländerwahlrecht bei Landtagswahlen verbunden wäre. Genau dieses sollte jedoch bei der Grundgesetzänderung verhindert werden. Resultat der Bemühungen Bremens in der GVK war, dass Bremen ausdrücklich aufgefordert wurde, seine Verfassung zu ändern und sicherzustellen, dass den ausländischen Unionsbürgern die Teilnahme an Kommunalwahlen in Bremen ermöglicht werde. Anderenfalls würde Bremen eine Verletzung des EG-Vertrages vorzuwerfen sein.[658]

6.3. Zusammenfassung

Das Ergebnis der Beratung der GVK war die bereits im vierten Abschnitt der Arbeit ausführlich erörterte Ergänzung des Art. 28 Abs. 1 GG um folgenden Satz:

„Bei Wahlen in Kreisen und Gemeinden sind auch Personen, die die Staatsangehörigkeit eines Mitgliedstaates der Europäischen Gemeinschaft besitzen, nach Maßgabe von Recht der Europäischen Gemeinschaft wahlberechtigt und wählbar.“ [659]

Dieser von der GVK in der 8. Sitzung am 26. Juni 1992 zur Ergänzung von Art. 28 Abs. 1 GG gemachte Vorschlag fand in der erwähnten Fassung Eingang in den Gesetzesentwurf der Bundesregierung.[660] Diese Grundgesetzänderung stellte Bremen vor das Problem, dass es einerseits grundgesetzlich verpflichtet wurde, ausländische Unionsbürger an den Kommunalwahlen zu beteiligen, es andererseits in der Stadtgemeinde Bremen keinen eigenständigen Kommunalwahlakt zur Stadtbürgerschaft gab. Die Versuche Bremens, die durch den kommunalverfassungsrechtlichen Aufbau bedingten Probleme bei der Umsetzung des Kommunalwahlrechts für ausländische Unionsbürger auf Bundesebene zu lösen, wa-

---

[657] Protokoll der 11. Sitzung der Gemeinsamen Verfassungskommission vom 15.10.1992, S. 575.

[658] GVK, Stenographischer Bericht, 11. Sitzung, S. 5ff.

[659] BRat – Drs. 501/92.

[660] Vgl. Busch, „Die gemeinsame Verfassungskommission – eine Zwischenbilanz“, Das Parlament 1992, S. 19.

ren gescheitert. Denn obwohl man dort das Problem erkannte, bot man Bremen keine Hilfe bei der Lösung an.

Grund dafür war sicherlich zum einen, dass man es nicht geschafft hatte, eine gemeinsame Linie mit den anderen Stadtstaaten zu finden, zum anderen vertraute man wohl zu sehr darauf, dass das Problem von anderer Seite gelöst werden würde. Die Bundesregierung ging davon aus, dass Bremen dieses Problem im Rahmen seines Staatsaufbaues lösen werde, während Bremen darauf vertraute, im Rahmen der Erstellung der europäischen Richtlinie Klärung in dieser Frage zu erlangen. Wie sich herausstellen sollte, wurde die diesbezügliche Erwartung Bremens leider nicht erfüllt.

7. Die Rolle Bremens bei der Erarbeitung der Richtlinie 94/80/EG

Das nächste Aktionsfeld Bremens bildeten die Verhandlungen zum Richtlinienentwurf der Gemeinschaft. Diese fanden zum Teil zeitgleich mit den Verhandlungen in der GVK statt. Bremen versuchte auch hier, auf die spezifische kommunalverfassungsrechtliche Struktur Bremens und die sich daraus ergebende Problematik bei der Umsetzung des Kommunalwahlrechts für ausländische Unionsbürger hinzuweisen und eine europäische Lösung seines Problems zu finden.

7.1. Die Zuständigkeit der Länder bei der Erarbeitung der Richtlinie

Zur Festlegung des Umfanges und der Modalitäten des im Maastrichter Vertrag festgeschriebenen Kommunalwahlrechts für Unionsbürger bedurfte es einer europäischen Richtlinie. Die Kommission legte am 23.02.1994 den Vorschlag für eine Richtlinie über die Einzelheiten der Ausübung des Kommunalwahlrechtes für Unionsbürger vor. Es wurde eine Arbeitgruppe des Rates eingesetzt, in der der Vorschlag erörtert und überarbeitet werden sollte.

Die Bundesrepublik Deutschland wurde in dieser Arbeitsgruppe durch zwei Vertreter des Bundesrates vertreten.[661] Gemäß § 6 Abs. 2 des Gesetzes über die Zusammenarbeit von Bund und Ländern in Angelegenheiten der Europäischen Union (EUZBLG) hat die Bundesregierung die Verhandlungsführung in den Gremien des Rates sowie auf Ratsebene auf die vom Bundesrat benannten Ver-

---

[661] In der Arbeitsgruppe des Rates zur Erarbeitung der Kommunalwahlrichtlinie war die Bundesrepublik durch einen Vertreter aus Nordrhein – Westfalen sowie seinen Stellvertreter aus Bayern vertreten. Auf der Ratsebene nahm der brandenburgische Minister des Inneren, Herr Ziel, die deutsche Verhandlungsführung wahr, BRat-Drs. 65/94 (Beschluss).

treter zu übertragen, wenn die Gesetzgebungskompetenz der Länder betroffen ist.[662] Da nach Art. 70 Abs. 1 GG die Länder die ausschließliche Gesetzgebungskompetenz für das Kommunalwahlrecht haben, war dem Bundesrat die wesentliche Rolle bei der Festlegung der deutschen Verhandlungsposition im Ministerrat zuzuweisen.[663]

Zur Vorbereitung der Vertretung der Länder in dieser Arbeitsgruppe des Rates richtete die Innenministerkonferenz (IMK) am 21./22.05.1992 eine Arbeitsgruppe ein, die die deutsche Position zu den Grundsätzen eines Kommunalwahlrechtes für Unionsbürger erarbeiten sollte. Beteiligt daran wurde ebenfalls das Bundesministerium des Inneren. Die Innenressorts der Länder wurden aufgefordert darzulegen, welche Voraussetzungen für die Ausübung des jeweiligen Kommunalwahlrechtes in ihrem Bundesland bestehen und welcher Regelungsbedarf sich daraus für eine europäische Richtlinie zur Umsetzung des Kommunalwahlrechtes für Unionsbürger ergeben. Welche Position Bremen dabei eingenommen hat und mit welchem Erfolg, soll im Folgenden dargestellt werden.

7.2. Die Verhandlungsposition des Bremer Senates

Der Aufforderung der Arbeitsgruppe der IMK folgend stellte Bremen seine kommunalwahlrechtliche Situation dar und äußerte sich zu den aus seiner Sicht wichtigen Eckpunkten einer EG-Regelung. Der Senator für Inneres verwies in seiner Stellungnahme auf die besondere, traditionell bedingte bremische Staatsorganisation und den fehlenden eigenständigen Kommunalwahlakt für die Stadtbürgerschaft. Er forderte, dass diese Problematik bei der Erarbeitung der Richtlinie berücksichtigt werden müsse.[664]

Innerhalb des Senates war jedoch umstritten, wie man sich in der innerdeutschen Diskussion über die EG-Richtlinie verhalten sollte. Der Senator für Inneres vertrat die Position, dass die Umsetzung des Kommunalwahlrechtes für aus-

---

[662] BRat –Drs. 65/94 (Beschluss).

[663] Vgl. Art. 23 V 2 GG i.V. m. § 5 Abs. 2 (EuZBLG), BGBl. (1993) I S. 313; Dass die Richtlinie gleichwohl nicht die Unterschrift eines Landesministers, sondern die des Bundesaußenministers – als seinerzeit amtierender Ratspräsident - trägt, ist kein Zufall, sondern entspricht § 6 Abs. 3 EuZBLG, der diese Aufgabe dem Bund vorbehält. Ebenfalls den Bund trifft im Außenverhältnis gegenüber der Europäische Gemeinschaft die Verantwortung für die vollständige und fristgerechte Umsetzung der Richtlinie.

[664] Schreiben Senator für Inneres (Herr Matthey) an die IMK AG „Haltung der IMK zur Änderung der EG-Verträge“ vom 24.06.1992; in dem auch gleichzeitig darauf hingewiesen wurde, dass man von Bremer Seite aus versuchte, eine innerstaatsrechtliche Lösung in Form der Einführung einer besonderen Stadtstaatenklausel bei der Änderung des Art. 28 I GG zu erreichen.

ländische Unionsbürger bei gleichzeitiger Beibehaltung der bremischen Staatsorganisation nur möglich sei, wenn auf europäischer Ebene eine Lösung für dieses Problem gefunden werde.[665] Eine solche europäische Lösung hätte jedoch zur Folge, dass die ausländischen Unionsbürger nur an den Beiratswahlen zu beteiligen wären. Voraussetzung dafür wäre, dass die bisher in dem Richtlinienvorschlag in Art 1 Abs. 2 enthaltene Definition für Kommunalwahlen erhalten bliebe. Durch sie würde sichergestellt, dass Kommunalwahlen im Sinne der Richtlinie nur solche seien, die von den Mitgliedstaaten dementsprechend definiert würden.[666] Durch den Definitionsvorbehalt der Länder[667] könne erreicht werden, dass die Beiratswahlen in Bremen als Kommunalwahl definiert werden würden.[668]

Dagegen vertrat der Senator für Justiz und Verfassung die Auffassung, dass man sich weiterhin voll darauf konzentrieren müsse, eine innerstaatliche Lösung durch eine Grundgesetzänderung zu finden, mit der sichergestellt würde, dass ausländische Unionsbürger an den Landtagswahlen teilnehmen können.[669] Dass es Bremen erreichen könne, auf die Kommission derart einzuwirken, dass die spezifischen bremischen Belange bei der Erarbeitung der europäischen Richtlinie berücksichtigt werden, hielt das Justizressort für unrealistisch.

Aus dem Beschluss des Senates vom 16. Juni 1992, in dem die Haltung Bremens gegenüber der Arbeitsgruppe der IMK festgelegt wurde, wird erkennbar, dass man weiterhin eine innerstaatliche Lösung favorisierte, die es den ausländischen Unionsbürgern ermöglichen sollte, in Bremen an den Landtagswahlen teilzunehmen. Es war in Bremen nicht politisch gewollt, den ausländischen Unionsbürgern eine Beteiligung an der Wahl zum Landtag und damit auch zur Stadtbürgerschaft zu verwehren.[670] Zwar wurden die Bedenken des Senators für Inneres in dieser Frage in die Senatsvorlage aufgenommen. Im Ergebnis wird jedoch ausdrücklich die Aufnahme einer Stadtstaatenklausel bei der notwendigen Änderung des Grundgesetzes gefordert.[671]

---

665 Schreiben des Senator für Inneres (Herr Matthey) an den Senator für Justiz vom 09.06.1992.

666 Schreiben Senator für Inneres (Herr Matthey) an die IMK AG vom 24.06.1992.

667 Aufgrund der Zuständigkeit für das Kommunalverfassungsrecht würde eine solche Definition in den Zuständigkeitsbereich der Länder fallen;

668 Schreiben des Senator für Inneres (Herr Matthey) an den Senator für Justiz vom 09.06.1992.

669 Vorlage des Senats Nr. 294/92 für die Sitzung des Senats am 16.06.1992.

670 Vorlage des Senats Nr. 294/92 für die Sitzung des Senats am 16.06.1992.

671 Beschluss des Senats vom 16.06.1992 zur Vorlage 294/92.

Aufgrund dieser Beschlusslage bemühte sich Bremen in erster Linie um die innerstaatliche Lösung und stellte sein Einbringen auf europäischer Ebene zurück. Erst nachdem die Bemühungen um die Einführung einer Bremer Klausel bei der Änderung des Art. 28 Abs. 1 GG erfolglos blieben, versuchte Bremen wieder auf europäischer Ebene seine Belange einzubringen.

Im Gegensatz zu den ersten Überlegungen des Senators für Inneres wollte der Senat nun über die Richtlinie erreichen, dass den Unionsbürger in der Stadtgemeinde Bremen über die Beteiligung an den Wahlen zur Bürgerschaft (Landtag) ein Kommunalwahlrecht eingeräumt wird. Der ursprüngliche Gedanke, durch die Richtlinie zu regeln, dass die Beiratswahl die Kommunalwahl in der Stadtgemeinde Bremen darstelle, wurde nicht weiterverfolgt. Der Senator für Inneres wurde vielmehr mit Beschluss vom 15.03.1994 beauftragt, gegenüber den Vertretern der Länder und der Bundesregierung darauf hinzuwirken, dass in der EG-Richtlinie deutlich gemacht werde, dass sich die Wahlberechtigung der in der Stadtgemeinde Bremen ansässigen Unionsbürger auf der Grundlage der geltenden Vorschriften über die Wahlberechtigung zur Bürgerschaft ergebe. Falls es nicht zu einer solchen Lösung auf europäischer Ebene komme, werde Bremen sich vorbehalten, nochmals eine Änderung der nationalen Verfassungslage zu fordern, um die besondere Situation Bremens zu berücksichtigen.[672]

7.3. Verhandlungen mit Bund und Ländern über Bremens Position zur EG-Richtlinie

Das Innenressort übermittelte daraufhin den deutschen Ländervertretern, die in der Arbeitsgruppe zum „Kommunalwahlrecht" des Rates saßen, einen Formulierungsvorschlag für eine „Bremer Klausel" in der Richtlinie.[673] Art. 12 Abs. 2 des Richtlinienentwurfes sollte um folgenden Absatz 3 ergänzt werden:

„Die Bestimmungen dieser Richtlinie finden auch in einem Mitgliedstaat Anwendung, in dem am 01.01.1996 eine verfassungsrechtliche Regelung galt, nach der eine lokale Vertretungskörperschaft der Grundstufe aus einem Teil des regionalen Parlamentes besteht."

Alternativ schlug Bremen vor, dass im Anhang der Richtlinie bei der Aufzählung der einzelnen Verwaltungseinheiten für Bremen die folgende Verdeutlichung der besonderen bremischen stadtstaatlichen Strukturen angefügt werden sollte:

---

[672] Beschluss des Senats vom 15.03.1994 zur Tischvorlage der Senatoren für Inneres und Justiz und Verfassung und der Senatskanzlei vom 10.03.1994.

[673] Schreiben des Senators für Inneres und Sport (Herr Matthey) an das Innenministerium des Landes Nordrhein-Westfalen vom 25.03.1994.

„Stadtgemeinde Bremen in der Freien Hansestadt Bremen mit der Stadtbürgerschaft als Teil der Bürgerschaft (Landtag)".

Mit dieser Formulierung konnte nach Ansicht Bremens eine ausschließlich der Bremer Problematik dienende Lösung gefunden werden, die etwaige Berührungen anderer Mitgliedstaaten der EG vermeidet.[674] Beide Vorschläge fanden sowohl bei den Vertretern der Länder in der Arbeitsgruppe des Rates als auch beim Bundesministerium des Inneren keine Unterstützung. Ihrer Ansicht nach seien die besonderen Probleme Bremen nicht über die EG-Richtlinie zu lösen, sondern bedürften einer innerstaatlichen Lösung. Die ablehnende Haltung dem Bremer Vorschlag gegenüber war unübersehbar.[675]

Sowohl die Vertreter der Länder als auch der Bund bezogen sich in der Begründung ihrer ablehnenden Haltung auf verfassungsrechtliche Bedenken sowie den innerstaatlichen Rechtsanwendungsbefehl zum Maastrichter Unionsvertrag. Die Beteiligung der Unionsbürger in Bremen an der Landtagswahl verstoße gegen das Grundgesetz Art. 28 Abs. 1 S. 3 GG und werde auch nicht durch Art. 19 EGV gerechtfertigt, der sich ausdrücklich nur auf die Kommunalwahlen beziehe. Die Richtlinie könne zwar Ausnahmen zulassen, diese würden sich jedoch nur auf Einschränkungen des Partizipationsrechtes für Unionsbürger auf kommunaler Ebene beziehen, nicht deren Erweiterung über die Kommunalwahlen hinaus.[676] Das Bundesministerium des Inneren schlug Bremen vor, dass es lieber versuchen solle, sich dafür einzusetzen, dass eine Ausnahme in dem Sinne in die Richtlinie aufgenommen werde, die regele, dass Art. 8b Abs. 1 S. 1 des Richtlinienentwurfes in Bremen keine Anwendung finde. Dieses habe dann zur Folge, dass den Unionsbürgern in der Stadtgemeinde Bremen kein Kommunalwahlrecht eingeräumt werden müsse. Der Bund machte jedoch ebenfalls deutlich, dass für den Fall das dieses nicht beim Rat umsetzbar wäre, Bremen die Realunion von Bürgerschaft und Stadtbürgerschaft aufheben müsse.[677]

Bremen sah somit seinen Versuch, seine Position direkt in die Arbeitsgruppe des Rates zur Erarbeitung der Richtlinie einzubringen, als gescheitert an. Letztlich blieb somit nur die Hoffnung, dass sich im anstehenden Bundesratsverfah-

---

674 Schreiben des Senators für Inneres und Sport (Herr Matthey) an das Innenministerium des Landes Nordrhein-Westfalen vom 25.03.1994.

675 Vorlage des Senats 252/94 für die Sitzung des Senats vom 10.05.1994; Schreiben des Bundesministerium des Inneren (Dr. Schnapauff) vom 29.04.1994 an die Länder.

676 Vorlage des Senats 252/94 für die Sitzung des Senats vom 10.05.1994; Schreiben des Bundesministerium des Inneren (Dr. Schnapauff) vom 29.04.1994 an die Länder.

677 Schreiben des Bundesministerium des Inneren (Dr. Schnapauff) vom 29.04.1994 an die Länder.

ren zur Behandlung des Richtlinienentwurfes eine Mehrheit finden würde, die die Bremer Position unterstützen würde.[678] Bremen stellte daher bei den Beratungen des Richtlinienentwurfes in den beteiligten Ausschüssen des Bundesrates (EG, Innen und Recht) die entsprechenden Anträge[679] und betonte, dass es ohne eine Änderung des Richtlinienentwurfes nicht möglich sei, bei Beibehaltung des traditionellen Staatsaufbaus ein Kommunalwahlrecht der Unionsbürger in der Stadtgemeinde Bremen zu gewährleisten. Bremen verwies darauf, dass sein Antrag in der GVK zwar nicht die notwendige Zweidrittelmehrheit gefunden habe, man dort jedoch zur Lösung der Bremer Problematik auf die Beratung der Richtlinie verwiesen worden sei.[680] Die von der Bundesregierung vorgebrachten erheblichen verfassungsrechtlichen Bedenken führten jedoch auch im Innen-, Rechts- und EU – Ausschuss des Bundesrates dazu, dass der Antrag Bremens keine Mehrheit fand.[681] In der abschließenden Beratung des Bundesrates über den Richtlinienentwurf verkürzte Bremen seinen Antrag auf die Formulierung:

„Stadtgemeinde Bremen in der Freien Hansestadt Bremen mit Stadtbürgerschaft als Teil der Bürgerschaft“

Diese Formulierung sollte im Anhang der Richtlinie bei der Aufzählung der Verwaltungseinheiten für die Freie Hansestadt Bremen aufgenommen werden.[682]

Mit diesem Antrag konnte Bremen sich zunächst im Bundesrat am 20.05.1994 durchsetzen.[683] Der Begründung für die Beschlussfassung ist zu entnehmen, dass der Bundesrat davon ausging, dass durch diese Ergänzung sichergestellt werden würde, dass mögliche Risiken verbunden mit einer Beteiligung von Unionsbürgern an Landtagwahlen ausgeschlossen werden.[684] Die Durchsetzung dieses Antrages im Bundesrat wurde in Bremen als großer Erfolg gewertet. Damit verbunden war die Erwartung Bremens, dass nun sichergestellt sei, dass die EU-Ausländer unter Wahrung des staatsrechtlichen Aufbau Bremens an der

---

678 Beschluss des Senats zur Vorlage 252/94 für die Sitzung des Senats vom 10.05.1994.

679 U.a. im Bundesratsinnenausschuss am 05.05.1994.

680 Vgl. Niederschrift über die Besprechung der Länder über die Kommunalwahl der EG für Unionsbürger am 31. Januar 1995.

681 Vgl. Niederschrift über die Besprechung der Länder über die Kommunalwahl der EG für Unionsbürger am 31. Januar 1995.

682 BRat Drs. 294/4/94.

683 BRat Drs. 294/94 (Beschluss).

684 BRat Drs. 294/94 (Beschluss) Nr. 4 S. 4.

Wahl zur Stadtbürgerschaft beteiligt würden.[685] Diese Erwartung wurde jedoch zugleich von der Bundesregierung wieder zunichte gemacht, die der Stellungnahme des Bundesrates widersprach.[686] Daraufhin wurde ein Verfahren nach § 5 Abs. 2 S. 5 EUZBLG zur Herstellung eines Einvernehmens von Bundesregierung und Bundesrat in dieser Frage notwendig. Dieses Einvernehmen sah folgendermaßen aus: Im Anhang zur Richtlinie sollte bei der Auflistung der kommunalen Ebenen der Mitgliedstaaten für Bremen aufgenommen werden:

„Stadtgemeinde Bremen in der Freien Hansestadt Bremen“.

Das in dieser Formulierung gefundenen Einvernehmen war jedoch insoweit trügerisch, da der Bund und Bremen unterschiedliche Interpretationen und Erwartungen damit verbanden. Der Bund ging davon aus, dass Bremen aufgrund dieser Formulierung gefordert sei, eine innerbremische Lösung zu finden, die sicherstelle, dass die ausländischen Unionsbürger nur an den Kommunalwahlen, nicht jedoch an der Landtagswahl teilnehmen. Bremen schloss dagegen aus dieser Formulierung, dass der Bund nun das Grundgesetz in der Form ergänzen werde, dass der besonderen Verfassungslage Bremens Rechnung getragen werde. [687]

Trotz der bestehenden Missverständnisse wurde die gefundene Lösung am 13./14 Juli 1994 in die Sitzung der Arbeitsgruppe des Rates eingebracht und die Kommission um die entsprechende Ergänzung des Anhangs der Richtlinie gebeten. Die endgültige Fassung der Richtlinie enthält daher in ihrem Anhang neben Bremerhaven als weitere lokale Gebietskörperschaft im Bundesland Bremen die

„Stadtgemeinde Bremen in der Freien Hansestadt Bremen.“

7.4. Zusammenfassung

Das Bemühen Bremens, die Besonderheiten des bremischen Staatsaufbaues in die Diskussion auf der europäischen Ebene einzubringen, zeigt deutlich, dass es Bremen einerseits darum ging seine traditionellen Strukturen zu wahren, anderseits aber auch erreicht werden sollte, dass ausländische Unionsbürger an der Zusammensetzung der Stadtbürgerschaft über eine Beteiligung an der Landtagswahl partizipieren können. Daher fand auch der zum Beginn der Diskussion

---

685 Pressemitteilung des Senats der Freien Hansestadt Bremen vom 26.05.1994.

686 Schreiben des Bundesministeriums des Inneren (Staatssekretär Franz Kroppenstedt) vom 09.06.1994 an den Präsidenten des Bundesrates Klaus Wedemeier, Anlage 1 zur BRat-Drs. 294/94 (Beschluss) Mitteilung des Präsidenten.

687 BRat -Drs. 294/94 (Beschluss) Mitteilung des Präsidenten vom 07.07.1994.

aufgeworfene Vorschlag des Senators für Inneres, die Unionsbürger in der Stadtgemeinde Bremen nur an den Beiratswahlen zu beteiligen, keine Zustimmung im Senat. Aufgrund der Äußerungen der Bundesregierung ist ungewiss, ob ein solcher Vorschlag nicht vielleicht mehr Erfolg gehabt hätte. Er war jedoch in Bremen politisch nicht gewollt.

Bremen konzentrierte sich daher auch in erster Linie darauf, eine innerstaatliche Lösung seines Problems in Form der Ergänzung des Art. 28 Abs. 1 GG um eine Bremer Klausel zu finden. Dementsprechend waren die ersten Einlassungen auf europäischer Ebene eher zurückhaltend. Vergleicht man die Diskussion in der GVK mit den innerstaatlichen Verhandlungen über die EG-Richtlinie, wird deutlich, dass die Handelnden sich oftmals darauf verließen, dass das Problem schon auf der anderen Ebene gelöst werde. Die Hoffnungen Bremens, dass die Ergänzung im Anhang der Richtlinie dazu führen würde, dass die innerstaatliche Diskussion über eine Verfassungsänderung wieder neu eröffnet wurde, schienen schon damals unrealistisch. Zu deutlich war die Auffassung der Bundesregierung, dass eine Beteiligung der ausländischen Unionsbürger an der Landtagswahl nicht mit dem Grundgesetz vereinbar sei. Dieses hätte Bremen spätestens nach dem Scheitern in der GVK klar sein müssen. Eine erneute Diskussion über eine Ergänzung des Art. 28 Abs. 1 GG um eine Bremer Klausel war damit von Anfang an zum Scheitern verurteilt. Dennoch blieb Bremen zu diesem Zeitpunkt wohl keine andere Verhandlungsposition, wenn sie sowohl bei seiner ursprünglichen Haltung zur Wahrung der traditionellen Strukturen und gleichzeitiger Beteiligung der Unionsbürger an der Zusammensetzung der Stadtbürgerschaft bleiben wollte.

8. Umsetzung der Richtlinie 94/80/EG in der Freien Hansestadt Bremen

Nachdem die Richtlinie 94/80/EG am 20.01.1995 in Kraft getreten war, musste in Bremen eine Lösung gefunden werden, wie man das Kommunalwahlrecht für ausländische Unionsbürger im eigenen Bundesland umsetzen wollte. Bremen blieb dabei nicht viel Zeit, denn die Richtlinie schrieb in Art. 14 vor, dass eine Umsetzung in den Mitgliedstaaten vor dem 01. Januar 1996 erfolgen müsse. Bereits im Herbst 1995 standen jedoch schon die nächsten Wahlen zur Bremer Bürgerschaft, der Stadtverordnetenversammlung Bremerhavens und den Beiräten vor der Tür.[688] Da allen Beteiligten bewusst war, dass die sich ergebenden

688 Letztlich fanden die Wahlen zur Bremer Bürgerschaft und den Beiräten aufgrund einer Verkürzung der Wahlperiode und sich daraus ergebenden Neuwahlen bereits im Mai 1995 statt.

Probleme bei der Umsetzung der Richtlinie nicht bis zu dieser Wahl im Herbst 1995 zu lösen sein würden, einigte man sich darauf, eine Beteiligung von Unionsbürgern an den entsprechenden Wahlakten im Lande Bremen erst bei den anschließenden Wahlen in 1999 vorzusehen.

Relativ unproblematisch war die Umsetzung der Richtlinie bezüglich der Wahl zur Stadtverordnetenversammlung in der Stadtgemeinde Bremerhaven. Die dafür notwendigen Änderungen im Wahlgesetz zur Beteiligung der ausländischen Unionsbürger werden daher im Folgenden nur kurz skizziert. Kopfzerbrechen bereitete dagegen aufgrund der dargestellten kommunalverfassungsrechtlichen Situation die Beteiligung der ausländischen Unionsbürger in der Stadtgemeinde Bremen. Die verschiedenen Lösungsmodelle werden im Anschluss an die Bremerhavener Thematik dargestellt und ihre Verfassungskonformität bzw. Vereinbarkeit mit dem europäischen Recht überprüft.

8.1. Kommunales Unionsbürgerwahlrecht in Bremerhaven

8.1.1. Teilnahme an der Wahl zur Stadtverordnetenversammlung
Im Gegensatz zur Einführung des Kommunalwahlrechtes für Unionsbürger für das bremische Wahlgebiet erforderte die Einführung des kommunalen Unionsbürgerwahlrechtes in Bremerhaven verhältnismäßig wenig Aufwand. Bremerhaven verfügt über eine eigenständige Kommunalvertretung, die Stadtverordnetenversammlung. Diese wird, wie bereits ausgeführt, in einem eigenständigen Kommunalwahlakt gewählt. Das Wahlrecht und die Wählbarkeit werden durch das Bremische Wahlgesetz festgelegt. Nach § 43 Absatz 1 Bremisches Wahlgesetz in der Fassung von 1995[689] war vor der durch die EG-Richtlinie erforderlich gewordenen Änderung wahlberechtigt, wer auch im Wahlbereich Bremerhaven zur Bürgerschaft wahlberechtigt war. Umfasst waren somit nur Deutsche im Sinne des Art. 116 GG. Um den ausländischen Unionsbürgern das kommunale Wahlrecht für die Stadtverordnetenversammlung zu ermöglichen, musste das Wahlgesetz entsprechend geändert werden. Die Änderung wurde durch eine Ergänzung des § 43 des Bremischen Wahlgesetzes vorgenommen, in dessen neuen Absatz 2 es jetzt heißt:

„Wahlberechtigt sind unter den übrigen Wahlrechtsvoraussetzungen des Absatzes 1 auch Staatsangehörige der übrigen Mitgliedstaaten der Europäischen Gemeinschaft (Unionsbürger).“[690]

---

[689] Bremisches Wahlgesetz in der zuletzt geänderten Fassung vom 23. Februar 1995, Brem.GBl.S. 117.

[690] Bremisches Wahlgesetz in der Fassung vom 01. Oktober 1996.

Durch diese Ergänzung des Bremischen Wahlgesetzes erhalten die ausländischen Unionsbürger das aktive und passive Wahlrecht zur Stadtverordnetenversammlung. Als Mitglieder der Stadtverordnetenversammlung haben sie die gleichen Rechte wie die deutschen Mitglieder der Stadtverordnetenversammlung.

Durch die Beteiligung der ausländischen Unionsbürger an der Wahl zur Stadtverordnetenversammlung ergaben sich ebenfalls Änderungen bei den Wahlvorbereitungen und der Wahldurchführung. Aufgrund des bisherigen Verbundsystems von Bürgerschafts- und Stadtverordnetenwahl wurde durchweg mit gleichen Bekanntmachungen, gleichen Wahlorganen, gleichen Wählerverzeichnissen, gleichen Wahlurnen usw. gearbeitet. Dieses musste durch die Beteiligung der Unionsbürger an den Wahlen entsprechend geändert werden, da die Unionsbürger nicht stimmberechtigt waren bei der Wahl der Mitglieder zur Bürgerschaft im Wahlbereich Bremerhaven [691]

8.1.2. Wahl des Magistrats

Zu den Aufgaben der Stadtverordnetenversammlung gehört nach §§ 18, 39 der Stadtverfassung auch die Wahl der Magistratsmitglieder. Ausländische Unionsbürger, die Mitglied der Stadtverordnetenversammlung geworden waren, waren somit auch an der Wahl des Magistrats zu beteiligen. Das Gleiche galt für die Wahl in den Magistrat. Auch hier galt gemäß § 40 der Stadtverfassung, dass zum Mitglied des Magistrats gewählt werden könne, wer zur Stadtverordnetenversammlung wählbar sei. Da ausländische Unionsbürger zukünftig in die Stadtverordnetenversammlung gewählt werden können, wurde daraus geschlussfolgert, dass sie somit nicht nur an der Wahl der Magistratsmitglieder teilnehmen, sondern auch selber in den Magistrat wählbar seien.

Zu prüfen ist, ob dieses aktive und passive Wahlrecht zum Magistrat mit dem Gemeinschaftsrecht und dem deutschen Verfassungsrecht vereinbar ist. Zum passiven Wahlrecht der ausländischen Unionsbürger enthält die EG-Richtlinie in Art. 5 Abs. 3 eine Regelung bezüglich der Wahl von Unionsbürger in kommunale Exekutivorgane. Art 5 Abs. 3 der Richtlinie gibt dem Wohnsitzmitgliedstaat das Recht, zu bestimmen, dass nur seine eigenen Staatsangehörigen in die Ämter des Leiters der Exekutivorgans, seines Vertreters oder eines Mitgliedes des leitenden kollegialen Exekutivorgans wählbar sind. Der Grund für diese nationale Option war, dass die Aufgaben des kommunalen Exekutivorgans die Teilnahme an der Ausübung der Staatsgewalt und die Wahrung der allgemeinen Interessen umfassen können. Die den Mitgliedstaaten danach erlaubten Einschränkungen des passiven Wahlrechts der Unionsbürger müssen

---

[691] Vgl. Mitteilung des Senats vom 07. Mai 1996, BB- Drs. 14/294, S. 15.

allerdings den Vertrag und die allgemeinen Prinzipien des Rechts beachten und geeignet, erforderlich und verhältnismäßig sein. Durch derartige Maßnahmen darf das passive Wahlrecht nicht über das Maß hinaus eingeschränkt werden, das zur Erreichung der Ziele der nationalen Option erforderlich ist.[692]

Art. 5 Abs. 3 der Richtlinie betrifft jedoch nur die Positionen der unmittelbar gewählten Exekutivbeamten. Die Frage, ob EU-Bürger wählbar sind bzw. sie sich an Intraorganwahlen beteiligen dürfen, wenn kommunale Exekutivorgane nicht in allgemeinen und unmittelbaren Wahlen gewählt werden, sondern wie in der Stadt Bremerhaven durch die Stadtverordnetenversammlung, wird durch die Richtlinie nicht beantwortet.[693] Das aktive Wahlrecht der ausländischen Unionsbürger auch bei Intraorganwahlen kann jedoch aus dem „effet utile" des Gemeinschaftsrechts abgleitet werden. Dieser erfordert, dass gewählte Unionsbürger als Mandatsinhaber grundsätzlich die gleichen Rechte und Pflichten haben wie Inländer.[694] Ein ausländischer Unionsbürger, der aufgrund der EG-Richtlinie das passive Wahlrecht für die Gemeindevertretungen wie Kreistag oder Stadtverordnetenversammlung besitzt, muss auch als ausländisches Gemeinderatsmitglied die gleichen Rechte aus dem Mandat haben wie deutsche Gemeinderatsmitglieder.. Dieses ergibt sich schon aus der Rechtsstellung als kommunale Mandatsträger.[695] Dieses bedeutet für Bremerhaven, dass alle Stadtverordneten unabhängig von ihrer Staatsangehörigkeit an der Wahl der Magistratsmitglieder teilnehmen dürfen. Ansonsten wäre das aus den Wahlen resultierende politische Gleichgewicht in Frage zu stellen.[696] Die Wahl des Magistrats stellt eine besonders wichtige Aufgabe der Stadtverordnetenversammlung dar. Ein völliger Ausschluss ausländischer Stadtverordneter von dieser Wahl würde ihr Mandat entwerten und letztlich auch das Wahlrecht all derjenigen, die Unionsbürger als ihre Repräsentanten in die Vertretungskörperschaft gewählt haben.[697] Der Zweck des Kommunalwahlrechts für Unionsbürger würde verfehlt, wenn die Mitgliedstaaten es in der Hand hätten, das passive Wahlrecht der ausländischen Unionsbürger in kommunalen Vertretungskörperschaf-

---

[692] Protokollerklärung des Rates und der Kommission zu Art. 5 Abs. 3 Unterabsatz 3.

[693] Gundel, DÖV 1999, S. 360 argumentiert, dass es dem System der Richtlinie eher entspreche, die Wahl zur kommunalen Exekutivspitze immer in den Anwendungsbereich einzubeziehen, unabhängig davon, ob diese als unmittelbare Wahl ausgestaltet sei oder nicht. Dem hält jedoch Schunda, S. 226 entgegen, dass Wortlaut und Begründung der Richtlinie eine so weite Interpretation nicht rechtfertigen; in diesem Sinne auch Schrapper, DVBl. 1995, 1171.

[694] So auch Schunda, S. 228; Schrapper, DVBl. 1995, S. 1171.

[695] Gundel, DÖV 1999, 359.

[696] Vgl. de Lobkowicz, DÖV 1989, 528.

[697] Roller, S. 87, Schunda, S. 229.

ten je nach Belieben zu „entschärfen", indem sie gewählten Unionsbürgern wichtige Mandatsrechte entziehen und sie damit zu Gemeindevertretern minderen Rangs machen.

Daraus folgt jedoch nur, dass den ausländischen Unionsbürgern ein aktives Wahlrecht zusteht, wenn nach dem Kommunalrecht eine Wahl durch das Kommunalorgan Gemeinderat stattfindet. Diese Argumentation beantwortet jedoch nicht die Frage, ob ausländische Unionsbürger auch als Magistratmitglieder wählbar sind.

Die Richtlinie enthält – wie bereits ausgeführt – diesbezüglich keine Regelungen, so dass auch insofern wieder auf den „effet utile" zurückgegriffen werden muss. Dieser greift jedoch nur dann, wenn nach dem Kommunalrecht ein Amtsinhaber aus dem Kreis der Mitglieder der Vertretungskörperschaft zu wählen ist. Nur dann ist die Wählbarkeit eines Gemeindevertreters Ausfluss seiner Rechtsstellung als Mandatsträger.[698] Anders dagegen, wenn der Amtsinhaber zwar von der Gemeindevertretung gewählt wird der Bewerberkreis jedoch offen ist, also nicht aus der Mitte der Gemeindevertretung gewählt wird, wie bei der Wahl der Magistratsmitglieder. In diesem Fall stellt nur das aktive, nicht aber das passive Wahlrecht zur Wahl des Amtsinhabers ein Mandatsrecht dar.[699] Insofern kann auch nicht aus dem „effet utile" ein passives Wahlrecht von EG-Ausländern bei mittelbaren Wahlen der kommunalen Exekutivspitze abgeleitet werden. Es bleibt somit dabei, dass Wortlaut und Begründung der Richtlinie ausdrücklich nur unmittelbare Wahlen in den Anwendungsbereich der Richtlinie aufnehmen.[700] Daraus folgt, dass das Gemeinschaftsrecht eine Beteiligung der ausländischen Unionsbürger an der Wahl der Magistratsmitglieder – soweit sie Mitglieder der Stadtverordnetenversammlung geworden sind – vorschreibt, während sich die Verpflichtung, den ausländischen Unionsbürgern auch das passive Wahlrecht für das Amt eines Magistratmitgliedes zu gewähren, nicht aus dem Gemeinschaftsrecht ergibt.

---

698 Schunda, S. 229.

699 Gundel, DÖV 1999, 359f.

700 Vgl. Gundel, DÖV 1999, 360; Schrapper DVBl. 1995, 1171, die auch Einschränkungsmöglichkeiten sehen, wenn grundsätzlich ein passives Wahlrecht besteht. Denn auch in diesen Fällen würde der Rechtsgedanke des Art. 5 Abs. 3 der Richtlinie greifen und auch hier ein Staatsbürgervorbehalt erlaubt sein. Denn es wäre nicht gerechtfertigt, das Amt des direkt gewählten Landrates auf deutsche Bewerber zu beschränken, bei der Wahl seiner Beigeordneten einen solchen Staatsbürgervorbehalt nicht zuzulassen. In diesem Sinne hat auch Baden-Württemberg das Amt des mittelbar gewählten Landrats ausdrücklich Deutschen vorbehalten (§ 39 LKO in B-W).

Zu prüfen ist somit, ob die Gewährung des passiven Wahlrechts für das Amt eines Magistratsmitgliedes gegen Verfassungsrecht verstößt. Das Grundgesetz gewährt den ausländischen Unionsbürgern das Kommunalwahlrecht nur nach Maßgabe des Europarechts. Wenn sich das passive Wahlrecht der EG-Ausländer bei indirekten Wahlen jedoch nicht aus dem Gemeinschaftsrecht ergibt, ist zu prüfen, ob die Wählbarkeit ausländischer Unionsbürger in mittelbar gewählte kommunale Ämter gegen das Demokratieprinzip des Grundgesetzes verstößt. In diesem Falle wäre § 40 der Stadtverfassung, der die Regelung enthält, dass in den Magistrat wählbar ist, wer auch in die Stadtverordnetenversammlung wählbar ist – also auch ausländische Unionsbürger - ,verfassungswidrig.

In Art. 28 Abs. 1 S. 3 GG heißt es, dass bei Wahlen in Kreisen und Gemeinden auch ausländische Unionsbürger nach Maßgabe des Gemeinschaftsrechts wahlberechtigt und wählbar sind. Durch Art. 28 Abs. 1 S. 3 GG ist das zwingende Erfordernis der deutschen Staatsangehörigkeit zur Ausübung von Staatsgewalt auf kommunaler Ebene beseitigt worden, auch wenn sich diese Verpflichtung zur Beteiligung zunächst nur ausdrücklich auf unmittelbare Willensbekundungen durch das Wahlvolk bezieht.[701] Ausländische Unionsbürger können direkt vom Volk in das Amt eines Landrates oder eines anderen Amtes der kommunalen Exekutive gewählt werden. Ein unmittelbar vom Volk gewählter Landrat übt jedoch in derselben Art und demselben Maß Staatsgewalt aus wie jener, der von der Gemeindevertretung gewählt worden ist. Indem Art. 28 Abs. 1 S. 3 GG die Ausübung von Staatsgewalt durch direkt gewählte kommunale Exekutivspitzen gestattet, ermöglicht er es auch den Ländern, die keine direkte Wahl ihrer kommunalen Exekutivspitze vorsehen, den ausländischen Unionsbürgern bei diesen Intraorganwahlen ein passives Wahlrecht zu verleihen.[702] Eine diesbezügliche Verpflichtung besteht jedoch nicht.

Im Ergebnis kann somit festgehalten werden, dass die Regelungen in der Stadtverfassung bezüglich des aktiven und passiven Wahlrechts der ausländischen Unionsbürger für die Wahl des Magistrats sowohl mit dem Gemeinschaftsrecht als auch dem nationalen Verfassungsrecht vereinbar sind.

---

701 Barley, S. 85.

702 So auch Barley, S. 85; im Ergebnis auch Schunda, S. 231.

8.2. Lösungsmodelle bei der Umsetzung der Richtlinie in der Stadtgemeinde Bremen

8.2.1. Vorüberlegungen

Die Einführung des Kommunalwahlrechts für ausländische Unionsbürger in der Stadtgemeinde Bremen bereitete im Gegensatz zur Stadtgemeinde Bremerhaven erhebliches Kopfzerbrechen. Der Grund dafür liegt in der besonderen kommunalverfassungsrechtlichen Struktur Bremens. Es stellte sich die Frage, wie die ausländischen Unionsbürger an den Wahlen zur kommunalen Ebene beteiligt werden können, wenn es zwar als kommunales Vertretungsorgan die Stadtbürgerschaft gibt, diese jedoch nicht durch einen eigenständigen Wahlakt gewählt wird.

Allen Beteiligten war bekannt, dass dieses Problem innerbremisch gelöst werden musste. Die bisherigen Initiativen, über den Bundesrat eine bundesverfassungsrechtliche Lösung in Form einer Gesetzesinitiative zur Änderung des Art. 28 GG zu erreichen, mit dem Ziel, die Unionsbürger an den Landtagswahlen zu beteiligen, waren zuvor an der ablehnenden Haltung der Bundesregierung gescheitert. Hinzu kam jetzt die zeitliche Komponente. Die Richtlinie war bis zum 31. Dezember 1995 umzusetzen. Aufgrund der vorgezogenen Neuwahlen in Bremen im Mai 1995 und dem damit verbundenen Regierungswechsel war jedoch die politische Entscheidungsfindung unterbrochen worden und musste wieder neu begonnen werden. Ende 1995 hatten mit Ausnahme Bremens alle deutschen Bundesländer entsprechend Art. 14 der Richtlinie diese fristgemäß umgesetzt. Seitens der Bundesregierung wurde daher auf Bremen Druck zur Lösung seines Problems ausgeübt, da es als einziges deutsches Bundesland nicht seiner Verpflichtung zur fristgemäßen Umsetzung der Richtlinie zum 01. Januar 1996 nachgekommen war. Bremen setzte damit den Bund dem Risiko eines Vertragsverletzungsverfahrens seitens der EU-Kommission vor dem Europäischen Gerichtshof aus.[703]

Die erste parlamentarische Initiative zur Einführung des Kommunalwahlrechts für Unionsbürger ging von der in der Opposition befindlichen Fraktion Bündnis 90/Die Grünen aus. Diese legte der Bürgerschaft (Landtag) im Oktober November 1995 den Gesetzesantrag „Gesetz zur Einführung des Kommunalwahl-

[703] Schreiben des Bundesminister des Inneren, Manfred Kanther, an den Senator für Inneres vom 12. Januar 1996; vgl. auch Mitteilung des Senats vom 07. Mai 1996, BB-Drs. 14/294, S. 2.

rechts für Unionsbürgerinnen und Unionsbürger"[704] vor. In diesem Antrag forderten sie eine entsprechende Änderung des Bremischen Wahlgesetzes, die es den Unionsbürgern ermöglichen sollte, im Wahlbereich Bremen das Wahlrecht zur Bürgerschaft und in Bremerhaven das Wahlrecht zur Stadtverordnetenversammlung zu erhalten. Dieser Antrag wurde zur Beratung und Berichterstattung an die staatliche Deputation für Inneres, an den Verfassungs- und Geschäftsordnungsausschuss und an den Ausschuss für Bundes- und Europaangelegenheiten überwiesen.[705] In diesen Gremien und der Verwaltung wurden die verschiedenen Lösungsmöglichkeiten kontrovers diskutiert. Im Wesentlichen zeichneten sich dabei vier Lösungsmodelle ab, die im Folgenden dargestellt und erörtert werden.

8.2.2. Veränderung der kommunalverfassungsrechtlichen Strukturen in Bremen – Einführung einer eigenständigen kommunalen Ebene

Der weitgehendste Vorschlag in der Diskussion über die Umsetzung der EG-Richtlinie beinhaltete die Änderung des bisherigen Staatsaufbaus des Landes Bremen und die Schaffung einer neuen kommunalverfassungsrechtlichen Struktur in der Stadtgemeinde Bremen.[706]

8.2.2.1. Rechtliche Umsetzung des Lösungsmodells

Art. 145 und 148 LV geben der Stadt Bremen das Recht, sich eine eigene Stadtverfassung zu geben und eigene Organe zu schaffen. Die Stadtgemeinde Bremen ist somit verfassungsrechtlich berechtigt, neben der Bürgerschaft als Landesparlament eine kommunale Vertretungskörperschaft zu errichten und diese auch in einem eigenständigen Wahlakt zu wählen. Zu der Aufgabe dieser kommunalen Vertretungskörperschaft würde es dann gehören, eine eigene Exe-

---

704 Antrag der Fraktion Bündnis 90/Die Grünen, Gesetz zur Einführung des Kommunalwahlrechts für Unionsbürgerinnen und Unionsbürger, BB- Drs. 14/78 vom 23. 10.1995, in der Neufassung vom 09. 11.1995.

705 Protokoll der 8. Sitzung der Bürgerschaft (Landtag) vom 09. November 1995 (14.Wahlperiode).

706 Protokoll der 4. Sitzung des Verfassungs- und Geschäftsordnungsausschusses (14. Wahlperiode) am 17. Januar 1996, S. 59; S. 61; Isola, Protokoll der 15. Sitzung des Ausschusses für Bundes- und Europaangelegenheiten am 14. 04. 1994, S. 222 (13. Wahlperiode), der die Auffassung vertritt, dass sich bedingt durch einen unterschiedlichen Wählerkreis keine Personenidentität zwischen den Abgeordneten der Bürgerschaft (Landtag) und der Stadtbürgerschaft aufrechterhalten lasse und dies zwangsläufig zu einer Trennung der beiden Körperschaften führe; vgl. auch Neumann, Verfassung der Freien Hansestadt Bremen, Art. 148, Rn. 4ff.

kutive zu wählen. Kurzum die bisherige Einheit von Stadt und Land würde aufgehoben werden.

Insgesamt hätte die Schaffung einer kommunalverfassungsrechtlichen Struktur in der Stadtgemeinde Bremen im Wesentlichen zur Folge:

- Die Stadtgemeinde Bremen muss sich eine Verfassung geben.
- Die stadtstaatlichen Strukturen in der Stadtgemeinde Bremen sind auch auf der Regelungsebene der Landesverfassung aufzulösen
- Die Verwaltungsebenen von Stadt und Land sind zu trennen
- Es ist eine Kommunalaufsicht zu etablieren, die in der Stadtgemeinde Bremen bisher faktisch nicht existierte.
- Es ist eine wie auch immer zu benennende Kommunalvertretungskörperschaft der Stadtgemeinde Bremen zu schaffen. Sowohl diese als auch das Landesparlament müssten mit einem administrativen Unterbau und mit einer administrativen Spitze versehen werden. Das Wahlrecht ist – auch auf der Verfassungsebene – anzupassen.

Als Konsequenz aus dieser Trennung von Stadt und Land würden sich die Aufgaben der dann „reinen" Landesbehörden tendenziell verkleinern. Der Schwerpunkt der administrativen Tätigkeit würde sich auf die städtische Ebene verlagern. Trotzdem müsste das Land eine komplette staatliche Behördenstruktur oberhalb der beiden bremischen Kommunalstrukturen aufbauen und vorhalten. Diese wäre mit erheblichen Kosten verbunden.[707]

Die ausländischen Unionsbürger könnten bei diesem Lösungsmodell ohne größere Umsetzungsprobleme an den Wahlen zur kommunalen Vertretungskörperschaft beteiligt werden. Ein Wahlrecht zum Landtag hätten sie dagegen nicht.

8.2.2.2. Vereinbarkeit mit dem Verfassungsrecht und dem EU-Recht
Unstreitig ist, dass die Partizipation der ausländischen Unionsbürger an den Kommunalwahlen durch die Schaffung einer neuen kommunalverfassungsrechtlichen Struktur in der Stadtgemeinde Bremen weder gegen deutsches Verfassungsrecht noch europäisches Gemeinschaftsrecht verstieße.[708]
Vielmehr wurde sogar die Position vertreten, dass durch die Aufnahme der „Stadtgemeinde Bremen" im Anhang der Richtlinie, als lokale Gebietskörper-

---

[707] Senator für Justiz in der Ergänzung der Vorlage Nr. 14/043 für die Sitzung der staatlichen Deputation für Inneres am 18. Januar 1996; vgl. Heise, in HBKWP, S. 311, 315.

[708] Matthey, Senator für Inneres, Protokoll der 4. Sitzung des Verfassungs- und Geschäftsordnungsausschusses (14. Wahlperiode) am 17. Januar 1996, S. 59; Wilken, Verwaltung der BB, ebenda, S. 61.

schaft der Grundstufe der Freien Hansestadt Bremen, für Bremen die Verpflichtung entstanden wäre, die verfassungsrechtlichen Voraussetzungen zu schaffen, um Art. 2 Abs. 1 a) der EG-Richtlinie problemlos erfüllen zu können. Dieses würde in der Konsequenz bedeuten, dass eine Trennung von Stadt und Land durchgeführt werden müsste.[709]

Diese Konsequenz kann jedoch nicht aus der EG-Richtlinie abgeleitet werden. Die Richtlinie erhebt ausdrücklich nicht den Anspruch, dass deren Adressaten ihre gewachsenen Strukturen umformen müssen. Ziel der Richtlinie ist vielmehr die Gleichstellung von Staatsangehörigen und Unionsbürgern auf der Grundlage der bestehenden Strukturen. Dem Unionsbürger sollen die gleichen Rechte zustehen wie den Inländern in dem jeweiligen Mitgliedstaat, nicht mehr und nicht weniger.[710]

Eine Interpretation der Richtlinie im Sinne der Verpflichtung zur Änderung der kommunalverfassungsrechtlichen Strukturen würde auch dem Grundsatz der Gemeinschaftstreue (Art. 10 EGV) widersprechen. Dieser verpflichtet die Gemeinschaft, auf die berechtigten Interessen der Mitgliedstaaten Rücksicht zu nehmen. Im Rahmen dieser Verpflichtung muss die Gemeinschaft auch die Verfassungsordnungen der Mitgliedstaaten bei der Setzung und Durchführung von Gemeinschaftsrecht soweit wie möglich respektieren.[711] Eine Verpflichtung zur Änderung der kommunalverfassungsrechtlichen Strukturen aufgrund einer EU-Richtlinie würde diesem Gedanken widersprechen.

Im Übrigen wäre diese Interpretation auch nicht mit dem Grundsatz der Verhältnismäßigkeit (Art. 5 Abs. 3 EGV) vereinbar, nach dem die Regelungen der Gemeinschaft nicht über das für die Erreichung der Vertragsziele Erforderliche hinausgehen dürfen.[712] Zwar ist durch die im Zuge des Maastrichter Vertrages geänderte Verfassung den Ländern der bisher verfassungsrechtlich verschlossene Weg freigegeben worden, „nach Maßgabe von Recht der Europäischen Gemeinschaft“ das Kommunalwahlrecht für Unionsbürger einzuführen. Diese Klausel ist aber eng gefasst, und sie beruht ihrerseits auf der ebenfalls eng gefassten Befugnis der Europäischen Union, auf das Wahlrecht der Mitgliedstaaten einzuwirken. Die Erwägungsgründe der Richtlinie 94/80/EG betonen zu Recht mit Rücksicht auf den in Art. 3b Abs 3 EGV aF festgelegten Grundsatz

---

[709] So Neumann, Verfassung der Freien Hansestadt Bremen, Art. 148 Rn. 4ff.

[710] So auch die Position der Fraktion Bündnis 90/Die Grünen in ihrem Positionspapier vom 23. Oktober 1995.

[711] Art. 6 EUV, vgl. auch Calliess/Ruffert - *Kahl,* Kommentar zu EU-Vertrag und EG-Vertrag, Art. 10 EGV, Rn 50 m.w.N.

[712] So auch Maunz/Dürig-*Scholz*, Art. 28 Rn. 41e.

der Verhältnismäßigkeit, dass der Inhalt der einschlägigen Gemeinschaftsvorschriften nicht über das für die Erreichung des Ziels von Art. 8b Abs. 1 EGV erforderliche Maß hinausgehen darf. Art. 28 Abs. 1 S. 3 GG ist demzufolge einer erweiterten Auslegung nicht zugänglich und darf nicht etwa als Ausdruck eines allgemeinen Prinzips verstanden werden, wonach das verfassungsrechtliche Hindernis für das Kommunalwahlrecht für Ausländer nunmehr entfallen sei.[713] Konkret für die Umsetzung des Kommunalwahlrechtes bedeutet dies, dass die Gemeinschaft zunächst vorzugsweise eine solche Regelung zu wählen hat, die die Organisationsstrukturen der Mitgliedstaaten einschließlich ihrer Gliederungen möglichst unangetastet lässt.[714]

Die ebenfalls in diesem Zusammenhang geführte Diskussion über eine Umstrukturierung Bremens im Sinne einer Stärkung der Beiräte oder der Aufteilung Bremens in Bezirke nach Berliner oder Hamburger Vorbild wurde gleichfalls verworfen.[715] Dagegen sprach zum einen die hohe Kostenfolge, zum anderen würde man mit einer solchen Umstrukturierung auch nicht die Vorgaben der Richtlinie erfüllen. Denn im Anhang der Richtlinie wird für das Land Bremen anders als für Hamburg und Berlin ausdrücklich die Stadtgemeinde Bremen als lokale Gebietskörperschaft der Grundstufe genannt. Eine Beteiligung der ausländischen Unionsbürger an Bezirkswahlen wie in Hamburg und Berlin würde daher in Bremen nicht ausreichen, um den Anforderungen der Richtlinie zu entsprechen, selbst wenn diese mit gleichen Rechten und Pflichten ausgestattet wären wie die Hamburger und Berliner Bezirke.

8.2.2.3. Verfassungspolitische Einwände

Verfassungsrechtlich standen der Einführung einer eigenständigen kommunalen Struktur für die Stadt Bremen somit keine Einwände entgegen, verfassungspolitisch fand sie jedoch keine Befürworter.[716] Keiner der Beteiligten verfolgte die-

---

713 Badura, Schriftlicher Beitrag zur Vorbereitung der Anhörung des Europaauschusses des Sächsischen Landtages am 26. Oktober 1995 zu den Gesetzesentwürfen zum Kommunalwahlrecht für Bürger von EU-Mitgliedstaaten – Drs. 2/1168 und 2/1248, S. 5f.

714 Problempapier des Senator für Inneres, der Senatskanzlei, des Senator für Justiz und Verfassung, des Senators für Wirtschaft, Mittelstand, Technologie und Europaangelegenheiten vom 14. November 1995, S. 5.in der Mitteilung des Senats vom 07. Mai 1996, BB-Drs. 14/294.

715 Problempapier des Senator für Inneres, der Senatskanzlei, des Senator für Justiz und Verfassung, des Senators für Wirtschaft, Mittelstand, Technologie und Europaangelegenheiten vom 14. November 1995, S. 5.in der Mitteilung des Senats vom 07. Mai 1996, BB-Drs. 14/294.

716 Problempapier des Senator für Inneres, der Senatskanzlei, des Senator für Justiz und Verfassung, des Senators für Wirtschaft, Mittelstand, Technologie und Europaangelegenhei-

ses Lösungsmodell ernsthaft.[717] Im Wesentlichen lassen sich die geäußerten Bedenken in zwei Argumentationslinien aufteilen. Zum einen wurde argumentiert, dass die Änderung der historisch gewachsenen stadtstaatlichen Struktur Bremens und die Einführung einer gemeindlichen Strukturebene für die Stadt Bremen mit erheblichen Kosten verbunden wäre, für die es vor dem Hintergrund der Feststellung des BVerfG in seinem Urteil vom 27. Mai 1992[718], in dem Bremen eine Haushaltsnotlage attestiert wurde, keine Rechtfertigung geben dürfte.[719] Zum anderen wurde vorgetragen, dass mit einer Auflösung der stadtstaatlichen Strukturen auch die Eigenständigkeit Bremens in Gefahr wäre.[720] Beide Argumente stehen im engen Zusammenhang.

Das BVerfG hat in seinem Urteil vom 27. Mai 1992 Bremen bundesstaatliche Hilfen zur Behebung der Haushaltsnotlage zugebilligt. Im Rahmen der Diskussion über diese Bundesergänzungszuweisungen an Bremen wurden jedoch immer wieder kritische Stimmen laut, die die Selbständigkeit Bremens in Frage stellten.[721] Diesen galt es entgegenzuwirken. Kontraproduktiv hätte sich in diesem Zusammenhang sicher ausgewirkt, wenn Bremen statt seine gesamten finanziellen Anstrengungen in erster Linie auf die Sanierung des Haushaltes zu

ten vom 14. November 1995, S. 5. in der Mitteilung des Senats vom 07. Mai 1996, BB-Drs. 14/294.

717 Bericht und Antrag des nichtständigen Ausschusses gemäß Art. 125 LV (Kommunalwahlrecht für Unionsbürger vom 12. August 1996, BB-Drs. 14/400; Mitteilung des Senats vom 09. Mai 1996. BB-Drs. 14/294; vgl. Heise, in HBKWP, S. 311, 315, der ausführt, dass trotz mehrfacher Trennungsdebatten und Verfassungsumwälzungen seit 1849 es in Bremen aufgrund der dabei jeweils erneut angestellten Prüfungen bis heute aus Zweckmäßigkeitsgründen bei der Beibehaltung der Realunion zwischen Land und Stadt Bremen geblieben ist.

718 BVerfG, Urteil vom 27. Mai 1992, JZ 1992, S. 962 ; zur damaligen Finanzsituation siehe : Der Senator für Finanzen der Freien Hansestadt Bremen (Hrsg.), Die Finanzen Bremens und die Zukunft des Landes, Bremen 1992;

719 Problempapier des Senator für Inneres, der Senatskanzlei, des Senator für Justiz und Verfassung, des Senators für Wirtschaft, Mittelstand, Technologie und Europaangelegenheiten vom 14. November 1995, S. 5 in der Mitteilung des Senats vom 07. Mai 1996, BB-Drs. 14/294; so auch Sieveking, DÖV 1993, 449, 455.

720 Sieveking, DÖV 1993, 449, 455.

721 Mit diesen kritischen Äußerungen zur Selbstständigkeit Bremens setzte sich insbesondere Kröning ausführlich auseinander und widerlegte sie im Einzelnen, in, Die Selbständigkeit Bremens, Vortrag am 19. Mai 1992 vor der Handelskammer Bremen; ders. Die Bedeutung des Urteils des Bundesverfassungsgerichtes vom 27. Mai 1992 für das Land Bremen, Vortrag vom 15. Juni 1992 vor der Juristischen Gesellschaft Bremen.

konzentrieren, diese für den Umbau der stadtstaatlichen Strukturen verwendet hätte.

Rückendeckung bekam Bremen in dieser Diskussion vom BVerfG. Dieses hatte in dem o.g. Urteil ausdrücklich darauf hingewiesen, dass die besondere Struktur der Stadtstaaten dazu führen würde, dass dem Anstieg von Kosten politischer Führung entgegengewirkt werden könne. Würde Bremen nun diese Strukturen ändern und würden dadurch zusätzliche Kosten entstehen, müssten diese nicht nur von Bremen alleine getragen werden, den Kritikern der Eigenständigkeit Bremens würden zudem weitere Argumente für die Auflösung des Bundeslandes gegeben werden.

Es bestand die Gefahr, dass mit der Auflösung der stadtstaatlichen Strukturen generell die Frage nach der Notwendigkeit eines eigenständigen Bundeslandes Bremen gestellt werden würde. In der immer wieder in der Bundesrepublik aufkommenden Diskussion über eine Neugliederung der Bundesländer verbunden mit der Forderung nach einer Fusion Bremens in einen Nordstaat wird von den Befürwortern der Stadtstaaten gerade die Verbindung von staatlicher und städtischer Verwaltung in Bremen als Vorteil herausgestellt. Die dadurch entstandene Kleinheit und Übersichtlichkeit der Bremer Verhältnisse habe in der Vergangenheit zu einer besonderen engen Verbindung der Regierung und der Verwaltung mit der Praxis des wirtschaftlichen, sozialen und kulturellen Lebens geführt.[722] So wird argumentiert, dass man viele Probleme, die in anderen größeren Bundesländern in langen schriftlichen Verhandlungen der Ressorts behandelt werden, in Bremen auch und gerade wegen seiner stadtstaatlichen Struktur ohne viele Zwischenschritte schnell und formlos in Besprechungen oder Telefonaten lösen könne.[723] Dieses sei vor dem Hintergrund, dass Bremen als Hafenstadt und Außenhandelsplatz auch für die gesamte Bundesrepublik wichtige Aufgaben übernehme, von großer Notwendigkeit. Denn dadurch entstehe eine Zusammenarbeit, die es ermögliche, schnell und flexibel Entscheidungen zu treffen und Schwerpunkte zu bilden.[724] Die Doppelnatur als Stadt und Land bringe es mit sich, dass jeder Senator und leitende Beamte zugleich staatlich und städtische Aufgaben wahrnehme. Er sei somit zugleich mit den großen Problemen des Bundes wie mit der alltäglichen Wirklichkeit befasst, was den Bremern bei der Verhandlung auf Bundesebene eine besondere Stärke verleihe.

---

722 Vgl. auch Heise, in HBKWP, S. 311, 315.

723 Maas, DÖV 1969, 835, 836.

724 Maas, DÖV 1969, 835, 836; Die Neugliederung des Bundesgebietes – Gutachten der Bundesregierung eingesetzten Sachverständigenausschusses, herausgegeben vom Bundesminister des Inneres, 1955, der Bremen betreffende Teil beginnt S.76ff; Stierling, S.25.

Auf der anderen Seite heben die gleichzeitige Verbindung mit staatlichen Aufgaben und der Verkehr mit den obersten Bundesorganen das Niveau der Stadtverwaltung.[725]

Es bestand daher Einigkeit zwischen den Beteiligten, dass diese bereits eingangs geschilderte jahrhundertlange Tradition der Einheit zwischen staatlichen und kommunalen Strukturen und die daraus resultierende Selbständigkeit Bremens nicht im Rahmen der Einführung des Kommunalwahlrechtes für ausländische Unionsbürger beendet werden sollte.[726]

8.2.2.4. Ergebnis

Mit der Schaffung einer eigenständigen kommunalen Ebene für die Stadtgemeinde Bremen wären zwar unbestritten alle Probleme bei der Umsetzung des Kommunalwahlrechtes für ausländische Unionsbürger auf einfache Art gelöst worden. Denn es bestanden weder verfassungsrechtliche noch europarechtliche Bedenken gegen dieses Lösungsmodell. Dennoch wurde dieses Lösungsmodell von Anfang an in der Diskussion nicht ernsthaft verfolgt. Zu deutlich war allen Beteiligten, dass mit der Auflösung der Einheit von Stadt und Land und damit dem Ende jahrhundertlanger Verfassungstradition in Bremen ein erster Schritt Richtung Beendigung der Eigenständigkeit Bremens gegangen werden würde.

8.2.3. Einführung des Wahlrechts für ausländische Unionsbürger zur Bremer Bürgerschaft (Landtag) im Wahlbereich Bremen

Nachdem zwischen den Beteiligten Einigkeit herrschte, die bestehende Verbindung zwischen staatlicher und städtischer Ebene in der Stadtgemeinde aufrecht zu erhalten, begannen die Überlegungen, wie die ausländischen Unionsbürger innerhalb dieser Strukturen an den Kommunalwahlen beteiligt werden könnten. Die weitgehendste Beteiligungsmöglichkeit sah dabei das Modell vor, welches den ausländischen Unionsbürgern in der Stadtgemeinde Bremen das aktive und passive Wahlrecht zur Bürgerschaft (Landtag) gewähren wollte. Die EU- Bürger sollten genau wie die deutschen Staatsangehörigen über die Zusammensetzung des Landtages in Bremen mitbestimmen. Dieses Modell wurde nicht nur von der in der Opposition befindlichen Fraktion Bündnis 90/Die Grünen unter-

---

[725] Maas, DÖV 1969, 835, 836; Stierling, S. 25.

[726] Problempapier des Senator für Inneres, der Senatskanzlei, des Senator für Justiz und Verfassung, des Senators für Wirtschaft, Mittelstand, Technologie und Europaangelegenheiten vom 14. November 1995, S. 5 in der Mitteilung des Senats vom 07. Mai 1996, BB-Drs. 14/294.

stützt, die auch einen entsprechenden Antrag in das Parlament einbrachte,[727] auch innerhalb des Senats gab es Sympathien für diesen Vorschlag.[728]

Auch die Befürworter dieses Modells sahen aber die Risiken, die mit der Einführung eines solchen Landtagswahlrechtes für die Unionsbürger verbunden waren. Insbesondere befürchtete man, dass bei einer Beteiligung der Unionsbürger an der Bürgerschaftswahl das Land Bremen vor dem Bundesverfassungsgericht in einem Normenkontrollverfahren gemäß Art. 93 Abs. 1 Nr. 2 GG i.V.m. § 13 Nr. 6, §§ 76ff BVerfGG verklagt werden könnte, da massive verfassungsrechtliche Bedenken von Seiten des Bundes erhoben wurden.[729] Diese werden im Folgenden erörtert.

8.2.3.1. Vereinbarkeit mit Art. 20 Abs. 2 GG

8.2.3.1.1. Kritik am Lösungsmodell

Die Kritik an diesem Modell bezog sich im Wesentlichen darauf, dass die Beteiligung der ausländischen Unionsbürger an den Landtagwahlen in Bremen einen Verstoß gegen Art. 20 Abs. 2 GG darstelle.[730] Die Kritiker verwiesen auf die vom BVerfG aufgestellten Grundsätze, dass das Volk, von dem die Staatsgewalt in der Bundesrepublik Deutschland ausgehe, nach dem Grundgesetz nur von den deutschen Staatsangehörigen und den ihnen nach Art. 116 Abs. 1 gleichgestellten Personen gebildet werde. Dieses würde auch für die Wahlen auf Landesebene gelte.[731]

---

727 Antrag der Fraktion Bündnis 90/DIR GRÜNEN „Gesetz zur Einführung des Kommunalwahlrechts für Unionsbürgerinnen und Unionsbürger – BB-Drs. 14/78 (Neufassung der Drs. 14/74).

728 So wurde im Justizressort die Ansicht vertreten, dass eine Beteiligung der Unionsbürger an der Bürgerschaftswahl trotz der damit verbundenen Risiken eine gangbarer Weg wäre, Interner Vermerk über eine Besprechung der Staatsräte aus dem Justizressort, Innenressort, Senatskanzlei, Europa vom 16. Oktober 1995.

729 Interner Vermerk über eine Besprechung der Staatsräte aus dem Justizressort, Innenressort, Senatskanzlei, Europa vom 16. Oktober 1995; Positionspapier der Fraktion Bündnis 90/Die Grünen vom 23. Oktober 1995.

730 Schreiben des Bundesministers des Innern, Manfred Kanther an den Senator für Inneres vom 12. Januar 1995; in dem ausführlich die Position der Bundesregierung bezüglich des Bemühens Bremen durch eine Grundgesetzänderung zu erreichen, die ausländischen Unionsbürger an der Wahl zur Bürgerschaft zu beteiligen, dargestellt wird.

731 Kritiker dieses Modells waren neben der Bundesregierung insbesondere der Senator für Inneres und die CDU-Bürgerschaftsfraktion, vgl. dazu das Schreiben des Senator für Inneres von 29. Januar 1996 an den Bundesminister des Innern, sowie die Presseerklärung der CDU-Bürgerschaftsfraktion vom 19. Oktober 1995.

Bremen sei zwar als Bundesland grundsätzlich frei bei der Gestaltung des Landeswahlrechtes,[732] dieses betreffe jedoch in erster Linie die Entscheidung für ein Persönlichkeits- oder Verhältniswahlrecht oder die Gestaltung im Rahmen der allgemeinen Wahlgrundsätze des Art. 38 GG (z.B. hinsichtlich des Wahlalters).[733] Gemäß Art. 28 Abs. 1 S. 1 GG sei jedoch die Grundentscheidung des Art. 20 Abs. 2 GG für die Volkssouveränität mit den implizierten Grundsätzen der demokratischen Organisation und Legitimation von Staatsgewalt auch für die verfassungsmäßige Ordnung der Länder maßgebend. Durch die inhaltliche Homogenitätsanforderung, die Art. 28 Abs. 1 S. 1 GG, der die Regelung für den Bund in Art. 20 GG paraphrasiert, an die verfassungsmäßige Ordnung in den Ländern stelle, konkretisiere Art. 28 Abs. 1 S. 2 GG die Anforderungen „demokratisch". Er verlange damit auch für die Länderebene eine Volksvertretung, die auf einer Wahl nach den Wahlgrundsätzen der Bundestagswahlen gemäß Art. 38 GG beruhe. Da in der Demokratie des Grundgesetzes nach Art. 20 Abs. 2 GG alle Staatsgewalt vom Volk ausgehe, sei damit zugleich indirekt etwas über die notwendigen Kompetenzbereiche jener Volksvertretung ausgesagt.[734] Da die Zugehörigkeit zum Staatsvolk der Bundesrepublik grundsätzlich durch die Staatsangehörigkeit vermittelt werde und die Eigenschaft als Deutscher nach der Konzeption des Grundgesetzes der Anknüpfungspunkt für die Zugehörigkeit zum Volk als dem Träger der Staatsgewalt sei,[735] bedeutet dies in konsequenter Anwendung der vom BVerfG aufgestellten Grundsätze, dass auch das Wahlrecht zu den Landesparlamenten nur den deutschen Staatsangehörigen zustehe.[736] Eine Ausnahmeregelung habe das Bundesverfassungsgericht lediglich für eine Wahlteilnahme von Ausländern an Wahlen in Gemeinden und nur im Rahmen gemeinschaftsrechtlicher Vorschriften eröffnet.[737]

8.2.3.1.2. Befürworter dieses Lösungsmodells

Während die Kritiker dieses Modells somit auf den Charakter der Wahl zur Bremischen Bürgerschaft als Landtagswahl abheben[738] argumentieren die Befürworter des Modells, dass die Wahl zur Bürgerschaft in der Stadtgemeinde

---

[732] BVerfGE 4, 44.

[733] Maunz/Dürig - *Maunz*, Art. 28 Rn. 29.

[734] Isensee/Kirchhof-*Meyer*, Handbuch des Staatsrechts, Bd.II, §37, S.249,257; Maunz /Dürig-*Scholz*, Art. 28 Rn. 41c.

[735] BVerfGE 83, 37, 52.

[736] Maunz/Dürig-*Scholz* Art. 28, Rn 41c.

[737] BVerfGE 83, 37, 59.

[738] Mitteilung des Senats vom 07. Mai 1996,BB-Drs. 14/294, S. 2; vgl. auch Pechstein, Europa-Universität Viadrina Frankfurt (Oder), in einem Schreiben vom 31.01.1996 an die CDU-Fraktion der Bremischen Bürgerschaft, die ihn gebeten hatte, die drei vorgeschlagenen Modelle zu überprüfen, S. 2.

Bremen eben auch gleichzeitig die Kommunalwahl sei und die Beteiligung der Unionsbürger an dieser von der Maßgabeklausel in Art. 28 Abs. 1 S. 3 GG gedeckt werde. Durch die Änderung des Art. 28 Abs. 1 S. 3 GG werden bei Wahlen in den Gemeinden auch Staatsangehörige von Mitgliedstaaten der Europäischen Union für wahlberechtigt und wählbar erklärt „nach Maßgabe von Recht der Europäischen Gemeinschaft". Dieses „Recht der Europäischen Gemeinschaft" bestimme im Anhang der Richtlinie als lokale Gebietskörperschaft der Grundstufe in der Freien Hansestadt Bremen die Stadtgemeinde Bremen. Die Stadtgemeinde Bremen verfüge auch über eine Vertretungskörperschaft - die Stadtbürgerschaft. Diese werde jedoch nicht durch einen eigenständigen Wahlakt gewählt, sondern es sei die Landtagswahl, in der kraft Art. 148 LV zugleich über die Zusammensetzung der Stadtbürgerschaft entschieden werde. Diese Besonderheit solle mit der Erwähnung der Stadtgemeinde Bremen in der Richtlinie erfasst werden.[739] Daraus werde deutlich, dass die Beteiligung der ausländischen Unionsbürger an der Wahl zur Bürgerschaft in der Stadtgemeinde Bremen gerade nicht eine Beteiligung an einer Landtagswahl im Sinne der Rechtsprechung des BVerfG darstelle, sondern vielmehr die durch die Richtlinie vorgeschriebene Beteiligung der Unionsbürger an den Kommunalwahlen sichergestellt werde.[740] Da es in der Stadtgemeinde Bremen keinen eigenständigen Wahlakt zur Stadtbürgerschaft gebe, sondern diese durch die Landtagswahl bestimmt werde, sei die Kommunalwahl in der Stadtgemeinde Bremen die Landtagswahl. Die ausländischen Unionsbürger müssten daher in der Stadtgemeinde Bremen an den Landtagswahlen beteiligt werden. Die Eröffnung der staatlichen Ebene für Beteiligungsakte dieses Personenkreises sei gerade nicht beabsichtigt.[741]

Zu dem gleichen Ergebnis jedoch mit etwas anderer Begründung kommt *Sieveking.*[742] Er stellt auf den Vorrang des Gemeinschaftsrechtes ab, welches das nationale Recht in Fällen einer Kollision beider Rechtsordnungen verdränge.[743]Art. 19 EG-Vertrag verlange, dass Unionsbürger das aktive und passive Wahlrecht bei Kommunalwahlen haben, unter denselben Bedingungen wie die Angehörigen des Mitgliedstaates. Nicht nur der Bund, sondern auch die Bun-

---

739 Vgl. Problempapier des Senator für Inneres, Senatskanzlei, Senator für Justiz und Verfassung und Senator für Wirtschaft, Mittelstand, Technologie und Europaangelegenheiten vom 14. November 1995, S. 8 in der Mitteilung des Senats vom 07. Mai 1996, BB-Drs. 14/294.

740 Fraktion Bündnis 90/Die Grünen, Positionspapier vom 23. Oktober 1995.

741 Kuhn, Bündnis 90/Die Grünen, Protokoll der 8. Sitzung der BB am 09. November 1995 (14. Wahlperiode), S. 413ff.

742 Sieveking, DÖV 1993, 449ff.

743 Vergleiche dazu auch die Ausführungen unter Abschnitt II 4.2.

desländer seien damit an dieses Prinzip gebunden. Durch die Einbeziehung der ausländischen Unionsbürger in die Ausübung von Staatsgewalt auf kommunaler Ebene werde die Homogenität von kommunaler, Landes- und Bundesebene aufgebrochen. In der Konsequenz könne dieses aber nur heißen, dass das bundesstaatliche Homogenitätsprinzip durch das Vorrangprinzip modifiziert werde. Dieses müsse auch Auswirkungen auf die Homogenitätslehre der deutschen Staatsrechtslehre haben.[744] Wenn die Ausübung der Staatsgewalt auf kommunaler Ebene durch die Beteiligung der ausländischen Unionsbürger gemeinschaftsrechtlich nicht nur zulässig sei, sondern auch vorrangig gelte, dann habe dieses zur Folge, dass eine Beteiligung von Unionsbürgern auch an den Landtagswahlen keine Verletzung des bundesstaatlichen Homogenitätsgrundsatzes bedeuten könne. *Sieveking* schließt daraus, dass die ausländischen Unionsbürger in den Stadtstaaten das Kommunalwahlrecht zu den dort jeweils bestehenden Bedingungen erhalten müssen. Dieses bedeute, dass in diesen Gebieten das Kommunalwahlrecht aufgrund der historisch gewachsenen Strukturen das Wahlrecht zu den Landtagen mit einschließe. Für die Stadtgemeinde Bremen, die über ein Kommunalparlament verfüge, dessen Zusammensetzung jedoch durch die Landtagswahl bestimmt werde, bedeutet dieses, dass die Unionsbürger das Recht nach Art. 148 Abs. 1 LV bekommen müssten, zugleich mit der Wahl zum Landtag auch die Zusammensetzung der Stadtbürgerschaft zu bestimmen. Denn eine Beteiligung der Unionsbürger an der Landtagswahl stelle somit nur eine Gleichbehandlung mit den stadtbremischen deutschen Wählern dar.[745]

8.2.3.1.3. Stellungnahme

Eine Beteiligung der ausländischen Unionsbürger an den Wahlen zur Bürgerschaft (Landtag) verstößt gegen Art. 20 Abs. 2 GG. Den Befürwortern dieses Lösungsmodells kann in ihrer Argumentation daher nicht gefolgt werden.

Bei der Wahl zur Bürgerschaft handelt es sich nicht nur um eine Kommunalwahl, sondern auch um eine Landtagswahl, bei der die vom BVerfG aufgestellten Grundsätze zum Ausländerwahlrecht gelten. Die in Art. 28 Abs. 1 S. 3 GG enthaltene Maßgabeklausel rechtfertigt nicht die Beteiligung der Unionsbürger an der Landtagswahl. Zum einen enthält Art. 28 Abs. 1 S. 3 GG selbst ausdrücklich die Beschränkung der Beteiligung der Unionsbürger auf die kommunale Ebene, so dass auch die Maßgabeklausel nur in diesem Sinne verstanden

---

[744] Siehe insoweit auch die Kritik von Rittstieg, DuR 1991, S. 11ff; an den Entscheidungen des BVerfG zum kommunalen Ausländerwahlrecht.

[745] Sieveking, DÖV 1993, 449, 458, der von diesem Wahlrecht für die in Bremen, Berlin und Hamburg ansässigen ausländischen Unionsbürger von einem „Stadt-Land-Wahlrecht" spricht.

werden kann. Zum anderen kann aus der ausdrücklichen Nennung der Stadtgemeinde Bremen als lokale Gebietskörperschaft im Anhang der Richtlinie nicht geschlossen werden, dass es einer europarechtlichen Vorgabe entspricht, die Unionsbürger in Bremen an der Landtagwahl zu beteiligen.

Im Gegenteil: Die innerdeutschen Diskussionen über die Richtlinie und die Frage, welche Formulierung für Bremen in den Anhang aufgenommen wird, haben deutlich gemacht, dass zumindest von deutscher Seite mehrheitlich sichergestellt werden sollte, dass mit der Nennung der Stadtgemeinde Bremen im Anhang keine Beteiligung der ausländischen Unionsbürger an der Landtagswahl verbunden sein sollte.[746] Vor diesem Hintergrund kann die Nennung der Stadtgemeinde Bremen im Anhang der Richtlinie nicht als besondere Hervorhebung in dem Sinne verstanden werden, dass das Europarecht eine Beteiligung von ausländischen Unionsbürgern an der Bremer Landtagswahl anordnen will. Vielmehr wird die Stadtgemeinde Bremen als eine von vielen Gliederungen aufgeführt, für die zukünftig eine Beteiligung der Unionsbürger an den Wahlen sichergestellt werden soll. Darin eine Aufforderung zu sehen, sich in Bremen über bestehende Verfassungsgrenzen hinwegzusetzen, hieße die Bedeutung Bremens bei der Abfassung der Richtlinie zu überschätzen.

Zwar ist es in der Tat richtig, dass innerhalb der Richtlinie für bestimmte Regionen Ausnahmen zugelassen werden. Diese wurden jedoch nach ausführlicher Beratung im Rat ausdrücklich in der Richtlinie selber festgehalten. Aus der Nennung der Stadtgemeinde Bremen im Anhang der Richtlinie kann dagegen nicht der Schluss gezogen werden, dass sich der Rat in vollem Bewusstsein der bremischen Besonderheiten und der daraus folgenden innerstaatlichen Konsequenzen eines Verfassungsbruchs mit der Regelung auseinandergesetzt hat und diese entsprechend in der Richtlinie verankert haben wollte.

Im Übrigen würde eine solche Regelung auch im Widerspruch zum Gesamtkontext der Richtlinie stehen, die in mehreren Bestimmungen – z.B. Art. 5 Abs. 2 und 4 – immer wieder darauf hinweist, dass eine derartig weitgehende Beteiligung der Unionsbürger an der Ausübung der Staatsgewalt keinesfalls verlangt werden könne.[747]

---

[746] So konnte sich Bremen im Einigungsverfahren zwischen Bundesrat und Bundestag mit dem Antrag, in den Anhang folgenden Zusatz aufzunehmen: „Stadtgemeinde Bremen in der Freien Hansesatdt Bremen mit Stadtbürgerschaft als Teil der Bürgerschaft (Landtag)", nicht durchsetzen, vgl. hierzu unter V 7.3.

[747] So auch Pechstein, a.a.O., in seinem Schreiben vom 31.01.1996 an die CDU-Fraktion der Bremischen Bürgerschaft, S. 1.

Entgegen der Argumentation von *Sieveking* kann aus dem Vorrang des Gemeinschaftsrechtes, hier des Art. 19 EGV, nicht abgeleitet werden, dass eine Beteiligung der Unionsbürger an den Landtagswahlen geboten sei. Zwar ist es richtig, dass Art. 28 Abs. 1 S. 3 GG darauf verweist, dass originäre Rechtsquelle für die politischen Teilhaberechte der Unionsbürger auf Kommunalebene das Gemeinschaftsrecht bildet und somit Art. 28 Abs. 1 S. 3 GG lediglich als „Öffnungsklausel" dient.

Art. 28 Abs. 1 S. 3 GG formuliert, dass bei Wahlen in Kreisen und Gemeinden a u c h EG-Staatsangehörige wahlberechtigt und damit wählbar sind. Damit knüpft die Vorschrift an den vorangegangenen Satz 2 an und stellt dem dort genannten Volk hinsichtlich des Kommunalwahlrechtes die Gruppe der Unionsbürger an die Seite. In diesem Sinn ist mit dem Wort a u c h die Bedeutung „nur" verbunden.[748] Daraus wird deutlich, dass das bisherige Verständnis des Volksbegriffes im Grundgesetz, der das Volk auf kommunaler Ebene als teilidentisch mit dem Landes- und Bundesvolk begreift, eine Veränderung erfahren hat. Der Volksbegriff wurde für die kommunale Ebene modifiziert. Diese Modifizierung beschränkt sich jedoch entsprechend den gemeinschaftsverfassungsrechtlichen Vorgaben auf die Teilhabe der ausländischen Unionsbürgern an den Wahlen auf kommunaler Ebene. Die integrationsfreundliche Neu-Definition der nach Art. 79 Abs. 3 GG unabänderlichen Verfassungswerte ist entsprechend diesem gemeinschaftsverfassungsrechtlichen Ziel begrenzt. Der Volksbegriff des Art. 20 Abs. 2 GG ist durch das Gemeinschaftsverfassungsrecht und dessen verändertes europäisches Volksverständnis nur auf kommunaler Ebene modifiziert worden. Nur für diese kommunale Ebene gilt, dass der Volksbegriff auch ausländische Unionsbürger umfasst. Solange die Europäische Gemeinschaft jedoch die Beteiligung von Unionsbürgern oberhalb der kommunalen Wahlen nicht als gemeinschaftsverfassungsrechtliches Ziel bestimmt, ist eine weitere integrationsfreundliche Modifizierung der in Art 79 Abs. 3 GG geschützten Verfassungswerte nicht möglich. Dieses bedeutet, dass für Landtags- und Bundestagswahlen weiterhin gilt, dass der Volksbegriff des Art. 20 Abs. 2 GG nur Deutsche i.S. des Art. 116 GG umfasst. Die Beteiligung von ausländischen Unionsbürgern an Landtagswahlen ist daher derzeit verfassungswidrig.

8.2.3.2. Verstoß gegen den Grundsatz der Wahlgleichheit

Die Beteiligung der ausländischen Unionsbürger in der Stadtgemeinde Bremen an den Wahlen zum Landtag könnte zudem zu einer Ungleichbehandlung der Unionsbürger im Land Bremen führen. Denn während den ausländischen Unionsbürgern in der Stadtgemeinde Bremen das Recht eingeräumt wird, sich an den Wahlen zum Landtag zu beteiligen, wird diese Möglichkeit den Unionsbür-

---

[748] Vgl. Engelken, NVwZ 1995, 432. 433 Fn. 6; Barley, S. 168.

gern in Bremerhaven verwehrt. Deren Partizipationsmöglichkeiten beschränken sich auf die Wahl zur Stadtverordnetenversammlung. Somit werden die Unionsbürger in Bremerhaven und der Stadtgemeinde Bremen unterschiedlich behandelt, welches mit dem Grundsatz der Wahlgleichheit nur schwer vereinbar ist.[749]

Zwar sind die in Art. 38 GG festgelegten Wahlgrundsätze unmittelbar nur für die Wahlen zum Deutschen Bundestag normiert. Gemäß Art. 28 Abs. 1 GG S. 2 gelten sie jedoch als objektives Recht auch für die Wahlen in den Ländern, Kreisen und Gemeinden.[750] Danach müssen die Wahlen allgemein, unmittelbar, frei, gleich und geheim sein. Gleichheit der Wahl bedeutet, dass das Stimmrecht grundsätzlich allen Staatsbürgern zustehen muss[751] und jeder Wähler gleich viele Stimmen hat. Jede Stimme hat dabei grundsätzlich die gleiche Kraft. Der Grundsatz der Wahlrechtsgleichheit verbietet ganz allgemein die unsachliche Differenzierung des Stimmgewichts.[752]Auf Grund des engen Zusammenhanges mit dem allgemeinen Gleichheitssatz des Art. 3 Abs. 1 GG und in Übereinstimmung mit diesem sind jedoch gewisse materielle Einschränkungen des Wahlrechts an Hand der im Art. 3 Abs. 2, 3 und 38 Abs. 3 GG aufgeführten Kriterien erlaubt. Es muss jedoch beachtet werden, dass es sich hier stets um in engem Rahmen zu haltende Ausnahmen handelt.[753] So bedürfen Beeinträchtigungen der Allgemeinheit und Gleichheit der Wahl eines besonderen rechtfertigenden Grundes, der zudem geeignet und erforderlich sein muss.[754] Dieser kann in einer speziellen Verfassungsvorschrift enthalten sein[755] oder der systematischen Auslegung des Grundgesetzes entnommen werden.[756] Andere Beeinträchtigungen hat das BVerfG auch mit der Tradition gerechtfertigt.[757] Es ist jedoch nicht ersichtlich, dass einer dieser Gründe vorliegend gegeben ist.

---

[749] Bundesminister des Inneren in seinem Schreiben an den Senator für Inneres vom 12. Januar 1996.

[750] BVerfGE 11, 272; 13, 246; 16, 138; 29, 163; 34, 98; Jarass / Pieroth – *Pieroth,* Art. 38 Rn. 2.

[751] BVerfGE 5,6;15,166;36,141.

[752] Maunz/Dürig-*Maunz* Art. 39 Rn. 48.

[753] Maunz/Dürig-*Maunz,* Art. 38 Rn. 39; Jarass/Pieroth *Pieroth*, Art. 38 Rn. 7.

[754] Jarass/Pieroth-*Pieroth* Art. 38 Rn. 18.

[755] So durchbricht Art. 38 Abs. 2 GG den Grundsatz der Allgemeinheit und regelt, dass das aktive und passive Wahlrecht mit der Vollendung des 18. Lebensjahr beginnt.

[756] Das BVerfG hat in stRspr. Sperrklauseln bei dem Verhältniswahlsystem, die den gleichen Erfolgswert der Stimmen beeinträchtigen, mit der Funktionsfähigkeit des Parlamentes gerechtfertigt gesehen, BVerfGE 1, 208, 248ff; 51, 222, 237f; 95, 408,419f.

[757] Z.B., dass vom Wahlrecht ausgeschlossen blieb, wer entmündigt war, wer unter vorläufiger Vormundschaft oder wegen geistigen Gebrechen unter Pflegschaft stand oder wer in-

Dem hält Sieveking entgegen,[758] dass die Beteiligung der ausländischen Unionsbürger an der Landtagswahl nur in der Stadtgemeinde Bremen lediglich eine rechtlich zulässige Form der sog. „positiven Diskriminierung" darstelle. Denn beim gemeinschaftsrechtlichen Kommunalwahlrecht gehe es nicht um eine Gleichstellung in Bezug auf das Landeswahlrecht, sondern um die – allerdings diskriminierungsfreie – Teilnahme an Kommunalwahlen.

Diese Argumentation vermag vielleicht bezüglich des aktiven Wahlrechts zu überzeugen, für das passive Wahlrecht gilt dieses jedoch nicht. Denn wenn man der Argumentation der Befürworter der Beteiligung der ausländischen Unionsburger an der Landtagswahl folgt, dass es im Grunde nur um die Beteiligung der Unionsbürger an der Kommunalwahl gehe, müsste sich dieses auch auf das passive Wahlrecht auswirken. Es stellt sich also die Frage, welche Funktion dann die bei der Bürgerschaftswahl als Abgeordnete gewählten ausländischen Unionsbürger haben. Sind es Landtagsabgeordnete oder beschränkt sich ihre Tätigkeit nur auf das kommunale Mandat? Es gibt zwar nur einen Wahlakt für die Bürgerschaft, aus dem sich sowohl die Zusammensetzung des Landtages als auch der Stadtbürgerschaft ableitet, bei der Wahrnehmung der Aufgaben wird jedoch zwischen staatlicher und kommunaler Ebene unterschieden. Landtag und Stadtbürgerschaft tagen getrennt und nehmen auch ihre jeweiligen Kompetenzen getrennt voneinander wahr. Insofern müsste als Konsequenz aus der Argumentation der Befürworter der Beteiligung der Unionsbürger an den Landtagswahlen folgen, dass das Mandat der gewählten Unionsbürger sich nur auf die kommunale Ebene beschränkt. Denn nur diesbezüglich liegt, wenn überhaupt, eine positive Diskriminierung vor. Bezüglich des passiven Wahlrechtes können sich die Befürworter gerade nicht auf die EG-Richtlinie berufen, da diese ausdrücklich nur die Beteiligung auf kommunaler Ebene nennt. Der Landtag ist jedoch gerade nicht das Organ der lokalen Gebietskörperschaft der Grundstufe der Stadt Bremen, sondern dieses ist die Stadtbürgerschaft. Insofern ist die Argumentation hier auch nicht schlüssig. Eine Beteiligung der ausländischen Unionsbürger an der Landtagswahl nur im Wahlbereich Bremen stellt nicht lediglich eine positive Diskriminierung dar, sondern impliziert vielmehr eine nicht gerechtfertigte Ungleichbehandlung der Unionsbürger im Lande Bremen.

---

folge Richterspruchs das Wahlrecht nicht besaß, BVerfGE 36, 139, 141f; 42, 312, 341; 67, 146, 148; krit. Isensee/Kirchhof-*Meyer*, Handbuch des Staatsrechts, Bd.II, 263ff.

[758] Sieveking, DÖV 1993, 449, 458.

8.2.3.3. Folgen der Beteiligung der ausländischen Unionsbürger an den Landtagswahlen

Würde man die ausländischen Unionsbürger in der Stadtgemeinde Bremen an den Landtagswahlen beteiligen, hätte dieses zur Folge, dass sowohl die Wählbarkeitsvoraussetzungen geändert als auch Regelungen für die Wahl des Senats getroffen werden müssten.

8.2.3.3.1. Änderung der Wählbarkeitsvoraussetzung

Voraussetzung für die Wahl in die Bremische Bürgerschaft war und ist, dass der Kandidat bzw. Abgeordnete im Gebiet des Landes Bremen eine Wohnung innehat. Das aktive und auch das passive Wahlrecht werden demnach also nicht durch einen Wohnsitzwechsel zwischen Bremen und Bremerhaven berührt. Es drängt sich also die Frage auf, ob dieses auch noch der Fall ist, wenn ein im Wahlbereich Bremen gewählter Unionsbürger nach Bremerhaven verzieht. Aufgrund der örtlich beschränkten Wählbarkeit sind die ausländischen Unionsbürger nicht wie Deutsche generell, d.h. unabhängig vom Ort der Wohnung im Lande in die Bürgerschaft wählbar. Vielmehr müssten dann die Wählbarkeitsvoraussetzungen für Unionsbürger mit ihrer eingeschränkten Wahlberechtigung im Wahlbereich Bremen korrespondieren. Unionsbürger aus Bremerhaven können nicht für den Landtag kandidieren, daher muss auch ein im Wahlbereich Bremen in die Bürgerschaft gewählter Unionsbürger bei einem Umzug nach Bremerhaven wegen Wegfalls einer Voraussetzung seiner jeweiligen Wählbarkeit aus der Bürgerschaft und damit auch zugleich aus der Stadtbürgerschaft ausscheiden.[759]

8.2.3.3.2. Wählbarkeit ausländischer Unionsbürger in den Senat

Bei der Umsetzung des Modells der Beteiligung von ausländischen Unionsbürgern an den Wahlen zur Bürgerschaft (Landtag) in der Stadtgemeinde stellt sich die Frage, ob ausländische Unionsbürger auch in den Senat gewählt werden können bzw. müssen. Die bisherige Regelung in Art. 107 LV sieht vor, dass in den Senat (Landesregierung) gewählt werden kann, wer in die Bürgerschaft wählbar ist. Bliebe es bei dieser Regelung, wären damit auch ausländische Unionsbürger in den Senat wählbar. Dieses stößt jedoch wiederum auf verfassungsrechtliche Bedenken – insbesondere aus Art. 20 Abs. 2 GG -, da die Mitglieder der Landesregierung durch die Beteiligung am Bundesrat unmittelbar auch auf Bundesebene mitwirken.

---

[759] Problempapier des Senator für Inneres, der Senatskanzlei, der Senator für Justiz und Verfassung, der Senator für Wirtschaft, Mittelstand, Technologie und Europaangelegenheiten vom 14. November 1995, S. 7 in der Mitteilung des Senats vom 07. Mai 1996 BB-Drs. 14/294.

Diese Problematik kann jedoch insoweit durch einfache Änderung der Landesverfassung gelöst werden, da, wie bereits ausgeführt, bei mittelbaren Wahlen weder eine gemeinschaftsrechtliche noch eine verfassungsrechtliche Verpflichtung besteht, ausländischen Unionsbürgern ein passives Wahlrecht für die Ämter der kommunalen Exekutivspitze zu gewähren.[760] Dieses muss erst recht gelten, wenn die kommunale Exekutive gleichzeitig staatliche Funktionen miterfüllt. Schließlich wurde in Art. 5 Abs. 3 der Richtlinie selber aus diesen Gründen eine Ausnahmeregelung für das passive Wahlrecht der ausländischen Unionsbürger bei den unmittelbaren Wahlen aufgenommen. Der dortige Staatsbürgervorbehalt soll genau in den Fällen greifen, in denen die Aufgaben des kommunalen Exekutivorgans die Teilnahme an der Ausübung der Staatsgewalt und die Wahrung der allgemeinen Interessen umfassen können.[761]

Somit könnte Bremen ohne Verstoß gegen die Richtlinie im Rahmen der Landesverfassung regeln, dass ausländische Unionsbürger zwar in die Bürgerschaft (Landtag) gewählt werden können, dass Senatsmitglied aber nur werden kann, wer Deutscher ist. Eine solche Regelung würde weder gegen das Gemeinschaftsrecht noch das Grundgesetz verstoßen.

8.2.3.4. Ergebnis

Im Ergebnis kann festgehalten werden, dass die Beteiligung der ausländischen Unionsbürger an den Wahlen zum Landtag sowohl gegen Art. 20 Abs. 2 GG als auch den Grundsatz der Wahlgleichheit verstoßen würde.

Aufgrund des Widerstandes auf Bundesebene bezüglich der Einführung der „Bremer Klausel“ im Grundgesetz bestand zum damaligen Zeitpunkt die Gefahr, dass bei einer Einführung des Wahlrechtes der Unionsbürger zur Bürgerschaftswahl (Landtag), die Bundesregierung oder eine andere Landesregierung vor dem Bundesverfassungsgericht eine abstrakte Normenkontrolle nach Art. 93 Abs. 1 Nr. 2 GG i.V.m. §13 Nr. 6, §§ 76ff BVerfGG beantragen würde. Aber auch die Mitglieder der Bürgerschaft (ein Fünftel der gesetzlichen Mitglieder) hätten den Staatsgerichtshof zu der Frage anrufen können, ob das Landtagswahlrecht für Unionsbürger mit Art. 66 LV und entsprechenden bundesverfassungsrechtlichen Grundsätzen vereinbar sei. Käme das BVerfG oder der Staatsgerichtshof nicht vor der nächsten Wahl zu einer Entscheidung in dieser Frage, dann wäre das Risiko gegeben, dass aufgrund der Beteiligung der ausländischen Unionsbürger jeder deutsche Wähler die Wahl anfechten könnte.

---

[760] Vgl. dazu unter Abschnitt V 8.1.2.

[761] Protokollerklärung des Rates und der Kommission zu Art. 5 Abs. 3 Unterabsatz 3.

Hätte die Wahlanfechtung Erfolg, wofür einiges spricht, müsste die Wahl kostenträchtig wiederholt werden.[762]

8.2.4. Keine Beteiligung der Unionsbürgern bei der Bürgerschaftswahl

In die genau gegensätzliche Richtung vom vorhergenannten Modell bewegte sich der dritte Lösungsansatz, der vorsah, die ausländischen Unionsbürgern in der Stadtgemeinde Bremen nicht an den Wahlen zur Bürgerschaft zu beteiligen und ihnen damit auch kein kommunales Wahlrecht zu gewähren. Die Unionsbürger sollten lediglich die Möglichkeit bekommen, an den Wahlen zu den Beiräten teilzunehmen.[763] Dieser Vorschlag wurde zunächst vom Senator für Inneres favorisiert, der sich jedoch damit nicht im Senat durchsetzen konnte.[764]

Gegen dieses Lösungsmodell bestanden nicht so sehr verfassungsrechtliche Bedenken, sondern es musste geprüft werden, ob diese Regelungen mit dem Recht der Europäischen Gemeinschaft, also insbesondere Art. 19 EGV, aber auch der EG-Richtlinie 94/80/EG, vereinbar ist.

8.2.4.1. Verstoß gegen Art. 19 EGV und Art. 2 Abs. 1 a und b der Richtlinie 94/80/EG

Art. 19 EGV verpflichtet die Mitgliedstaaten, dass alle Unionsbürger, unabhängig davon, ob sie Staatsangehörige des Wohnsitzstaates sind oder nicht, ihr aktives und passives Wahlrecht bei den Kommunalwahlen unter den gleichen Bedingungen ausüben können wie die Staatsangehörigen. Es wird also keine Besserstellung der Unionsbürger, sondern ihre Gleichstellung mit den Inländern gefordert. Bezüglich des Begriffes Kommunalwahlen stellt Art. 2 Abs. 1 a) und b) der Richtlinie klar, dass von diesem Gleichstellungsgebot ausschließlich Wahlen der Vertretungskörperschaft der Grundstufe erfasst sind, wie sie im Anhang der Richtlinie näher umschrieben werden.

---

[762] Vgl. auch Problempapier des Senators für Inneres, Justiz und Verfassung, Senatskanzlei und Wirtschaft, Mittelstand, Technologie und Europa vom 14. November 1995, in Mitteilung des Senats vom 09. Mai 1996, BB-Drs. 14/294, S. 8.

[763] Problempapier des Senators für Inneres, Justiz und Verfassung, Senatskanzlei und Wirtschaft, Mittelstand, Technologie und Europa vom 14. November 1995, in Mitteilung des Senats vom 09. Mai 199, BB-Drs. 14/294, S. 8.

[764] Interner Vermerk über eine Besprechung der Staatsräte aus den Ressorts Inneres, Justiz und Verfassung, Senatskanzlei und Wirtschaft, Mittelstand, Technologie und Europa vom 16. Oktober 1995.

Nach Ansicht der Befürworter dieses Lösungsmodells[765] stehe die Nichtbeteiligung der ausländischen Unionsbürger an der Wahl zur Bürgerschaft (Landes/Stadtparlament) nicht im Widerspruch zum EG-Recht. Denn ihrer Ansicht nach gebe es in der Stadtgemeinde Bremen nach Art. 148 LV keine allgemeine, unmittelbare Kommunalwahl zur Stadtbürgerschaft.[766] Die in der Stadtgemeinde Bremen gewählten Bürgerschaftsmitglieder erhielten durch den staatlichen Wahlakt zum Landtag ein Doppelmandat, das nicht trennbar sei.[767] Ein eigenständiger Kommunalwahlakt zur Stadtbürgerschaft, an dem die Unionsbürger zu beteiligen wären, existiere daher nicht.[768] Die Formulierung des Art. 148 LV, in dem es heißt, dass die Stadtbürgerschaft aus den von den stadtbremischen Wählern in die Bürgerschaft gewählten Vertretern bestehe, mache deutlich, dass einem Teil des Landtags eine Sonderfunktion zukomme. Die in der Stadt Bremen gewählten Landtagsabgeordneten seien verfassungsrechtlich beauftragt, neben den Landtagsangelegenheiten des bremischen Staates auch die kommunalen Angelegenheiten der Stadt Bremen zu erledigen.[769] Wenn jedoch auch die deutschen Wähler in der Stadtgemeinde Bremen kein direktes Wahlrecht für ihre Vertreter in der Stadtbürgerschaft hätten und Art. 19 EGV die Gleichbehandlung der ausländischen Unionsbürgern mit den Inländern verlange, könne daraus nur gefolgert werden, dass den ausländischen Unionsbürgern kein kommunales Wahlrecht auf der Ebene der Stadtgemeinde Bremen eingeräumt wer-

---

765 Insbesondere der Senator für Inneres, Interner Vermerk über eine Besprechung der Staatsräte aus den Ressorts Inneres, Justiz und Verfassung, Senatskanzlei und Wirtschaft, Mittelstand, Technologie und Europa vom 16. Oktober 1995.

766 Senator für Inneres, Interner Vermerk über eine Besprechung der Staatsräte aus den Ressorts Inneres, Justiz und Verfassung, Senatskanzlei und Wirtschaft, Mittelstand, Technologie und Europa vom 16. Oktober 1995. Problempapier des Senator für Inneres, der Senatskanzlei, des Senator für Justiz und Verfassung, des Senators für Wirtschaft, Mittelstand, Technologie und Europaangelegenheiten vom 14. November 1995, S. 5 in der Mitteilung des Senats vom 07. Mai 1996 , BB-Drs. 14/294.

767 So auch Brandt/Schefold, a.a.O.S. 559;Spitta S. 262,Heise, in HBKWP, S. 311, 316;

768 Senator für Inneres, Interner Vermerk über eine Besprechung der Staatsräte aus den Ressorts Inneres, Justiz und Verfassung, Senatskanzlei und Wirtschaft, Mittelstand, Technologie und Europa vom 16. Oktober 1995, Problempapier des Senator für Inneres, der Senatskanzlei, des Senator für Justiz und Verfassung, des Senators für Wirtschaft, Mittelstand, Technologie und Europaangelegenheiten vom 14. November 1995, S. 5 in der Mitteilung des Senats vom 07. Mai 1996, BB-Drs. 14/294.

769 Spitta, S. 262.

den müsse.[770] Eine Beteiligung der ausländischen Unionsbürger in der Stadtgemeinde Bremen sei daher nur auf der Beiratsebene möglich.

Dem wurde entgegengehalten, dass mit der Zulassung der Unionsbürger nur zu den Beiratswahlen keine hinreichende Umsetzung der europäischen Richtlinie erfolge.[771] Die stadtbremischen Beiräte stellten keine Vertretungskörperschaft der lokalen Gebietskörperschaft der Grundstufe dar, da sie nach dem Kommunalverfassungsrecht nur innergemeindliche Untergliederungen seien, die die Einwohner der stadtbremischen Orts- und Stadtteile repräsentierten. In der Begründung des Richtlinienentwurfs heiße es jedoch unter ausdrücklichem Verweis auf Bremen, dass die Vertretungen der Ortsteile nicht der Kategorie der lokalen Gebietskörperschaft der Grundstufe zugeordnet seien, sondern lediglich „untergeordnete lokale Gebietskörperschaften" bildeten.[772] Die Wahl zu einer untergeordneten Gebietskörperschaft sei daher keine Kommunalwahl im Sinne der Richtlinie. Vielmehr sei das Verhältnis zwischen lokaler Gebietskörperschaft der Grundstufe und untergeordneter Gebietskörperschaft in der Weise geregelt, dass dort, wo es lokale Gebietskörperschaften der Grundstufe neben untergeordneten lokalen Gebietskörperschaften gebe, das Wahlrecht zu beiden Ebenen der Gebietskörperschaften zu öffnen sei.[773]

Die Richtlinie verstehe unter Kommunalwahlen vielmehr die allgemeinen, unmittelbaren Wahlen, die darauf abzielten, die Mitglieder der Vertretungskörperschaft einer lokalen Gebietskörperschaft der Grundstufe zu bestimmen (Art. 2 Abs. 1 a und b. der Richtlinie). Nach dem abschließenden Anhang zur Richtlinie gälten als lokale Gebietskörperschaft der Grundstufe in der Freien Hansestadt Bremen die „Stadtgemeinde Bremen". Mit der Richtlinie werde somit für die bremische Rechtslage klargestellt, dass die Anforderungen, die an die Vertretungskörperschaft der lokalen Gebietskörperschaft der Grundstufe zu stellen seien, nicht auf der untergemeindlichen Ebene der Beiräte erfüllt werden könnten, sondern nur auf der Gesamtebene der Stadtgemeinde. Das Landes- und Stadtparlament seien zwar verbundene, aber dennoch unterscheidbare und unterschiedene Organe mit verschiedenen Aufgabenbereichen,[774] daher müssten auch die Mandate trennbar sein. Dieses führe dazu, dass die Argumentation, es

---

770 Wilken, Verwaltung der Bremischen Bürgerschaft, Protokoll der 4. Sitzung des Verfassungs- und Geschäftsordnungsausschusses (14. Wahlperiode) vom 17. Januar 1996, S. 62.

771 Bericht und Antrag des nichtständigen Ausschusses gemäß Art. 125 LV (Kommunalwahlrecht für Unionsbürger) vom 12. August 1996, BB Drs. 14/400.

772 Richtlinienentwurf der Kommission BR-Drs. 294/94 S. 5 Fn. 8.

773 Richtlinienentwurf der Kommission BR-Drs. 294/94 S. 20.

774 BremStGHE 1,73 (gg. Minderheitsvotum dreier Richter).

gebe in Bremen keine Kommunalwahl, nicht mehr haltbar sei.[775] Durch die Erwähnung der Stadtgemeinde Bremen im Anhang der Richtlinie sei eine Umsetzung der Richtlinie nur durch die Beteiligung der Unionsbürger an den Beiratswahlen nicht mehr möglich.[776]

Die dargestellte Kritik an diesem Lösungsmodell ist zutreffend. Eine Beteiligung der ausländischen Unionsbürger in der Stadtgemeinde Bremen auf die Wahlen zu den Beiräten zu beschränken, ist nicht mit Art. 19 EGV und der EG-Richtlinie 94/80/EG vereinbar. Die Stadt Bremen ist Rechtssubjekt, deren Organ, die Stadtbürgerschaft, alle ihre Entscheidungen selbst trifft, Ortsrecht beschließt, sich eine Ortsamts- und Beiratsmitverwaltung geschaffen hat, über einen vom Land getrennten Haushalt verfügt und ihr eigenes Vermögen verwaltet.[777] Damit wird die Stadtbürgerschaft als mittelbare Staatsverwaltung tätig und bedarf der demokratischen Legitimation. Diese demokratische Legitimation erhält sie zwar nicht durch einen eigenständigen Kommunalwahlakt, jedoch mittelbar durch die Wahl des Landtages. Die Wahl zur Bürgerschaft (Landtag) entfaltet damit zwei Wirkungen, zum einen entscheidet sie über die Zusammensetzung des Landtages, zum anderen bestimmt sie die Mitglieder der Stadtbürgerschaft. Würde man die Unionsbürger von der Wahl zur Bürgerschaft (Landtag) ausschließen, verwehrt man ihnen auch das Recht, sich an der Kommunalwahl zu beteiligen. So hat der Staatsgerichtshof zutreffend ausgeführt, dass die vom Grundgesetz gemäß Art. 28 GG verlangte demokratische Legitimation sowohl bei der Bürgerschaft (Landtag) als auch der Stadtbürgerschaft vorhanden sei, wenn auch inhaltlich zusammengefasst.[778] Insofern würde die Nichtbeteiligung der ausländischen Unionsbürger an der demokratischen Legitimierung der Stadtbürgerschaft einen Verstoß gegen Art. 19 EGV und die EG-Richtlinie 94/80/EG darstellen.

8.2.4.2. Ergebnis und Folge

Im Ergebnis kann festgehalten werden, dass die Nichtbeteiligung der ausländischen Unionsbürger an den Wahlen zur Bürgerschaft und die Beschränkung ihrer Partizipation auf die Beiratswahlen nicht mit dem EG-Recht vereinbar ist. Im Gegensatz zum vorherigen Lösungsmodell hätte hier zwar nicht das Risiko einer Klage vor dem BVerfG bestanden. Es wäre jedoch möglich gewesen, dass die EG-Kommission wegen mangelnder Umsetzung der EG-Richtlinie vor dem Europäischen Gerichtshof Vertragsverletzungsverfahren gemäß Art. 226, 228

---

[775] Wrobel, Senator für Justiz, Protokoll der 4. Sitzung des Verfassungs- und Geschäftsordnungsausschusses am 17. Januar 1996, S. 64.

[776] Pechstein, a.a.O., Schreiben vom 31.01.1996, S. 2.

[777] Heise, in HBKWP, S. 311, 316.

[778] Entscheidung des Wahlprüfungsgericht 2. Instanz am 04. Mai 1981, BremStGHE 4, 111.

EGV gegen die Bundesrepublik Deutschland eingeleitet hätte. Der Europäische Gerichtshof hätte, wenn er der oben dargestellten Argumentation gefolgt wäre, festgestellt, dass die Bundesrepublik Deutschland durch Nichtgewährung des Kommunalwahlrechts für Unionsbürger in der Stadtgemeinde Bremen gegen eine gemeinschaftsrechtliche Verpflichtung verstoßen hätte. Deutschland bzw. Bremen hätte dann die sich aus dem Urteil ergebenden Maßnahmen ergreifen müssen. Dieses hätte im schlimmsten Fall die Trennung der Realunion zwischen Stadt und Land zur Folge haben können.

Aber auch die betroffenen ausländischen Unionsbürger in der Stadtgemeinde Bremen hätten sich an die deutschen Gerichte wenden und ihren Anspruch auf Beteiligung an der Kommunalwahl geltend machen können. Denn wie zu Beginn der Arbeit ausgeführt, kommt der Kommunalwahlrichtlinie 94/80/EG eine unmittelbare Wirkung im Verhältnis zwischen Unionsbürger und Verwaltung und Gerichten zu. Der EU-Bürger kann sich also bei mangelnder Umsetzung der Richtlinie auf ihre unmittelbare Anwendung berufen und diese vor deutschen Gerichten geltend machen. Angesichts des Vorranges des Gemeinschaftsrechtes vor dem nationalen Recht sind die zuständigen Gerichte der Mitgliedstaaten (in Deutschland sind dies nach §§ 40 Abs. 1 S. 1, 45 VwGO die Verwaltungsgerichte) bei Nichtumsetzung der Richtlinie gehalten, die Unzulässigkeit der Wahlrechtsbeschränkung zu beachten und Verpflichtungsklagen ausländischer Mitbürger auf Aufnahme in die Kandidatenliste, auf Berücksichtigung eines Wahlvorschlages durch den Wahlleiter oder auf Einschreibung in das jeweilige Wählerverzeichnis stattzugeben. Auf ein im Einzelfall entgegenstehendes Landesrecht brauchen die Gerichte keine Rücksicht zu nehmen.

8.2.5. Einführung eines auf die Stadtbürgerschaft bezogenen Wahlrechts für Unionsbürger zur Bürgerschaft (Landtag) im Wahlbereich Bremen

Das vierte in der Diskussion befindliche Modell sollte es den Unionsbürgern ermöglichen, in der Stadtgemeinde Bremen unter den gleichen Voraussetzungen wie Deutsche an der Wahl zur Bürgerschaft im Wahlbereich Bremen teilzunehmen. Das Wahlrecht der ausländischen Unionsbürger wird jedoch im Ergebnis ausschließlich auf die Zusammensetzung der Stadtbürgerschaft beschränkt.[779]

8.2.5.1. Wahl eigener Vertreter in die Stadtbürgerschaft

Zuvor war von *Schefold* der Vorschlag gemacht worden, den ausländischen Unionsbürgern die Wahl eigener Vertreter zu gewähren, die lediglich der Stadtbürgerschaft, nicht aber dem Landtag angehören.[780] Diese Lösung wäre durch

---

[779] Vgl. Begründung Gesetzesentwurfes des Innensenators, BB-Drs. 14/294.

[780] Schefold/Neumann, Entwicklungstendenzen der Kommunalverfassungen, S. 159.

einen Zusatz zu Art. 148 Abs. 1 S. 3 LV und entsprechende Änderung des Wahlrechtes ohne grundlegende institutionelle Änderungen realisierbar. Die Anzahl der Vertreter würde sich nach dem prozentualen Anteil der ausländischen Unionsbürger an der Gesamtbevölkerung der Stadtgemeinde Bremen orientieren.[781]

Dieser Vorschlag hätte im Ergebnis zur Folge, dass es zwei unterschiedliche Formen der Beteiligung von ausländischen Unionsbürger und Inländern bei der Wahl der Kommunalvertretung in der Stadtgemeinde Bremen gäbe. Dieses wiederum bedeutet in der Konsequenz, dass es zwei kommunale Vertretungen geben würde, eine, die von den Deutschen gewählt werden würde und deren Mitglieder Deutsche wären, und eine, die von den ausländischen Unionsbürgern gewählt werden würde und deren Vertreter ausländische Unionsbürger wären. Formal würden sie dann zwar zusammengefasst die Stadtbürgerschaft darstellen, praktisch wäre der Einfluss der ausländischen Unionsbürger jedoch gering.

Dieser Vorschlag widerspricht zudem dem Gemeinschaftsrecht. Art. 19 EGV und die EG-Richtlinie 94/80/EG bestimmen, dass Unionsbürger unter den gleichen Bedingungen an den Kommunalwahlen zu beteiligen sind wie Inländer. Art. 2 Abs. 1 b) der Richtlinie definiert Kommunalwahlen als allgemeine, unmittelbare Wahlen, die darauf abzielen, die Mitglieder der Vertretungskörperschaft und gegebenenfalls gemäß den Rechtsvorschriften des Mitgliedstaates den Leiter und die Mitglieder des Exekutivorgans einer lokalen Gebietskörperschaft der Grundstufe zu bestimmen. Die ausländischen Unionsbürger können jedoch nach diesem Vorschlag nicht die Mitglieder der Stadtbürgerschaft als kommunale Vertretungskörperschaft der Grundstufe wählen, wie es die Richtlinie vorschreibt, sondern wären beschränkt auf die Wahl eines oder weniger Vertreter.[782] Die ausländischen Unionsbürger würden somit auf die politische Zusammensetzung des Kommunalparlamentes im Gegensatz zu ihren deutschen Mitbürgern keinen oder kaum Einfluss ausüben. Auch wären die gewählten ausländischen Unionsbürger keine Vertreter des Wahlvolkes der lokalen Gebietskörperschaft der Grundstufe, sondern erhielten ihre Legitimation ausschließlich von den ausländischen Unionsbürgern. Dieses widerspricht auch dem Demokratieprinzip des Grundgesetzes. Denn danach bedarf jede Staatsgewalt ausübende Vertretung einer Legitimation, die sich auf die Gesamtheit der Bürger als dem Volk, von dem die Staatsgewalt ausgeht, zurückführen lässt.[783] Insofern würde die Beschränkung der Beteiligung der ausländischen Unionsbürger auf die

---

781 Schefold/Neumann, Entwicklungstendenzen der Kommunalverfassungen, S. 159.

782 Aufgrund des Anteils der ausländischen Unionsbürger an der Einwohneranzahl Bremens würde es wahrscheinlich auf einen Vertreter hinauslaufen.

783 BVerfGE 38, 258, 271; 47, 253, 272.

Wahl eigener Vertreter in die Stadtbürgerschaft nicht nur gegen das Gemeinschaftsrecht verstoßen, sondern auch gegen das Demokratieprinzip des Grundgesetzes.[784]

8.2.5.2. Einheitlicher Wahlakt

Anders als der Vorschlag von *Schefold* sah das vierte in der Diskussion befindliche Modell vor, den Unionsbürgern zu ermöglichen, in der Stadtgemeinde Bremen unter den gleichen Voraussetzungen wie Deutsche an der Wahl zur Bürgerschaft im Wahlbereich Bremen teilzunehmen. Hierdurch sollte sichergestellt werden, dass sich die Zusammensetzung von Bürgerschaft (Landtag) und Stadtbürgerschaft weiterhin aus einem einzigen Wahlakt ergibt und die ausländischen Unionsbürger an diesem partizipieren. Zur Vermeidung verfassungsrechtlicher Bedenken sollte die Teilhabe von Unionsbürgern an diesem Wahlakt allerdings nicht mit Auswirkung auf die Zusammensetzung des Landtags erfolgen, sondern sich ausschließlich auf die Zusammensetzung der Stadtbürgerschaft auswirken. Damit würde der Wahlakt der Unionsbürger, obwohl er formal Wahlakt zur Bürgerschaft (Landtag) bliebe, ein bislang dem bremischen Verfassungs- und Wahlrecht nicht bekanntes Element eines eigenständigen Wahlaktes zur Stadtbürgerschaft erhalten, beschränkt jedoch auf die Unionsbürger.[785]

Auch das bisher in Art. 148 Abs. 1 S. 3 LV verankerte Gebot der Personenidentität zwischen den Mitglieder der Stadtbürgerschaft und den im Wahlbereich Bremen gewählten Abgeordneten der Bürgerschaft (Landtag) würde aufgehoben, da die ausländischen Unionsbürger wählbar werden für die Stadtbürgerschaft. Dieses bedeutet, dass für den Wahlbereich Bremen von den Wahlvorschlagsträgern, den Parteien oder Wählervereinigungen, ein selbständiger Listenvorschlag erstellt werden würde, auf deren für Bürgerschaft und Stadtbürgerschaft kombinierten Wahlvorschlag können im Wahlbereich Bremen auch Unionsbürger in Erscheinung treten. Diese würden dann jedoch nur in die Stadtbürgerschaft gewählt werden, während der nächste deutsche Kandidat auf der Liste dann ein ausschließliches Landtagsmandat erhält.

---

[784] Vgl. Schefold/Neumann, Entwicklungstendenzen der Kommunalverfassungen, S. 159, die selber bezweifeln, ob mit diesem Lösungsvorschlag den gemeinschaftsrechtlichen Regelungen entsprochen wird.

[785] Problempapier des Senator für Inneres, der Senatskanzlei, des Senator für Justiz und Verfassung, des Senators für Wirtschaft, Mittelstand, Technologie und Europaangelegenheiten vom 14. November 1995, S. 9 in der Mitteilung des Senats vom 07. Mai 1996, BB-Drs. 14/294.

Ob dieses Modell mit dem Grundsatz der allgemeinen, gleichen und unmittelbaren Wahl aller bundesdeutschen Gemeindevertretungen gemäß Art. 28 Abs. 1 S. 2 GG vereinbar ist, wurde bezweifelt.[786]

8.2.5.2.1. Demokratische Legitimation der Stadtbürgerschaft

Kritiker dieses Modells sahen in der Einführung eines eigenständigen Wahlaktes der ausländischen Unionsbürger für die Stadtbürgerschaft die Gefahr, dass damit eine generelle Trennung von Stadtbürgerschaft und Landtag heraufbeschworen werde.[787] Durch die Umsetzung des Wahlrechtes für die Unionsbürger werde die Legitimationsgrundlage der Stadtbürgerschaft insgesamt in Frage gestellt.[788] Es werde deutlich, dass der deutsche Wähler in der Stadtgemeinde Bremen keine eigene Vertretung habe, über deren Zusammensetzung er in einem eigenständigen Wahlakt bestimmen könne. Dieses Modell sei zukünftig verfassungsrechtlich nicht mehr tragbar.

Diese Kritik war auch bereits vor Einführung des Unionsbürgerwahlrechtes geäußert worden. So hielt *Thieme* es für zweifelhaft, ob durch die Teilidentität der Abgeordneten der Bürgerschaft (Landtag) mit denen der Stadtbürgerschaft in Bremen gemäß Art. 28 Abs. 1 S. 2 GG gewährleistet werde, dass das Volk eine unmittelbar gewählte Vertretung besitze.[789] Dem konnte jedoch in der Vergangenheit entgegengehalten werden, dass sich aufgrund der Identität von Landesvolk im Wahlbereich Bremen und Volk der Stadtgemeinde Bremen sowie der Personalidentität von Bürgerschaft (Landtag) und Stadtbürgerschaft ergebe, dass die Stadt Bremen über das nach Art. 28 GG erforderliche gewählte Vertretungsorgan verfüge.[790] Diese Argumentation würde mit Einführung des Unionsbürgerwahlrechtes in dieser Form nicht weiter vertretbar sein.

Vehemente Kritik an diesem Lösungsmodell äußerte der Senator für Justiz und Verfassung, der die Ansicht vertrat, dass dieses Wahlmodell zwingend zur Auf-

[786] So Fisahn/Bovenschulte, a.a.O., S. 86.

[787] Wrobel, Vertreter des Senator für Justiz und Verfassung, Protokoll der 4. Sitzung des Ausschusses für Bundes- und Europaangelegenheiten am 16. Januar 1996, S. 52.

[788] Insbesondere Wrobel, Vertreter des Senator für Justiz und Verfassung, Protokoll der 4. Sitzung des Ausschusses für Bundes- und Europaangelegenheiten am 16. Januar 1996, S. 52; diese Bedenken hat Matthey, Senator für Inneres, in der Sitzung des Verfassungs- und Geschäftsordnungsausschusses am 17. Januar 1996 aufgegriffen, Protokoll der 4. Sitzung des Verfassungs- und Geschäftsordnungsausschusses (14. Wahlperiode) am 17. Januar 1996, S. 60.

[789] Thieme, DÖV 1993, 361, 363f.

[790] Heise, in HBKWP,S. 311, 316.

lösung der stadtstaatlichen Strukturen in der Stadtgemeinde Bremen führe.[791] Es entziehe die Grundlage auf der die bremische Landesverfassung seit 1947 beruhe. Durch dieses Modell werde eine eigenständige Stadtbürgerschaft geschaffen, wie es sie bisher nicht gebe. Diese werde künftig von einem anderen Wählerpotential gewählt, nämlich deutschen Staatsangehörigen u n d ausländischen Unionsbürgern. Sie werde sich auch personell anders zusammensetzen, da zwar ausländische Unionsbürger Mitglied der Stadtbürgerschaft, jedoch nicht der Bürgerschaft (Landtag) werden könnten. Dieses führe dazu, dass die nach diesem Modell gewählte Stadtbürgerschaft über eine andere demokratische Legitimationsbasis verfüge als die Stadtbürgerschaft nach bisherigem Muster. Im Blick auf die ausländischen Unionsbürger sei die Stadtbürgerschaft sogar unmittelbar legitimiert.[792] Sie sei nun eine eigenständige kommunale Vertretungskörperschaft, die nicht mehr definiert werden könne als eine Ableitung aus der Bürgerschaft (Landtag).[793]

Diese Auffassung des Senators für Justiz und Verfassung führte auch im Senat zu Auseinandersetzungen. Insbesondere der Senator für Inneres hielt die Rechtsauffassung des Senators für Justiz und Verfassung für überzogen.[794] Seiner Ansicht nach würde keine eigenständige Stadtbürgerschaft mit einer anderen demokratischen Legitimationsbasis geschaffen werden, vielmehr würde sich für den deutschen Wähler in rechtlicher und tatsächlicher Hinsicht nichts ändern. Die Zusammensetzung der Stadtbürgerschaft erfolge auch weiterhin ausschließlich im Ableitungswege aus der Zusammensetzung des von den deutschen Wählern gewählten Landtages, nicht aber durch einen eigenständigen Wahlakt zur Stadtbürgerschaft. Insoweit sei die Ansicht des Justizsenators, es handele sich zukünftig um eine andere, nämlich eigenständige, d.h. eigenständig gewählte Stadtbürgerschaft, unzutreffend.[795] Die Einführung des Wahlrechts

---

[791] Schreiben des Senators für Justiz und Verfassung an den Senator für Inneres vom 12. Januar 1996 bzgl. der Ergänzung der Vorlage Nr.14/043 für die Sitzung der staatlichen Deputation für Inneres am 18. Januar 1996; Wrobel, Vertreter des Senator für Justiz, Protokoll der 4. Sitzung des Ausschusses für Bundes- und Europaangelegenheiten (14. Wahlperiode) am 16. Januar 1996, S. 51.

[792] Schreiben des Senators für Justiz und Verfassung, an den Senator für Inneres vom 12, Januar 1996 bzgl. der Ergänzung der Vorlage Nr.14/043 für die Sitzung der staatlichen Deputation für Inneres am 18. Januar 1996.

[793] Wrobel, Vertreter des Senator für Justiz, Protokoll der 4. Sitzung des Ausschusses für Bundes- und Europaangelegenheiten (14. Wahlperiode) am 16. Januar 1996, S. 51.

[794] Matthey, Vertreter des Senator für Inneres, Protokoll der 4. Sitzung des Ausschusses für Bundes- und Europaangelegenheiten (14. Wahlperiode) am 16. Januar 1996, S. 52.

[795] Matthey, Vertreter des Senator für Inneres, Protokoll der 4. Sitzung des Ausschusses für Bundes- und Europaangelegenheiten (14. Wahlperiode) am 16. Januar 1996, S. 52.

der ausländischen Unionsbürger zur Stadtbürgerschaft ändere nicht deren demokratische Legitimationsbasis. Diese beruhe im Wesentlichen unverändert auf dem deutschen Wählerpotential. Indem es weiterhin einen einheitlichen Wahlakt zur Bürgerschaft gebe, die Stimmen der ausländischen Unionsbürger jedoch ausschließlich für die Zusammensetzung der Stadtbürgerschaft gezählt würden, werde unverändert die Zusammensetzung der Stadtbürgerschaft an den Wahlakt zur Bürgerschaft (Landtag) angeknüpft. Damit werde dem Gedanken Rechnung getragen, dass es eben gerade nicht zu einer Trennung der Wahlakte und damit der Ebenen „Landtag" und „Stadtbürgerschaft" mit allen weiteren Konsequenzen kommen solle. Vielmehr solle das bisherige System der Bürgerschaftswahl auch mit dem besonderen Blick auf die Bestandsgarantie künftiger Bürgerschaftswahlen unangetastet bleiben. Durch dieses Lösungsmodell werde dem unveränderten Bürgerschaftswahl-System lediglich ein bisher unbekanntes Wahlelement hinzugefügt, das die Bürgerschaftswahl so, wie sie bestehe, nutze, um den ausländischen Unionsbürgern ein Wahlrecht zu ermöglichen, das ausschließlich in die Stadtbürgerschaft transportiert werde. Dieser – aber eben nur dieser – Wahlakt der ausländischen Unionsbürger werde als rechtlich unmittelbarer Wahlakt zu qualifizieren sein. Er kreiere deshalb aber weder eine eigenständige Stadtbürgerschaft, noch tausche er deren Legitimationsbasis aus.[796]

Die geäußerten Bedenken gegenüber diesem Modell zur Einführung des Unionsbürgerwahlrechtes überzeugen nicht. Die Beteiligung der ausländischen Unionsbürger an der Bürgerschaftswahl führt nicht dazu, dass die gewählte Stadtbürgerschaft zukünftig über eine andere demokratische Legitimationsbasis verfügt, die zwingend zur Auflösung der stadtstaatlichen Strukturen in der Stadtgemeinde Bremen führt. Sowohl die Kritiker als auch Befürworter des Modells legen ihrer Auffassung zugrunde, dass sich die Stadtbürgerschaft lediglich aus der Bürgerschaft (Landtag) „ableite" [797], und verkennen dabei, dass es sich bei der Stadtbürgerschaft schon vor Einführung des Unionsbürgerwahlrechtes um eine eigenständige kommunale Vertretungskörperschaft handelte. Auch die bisherige Stadtbürgerschaft war ein von der Bürgerschaft (Landtag) unterscheidbares und unterschiedliches Organ mit einem anderen Aufgabenbereich als dem des Landtages.[798] Die Stadtbürgerschaft war somit bisher schon eine eigenständige kommunale Vertretungskörperschaft, deren Legitimation zur

[796] Ansicht des Senators für Inneres in der Ergänzung zur Vorlage Nr.14/043 für die Sitzung der staatlichen Deputation für Inneres am 18. Januar 1996.

[797] Wrobel, Vertreter des Senator für Justiz, Protokoll der 4. Sitzung des Ausschusses für Bundes- und Europaangelegenheiten (14. Wahlperiode) am 16. Januar 1996, S. 51; Ansicht des Senators für Inneres in der Ergänzung zur Vorlage Nr.14/043 für die Sitzung der staatlichen Deputation für Inneres am 18. Januar 1996.

[798] BremStGHE 1, 71, 81; 4, 111, 139.

Ausübung von Staatsgewalt sich auf die Gesamtheit der Bürger als dem Volk, von dem alle Staatsgewalt ausgeht, zurückgeführt werden musste.[799]

Eine ausreichende Legitimation durch das Volk im Sinne des Art. 28 Abs. 1 S. 2 GG sei jedoch nicht gegeben, wenn sich die Stadtbürgerschaft nur von der Bürgerschaft (Landtag) „ableiten" würde. Art. 28 Abs. 1 S. 2 GG spezifiziert das Demokratiegebot für die Volksvertretungen in den Ländern, Kreisen und Gemeinden in der Form, dass diese eine Volksvertretung haben müssen, die aus allgemeinen, unmittelbaren, freien, gleichen und geheimen Wahlen hervorgegangen ist. Kommunale Vertretungskörperschaften bedürfen der verfassungsrechtlich notwendigen demokratischen Legitimation in einer ununterbrochenen Legitimationskette vom Volk zu den mit staatlichen Aufgaben betrauten Organen und Amtswaltern.[800] Eine „Ableitung" der Legitimation der Stadtbürgerschaft durch die Bürgerschaft (Landtag), z.B. in Form eines die Stadtbürgerschaft legitimierenden Wahlaktes der Bürgerschaft (Landtag), genügt den in Art. 28 Abs. 1 S. 2 GG genannten Anforderungen nicht. Denn dies würde lediglich eine mittelbare Wahl der kommunalen Vertretungskörperschaft darstellen, die zwar bei Organen der Gemeinde möglich ist, wie z.B. Ausschüssen oder früher den Beiräten, nicht jedoch der Stadtbürgerschaft als zentraler Führungsinstanz der Gemeinden.[801] Zudem wäre dies auch wegen der gebotenen Trennung der staatlichen und kommunalen Ebenen nicht zulässig.

Insofern bedarf auch die Stadtbürgerschaft der unmittelbaren Legitimation durch das Volk. Diese demokratische Legitimation erhält sie durch die Bürgerschaftswahl. Die Bürgerschaftswahl, die zwar wahlrechtlich als Landtagswahl ausgestaltet ist, entfaltet verfassungsrechtlich zwei Wirkungen. Zum einen bestimmt sie über die Zusammensetzung der Bürgerschaft (Landtag), zum anderen über die Zusammensetzung der Stadtbürgerschaft. Dass der Wähler bei der Stimmabgabe nicht differenzieren kann, sondern in einem einheitlichen Wahlakt seine Stimme abgibt, steht dem nicht entgegen. Die Zusammensetzung der Stadtbürgerschaft leitet sich daher nicht aus der Wahl der Landtagsabgeordneten im Wahlbereich Bremen ab, sondern es werden in einem Wahlakt die Abgeordneten zum Landtag und zur kommunalen Vertretungskörperschaft bestimmt.[802]

---

[799] BVerfGE 38, 258, 271; 47, 253, 272.

[800] Beschluss des Bundesverfassungsgerichts vom 15. Februar 1978 zu den Bezirksvertretungen in Nordrhein-Westfalen, BVerfGE 47, 253ff.

[801] Vgl. den Beschluss des Bundesverfassungsgerichts vom 15. Februar 1978 zu den Bezirksvertretungen in Nordrhein-Westfalen, deren Rat als zentrales Führungsorgan durch unmittelbare Wahl des Volkes legitimiert werden muss, BVerfGE 47, 253ff.

[802] Vgl. auch BremStGHE 1, 73, 80f.

Dem stehen auch nicht die vom BVerfG in seiner Entscheidung zu den Bezirksvertretungen nach dem Kommunalwahlrecht in Nordrhein –Westfalen geäußerten Bedenken bezüglich der Wahlfreiheit entgegen. Denn anders als in Nordrhein – Westfalen, wo sich der Wähler nach der Wahl eines Ratskandidaten nicht mehr frei entscheiden kann, welcher gebundenen Liste von Kandidaten für die Bezirksvertretung er seine Stimme geben will, entscheidet sich der Wähler in der Stadtgemeinde Bremen für einen Bewerber, der für den Gesamtbereich kandidiert und sowohl städtische als auch staatliche Aufgaben wahrnimmt.[803] Bei der Wahl zur Bremischen Bürgerschaft (Landtag) und zur Stadtbürgerschaft ist der Wähler somit vor die Entscheidung über beide Gremien mit identischen, feststehenden Bewerbern gestellt.[804] Insofern spielen auch bei der Entscheidung über die Stimmabgabe kommunalpolitische Themen eine wesentliche Rolle. Der Wähler berücksichtigt bei der Wahl nicht nur die Landespolitik, sondern entscheidet sich in gleichem, wenn nicht sogar höherem Maße aus kommunalpolitischer Sicht für einen Bewerber.

Diese demokratische Legitimation der Stadtbürgerschaft durch den einheitlichen Wahlakt kann bei Beteiligung der ausländischen Unionsbürger weiterhin aufrechterhalten bleiben und muss nicht zu einer Trennung der staatstaatlichen Strukturen in der Stadtgemeinde Bremen führen. Die Deutschen üben ihre staatsbürgerlichen Rechte ohne Verkürzung des Wählereinflusses weiterhin in einem einheitlichen Wahlakt aus. Da die ausländischen Unionsbürger gemäß Art. 20 Abs. 2, Art. 28 Abs. 1 S. 1 GG an der Zusammensetzung des Landtages nicht mitwirken können, der Wahlakt für die Bürgerschaft (Landtag) jedoch für den einzelnen Wahlberechtigten immer zwei Wirkungen hat, nämlich die Wahl der Mitglieder des Landtages aus dem Wahlbereich Bremen und die der Mitglieder der Stadtbürgerschaft, muss den ausländischen Unionsbürgern die Mitwirkung am letzteren ermöglicht werden.[805]

8.2.5.2.2. Verletzung des Grundsatzes der Wahlgleichheit gemäß Art. 28 Abs. 1 S. 2 GG

Die Einführung dieses Modells des Unionsbürgerwahlrechtes hat zur Folge, dass der ausländische Unionsbürger ein eigenständiges aktives und passives

---

[803] Das BVerfG hatte die in der Gemeindeverordnung von Nordrhein-Westfalen vorgeschriebene einheitliche Stimmenabgabe für die Vertreter des Rates und der Bezirksvertretung als unzulässige Verengung der Entschließungsfreiheit des Wählers angesehen, BVerfGE 47, 253ff.

[804] BremStGHE 4, 111, 137.

[805] Im Ergebnis so auch Entwurf Antrag der Fraktionen der CDU und SPD vom 26.Februar 1996, Umsetzung des Kommunalwahlrechts für ausländische Unionsbürger im Lande Bremen, S. 5.

Wahlrecht zur Stadtbürgerschaft erhält, während der deutsche Wähler nicht unabhängig von seiner Entscheidung bei der Landtagswahl die Stadtbürgerschaft wählen kann. Kritiker sahen darin die Gefahr, dass auch deutsche Staatsangehörige beanspruchen könnten, an einem ausschließlichen Wahlakt für die Stadtbürgerschaft teilzunehmen und die Teilnahme an der Wahl zur Bürgerschaft (Landtag) zu verweigern.[806]

Der Bremische Staatsgerichtshof hat zwar in dieser unterschiedlichen Ausgestaltung des Wahlrechts für Unionsbürger einerseits und für deutsche Wähler andererseits eine Ungleichbehandlung gesehen. Diese Ungleichbehandlung stelle jedoch keine Verletzung des Grundsatzes der Wahlgleichheit gemäß Art. 28 Abs. 1 S. 2 GG dar, da sie durch den auf der Ebene der Landesverfassung in Art. 148 LV abgesicherten „zureichenden" Grund der Erhaltung der Stadtstaatlichkeit Bremens gerechtfertigt sei.[807] Die durch Art. 148 LV verfassungsrechtlich abgesicherte Gestaltung der demokratischen Legitimation verstoße nicht gegen das in Art. 28 Abs. 1 S. 2 spezifizierte Demokratieprinzip. Insbesondere stelle der einheitliche Wahlakt keine Verletzung des Grundsatzes der Freiheit der Wahl in Art. 28 Abs. 1 S. 2 und Art. 38 Abs. 1 S. 1 GG dar.[808]

Art. 28 Abs. 1 S. 1 eröffnet dem Landesgesetzgeber einen Spielraum bei der Ausgestaltung der Wahlen für die Volksvertretungen in den Ländern und Gemeinden. Dieser ist nach der Rechtsprechung des BVerfG zwar sehr eng bemessen und muss sich innerhalb des in Art. 28 Abs. 1 S. 2 GG gesteckten Rahmens bewegen,[809] jedoch erlaubt er Differenzierungen bei der Ordnung des Wahlrechts, wenn ein rechtfertigender Grund vorliegt.[810] So werden Gründe zugelassen, die durch die Verfassung legitimiert und von einem Gewicht sind, das der Wahlrechtsgleichheit die Waage halten kann.[811] Dabei ist es nicht erforderlich, dass die Verfassung diese Zwecke zu verwirklichen gebietet,[812] sondern ausreichend sind auch „zureichende", „aus der Natur des Sachbereichs der Wahl der Volksvertretung sich ergebende Gründe".[813] Zu diesen Gründen zäh-

---

806 Böhrnsen, Protokoll der 4. Sitzung des Ausschusses für Bundes- und Europaangelegenheiten (14.Wahlperiode) am 16. Januar 1996, S. 50, der gute Chancen für die Durchsetzbarkeit vermutet.

807 BremStGHE 6, 253, 267.

808 BremStGHE 4, 111, 136; 6, 253, 264.

809 BVerfGE 1, 208, 249. v. Mangoldt/Klein/Starck-*Tettinger*, GG, Bd. 2, Art. 28, Rn.70.

810 BVerfGE 1, 208, 249.

811 BVerfGE, 71, 81, 96; 95, 408, 418.

812 BVerfGE 4, 31, 41; 51, 222, 237f, 249.

813 BVerfGE 1, 208, 248;6, 84, 92; 95, 408, 418.

len auch die historisch bedingten tatsächlichen Gegebenheiten innerhalb eines Landes.[814]

In Bremen gehört zu diesen historisch bedingten tatsächlichen Gegebenheiten die traditionelle Verbundenheit von staatlichen und kommunalen Elementen in der Stadtgemeinde Bremen.[815] Diese traditionell bedingte stadtstaatliche Struktur Bremens wird durch Art. 148 LV abgesichert und beruht damit auf einer Entscheidung des bremischen Verfassungsgebers. Dieses rechtfertigt daher auch, dass die deutschen Wähler in der Stadtgemeinde Bremen die Zusammensetzung der Stadtbürgerschaft nur in einem einheitlichen Wahlakt mit der Bürgerschaftswahl bestimmen können.[816]

Zutreffend führt der Staatsgerichtshof aus, dass die „Ungleichbehandlung“ der deutschen Wähler im Vergleich zu den ausländischen Unionsbürgern zur Herstellung der vom Landesgesetzgeber angestrebten Kompatibilität von stadtstaatlicher Struktur und Öffnung des Wahlrechts zur Stadtbürgerschaft für Unionsbürger nicht unverhältnismäßig sei. Sie sei vielmehr geeignet und im Sinne des mildesten zur Verfügung stehenden Mittels erforderlich und nicht überproportional. Die Zahl der „begünstigten“ Unionsbürger sei gering, die materielle Veränderung des Wahlrechts der deutschen Wähler sei marginal.[817] Die einzige Alternative, die Verselbständigung der Stadtbürgerschaft, sei demgegenüber eine staatsorganisatorisch tief greifende und folgenreiche Entscheidung. Von Verfassung wegen sei der Gesetzgeber nicht verpflichtet, zur Vermeidung der aufgezeigten wahlrechtlichen Konsequenzen diese Alternative zu wählen.[818]

Die durch die Einführung dieses Unionsbürgerwahlrechtes eingetretene Ungleichbehandlung verstößt nicht gegen den Grundsatz der Wahlgleichheit. Dem bremischen Gesetzgeber blieb in der Abwägung der unterschiedlichen Modelle zur Beteiligung der ausländischen Unionsbürger keine geeignetere Alternative, die einen geringeren Eingriff in das Wahlrecht und die Staatsorganisation Bremens bedeutet hätte. Bremen stand vor dem Problem, zum einen europarechtlich verpflichtet worden zu sein, die ausländischen Unionsbürger an den kommunalen Wahlen zu beteiligen, zum anderen aufgrund des staatsrechtlichen Aufbaus über keinen eigenständigen Kommunalwahlakt zu verfügen. Da der

---

[814] BVerfGE 4, 31, 40; 51, 222, 238; BremStGHE 4, 111, 137.

[815] Vgl. dazu auch unter Abschnitt V.3.2.

[816] Im Ergebnis so auch der Entwurf des Antrags der Fraktionen der CDU und SPD vom 26. Februar 1996, Umsetzung des Kommunalwahlrechts für ausländische Unionsbürger im Lande Bremen, S. 4.

[817] BremStGHE 6, 253, 267.

[818] BremStGHE 6, 253, 267.

deutsche Wähler mit der Ausübung seines Landtagswahlrechtes aber auch gleichzeitig über die Zusammensetzung der Stadtbürgerschaft bestimmt, der ausländische Unionsbürger gemäß Art. 20 Abs. 2, 28 Abs. 1 S. 1 GG nicht an der Landtagswahl teilnehmen kann, ist der Unionsbürger an diesem Wahlakt zumindest mit der Wirkung zu beteiligen, die sich auf die Zusammensetzung der Stadtbürgerschaft auswirkt. Die dadurch sich ergebenden Auswirkungen auf den deutschen Wähler können zu Recht als marginal bezeichnet werden, denn dieser kann durch die Beteiligung an der Landtagswahl weiterhin über die Zusammensetzung der Stadtbürgerschaft bestimmen. Denn auch wenn es sich bei der Bürgerschaftswahl in wahlrechtlicher Hinsicht nur um einen Wahlakt zum Landtag handelt und nicht um einen bereits vorhandenen „vollwertigen" Wahlakt im wahlrechtlichen Sinne auch für die Stadtbürgerschaft, kann dieser inhaltlich als zwei Wahlhandlungen in einem beschrieben werden.

Die „Begünstigung" der ausländischen Unionsbürger ist insofern berechtigt, da sie keine Möglichkeit haben, über die Landtagswahl die Zusammensetzung der Stadtbürgerschaft zu bestimmen. Die dadurch entstehende Ungleichbehandlung ist gerechtfertigt, da diese im Vergleich zur Änderung der traditionellen stadtstaatlichen Struktur Bremens den verhältnismäßig geringeren Eingriff darstellt.

8.2.5.2.3. Recht auf die Wahl und Abwahl einer eigenständigen Stadtregierung - Verstoß gegen die kommunale Selbstverwaltung Art. 28 Abs. 2 GG

Die Einführung dieses Modells hat zur Folge, dass die Personenidentität zwischen Stadtbürgerschaft und den im Wahlbereich der Stadt Bremen gewählten Bürgerschaftsabgeordneten aufgehoben wird. Zukünftig können somit in der Stadtbürgerschaft Vertreter sitzen, die nicht gleichzeitig auch im Landtag vertreten sind. Dieses betrifft nicht nur die ausländischen Unionsbürger, sondern bedingt durch deren Stimmabgabe kann es auch zu einer Abweichung der Mehrheitsverhältnisse von Stadtbürgerschaft und Bürgerschaft (Landtag) im Wahlbereich Bremen kommen, mit der Folge, dass auch deutsche Abgeordnete nur in einem der Gremien vertreten sind.[819] Diese Mitglieder der Stadtbürgerschaft sind dann von der Wahl des Senats ausgeschlossen. Denn die Stadtbürgerschaft wählt keine eigenen Hauptverwaltungsorgane, sondern gemäß Art. 148 Abs. 1 LV ist der von der Bürgerschaft (Landtag) gewählte Senat gleichzeitig auch Organ der Stadtgemeinde Bremen.

Diese verfassungsrechtliche Konstruktion muss vor dem Hintergrund der Aufhebung der Personenidentität und der damit verbundenen Folge, dass Mitglieder

---

[819] Vgl. den Ausgang der Bürgerschaftswahl vom 23. Mai 2003, bei der die Partei Bündnis 90/Die Grünen aufgrund des Wahlverhaltens der ausländischen Unionsbürger mit einem zusätzlichen Vertreter in der Stadtbürgerschaft vertreten ist.

der Stadtbürgerschaft keinen Einfluss auf die Wahl der Exekutive nehmen können, in Frage gestellt werden. Zu prüfen ist, ob dieses mit der kommunalen Selbstverwaltung der Gemeinden gemäß Art. 28 Abs. 2 GG vereinbar ist.[820]

Bereits seit den 70er Jahren gibt es eine Diskussion, ob die Teilidentität von Stadt und Staat in Bremen mit der kommunalen Selbstverwaltung gemäß Art. 28 Abs. 2 GG vereinbar sei.[821] Nach Ansicht von *Röper* habe die Stadtgemeinde Bremen überhaupt keine Selbstverwaltungsbefugnisse und verwaltungsmäßige Entscheidungsfreiheit, die stadtbremische Verwaltung führe nicht einmal ein Schattendasein. Dieses liege daran, dass in der Stadt Bremen alle Verwaltungsbehörden und Ämter nach den Richtlinien und Weisungen der staatlichen Senatoren geleitet würden. Anders als in Bremerhaven könne die Stadt Bremen also keine in ihre Zuständigkeit fallende Entscheidung weisungsfrei fällen und durchführen, sondern sei auf die Organe des Landes angewiesen. Auch wenn die politischen Mehrheitsverhältnisse bisher jede Form der gerichtlichen Überprüfung dieser Konstellation abgelehnt hätten, müsse de lege lata gemäß Art. 140 LV wegen Verletzung des Selbstverwaltungsrechts der Stadt Bremen gemäß Art. 28 Abs. 2 S. 1 GG und Art. 144 LV Beschwerde beim Staatsgerichtshof oder Klage beim Verwaltungsgericht erhoben werden, etwa gegen das Senat-, Deputations- oder Beamtengesetz.[822]

Schärfer noch formuliert es *Thieme*, dessen Ansicht nach die organisationsrechtliche Konstruktion des Gemeinwesens Bremen erheblichen verfassungsrechtlichen Bedenken unterliegt. Durch die Identität der beider Senate, also für Stadt und Land, werde eine gemäß Art. 28 Abs. 2 GG erforderliche eigenständige Regelung der Gemeinde im Rahmen ihrer Angelegenheiten unmöglich. Ausdrücklich kritisiert *Thieme*, dass der Senat nicht von der Stadtbürgerschaft, sondern von der Bürgerschaft (Landtag), also einer staatlichen Körperschaft gewählt werde. Der so gewählte Senat sei eindeutig als Landessenat gekennzeichnet und könne nicht als selbstbestimmte kommunale Exekutive im Sinne des Art. 28 Abs. 2 GG gewertet werden. Denn ansonsten würden bei der Wahl des stadtbremischen Senats auch die Bremerhavener Bürgerschaftsabgeordne-

---

820 Schreiben des Senator für Justiz an den Senator für Inneres vom 12. Januar 1996 bzgl. der Ergänzung der Vorlage Nr. 14/043 für die Sitzung der staatlichen Deputation für Inneres am 18. Januar 1996.

821 Vgl. Röper, ZParl 1973, 365ff; Thieme, DÖV 1993, 361, Bovenschulte/Fisahn, a.a.O., S. 18, 87.

822 Röper, ZParl. 1973, 365, 368f, 370, der in der Konsequenz die Verwandlung des Landes Bremen in einen Drei-Städte-Staat, bestehend aus den Gemeinden Bremen, Bremerhaven und Vegesack mit eigenständigen Kommunalverwaltungen und einer darüber existierenden Landesregierung, fordert.

ten beteiligt werden, dieses würde jedoch der von Art. 28 Abs. 2 GG geforderten Selbstbestimmung entgegenstehen. Die Stadt Bremen werde daher nicht durch ein kommunales, sondern durch ein staatliches Organ regiert. Dies hindere ganz grundsätzlich die eigenständige Wahrnehmung der städtischen Aufgaben.[823] Schließlich werde die kommunale Selbstverwaltung, wie sie in Art. 28 Abs. 2 GG garantiert werde, durch ein Gegeneinander von Staat und Kommune bestimmt, da beide unterschiedliche Aufgaben hätten. Die Gemeinde müsse sich um die Aufgaben der örtlichen Gemeinschaft kümmern, während das Land die staatliche Aufsicht führe. Dieses Gegeneinander funktioniere jedoch nicht, wenn die kommunalen Handlungsorgane und staatlichen Aufsichtsbehörden identisch seien. Denn in beiden Funktionen bestehe eine Personenidentität, die schon nach allgemeinem Recht zu einer Inkompatibilität führe und wegen der verfassungsrechtlich vorgeschriebenen Funktionentrennung von kommunalen Fragen und staatlichen Fragen nicht in eine Hand gelegt werden dürfe. Daraus könne nur gefolgert werden, dass es in Bremen praktisch keine eigene städtische Selbstverwaltung gebe. Dieses stelle eine Verletzung von Art. 28 Abs. 2 GG dar.[824]

Dem hielt *Stierling* als Befürworter der stadtstaatlichen Struktur entgegen, dass diese Regelung nicht gegen Art. 28 Abs. 2 GG verstoße, sondern vielmehr den praktischen Bedürfnissen eines so kleinen Bundeslandes gerecht werde. In diesem sei ein zweistufiger Behördenaufbau entbehrlich und könne auch unter Kostengesichtspunkten eingespart werden.[825] Nach Ansicht von *Stierling* sei eine ausreichende Beteiligung der Stadtbürgerschaft bei der Wahl des Senats zudem sichergestellt, da die Bremer Abgeordneten die Masse der Abgeordneten der Bürgerschaft (Landtag) darstellten.[826]

Weitergehend argumentiert *Heise*, der eine Unverträglichkeit mit Art. 28 GG verneint, weil dem Grundgesetzgeber bei der Formulierung des Art. 28 GG die Organisationsstruktur des Landes Bremen bekannt gewesen sei und er diese wegen ihrer stadtstaatlichen Begründetheit akzeptiert habe.[827] Das materielle Selbstbestimmungsrecht der Stadt sei unzweifelhaft, sie sei Rechtssubjekt, treffe alle ihre Entscheidungen selbst, verfüge über einen vom Land getrennten Haushalt, über eigenes Vermögen, beschließe Ortsrecht und habe sich eine Ort-

[823] Thieme, DÖV 1993, 361, 364; mit Verweis auf BVerfGE 79, 146; Pagenkopf, Kommunalrecht, S. 39.

[824] Thieme, DÖV 1993, 361, 364.

[825] Stierling, S. 25ff.

[826] Stierling, S. 25ff.

[827] Heise,in HBKWP, S. 311, 316.

samt- und Beiratsmitverwaltung geschaffen.[828] Im Übrigen habe es bislang auch niemals in gerichtlichen Verfahren Zweifel an der Verfassungsmäßigkeit der Organisationsstruktur gegeben.[829]

Nach Ansicht *Schefolds* reiche der Hinweis, dass die Geschäftsgrundlage der Unterwerfung unter die künftige deutsche Verfassung (Art. 152 LV) und der Annahme des Grundgesetzes die Verfassungsidentität der Freien Hansestadt Bremen war, nicht aus. Vielmehr sei darauf abzustellen, dass diese Verfassungsidentität auf eine über hundertfünfzigjährige Verfassungstradition zurückblicken könne und damit eine der Ausprägungen der Institution kommunaler Selbstverwaltung sei, wie sie Art. 28 Abs. 1 S. 2 GG voraussetze.[830] Art. 28 Abs. 1 S. 2 GG erfordere zwar, dass die Gemeinden über eine eigene Volksvertretung verfügen, von einer selbst gewählten Verwaltungsspitze sei dagegen nicht die Rede.[831] So habe es auch lange nach 1949 zumindest auf Kreisebene noch von der staatlichen Verwaltung bestellte Hauptverwaltungsbeamte gegeben. Dies gelte umso mehr, da die Alternativen getrennter Verwaltungen von Land und Stadt sowie einer den Anforderungen des Art. 28 Abs. 2 GG genügenden Aufspaltung Bremens in Teil-Gemeinden weder sachgerecht, noch finanziell tragbar seien, sondern eine Aufgabe im Sinn einer eigentlichen Preisgabe eigener politischer Gestaltung Bremens sei.[832] Das BVerfG habe diesem Rechnung getragen, indem es der Hoffnung Ausdruck gegeben habe, hinsichtlich der Kosten politischer Führung könne „die Zusammenfassung kommunaler und staatlicher Verwaltung ... einem Anstieg der Kosten entgegenwirken".[833] Die bisher geäußerten Bedenken bezüglich der Vereinbarkeit des Art. 148 Abs. 1 LV mit Art. 28 Abs. 1 S. 2 GG könnten nach Ansicht *Schefolds* mit dem Hinweis darauf, dass die Gleichsetzung staatlicher und städtischer Verwaltung nicht vorgeschrieben werde, sondern von der Verfassung nur als dispositive Lösung zur Verfügung gestellt werde, entkräftet werden. Im Rahmen der Verfassungsautonomie der bremischen Gemeinden, die der Stadtgemeinde eine andere

---

[828] Heise, in HBKWP, S. 311, 316.

[829] Heise, in HBKWP, S.311, 316 Fn. 31.

[830] Schefold, Hundertfünfzig Jahre Bremische Verfassung, in: Jahrbuch der Juristischen Gesellschaft 2000, S. 7, 24.

[831] Insoweit kritisch Bovenschulte, a.a.O. S. 535, der bei Organen, die politische Führungsfunktionen wahrnehmen, die Notwendigkeit einer demokratischen Legitimation durch die kommunale Vertretungskörperschaft sieht.

[832] Schefold, Hundertfünfzig Jahre Bremische Verfassung, in: Jahrbuch der Juristischen Gesellschaft 2000, S. 2, 24.

[833] BVerfGE 86, 148, 276.

Einrichtung ihrer Verwaltung ermöglichen, würden Bedenken gegen die Regelung des Art. 148 Abs. 1 S. 2 LV nicht durchschlagen.[834]

Um zu erörtern, ob die die in Art. 148 LV gewählte Konstellation gegen das kommunale Selbstverwaltungsrecht des Art. 28 Abs. 2 S. 1 GG verstößt, muss zunächst untersucht werden, ob die Wahl der kommunalen Exekutive zu den nach Art. 28 Abs. 2 GG garantierten Kompetenzen der kommunalen Vertretungskörperschaft in Rahmen der kommunalen Selbstverwaltung gehört.

Welche Kompetenzen die Volksvertretung nach dem Kommunalverfassungsrecht haben muss, wird im Grundgesetz nicht ausdrücklich ausgeführt. Art. 28 Abs. 2 S.1 GG gewährleistet als verfassungsrechtliches Aufgabenverteilungsprinzip den Gemeinden als solche die Wahrnehmung aller Angelegenheiten der örtlichen Gemeinschaft und steht damit der bundes- und landesgesetzlichen Übertragung solcher Angelegenheiten auf andere Hoheitsträger entgegen.[835] Zum Kernbereich der Selbstverwaltungsgarantie, der nicht angetastet werden darf,[836] gehören die Gebietshoheit, Satzungshoheit, Finanzhoheit, Organisationshoheit und auch die Personalhoheit.[837] Das Land darf diese Rechte in ihrem Kernbereich nicht aufheben oder einschränken und die Verwaltung der Gemeindeangelegenheiten Staatsbehörden übertragen.[838]

Welches Organ der Gemeinden jedoch mit diesen Aufgaben befasst werden muss, ist nicht explizit in der Verfassung geregelt. So enthält diese keinen Zu-

---

834 Brandt/Schefold, a.a.o., S. 547, 564; in diesem Sinne auch Bovenschulte/Fisahn, a.a.O., S. 18, 87, die zwar ebenfalls Zweifel am Regelungsmodell des Art. 148 LV äußern, da die Senatsmitglieder ausschließlich von der Bürgerschaft (Landtag) gewählt und abgewählt werden und somit die Stadtgemeinde Bremen ihre Exekutivspitze weder in freier Entschließung einsetzen noch abberufen könne. Genau dieses aber werde den Gemeinden durch das Grundgesetz garantiert, wobei zur Begründung sowohl auf die Selbstverwaltungsgarantie (Art. 28 Abs. 2 GG) als auch auf das Demokratieprinzip (Art. 28 Abs. 1 GG) abgestellt werden könne. Rechtfertigen lasse sich jedoch ihrer Ansicht nach das Regelungsmodell des Art. 148 LV nur mit dem Argument, dass die Stadtgemeinde Bremen ja bisher aus freien Stücken darauf verzichtet habe, eine eigene Verfassung zu erlassen und damit eine eigene Kommunalregierung ins Leben zu rufen.

835 Bovenschulte, a.a.O. S. 202, m.w.N..

836 Sog. Wesensgehaltsgarantie, BVerfGE 1, 167; 38, 258, 278; 56, 298, 312; NVwZ 1988, 49; 1989, 348.

837 Isensee/Kirchhof-*Püttner*, Handbuch des Staatsrechts, Bd. IV, § 107, Rn. 25; BVerfGE 1, 167, 175 für die Personalhoheit; Bovenschulte/Fisahn, a.a.O., S. 18, 78; VerfGH Rh-Pf, NVwZ 1982, 614, 615.

838 BVerfGE 1, 67ff, 175; Maunz/Dürig – *Scholz*, Art. 28 Rn.31.

ständigkeitsvorbehalt zugunsten der Volksvertretung.[839] Aus der verfassungsrechtlichen Gewährleistung der kommunalen Volksvertretung gemäß Art. 28 Abs. 1 GG ist jedoch eine gewichtige Mitwirkung dieses Organs abzuleiten.[840] Das Grundgesetz legt zumindest indirekt mit der Gewährleistung der Volksvertretungen für die Gemeinden bereits bestimmte Strukturen für das Kommunalverfassungsrecht und die Aufteilung der Kompetenzen zwischen den verschiedenen Organen der Gemeinden fest. Daraus leitet *Forsthoff* ab, dass das Satzungsrecht, Verabschiedung des Haushalts und die Bestellung der leitenden Organe, soweit sie nicht unmittelbar gewählt werden, zu den der Kommunalvertretungskörperschaft verfassungsrechtlich vorbehaltenen Aufgaben gehören.[841] Dieser Auffassung folgend attestiert *Frowein,* dass nur so der Verbindung zwischen der Gewährleistung der Volksvertretung und dem Demokratieprinzip in ausreichendem Maße Rechnung getragen werden könne.[842] Rechtssetzung, Haushaltsrecht, Bestellung der leitenden Organe bzw. Wahl der Hauptverwaltungsbeamten und das allgemeine Recht der Kontrolle der Verwaltung seien verfassungsrechtlich dem herkömmlichen Bild des deutschen Gemeindeverfassungsrechts entsprechend der Volksvertretung zugewiesen.[843] In diesem Sinne hat auch das BVerfG entschieden, indem es für die Wahl des Magistrats in Schleswig- Holstein, der das Hauptverwaltungsorgan der Gemeinde ist, eine aus der Notwendigkeit seiner demokratischen Legitimation folgende Kompetenz der Gemeindevertretung für diese Wahl angenommen hat.[844] Dieser Auffassung ist zu folgen, da in den Fällen, in denen die Hauptverwaltungsbeamten nicht unmittelbar durch das Volk gewählt werden, sichergestellt werden muss, dass sie die zur Ausübung der hoheitlichen Aufgaben verfassungsrechtlich notwendige demokratische Legitimation haben. Diese Legitimation können sie – mit Ausnahme der unmittelbaren Wahl durch das Volk - nur durch die gewählte kommunale Vertretungskörperschaft erhalten, da somit eine ununterbrochenen Legitimationskette vom Volk zu den mit staatlichen Aufgaben betrauten Organen und Amtswaltern sichergestellt wird.[845]

---

[839] Vgl. Köttgen, Wesen und Rechtsreform der Gemeinden und Gemeindeverbände, in HBKWP Bd. I, S. 195ff, der daraus ableitet, dass der Volksvertretung kein Vorrang vor anderen Gemeindeorganen zukomme.

[840] Forsthoff, Verwaltungsrecht, S. 551; BK-*Stern*, Art. 28 Rn. 50.

[841] Forsthoff, Verwaltungsrecht, S. 551.

[842] Frowein, in HBKWP Bd. II S.81, 82.

[843] Frowein, HBKWP Bd. II S.81, 82. Grawert, VVdStRL 36, (1978), S. 277, 327; Forsthoff, Verwaltungsrecht, S. 551; BK-*Stern*, Art. 28, Rn. 50.

[844] BVerfGE 38, 258, 271.

[845] Beschluss des Bundesverfassungsgerichts vom 15. Februar 1978 zu den Bezirksvertretungen in Nordrhein-Westfalen, BVerfGE 47, 253ff.

Eine Bestimmung der kommunalen Exekutive der Stadtgemeinde Bremen durch die Bürgerschaft (Landtag) verstößt somit gegen die kommunale Selbstverwaltung gemäß Art. 28 Abs. 2 GG i.V.m. dem Demokratieprinzip. Der Senat bedarf für sein Handeln als kommunales Exekutivorgan vielmehr der Legitimation durch die Stadtbürgerschaft. Entgegen der Ansicht *Thiemes* ist diese Legitimation des Senats für sein Handeln als kommunales Organ durch die Stadtbürgerschaft aber gegeben. Der Senat handelt auf gemeindlicher Ebene nicht als Landessenat, der durch die Verfassung mit der Übernahme kommunaler Aufgaben betraut wurde, sondern als kommunale Exekutive, die von der Stadtbürgerschaft legitimiert wurde. Diese Legitimation findet zwar nicht wie in anderen kommunalen Vertretungskörperschaften in einem eigenständigen Wahlakt statt, dieses wird jedoch auch nicht von der verfassungsrechtlich garantierten kommunalen Selbstverwaltung gefordert. Die Stadtbürgerschaft bestimmt den Landessenat als kommunale Exekutive durch eine negative Wahl, indem sie von ihrem Optionsrecht gemäß Art. 148 und 145 LV keinen Gebrauch macht. Die bremische Landesverfassung gibt den Gemeinden das Recht, ihre Verfassungen selbst festzustellen. Solange die Stadtgemeinde Bremen von diesem Recht keinen Gebrauch macht, sind die Stadtbürgerschaft und der Senat die Organe der Stadtgemeinde Bremen. Die Stadtgemeinde Bremen kann somit in eigener und freier Verantwortung entscheiden, ob sie sich eine eigene Verfassung geben möchte und eine kommunale Exekutive wählt, die nicht mit dem Landessenat identisch ist, oder ob sie den Landessenat als kommunale Exekutive bestimmt. Letzteres vollzieht sie, wenn sie von ihrem Recht, sich eine Verfassung zu geben keinen Gebrauch macht. Jede gewählte Stadtbürgerschaft steht vor dieser Entscheidung und entscheidet sich in Kenntnis der Verfassungslage bewusst für eine der Alternativen. Somit stellt der Verzicht der Stadtbürgerschaft auf die Ausübung der verfassungsrechtlich gewährten Option, sich eine eigene Verfassung zu geben, gleichzeitig die notwendige Legitimation des Senats als kommunale Exekutive dar. Der Senat ist somit nicht nur staatliches Organ, welchem durch die Landesverfassung kommunale Aufgaben zugeordnet werden, sondern die Stadtbürgerschaft hat im Rahmen ihrer kommunalen Selbstverwaltung den Senat als kommunale Exekutive bestimmt.[846] Ein Verstoß gegen die kommunale Selbstverwaltung durch die in Art. 148 LV gewählte Konstruktion ist daher nicht erkennbar.

---

[846] Insoweit ist die Auffassung Thiemes wenig überzeugend, der ohne nähere Ausführungen die Ansicht vertritt, dass das Recht auf eine selbständige Gemeindeverfassung für die Gemeinde Bremen durch Art. 148 LV wieder zurückgenommen werde, DÖV 1993, 361, 364; vgl. auch Schefold, Hundertfünfzig Jahre Bremische Verfassung, in: Jahrbuch der Juristischen Gesellschaft 2000, S. 2, 24, der dieser Auffassung Thiemes ebenfalls entgegentritt.

Ein Verstoß gegen die kommunale Selbstverwaltung ist auch dann nicht erkennbar, wenn die ausländischen Unionsbürger an der Bürgerschaftswahl beteiligt werden und über die Zusammensetzung der Stadtbürgerschaft mitbestimmen. Nicht zutreffend ist die Ansicht *Neumanns*, dass aufgrund der Beteiligung der ausländischen Unionsbürger an der Kommunalwahl in Zukunft ein Stadtsenat gewählt werden müsse.[847] Diese Argumentation legt zugrunde, dass der Senat seine Legitimation allein von der Bürgerschaft (Landtag) erhält und aufgrund der bisherigen Personenidentität der stadtbremischen Abgeordneten in der Bürgerschaft (Landtag) und der Stadtbürgerschaft damit auch die kommunale Legitimation des Senats abgeleitet werden könne. Durch die Beteiligung der ausländischen Unionsbürger würden Stadtbürgerschaft und Bürgerschaft (Landtag) jedoch verschiedene Legitimationsobjekte darstellen, daher bestehe vom Landesvolk nur eine Legitimationsgrundlage für den Senat und von dem aus Unionsbürgern sich zusammensetzendem Stadtvolk nur eine Legitimationsgrundlage für die von ihm gewählten Organe der Stadtgemeinde.[848]

Auch im Senat wurden im Zusammenhang mit der Erörterung dieses Modells der Beteiligung der Unionsbürger Bedenken erhoben.[849] Der Senator für Justiz und Verfassung betonte, dass das Prinzip der kommunalen Selbstverwaltung das Recht der Gemeindebevölkerung umfasse, ihre Exekutiv-Organe zu bestimmen – sei es durch unmittelbare Volkswahl oder mittelbare Wahl durch die Vertretungskörperschaft. Schon die bisherige Rechtslage in der Stadtgemeinde Bremen würde dem nicht ausreichend Rechnung tragen. In der Vergangenheit habe man diesbezüglich aber darauf hinweisen können, dass bei der Wahl der Stadtregierung durch den Landtag immerhin 80 Abgeordnete aus der Stadtgemeinde Bremen mitwirken und dass dieses immerhin 4/5. des Gesamtparlamentes seien, zudem sei dies durch Art. 148 LV, also eine ausdrückliche Anordnung der Landesverfassung, legitimiert. Durch die Einführung des Unionsbürgerwahlrechtes werde die Basis dieser Verteidigungslinie jedoch untergraben, wenn aufgrund einer Wahl nach diesem Modell eine Stadtbürgerschaft zustandekomme, die aktiv und passiv anders legitimiert sei als die bisherige Stadtbürgerschaft. Art. 148 Abs. 1 LV würde damit der Boden entzogen, denn diese Vorschrift basiert darauf, dass die bremischen Volksvertreter von densel-

---

847 Neumann, Art. 148 Rn. 3.

848 Neumann, Art. 148 Rn. 3.

849 Schreiben des Senator für Justiz an den Senator für Inneres vom 12. Januar 1996 bzgl. der Ergänzung der Vorlage Nr. 14/043 für die Sitzung der staatlichen Deputation für Inneres am 18. Januar 1996.

849 BVerfGE 9, 268, 290.

ben Wählern legitimiert werden und dass es dieselben Personen sind, die von den Wählern legitimiert werden.[850]

Diese Ausführungen basieren ebenfalls auf der rechtlichen Einordnung der Legitimation des Senats allein durch die Bürgerschaft (Landtag). Dieses würde jedoch unabhängig davon, ob 4/5. der Mitglieder der Bürgerschaft auch Mitglieder der Stadtbürgerschaft sind oder ob die beiden Vertretungskörperschaften gänzlich unterschiedlich besetzt sind, einen Verstoß gegen die in Art. 28 Abs. 2 GG garantierte kommunale Selbstverwaltung darstellen. Der Senat bedarf für sein Handeln in kommunalen Angelegenheiten der Legitimation durch die Stadtbürgerschaft. Diese Legitimation ist nicht gegeben durch eine Wahl im Landtag, an der auch Bremerhavener Abgeordnete teilnehmen. Die Legitimation durch die Stadtbürgerschaft erhält der Senat erst durch deren Verzicht auf die Feststellung einer eigenen Gemeindeverfassung und einer damit verbundenen Wahl von Hauptverwaltungsbeamten. Nimmt die Stadtbürgerschaft – unabhängig von ihrer Besetzung mit oder ohne ausländische Unionsbürger - dieses Recht nicht wahr, bestimmt sie gleichzeitig den Senat zu ihrem kommunalen Exekutivorgan. Auf eine Personenidentität von Bürgerschaft (Landtag) und Stadtbürgerschaft kommt es daher nicht an, wesentlich ist vielmehr, dass die Stadtbürgerschaft in ihrer Gesamtheit auf die Ausübung der ihr verfassungsrechtlich in Art. 145 und 148 LV gegebenen Option verzichtet. Die verfassungsrechtliche Konstruktion des Art. 148 LV verstößt auch vor dem Hintergrund der Aufhebung der Personenidentität und der damit verbundenen Folge, dass Mitglieder der Stadtbürgerschaft keinen Einfluss auf die Wahl der Exekutive nehmen können, nicht gegen die kommunale Selbstverwaltung der Gemeinden gemäß Art. 28 Abs. 2 GG.[851]

8.2.5.2.4. Ergebnis

Die Beteiligung der ausländischen Unionsbürger an den Bürgerschaftswahlen mit der Folge, dass ihre Stimmen sich nur auf die Zusammensetzung der Stadtbürgerschaft auswirken, verstößt weder gegen die kommunale Selbstverwaltung gemäß Art. 28 Abs. 2 GG noch bedingt sie eine Trennung der stadtstaatlichen Strukturen Bremens. Mit diesem Modell wird vielmehr sichergestellt, dass die ausländischen Unionsbürger einerseits an den Wahlen auf kommunaler Ebene teilnehmen können, Bremen andererseits nicht verpflichtet wird, die bisherige Teilidentität von Stadt und Land aufzubrechen. Zwar ist es richtig, dass die ausländischen Unionsbürger im Gegensatz zu den deutschen Wählern einen eigen-

---

850 Schreiben des Senator für Justiz an den Senator für Inneres vom 12. Januar 1996 bzgl. der Ergänzung der Vorlage Nr. 14/043 für die Sitzung der staatlichen Deputation für Inneres am 18. Januar 1996.

851 Im Ergebnis auch BremStGHE 6, 253, 267; ohne dieses jedoch näher auszuführen.

ständigen Wahlakt zur Stadtbürgerschaft erhalten, dieses resultiert jedoch aus der verfassungsrechtlichen Lage, dass diese im Gegensatz zu den deutschen Wählern nicht die Möglichkeit haben, an den Landtagswahlen teilzunehmen. Die dadurch entstehenden Ungleichheiten sind im Hinblick auf die über 150 Jahre alte Verfassungstradition Bremens gerechtfertigt.

8.2.6. Zusammenfassung

Zusammenfassend kann festgestellt werden, dass das vierte Modell, welches den ausländischen Unionsbürgern die Beteiligung an der Bürgerschaftswahl ermöglicht, deren Stimmen sich jedoch nur auf die Zusammensetzung der Stadtbürgerschaft auswirken, das einzige ist, welches die Problematik zwischen der Beibehaltung der bisherigen bremischen Strukturen und der Beteiligung der Unionsbürger zufrieden stellend löst. Zwar wäre sicher verfassungsrechtlich das erste Modell, welches die Einführung einer eigenständigen kommunalen Ebene in der Stadtgemeinde Bremen beinhaltet, ohne weiteres umzusetzen, dieses stößt jedoch auf erhebliche verfassungspolitische Bedenken. Mit einem solchen Schritt würde, ohne von europäischer Ebene dazu aufgefordert zu sein, eine über 150 Jahre alte Verfassungstradition aufgeben. Auch im Hinblick auf die dadurch entstehenden Kosten ist dieses nicht gerechtfertigt. Vor dem Hintergrund des zu Beginn sehr ausführlich dargelegten Volksbegriffes des Grundgesetzes ist eine Beteiligung der ausländischen Unionsbürger an der Landtagwahl nicht mit dem Demokratieprinzip des Art. 20 GG vereinbar. Die Beteiligung der ausländischen Unionsbürger nur auf die Beiratswahlen zu beschränken, würde dagegen einen Verstoß gegen das europäische Recht darstellen. Die Stadtgemeinde Bremen verfügt über eine eigene kommunale Vertretungskörperschaft, die Stadtbürgerschaft, daher sind die ausländischen Unionsbürger auch an der Bestimmung der Zusammensetzung dieses Organs zu beteiligen. Lediglich das vierte Modell greift dieses auf und versucht, sowohl den sich aus dem Grundgesetz als auch dem Europarecht ergebenden Vorgaben gerecht zu werden, ohne die kommunalverfassungsrechtlichen Strukturen Bremens aufzubrechen.

8.3. Beteiligung der Unionsbürger an den Beiratswahlen

Unstreitig war in der Diskussion um die Umsetzung der EG-Richtlinie in der Stadtgemeinde Bremen, dass die ausländischen Unionsbürger auch an den Wahlen zu den Beiräten zu beteiligen sind. Die Beiräte werden durch direkte Wahl gewählt. Nach § 49 WG i.V.m. § 3 Abs. 1 Beiratsgesetz knüpft die Wahlberechtigung zu den Beiräten an die Wahlberechtigung zur Bürgerschaft in dem jeweiligen Beiratsbereich an. Insofern bedurfte es hier nur unwesentlicher Änderungen des Ortsgesetzes über Beiräte und Ortsämter.[852]

[852] Vgl. auch Mitteilung des Senats vom 09. 05. 1996, BB-Drs. 14/294, S. 2.

8.4. Änderung des Wahlrechts zur Einführung des Unionsbürgerwahlrechts in der Stadtgemeinde Bremen

Durch das „Gesetz zur Umsetzung der Richtlinie 94/80/EG des Rates vom 19. Dezember 1994 über die Einzelheiten der Ausübung des aktiven und passiven Wahlrechts bei den Kommunalwahlen für Unionsbürger mit Wohnsitz in einem Mitgliedstaat, dessen Staatsangehörigkeit sie nicht besitzen“[853] vom 01. Oktober 1996 wurde die Umsetzung der Richtlinie auch in Bremen vollzogen. Art. 1 des Umsetzungsgesetzes betrifft die Änderung der Landesverfassung, Art. 2 des Umsetzungsgesetzes passt das Bremische Wahlgesetz dementsprechend an die neue Rechtslage an.

8.4.1. Änderung der Landesverfassung

Zur Einführung des Unionsbürgerwahlrechtes wurde die Änderung der Landesverfassung notwendig. Art. 148 LV, der der Bürgerschaft auch die kommunale Funktion für die Stadtgemeinde Bremen zuweist, wurde in seinem Absatz 1 S. 3 wie folgt neu gefasst:

„Die Stadtbürgerschaft besteht aus den von den stadtbremischen Wählern mit der Wahl zur Bürgerschaft im Wahlbereich Bremen gewählten Vertretern“

Mit dieser Formulierung wurde die bisher garantierte Personenidentität der Mitglieder der Stadtbürgerschaft und der im Wahlbereich Bremen gewählten Abgeordneten der Bürgerschaft aufgehoben. Künftig gehören zu den stadtbremischen Landtagswählern im Sinne dieser Verfassungsbestimmung neben den deutschen Wählern auch die hier zur Bürgerschaftswahl teilnahmeberechtigten Unionsbürger, deren Wahlrecht jedoch ausschließlich auf die Kreation der Stadtbürgerschaft beschränkt ist.

8.4.2. Änderung des Wahlgesetzes

Mit der vorgenommenen Änderung des § 1 Abs. 1 a WahlG können unter den gleichen Voraussetzungen wie Deutsche auch Staatsangehörige der übrigen Mitgliedstaaten der Europäischen Gemeinschaft an der Wahl zur Bürgerschaft im Wahlbereich Bremen teilnehmen. Ihr Wahlrecht gilt jedoch nur für die Zusammensetzung der Stadtbürgerschaft.

Damit sichergestellt wird, dass die Stimmen der ausländischen Unionsbürger in Bremen nur für die Zusammensetzung der Stadtbürgerschaft gewertet werden, erhalten sie gesondert gekennzeichnete Stimmzettel, die in einem gesonderten

---

[853] GBl. Der Freien Hansestadt Bremen vom 16. Oktober 1996, Nr. 46, S. 303, 319.

Auszählakt ausgewertet werden und somit ausschließlich die Zusammensetzung der Stadtbürgerschaft mitbestimmen.[854]

Ebenso wie das aktive Wahlrecht erhalten Unionsbürger auch das passive Wahlrecht ausschließlich zur Stadtbürgerschaft (§ 4 WahlG). Die Stadtbürgerschaft setzt sich dementsprechend aus den im Wahlbereich Bremen von den Wahlberechtigten nach § 1 Abs. 1 und Abs. 1a WahlG gewählten Mitgliedern zusammen (§ 5 Abs. 3 WahlG). § 19 Abs. 1 a WahlG legt fest, dass im Wahlvorschlag zur Bürgerschaft im Wahlbereich Bremen auch die zur Stadtbürgerschaft wählbaren Unionsbürger aufgestellt werden können. In den Mitglieder- und Vertreterversammlungen sind Unionsbürger jedoch nur wahlberechtigt, soweit der Wahlvorschlag allein die Stadtbürgerschaft betrifft. Dieses bedeutet, dass derselbe Wahlvorschlag in den Mitglieder- oder Vertreterversammlungen zweimal abgestimmt werden muss, einmal unter der Mitwirkung der Unionsbürger bezüglich seiner Auswirkungen auf die Stadtbürgerschaft und anschließend als Wahlvorschlag zur Bürgerschaftswahl, wo jedoch nur deutsche Mitglieder des Wahlvorschlagsberechtigten ein Stimmrecht haben.[855] Auf den kombinierten Listenwahlvorschlägen zur Bürgerschaft und Stadtbürgerschaft können auch zur Stadtbürgerschaft wählbare Unionsbürger kandidieren, diese werden allerdings nur bei der Sitzverteilung für die Stadtbürgerschaft berücksichtigt. Dementsprechend wurde in § 30 WahlG das Verfahren zur Feststellung des Wahlergebnisses und in § 36 a WahlG der Erwerb und Verlust der Mitgliedschaft in der Stadtbürgerschaft neu geregelt.

Von den optionalen Regelungen der Richtlinie zur Einschränkung des passives Wahlrechtes der ausländischen Unionsbürger, wenn diese nach dem Recht ihres Herkunftsmitgliedlandes infolge einer zivilrechtlichen Einzelfallentscheidung oder einer strafrechtlichen Entscheidung des passiven Wahlrechts verlustig gegangen sind (Art. 5 Abs. 1 und 2 i.V.m. Art. 9 Abs. 2 der Richtlinie), wurde in Bremen nicht Gebrauch gemacht. Ebenso greift das Wahlgesetz nicht die in Art. 6 Abs. 2 der Richtlinie gegebene Option auf, die Unvereinbarkeit der Eigenschaft eines kommunalen Mandatsträgers im Wohnsitzmitgliedstaat mit in anderen Mitgliedstaaten ausgeübten vergleichbaren Ämtern zu regeln.

---

[854] Problempapier des Senator für Inneres, der Senatskanzlei, des Senator für Justiz und Verfassung, des Senators für Wirtschaft, Mittelstand, Technologie und Europaangelegenheiten vom 14. November 1995, S. 9 in der Mitteilung des Senats vom 07. Mai 1996, BB-Drs. 14/294.

[855] Schreiben des Landeswahlleiters vom 19. Januar 1998 an die Parteien und Wählervereinigungen bezüglich der Kandidatenaufstellungen für die Wahl zur Bremischen Bürgerschaft und der Stadtverordnetenversammlung Bremerhaven, S. 3.

VI. Zusammenfassung der wesentlichen Ergebnisse

Abschließend sollen die im Wege der durchgeführten Untersuchung ermittelten Ergebnisse nochmals in gebotener Kürze in 21 Thesen zusammengefasst werden.

1. Mit dem Kommunalwahlrecht für ausländische Unionsbürger wurde den Unionsbürgern ein neues wichtiges politisches Teilhaberecht in dem Mitgliedstaat gegeben, in dem sie zwar ihren Wohnsitz, dessen Staatsangehörigkeit sie jedoch nicht haben. Erstmals wird damit den Unionsbürgern die Möglichkeit zur Ausübung von Hoheitsgewalt in einem Mitgliedstaat gegeben, dessen Staatsangehörigkeit sie nicht besitzen. Die Kommunen übernehmen damit eine Vorreiterrolle bei der europäischen Integration.

2. Die Einzelheiten zur Ausübung des Unionsbürgerwahlrechtes wurden in der Richtlinie 94/80/EG vom Rat festgelegt, der dazu im Maastrichter Vertrag ausdrücklich ermächtigt wurde. So werden die zentralen Begriffe „Kommunalwahlen“ bzw. „lokale Gebietskörperschaft der Grundstufe“ im Einklang mit dem Primärrecht erst in der Richtlinie definiert. Ebenfalls ist die in der Richtlinie getroffene Regelung in Art. 5 Abs. 3, dass Mitgliedstaaten leitende Ämter des kommunalen Exekutivorgans den eigenen Staatsangehörigen vorbehalten dürfen, mit dem Vertrag über die Europäische Union vereinbar.

3. Die Richtlinie 94/80/EG entfaltet zumindest überwiegend eine unmittelbare Wirkung im Verhältnis von Unionsbürger und mitgliedstaatlicher Verwaltung und Gerichten. Denn sie begründet konkrete Rechte für die Unionsbürger und ist hinsichtlich Reichweite und Wahlvoraussetzungen inhaltlich unbedingt und hinreichend bestimmt.

4. Die Bundesrepublik Deutschland ist europarechtlich verpflichtet, Richtlinien der Europäischen Gemeinschaft in innerstaatliches Recht umzusetzen. Bei der Richtlinie 94/80/EG sind in der Bundesrepublik Deutschland die Länder für die Umsetzung der Kommunalwahlrechtsrichtlinie zuständig, weil das Kommunalrecht und das Kommunalwahlrecht gemäß Art. 70 GG zu ihrer ausschließlichen Gesetzgebungszuständigkeit gehören. Nach dem Grundgesetz sind die Länder verpflichtet, ihren Zuständigkeitsbereich betreffende EG-Richtlinien ordnungsgemäß umzusetzen.

5. Ein europäisches Volk im Sinne des Nationalstaatsprinzips besteht nach dem gegenwärtigen Stand der Integration noch nicht. Es entwickelt sich zwar eine Unionsbürgerschaft in Richtung einer strukturellen europäischen Bürgerschaft, sie hat aber diesen Status bisher noch nicht erreicht. Die Unionsbür-

gerschaft kann daher derzeit die Staatsangehörigkeit der jeweiligen Mitgliedstaaten weder ergänzen noch ersetzen. Eine europäische Staatsangehörigkeit, die die Unionsbürger zur Ausübung von Staatsgewalt auf europäischer Ebene legitimiert, ist nicht gegeben.

6. Das bisherige Nationalstaatsprinzip, wonach Volk und Nation gleichgesetzt werden, ist auf die europäische Ebene nicht übertragbar. Die Frage, ob sich bereits ein europäisches Volk gebildet hat, welches in einer Demokratie auch Herrschaftsbefugnisse ausüben kann, ist nicht allein unter ethnischen Gesichtspunkten zu beurteilen. Entscheidend ist vielmehr die Bildung eines „Wir-Gefühles", welches in Kenntnis der Unterschiedlichkeiten der jeweiligen Mitgliedstaaten auf gemeinsamen Wertvorstellungen und der Einsicht in die Notwendigkeit grenzüberschreitender Problemlösungen basiert. Der Einzelne kann sich daher auch gleichzeitig mehreren Kollektiven zugehörig fühlen.

7. Eine gemeinsame europäische Identität ist bisher noch nicht Realität geworden. Europa wird weiterhin als Gemeinschaft der Mitgliedstaaten und nicht als europäisches Gemeinwesen gesehen. Notwendig wäre, dass die Bürger zu der Überzeugung gelangen, dass es ein europäisches Herrschaftssystem demokratischer Qualität gibt. Eine solche Überzeugung ist auch aufgrund des Demokratiedefizits auf europäischer Ebene zur Zeit noch nicht bei den Bürgern der Mitgliedstaaten der Europäischen Gemeinschaft verankert.

8. Die Auslegung des Art. 20 Abs. 2 S. 1 GG, der das Prinzip der demokratischen Legitimation aller Staatsgewalt durch das Volk festlegt, ergibt, dass der dort verwendete Begriff „Volk" nur die Gesamtheit der deutschen Staatsangehörigen und der ihnen nach Art. 116 GG gleichgestellten Personen umfasst.

9. Die Kommunen üben bei ihrer Tätigkeit Staatsgewalt i.S. des Art. 20 Abs. 2 GG aus. Sie bedürfen daher ebenfalls einer demokratischen Legitimation durch das Volk.

10. Die Einführung des Kommunalwahlrechts für Unionsbürger in Art. 28 Abs. 1 S. 3 GG greift nicht in den durch Art. 79 Abs. 3 GG geschützten Kerngehalt des Volksbegriffs des Art. 20 Abs. 2 GG ein. Art. 79 Abs. 3 GG ist als Integrationsnorm zu verstehen, die eine notwendige verfassungsrechtliche Flexibilität der deutschen Bemühungen zur Vereinigung Europas gewährt, ohne die Kernstruktur des Grundgesetzes zu verlieren. Art. 79 Abs. 3 GG bedarf daher der kontextgerechten Interpretation, die auch Neuinterpretationen und Modifikationen der Strukturelemente zur Gewährung gemein-

schaftsverfassungsrechtlicher Ziele nicht ausschließt. Durch die Unionsbürgerschaft und das damit verbundene Unionsbürgerwahlrecht ist abweichend vom Nationalstaatsmodell für die kommunale Ebene der Mitgliedstaaten ein neuer kultureller Volksbegriff definiert worden, der sich an der europäischen Identität orientiert. Dieses wirkt sich auch auf die Rechtsordnungen der Mitgliedstaaten der Europäischen Gemeinschaften aus. Das Gemeinschaftsverfassungsrecht und dessen verändertes europäisches Volksverständnis auf kommunaler Ebene haben dadurch auch den Volksbegriff des Art. 20 Abs. 2 GG modifiziert, da dieser entsprechend Art. 79 Abs. 3 GG integrationsfreundlich auszulegen ist.

11. Die Beteiligung der ausländischen Unionsbürger an den kommunalen Abstimmungen in Bremen und Bremerhaven verstößt – auch wenn sie verfassungspolitisch wünschenswert ist - gegen innerdeutsches Verfassungsrecht. Art. 28 Abs. 1 S. 3 GG beschränkt sich auf die Funktion einer Öffnungsklausel und gewährleistet nicht selber das Kommunalwahlrecht für Unionsbürger. Dem Landesgesetzgeber steht es daher nicht frei, Unionsbürgern über das Kommunalwahlrecht im Sinne der Kommunalwahlrechtsrichtlinie des Europäischen Rates hinaus auch das Recht auf Beteiligung an kommunalen Sachabstimmungen einzuräumen.

12. Die Umsetzung der Richtlinie in den Stadtstaaten Hamburg und Berlin ist nicht auf Bremen übertragbar. Denn Bremen verfügt im Gegensatz zu Hamburg und Berlin über zwei von der staatlichen Ebene zu trennende kommunale Gebietskörperschaften. Während Berlin und Hamburg „Einheitsgemeinden" sind, in denen Staat und Stadt gebietsmäßig und rechtlich eine deckungsgleiche Einheit bilden, besteht in Bremen die stadtstaatliche Realunion nur zwischen den Organen des Landes und der Stadt Bremen.

13. Keine rechtlichen Schwierigkeiten machte die Umsetzung des Unionsbürgerwahlrechtes in Bremerhaven. Mit der Änderung des WahlG wurde den ausländischen Unionsbürgern die Teilnahme an der Stadtverordnetenwahl ermöglicht. Gleichzeitig bekamen sie auch das aktive und passive Wahlrecht für die Wahl des Magistrats, welches sowohl mit dem Gemeinschaftsrecht als auch dem nationalen Verfassungsrecht vereinbar ist. Dies kann aus dem „effet utile" bzw. direkt aus Art. 28 Abs. 1 S. 3 GG abgeleitet werden.

14. Die Umsetzung des Kommunalwahlrechtes für ausländische Unionsbürger in der Stadtgemeinde Bremen stellte die Verantwortlichen vor große rechtliche Probleme. Lediglich das Lösungsmodell, welches die Schaffung einer eigenständigen kommunalen Ebene für die Stadtgemeinde Bremen beinhaltet, unterliegt keinen verfassungsrechtlichen oder europarechtlichen Beden-

ken. Dieses Lösungsmodell ist jedoch verfassungspolitisch inakzeptabel, da mit der Auflösung der Einheit von Stadt und Land und damit dem Ende jahrhundertlanger Verfassungstradition in Bremen ein erster Schritt Richtung Beendigung der Eigenständigkeit Bremens gegangen würde.

15. Eine Beteiligung der ausländischen Unionsbürger an den Wahlen zur Bürgerschaft (Landtag) verstößt gegen Art. 20 Abs. 2 GG. Bei der Wahl zur Bürgerschaft handelt es sich nicht um eine Kommunalwahl, sondern um eine Landtagswahl, bei der die vom BVerfG aufgestellten Grundsätze zum Ausländerwahlrecht gelten. Der Volksbegriff des Art. 20 Abs. 2 GG ist nur hinsichtlich der kommunalen Ebene modifiziert worden, da dieser entsprechend Art. 79 Abs. 3 GG integrationsfreundlich auszulegen ist. Die europarechtlichen Vorgaben verpflichten jedoch nur zur Beteiligung der ausländischen Unionsbürger an den Kommunalwahlen, nicht jedoch an den Landtags- oder Bundestagswahlen. Die Beteiligung der ausländischen Unionsbürger an Landtagswahlen stellt daher mangels entsprechender gemeinschaftsverfassungsrechtlicher Verpflichtungen weiterhin einen Verstoß gegen das Prinzip der Volkssouveränität dar, welches durch die Ewigkeitsgarantie gemäß Art. 79 Abs. 3 GG geschützt ist. Dem Gemeinschaftsrecht kann nicht entnommen werden, dass es die Einführung des Landtagswahlrechtes unter der Prämisse des Verfassungsbruches fordert.

16. Eine Beteiligung der ausländischen Unionsbürger an der Landtagswahl nur im Wahlbereich Bremen stellt zudem nicht lediglich eine positive Diskriminierung dar, sondern impliziert vielmehr eine nicht gerechtfertigte Ungleichbehandlung der Unionsbürger im Lande Bremen. Dieses gilt insbesondere im Hinblick auf das passive Wahlrecht, welches dem ausländischen Unionsbürger in der Stadtgemeinde Bremen im Gegensatz zu dem in Bremerhaven lebenden ermöglichen würde, ein Landtagsmandat wahrzunehmen. Während beim aktiven Wahlrecht die Ungleichbehandlung möglicherweise noch mit dem Argument des fehlenden eigenständigen Wahlaktes gerechtfertigt werden kann, ist dies beim passiven Wahlrecht nicht mehr möglich. Denn die Stadtbürgerschaft ist genau wie die Stadtverordnetenversammlung in Bremerhaven eine eigenständige kommunale Vertretungskörperschaft.

17. Eine Beschränkung der Beteiligung der ausländischen Unionsbürger in der Stadtgemeinde Bremen auf die Beiratswahlen ist nicht mit dem Gemeinschaftsrecht vereinbar. Vertretungskörperschaft der lokalen Gebietskörperschaft der Grundstufe ist in der Stadtgemeinde Bremen die Stadtbürgerschaft. Die Stadtbürgerschaft ist auch durch die wahlberechtigten Bürger demokratisch legitimiert. Diese Legitimation erfolgt zwar nicht in einem eigenständigen Wahlakt, sondern die Wahl zur Bürgerschaft (Landtag) entfal-

tet zwei Wirkungen und bestimmt sowohl die Zusammensetzung des Landtages als auch der Stadtbürgerschaft. Eine Nichtbeteiligung der ausländischen Unionsbürger an der demokratischen Legitimation der Stadtbürgerschaft stellt damit einen Verstoß gegen Art. 19 EGV und die EG-Richtlinie dar.

18. Die Beteiligung der ausländischen Unionsbürger an der Bürgerschaftswahl mit der Folge, dass ihre Stimmen sich nur auf die Zusammensetzung der Stadtbürgerschaft auswirken, führt nicht dazu, dass die gewählte Stadtbürgerschaft über eine andere demokratische Legitimationsbasis verfügt, die zwingend zur Auflösung der stadtstaatlichen Strukturen in der Stadtgemeinde Bremen führt. Es wird lediglich dem unveränderten Bürgerschaftswahl-System ein bisher unbekanntes Wahlelement hinzugefügt, um den ausländischen Unionsbürgern ein Wahlrecht zu ermöglichen, das ausschließlich in die Stadtbürgerschaft transportiert wird. Nur der Wahlakt der ausländischen Unionsbürger ist rechtlich als unmittelbarer Wahlakt zu qualifizieren, dadurch wird jedoch weder eine eigenständige Stadtbürgerschaft geschaffen noch deren Legitimationsbasis ausgetauscht.

19. Die unterschiedliche Ausgestaltung des Wahlrechts für Unionsbürger einerseits und für deutsche Wähler andererseits kann als Ungleichbehandlung gewertet werden. Diese verstößt jedoch nicht gegen den Grundsatz der Wahlgleichheit gemäß Art. 28 Abs. 1 S. 2 GG. Denn die „Begünstigung" der ausländischen Unionsbürger ist insofern berechtigt, als sie keine Möglichkeit haben, über die Landtagswahl die Zusammensetzung der Stadtbürgerschaft zu bestimmen. Die dadurch entstehende Ungleichbehandlung ist gerechtfertigt, da diese im Vergleich zur Änderung der traditionellen stadtstaatlichen Struktur Bremens den verhältnismäßig geringeren Eingriff darstellt.

20. Die verfassungsrechtliche Konstruktion des Art. 148 LV, nach dem der Senat allein von der Bürgerschaft (Landtag) gewählt wird, verstößt auch vor dem Hintergrund der Aufhebung der Personenidentität und der damit verbundenen Folge, dass Mitglieder der Stadtbürgerschaft keinen Einfluss auf die Wahl der Exekutive nehmen können, nicht gegen die kommunale Selbstverwaltung der Gemeinden gemäß Art. 28 Abs. 2 GG. Denn die Stadtbürgerschaft bestimmt den Landessenat als kommunale Exekutive durch eine negative Wahl, indem sie von ihrem Optionsrecht gemäß Art. 148 und 145 LV keinen Gebrauch macht.

21. Abschließend ist festzustellen, dass die von Bremen vorgenommene Änderung der Landesverfassung und des Wahlgesetzes zur Umsetzung des Kommunalwahlrechtes für ausländische Unionsbürger sowohl den sich aus dem

Grundgesetz als auch dem Europarecht ergebenden Vorgaben gerecht wird, ohne die kommunalverfassungsrechtlichen Strukturen Bremens aufzubrechen.

VII. Schlussbemerkung

Das Kommunalwahlrecht für Unionsbürger war ein erster – sehr wichtiger – Schritt auf dem Weg zu einem „Europa der Bürger". Die Diskussion über die europäische Verfassung sowie deren Umsetzung tragen weiter dazu bei, Europa nicht nur als eine Gemeinschaft der Mitgliedstaaten zu sehen, sondern als ein europäisches Gemeinwesen. Weiterhin gilt es, das Demokratiedefizit auf europäischer Ebene abzubauen und die Bürger Europas stärker unmittelbar in den Prozess der europäischen Integration einzubinden. Diese Integration ist zwar derzeit noch nicht soweit vorangeschritten, dass bereits jetzt von einem europäischen Volk gesprochen werden kann. Die Signale für diesen Prozess sind jedoch eindeutig gesetzt. Dieser wird dazu führen, dass zukünftig neben dem jeweiligen Volk des Mitgliedstaates ein europäisches Kollektiv entsteht. Der durch das Nationalstaatsprinzip geprägte Volksbegriff wird modifiziert und durch ein neues europäisches Verständnis ergänzt werden. In der Folge dieses Prozesses muss dann folgerichtig den ausländischen Unionsbürgern neben dem Wahlrecht auf kommunaler Ebene auch die Möglichkeit eröffnet werden, sich an den Wahlen zu den Landtagen und zum deutschen Bundestag zu beteiligen.

Literaturverzeichnis

Anderson, Benedict: Die Erfindung der Nation: zur Karriere eines folgenreichen Konzepts, 3. Aufl. Frankfurt a.M. 1996

Arendt, Karlheinz: Bremen in: Hans Peters (Hrsg.), Handbuch der kommunalen Wissenschaft und Praxis, Bd. 1, 1. Aufl. Berlin 1956, S. 521 (zit. Ahrendt, in HBKWP)

Augustin, Angela: Das Volk der Europäischen Union: zu Inhalt und Kritik eines normativen Begriffs, Berlin 2000, zugl. Hamburg, Univ. Diss., 2000

Badura, Peter : Staatsrecht, 3. Aufl., München 2003

ders.: Schriftlicher Beitrag zur Vorbereitung der Anhörung des Europaausschusses des Sächsischen Landtages am 26. Oktober 1995 zu den Gesetzesentwürfen zum Kommunalwahlrecht für Bürger von EU-Mitgliedstaaten – Sächsischer Landtag Drs. 2/1168 und 2/1248, S. 5f.

Baetge, Dietmar: Grundzüge des Vertrages von Maastricht, in: BayVBl. 1992, S. 711.

Barley, Katarina: Das Kommunalwahlrecht für Ausländer nach der Neuordnung des Art. 28 Abs. 1 S.3 GG, Schriften zum Europäischen Recht Bd. 55, Berlin 1999, zugl. Diss. Münster 1997

Becker, Bernd: Einführung in Inhalt, Bedeutung und Probleme der Umsetzung der Richtlinie 61/96/EG des Rates der Europäischen Union vom 24. September 1996 über die integrierte Vermeidung und Verminderung der Umweltverschmutzung, in: DVBl. 1997, S. 588

Benda, Ernst / Klein, Eckart: Verfassungsprozessrecht, 2. Aufl., Heidelberg 2001

Bernsdorff, Norbert: Probleme der Ausländerintegration in verfassungsrechtlicher Sicht: Eine Untersuchung der wichtigsten Eingliederungskonzepte, Frankfurt a.M. 1986

Bieber, Roland: „Besondere Rechte" für die Bürger der Europäischen Gemeinschaften, in: EuGRZ 1978, S. 203

Birkenheier, Manfred: Wahlrecht für Ausländer; Berlin 1976

Birke, Hans Eberhard: Die deutschen Bundesländer in den Europäischen Gemeinschaften, Berlin 1973

Blanke, Hermann Josef: Der Unionsvertrag von Maastricht – Ein Schritt auf dem Weg zu einem europäischen Bundesstaat, in: DÖV 1993, S. 412

ders.: Vertrauensschutz im deutschen und europäischen Verwaltungsrecht, Tübingen 2000

Bleckmann, Albert: Der Vertrag über die Europäische Union, in: DVBl. 1992, S. 335

ders.: Europarecht, 6. Auflage, Köln, 1997

ders.: Grundgesetz und Völkerrecht, Berlin 1975

ders: Personal jurisdiction of the EEC, in: CMR 1980, S. 353

Böckenförde, Ernst – Wolfgang: Staat, Nation, Europa: Studien zur Staatslehre, Verfassungstheorie und Rechtsphilosophie, 2. Aufl. Frankfurt a.M. 2000

Bollmann, Johannes: Bremisches Staats- und Verwaltungsrecht, Bremen 1904

Bonner Kommentar: Kommentar zum Bonner Grundgesetz (Loseblatt – Ausgabe), Stand: 60. Lieferung, Mai 1990, Hamburg (zit. BK-Bearbeiter)

Bovenschulte, Andreas.: Gemeindeverbände als Organisationsformen kommunaler Selbstverwaltung, Baden-Baden 2000

Bovenschulte, Andreas / Fisahn, Andreas: Die Verfassung der Freien Hansestadt Bremen, in Fisahn (Hrsg.) Bremer Recht: Einführung in das Staats- und Verwaltungsrecht der Freien Hansestadt Bremen, Bremen 2002

Brands, Maarten C.: Zwischen Groß- und Kleinmannssucht, in Michalski (Hrsg.) Identität im Wandel, Stuttgart 1995, 183

Brandt, Heinz: Zwischen Besatzung und Verfassung, in: Bickelmann (Hrsg.), Verfassung, Verwaltung und Demokratie, Beiträge zum 50. Jahrestag der Verabschiedung der Bremerhavener Stadtverfassung, Bremerhaven 1997, S. 9

Brandt, Heinz / Schefold, Dian: Gemeinden, in: Kröning / Pottschmidt / Preuß / Rinken (Hrsg.), Handbuch der Bremischen Verfassung, Baden-Baden 1991, S. 547

Breer, Dietmar: Die Mitwirkung von Ausländern an der politischen Willensbildung in der Bundesrepublik Deutschland durch die Gewährung des Wahlrechts, insbesondere des Kommunalwahlrechts, Berlin 1982

Bryde, Brun-Otto: Ausländerwahlrecht und grundgesetzliche Demokratie, in: JZ 1989, S. 257

Bücking, Kai: Die Beteiligung von Ausländern an Wahlen zum Deutschen Bundestag, zu den Parlamenten der Länder und den kommunalen Vertretungskörperschaften unter besonderer Berücksichtigung der Wahlen zu den hamburgischen Bezirksversammlungen, Frankfurt a.M. 1992, zugl. Diss. Hamburg 1991

Bülck, Hartwig: Völkerrecht und Europäisches Recht: ausgewählte Abhandlungen, Berlin 1984

Bundesminister des Inneren (Hrsg.): Die Neugliederung des Bundesgebietes – Gutachten des von der Bundesregierung eingesetzten Sachverständigenausschusses, 1955, Dokument A2-0197/87

Burkholz, Bernhard: Teilnahme von Unionsbürgern an kommunalen Bürgerentscheidungen ? Zur Zulässigkeit einer Erweiterung landesrechtlicher Partizipationsrechte nach der Änderung des Art. 28 Abs. 1 GG, in: DÖV 1995, S. 816

Busch, Eckard: Die gemeinsame Verfassungskommission – eine Zwischenbilanz, in: Das Parlament 1992, S. 19

Calliess, Christian / Ruffert, Matthias (Hrsg.): Kommentar des Vertrages über die Europäische Union und des Vertrages zur Gründung der Europäischen Gemeinschaft, 2. Aufl., Neuwied 2002 (zit. Calliess / Ruffert - Bearbeiter, Kommentar zum EU-Vertrag)

Capotorti, Francesco / Hilf, Meinhard / Jacqué, Jean-Paul: Der Vertrag zur Gründung der Europäischen Union, Baden-Baden 1986

Creifelds, Carl (Begr.): Creifelds Rechtswörterbuch, Weber (Hrsg.), 17. Aufl. München 2002

David, Klaus: Verfassung der Freien und Hansestadt Hamburg, 2. Aufl. Stuttgart 2004

Degen, Manfred: Die Unionsbürgerschaft nach dem Vertrag über die europäische Union unter besonderer Berücksichtigung des Wahlrechts, in: DÖV 1993, S. 749

ders.: Kommunalwahlrecht für Angehörige anderer Mitgliedstaaten der Europäischen Gemeinschaft – Probleme des Kommissionsvorschlages aus der Sicht des deutschen Rechts, in Magiera: Das Europa der Bürger in einer Gemeinschaft ohne Binnengrenzen; Baden-Baden 1990, S. 27, mit anschließender Diskussion

ders.: Ausländerrecht und Ausländerpolitik in Europa, Baden-Baden 1987

ders.: Grundrechte für Ausländer: Bewährungsprobe des Verfassungsrechtes, in: DVBl. 1974, S. 341

ders.: Juristische Streitpunkte zum Kommunalwahlrecht für Ausländer, in: Sieveking / Barwig / Lörcher / Schuhmacher (Hrsg.), Das Kommunalwahlrecht für Ausländer, Baden-Baden 1989

ders.: Zur Verfassungsmäßigkeit der Einführung des Kommunalwahlrechtes für Ausländer in Nordrhein-Westfalen“, in: KritV 1987, S. 322

Dierksen Bernhard / Freitag, Ulrich: Die Kommunalverfassung der Stadt Bremerhaven, in: NordÖR 2000, S. 51

Doehring, Karl: Staat und Verfassung in einem zusammenwachsenden Europa, in: ZRP 1993, S. 98

ders.: Nationales Kommunalwahlrecht für europäische Ausländer? in: Grewe (Hrsg.), Europäische Gerichtsbarkeit und nationale Verfassungsgerichtsbarkeit, Festschrift zum 70. Geburtstag von Hans Kutscher, Baden-Baden 1981, S.109

Duckwitz, Edmund: Der Vertrag über die Europäische Union – Bewertung unter besonderer Berücksichtigung des Bund- Länder-Verhältnisses, Saarbrücken 1992

Dürig, Günter: Verfassung und Verwaltung im Wohlfahrtsstaat, in: JZ 1953, S. 193

Ehlers, Dirk: Die Einwirkung des Rechts der Europäischen Gemeinschaften auf das Verwaltungsrecht, in: DVBl. 1991, S. 605

Eiselstein, Claus: Europäische Verfassungsgebung – einige grundsätzliche Überlegungen im Vorfeld der Regierungskonferenz, in: ZRP 1991, S. 18

Engelken, Klaas: Einbeziehung der Unionsbürger in kommunale Abstimmungen (Bürgerentscheide, Bürgerbegehren) ?, in: NVwZ 1995, S. 432

ders.: Kommunalwahlrecht für nichtdeutsche Unionsbürger. Insbesondere zur Wählbarkeit als Bürgermeister und Landrat, in: BayVBl. 1996, S. 389

Epping, Volker: Grundstrukturen der Europäischen Union, in: Jura 1995, S. 449

Erichsen, Hans-Uwe: Kommunales Ausländerwahlrecht, in: Jura 1988, S. 548

Ernst, Manfred: Stadtverfassung im Konflikt, in: Bickelmann (Hrsg.) Verfassung, Verwaltung und Demokratie, Beiträge zum 50. Jahrestag der Verabschiedung der Bremerhavener Stadtverfassung, Bremerhaven,1997, S. 69

Ernst, Manfred / Willer, Albrecht: Von der Colonie zur Hafenstadt, Bremerhaven 2001

Everling, Ulrich: Auf dem Weg zu einem europäischen Bürger? Aspekte aus rechtswissenschaftlicher Sicht, in: Hrbek (Hrsg.) Bürger und Europa, Baden-Baden 1994 S. 16

Fisahn, Andreas: Demokratie in Europa – ein Volk oder das Volk ?, in: Bovenschulte / Grub / Löhr / von Schwanenflügel / Wietschel (Hrsg.) Festschrift für Dian Schefold zum 65. Geburtstag, Baden-Baden 2001, S. 131

Fischer, Hans Georg: Die Unionsbürgerschaft, in: EuZW 1992, S. 566

ders.: Europarecht in der öffentlichen Verwaltung. Eine Einführung in das Europäische Gemeinschaftsrecht für Angehörige der öffentlichen Verwaltung, München 1994

ders.: Kommunalwahlrecht für Unionsbürger, in: NVwZ 1995, S. 455

ders.: Zur unmittelbaren Anwendung von EG-Richtlinien in der öffentlichen Verwaltung, in: NvWZ: 1992, S. 635

Forsthoff, Ernst: Lehrbuch des Verwaltungsrechts, Bd. 1, Allgemeiner Teil, 10 Aufl., München 1973

Frank, Götz: Ausländerwahlrecht und Rechtstellung der Kommunen, in: KJ 1990, S. 290

Friedrich, Peter: Aufbau und Aufgaben des Staates – zur Staatspraxis, in: Kröning / Pottschmidt / Preuß / Rinken (Hrsg.), Handbuch der Bremischen Verfassung, Baden-Baden 1991, S. 353

Frowein, Jochen A.: Der Status der kommunalen Vertretungskörperschaft und ihrer Mitglieder, in: Püttner (Hrsg.), Handbuch der kommunalen Wissenschaft und Praxis, Bd. II Kommunalverfassung, 2. Aufl., Berlin 1982, S. 81

Fuß, Ernst-Werner: Die „Richtlinie" des Europäischen Gemeinschaftsrechts, in: DVBl. 1965, S. 378

Geffken, Rolf: Kommunalwahlrecht für Ausländer – Phantom oder Realität ?, in: DuR 1989, S. 123

Geiger, Rudolf: Grundgesetz und Völkerrecht: Die Bezüge des Staatsrechts zum Völkerrecht und Europarecht, 4. Aufl., München 2004

ders.: EUV/EGV: Vertrag über die Europäische Union und Vertrag zur Gründung der Europäischen Gemeinschaft, Kommentar, 3. Aufl. München 2002

Gellermann, Martin: Beeinflussung des bundesdeutschen Rechts durch Richtlinien der EG, Köln, 1994, zugl. Diss. Osnabrück 1993/94

Gern, Alfons: Deutsches Kommunalrecht, 3. Aufl., Baden-Baden 2002

Giannoulis, Christina: Die Idee des „Europa der Bürger" und ihre Bedeutung für den Grundrechtsschutz, Saarbrücken 1992

Giegerich, Thomas: Europäische Verfassung und deutsche Verfassung im transnationalen Konstitutionalisierungsprozess: wechselseitige Rezeption, konstitutionelle Evolution und föderale Verflechtung, Berlin 2003

Göbel, Michael: Aufbau und Aufgaben des Staates – Verwaltung, in: Kröning / Pottschmidt / Preuß / Rinken (Hrsg.), Handbuch der Bremischen Verfassung, Baden-Baden 1991, S. 384

Götz, Volkmar: Europäische Gesetzgebung durch Richtlinien – Zusammenwirken von Gemeinschaft und Staat, in: NJW 1992, S. 1849

Grabitz, Eberhard: Der Verfassungsstaat in der Gemeinschaft, in: DVBl. 1977, S. 786

Grabitz, Eberhard / Hilf, Meinhard (Hrsg.): Das Recht der Europäischen Union, Bd. 1 EUV/EGV, München, Loseblatt, 19. Ergänzungslieferung, Stand Februar 2002 (zit. Bearbeiter, in: Grabitz / Hilf, Das Recht der Europäischen Union)

Gramlich, Ludwig: Wahlrecht für nichtdeutsche Inländer, in: ZAR 1989, S. 51

Graumann, Carl F.: Soziale Identitäten. Manifestationen sozialer Differenzen und Identifikation, in: Heitmeyer (Hrsg.), Was hält die Gesellschaft zusammen ? Frankfurt 1997, S. 59

Grawert, Rolf: Gemeinden und Kreise vor den öffentlichen Aufgaben der Gegenwart, in: VVdStRL 1978 (Bd. 36), S. 277

ders.: Staatsangehörigkeit und Staatsbürgerschaft, in: Der Staat 23 (1984), S. 179

Groeben, Hans von der / Thiesing, Jochen / Ehlermann, Claus-Dieter (Hrsg.): Kommentar zum EU / EG-Vertrag, Band I, 6. Aufl. Baden-Baden 2003 (zit. Bearbeiter, in: Groeben / Thiesing / Ehlermann – Kommentar zum EU-/EG-Vertrag)

Groeben, Hans von der / Schwarze, Jürgen (Hrsg.): Kommentar zum Vertrag über die Europäische Union und zur Gründung der Europäischen Gemeinschaft, Band I, 6. Aufl. Baden-Baden 2003 (zit. Bearbeiter, in: von der Groeben / Schwarze)

Grumann, Marc-Olaf: Die Verfassungskonformität eines kommunalen Ausländerwahlrechts ausschließlich für ausländische Unionsbürger i.S.d. Art. 8b Abs. 1 EGV – Rechtsfolgen im Hinblick auf die Umsetzung der Richtlinie 94/80/EG, insbesondere in Hessen, Diss. Frankfurt a.M. 1996

Gundel, Jörg: Probleme der Umsetzung des EG-Kommunalwahlrechts und ihrer gerichtlichen Kontrollen in Frankreich und Deutschland, in: DÖV 1999, S. 353

Haas, Diether: Verwaltungsorganisationsrecht, in: Hoffmann-Riem / Koch (Hrsg.) Hamburgerisches Staats- und Verwaltungsrecht, Frankfurt a.M. 1988, S. 91

Haaß, Bernhard: Die Rechtsstellung der Bezirke Berlins und der Verfassungsreform, in: LKV 1996, S. 84

Häberle, Peter: Die Zukunft der Landesverfassung der Freien Hansestadt Bremen im Kontext Deutschlands und Europa, in: Bremische Bürgerschaft (Hrsg.), 50 Jahre Landesverfassung der Freien Hansestadt Bremen, Bremen 1997, S. 19, ebenfalls erschienen in: JZ 1998, S. 57

Hailbronner, Kay: Die deutschen Bundesländer in der EG, in: JZ 1990, S. 149

Hailbronner, Kay / Renner, Gunter: Staatsangehörigkeitsrecht, 3. Aufl., 2001

Hasenkamp, Holger G.: Die Freie Hansestadt Bremen und das Reich 1928-1933, Eine verfassungsgeschichtliche Untersuchung, in: Veröffentlichungen des Staatsarchivs Bremen, Band 47, Bremen 1981

Hasenritter, Karl-Heinrich: Wahlrecht für Ausländer ?, in: VR 1981, S. 14

Hasselbach, Kai: Europäisches Kommunalwahlrecht, in: ZG 1997, S. 49

ders.: Individualrechtsschutz bei Verstößen deutscher Gesetze gegen das europäische Gemeinschaftsrecht, in: MDR 1994, S. 849

Heise, Horst: Kommunalverfassungsrecht der Stadtstaaten, Bremen, in: Püttner (Hrsg.), Handbuch der kommunalen Wissenschaft und Praxis, Band II, Kommunalverfassung, 2. Aufl. Berlin 1982, S. 310 (zit. Heise, in HBKWP)

Herber, Rolf: Direktwirkung sogenannter horizontaler EG-Richtlinien ?, in: EuZW 1991, S. 401

Herdegen, Matthias: Die Belastbarkeit des Verfassungsgefüges auf dem Weg zur Europäischen Union, in: EuGRZ 1992, S. 589

ders.: Europarecht, 5. Aufl. München 2003

Heun, Werner: Staatshaushalt und Staatsleitung, Das Haushaltsrecht im parlamentarischen Regierungssystem des Grundgesetzes, Baden - Baden 1989

Hierl, Gabriele: Die Teilnahme von Unionsbürgern an Kommunalwahlen und kommunalen Abstimmungen in Bayern, Diss. München 1999

Hilf, Meinhard: Die Richtlinie der EG – ohne Richtung, ohne Linie ? in: EuR 1993, S. 1

ders.: Amsterdam - Ein Vertrag für die Bürger? Die EG vor der Europäischen Union, in: EuR 1997, S. 347

ders.: Europäisches Gemeinschaftsrecht und Drittstaatsangehörige, in: Hailbronner / Ress / Stein (Hrsg.), Staat und Völkerrechtsordnung, Festschrift für Karl Doehring, Berlin 1989, S. 339

Hobe, Stephan: Die Unionsbürgerschaft nach dem Vertrag von Maastricht – Auf dem Weg Weg zum europäischen Bundesstaat ? in: Der Staat 32 (1993), S. 245

Hoffmann-Riem, Wolfgang: Beharrung oder Innovation – zur Bindewirkung verfassungsgerichtlicher Entscheidungen, in: Der Staat 1974 (Bd. 13), S. 335

Huber, Peter M.: „Die parlamentarische Demokratie unter den Bedingungen der europäischen Integration", in: Huber / Mößle / Stock (Hrsg.), Zur Lage der parlamentarischen Demokratie, Tübingen 1995, S. 105

ders.: Recht der Europäischen Integration, 2. Aufl. München 2002

ders.: Das „Volk" des Grundgesetzes, in: DÖV 1989, S. 531

ders.: Demokratie ohne Volk oder Demokratie der Völker? – Zur Demokratiefähigkeit der Europäischen Union, in: Drexl / Kreutzer / Scheunig / Sieber (Hrsg.), Europäische Demokratie, Kongressbericht Würzburger Europarechtstage (4), Würzburg 1999, S. 45

Ipsen, Hans Peter: Europäisches Gemeinschaftsrecht, Tübingen 1972

ders.: Hamburgerisches Staats- und Verwaltungsrecht, 5. Aufl., Hamburg 1975

Hrbek, Rudolf: Staatsbürger-Unionsbürger: Konkurrenz oder Komplementarität, in: Hrbek (Hrsg.), Bürger und Europa, Baden-Baden, 1994, S. 120

Isensee, Josef: „Abschied der Demokratie vom Demos", in: Schwab / Giesen / List / Strätz (Hrsg.), Staat, Kirche, Wissenschaft in einer pluralistischen Gesellschaft –Festschrift für Paul Mikat, Berlin 1989, S. 705

ders.: Kommunalwahlrecht für Ausländer aus der Sicht der Landsverfassung Nordrhein – Westfalens und der Bundesverfassung, in: KritV 1987, S. 300

ders.: Die staatsrechtliche Stellung der Ausländer in der Bundesrepublik Deutschland, in: VVDStRL 32 (1974), S. 49

Isensee, Josef / Kirchhof, Paul (Hrsg.): Handbuch des Staatsrechts der Bundesrepublik Deutschland;
Band I, Grundlagen von Staat und Verfassung, Heidelberg 1987 (jetzt erschienen als 3. Aufl. Historische Grundlagen, Heidelberg 2003)
Band II, Demokratische Willensbildung – Die Staatsorgane des Bundes, Heidelberg 1897 (jetzt erschienen als 3. Aufl., Verfassungsstaat, Heidelberg 2004)
Band IV, Finanzverfassung – Bundesstaatliche Ordnung, Heidelberg 1990
Band VII, Normativität und Schutz der Verfassung – Internationale Beziehungen, Heidelberg 1992 (zit. Isensee/Kirchhof-Bearbeiter, in: Handbuch des Staatsrechts, Bd.)

Jahn, Ralf / Riedel, Norbert K.: Der Vorschlag der Europäischen Kommission für ein Kommunalwahlrecht für EG-Ausländer und seine Auswirkungen auf das innerstaatliche Recht, in: ZAR 1989, S. 58

ders.: Gemeinschaftsrechtliche Einführung eines kommunalen Wahlrechts für EG-Ausländer und innerstaatliches Verfassungsrecht, in: NVwZ 1989, S. 716

Jarass, Hans D.: Voraussetzungen der innerstaatlichen Wirkung des EG-Rechtes, in: NJW 1990, S. 2420

ders.: Richtlinienkonforme bzw. EG-rechtskonforme Auslegung nationalen Rechts, in: EuR 1991, S. 211

ders.: Grundfragen der innerstaatlichen Bedeutung des EG-Rechts: die Vorgaben des Rechts der Europäischen Gemeinschaft für die nationale Rechtsanwendung und die nationale Rechtsetzung nach Maastricht, Köln 1994

Jarass, Hans D. / Pieroth, Bodo: Grundgesetz für die Bundesrepublik Deutschland, 7. Aufl. München 2004

Jestaedt, Matthias: Demokratie unter Bagatellevorbehalt ?, in: Der Staat 32 (1993), S. 29

Kadelbach, Stefan: Staatsbürgerschaft – Unionsbürgerschaft – Weltbürgerschaft, in: Drexl / Kreutzer / Scheunig / Sieber (Hrsg.), Europäische Demokratie, Kongressbericht Würzburger Europarechtstage (4), Würzburg 1999, S. 89

ders.: Allgemeines Verwaltungsrecht unter europäischem Einfluss, Tübingen 1999

Kämper, Burkhard: Kommunalwahlrecht für Ausländer in Nordrhein-Westfalen?, in: ZRP 1989, S. 96

Karpen, Ulrich: Verfassungsrecht, in: Hoffmann-Riem / Koch (Hrsg.), Hamburgisches Staats- und Verwaltungsrecht, 2. Aufl., Baden – Baden 1998

ders.: Kommunalwahlrecht für Ausländer, in: NJW 1989, S. 1012

ders.: Auslegung und Anwendung des Grundgesetzes: vom liberalen Rechtsstaat zum demokratischen Sozialismus, Berlin 1987

Kaufmann, Marcel: Kommunales Unionsbürgerwahlrecht und demokratischer Staatsaufbau, in: ZG 1998, S. 25

Kessler, Alexander: Die Entstehung der Landesverfassung der Freien Hansestadt Bremen vom 21.10.1947; Bremen 1996

Klein, Eckart / Beckmann, Martina: Neuere Entwicklungen des Rechts der Europäischen Gemeinschaften, in: DÖV 1990, S. 179

Klug, Ulrich: Juristische Logik, 4. Aufl. Berlin 1982

Kluth, Winfried: Die demokratische Legitimation der Europäischen Union: Eine Analyse der These vom Demokratiedefizit der Europäischen Union aus gemeineuropäischer Verfassungsperspektive, Berlin 1995

Knöll, Ralf: Die Diskussion um die Grundrechtscharta der Europäischen Union aus dem Blickwinkel der europäischen Länder, in: NJW 2000, S. 1845

Koenig, Christian/Pechstein, Matthias: Die Europäische Union: Der Vertrag von Maastricht, 3. Aufl. Tübingen 2000

Köttgen, Arnold: Wesen und Rechtsreform der Gemeinden und Gemeindeverbände, in: Handbuch der kommunalen Wissenschaft und Praxis, Bd. III Kommunale Aufgaben und Aufgabenerfüllung, 2. Aufl., Berlin 1981, S. 195

Kotalakidis, Nicolas: Von der nationalen Staatsangehörigkeit zur Unionsbürgerschaft: die Person und das Gemeinwesen, Baden-Baden 2000

Kovar, Robert / Simon, Denys: La citoyenneté europénne, in: Cahiers de droits européen, 1993 (Bd. 29), S. 313

Kringe, Wolfgang: Verfassungsgenese: Die Entstehung der Landesverfassung der Freien Hansestadt Bremen vom 21.10.1947, Frankfurt a.M. 1993

Kröning, Volker: Bremen in der Gesamtverfassung von Land, Bund und Gemeinschaft, in: Kröning / Pottschmidt / Preuß / Rinken (Hrsg.), Handbuch der Bremischen Verfassung, Baden-Baden 1991, S. 141

ders.: Kommunalwahlrecht für Ausländer im „Europa der Bürger" – Bemerkungen zur politischen Gleichstellung von Ausländern und Deutschen in der Bundesrepublik Deutschland, in Sieveking (Hrsg.), Das Kommunalwahlrecht für Ausländer, Baden-Baden 1989, S. 163

Kulenkampff, E. / Coenen, H.: Die Landesverfassung der Freien Hansestadt Bremen vom 21. Oktober 1947, in: Leibholz (Hrsg.), JöR Bd. 3 (1954), S. 179

Kuhn, Klaus: Kommunales Wahlrecht für Ausländer ?, in: BayBgm 1989, S. 214

Lamers, Karl A.: Repräsentation und Integration der Ausländer in der Bundesrepublik Deutschland unter besonderer Berücksichtigung des Wahlrechtes, 1. Aufl., Berlin 1977

Larenz, Karl: Methodenlehre der Rechtswissenschaften, 6. Aufl. Berlin 1991

Laubach, Birgit: Bürgerrechte für Ausländer und Ausländerrinnen in der Europäischen Union: Unionsbürger und Drittstaatsangehörige – Ein Vergleich: zugl. Diss. Bielefeld 1998, Baden-Baden 1999

Lenz, Carl Otto (Hrsg.): EG-Vertrag: Kommentar zu dem Vertrag zur Gründung der Europäischen Gemeinschaften, 2. Aufl. Köln 1999 (zit. Lenz - Bearbeiter, EGV –Kommentar)

Lobkowicz, Wenceslas de: Ein europäisches Kommunalwahlrecht für alle Bürger, in: DÖV 1989, S. 519

Löhneysen, Hilbert: Kommunalwahlrecht für Ausländer, in: DÖV 1981, S. 330

Lutz, Frank: Die deutsche Gemeindeordnung in Bremen, Hildesheim 1980

Maas, Heinrich: Die Verwaltungswirklichkeit in Bremen, in: DÖV 1969, S. 835

Magiera, Siegfried: Ansätze für ein Europa der Bürger in der Rechtsordnung der Europäischen Gemeinschaft in „Das Europa der Bürger in einer Gemeinschaft ohne Binnengrenzen“, Baden-Baden 1990

ders.: Die Europäische Gemeinschaft auf dem Wege zu einem Europa der Bürger, in: DÖV 1987, S. 221

ders.: Politische Rechte im Europa der Bürger, in: Zuleeg (Hrsg.), Ausländerrecht und Ausländerpolitik in Europa, Baden-Baden 1987,

ders.: Kommunalwahlrecht in den EG-Mitgliedstaaten – der Richtlinienvorschlag der Kommission, in: EA 1988, S. 475

Makarov, Alexander: Allgemeine Lehren des Staatsangehörigkeitsrechtes, 2. Aufl. Stuttgart 1962

Mangoldt, Hermann v. / Klein, Friedrich / Starck, Christian (Hrsg.): Das Bonner Grundgesetz, Kommentar, Bd. II: Artikel 20 bis 78, 4. Aufl. München 2000 (zit. v. Mangoldt / Klein / Starck – Bearbeiter, GG)

Maunz, Theodor / Dürig, Günter (Hrsg.): Grundgesetz Kommentar,
Bd. II, Art 6 – 16a, Lieferungen 1 bis 43, Stand Februar 2004
Bd. III Art. 17 – 27, Lieferungen 1 bis 43 Stand Febr. 2004
Bd. IV Art. 28 – 69, Lieferungen 1 bis 43, Stand Febr. 2004
Bd. V Art. 70 – 99, Lieferungen 1 bis 43, Stand Februar 2004
(zit. Maunz / Dürig - Bearbeiter)

Martini, Alexander: Gemeinden in Europa: Einwirkungen der Europäischen Gemeinschaft auf die deutschen Gemeinden und Schutz der kommunalen Selbstverwaltung im Gemeinschaftsrecht, Köln 1992

Menger, Christian Friedrich v.: Deutsche Verfassungsgeschichte der Neuzeit, Göttingen 1988

Meyer-Teschendorf, Klaus-G. / Hofmann, Hans: Teilnahme von Unionsbürgern nicht nur an Kommunalwahlen, sondern auch an kommunalen Plebisziten?, in: ZRP 1995, S. 290

Middeke, Hans-Werner: Handbuch des Rechtsschutzes in der Europäischen Union, Baden-Baden, 2. Aufl. 2003

Model, Otto / Creifelds, Karl / Lichtenberger, Gustav: Staatsbürgertaschenbuch, 24. Aufl. München 1989

Münch, Ingo v.: Kommunales Ausländerwahlrecht: Ein Gebot der Demokratie, in: Das Rathaus, 1989, S. 147

Münch, Ingo v / Kunig, Philip (Hrsg.): Grundgesetz-Kommentar, Band II, (Art. 20 – 69), 4/5 Aufl. München 2001 (zit. von Münch/Kunig- Bearbeiter, GG)

Mutius, Albert von: Das Kommunalwahlrecht für Ausländer ist verfassungswidrig – Die Urteile des Bundesverfassungsgericht vom 31. 10. 1990, in: Jura 1991, S. 410

Nickel, Dietmar: Kommunalpolitische Partizipation- Erfordernisse im „Europa der Bürger“ in: Sieveking / Bartwig / Lörcher / Schuhmacher (Hrsg.), Das Kommunalwahlrecht für Ausländer, Baden-Baden 1989, S. 103

Nickel, Dietmar / Bieber, Roland: Europäische Grund- und Bürgerrechte, in: EuGRZ 1979, S. 21

Niedermeyer-Krauß, Sabine: Kommunalwahlrecht für Ausländer und Erleichterung der Einbürgerung Frankfurt/M 1989, zugl. Diss. Würzburg 1989

Neumann, Heinzgeorg: Verfassung der Freien Hansestadt Bremen, Kommentar, Stuttgart 1996

Oppermann, Thomas: Europarecht, München 1993

ders: Sinn und Grenzen einer EG-Angehörigkeit, in: Hailbronner / Ress / Stein (Hrsg.), Staat und Völkerrechtsordnung, Festschrift für Karl Doehring, Berlin 1989, S. 713

ders.: Vom Marktbürger zum EG-Bürger ?, in: Nicolaysen / Quaritsch (Hrsg.), Lüneburger Symposium für Hans Peter Ipsen zur Feier des 80. Geburtstages, Festschrift, Baden-Baden 1988, S. 87

Oppermann, Thomas / Classen, Claus-Dieter: Die EG vor der Europäischen Union, in: NJW 1993, S. 5

Oehlert, Sebastian: Harmonisierung durch EG-Richtlinien: Kompetenz, Legitimation, Effektivität, in: JuS 1997, S. 317

Pagenkopf, Hans: Kommunalrecht, Bd. 1, 2 Aufl., Köln 1975

Papier, Hans-Jürgen: Verfassungsfragen des Kommunalen Ausländerwahlrechts, in: KritV 1987, S. 309

ders.: Kommunalwahlrecht für Angehörige anderer Mitgliedstaaten der Europäischen Gemeinschaft – Probleme des Kommissionsvorschlages aus der Sicht des deutschen Rechts, in: Magiera (Hrsg.), Das Europa der Bürger in einer Gemeinschaft ohne Binnengrenzen, Baden-Baden 1990, S. 27

Pernice, Ingolf: Kriterien der normativen Umsetzung von Umweltrichtlinien der EG im Lichte der Rechtsprechung des EuGH, in: EuR 1994, S. 325

Pfeifle, Ulrich: Erwartungen an das Ausländerwahlrecht aus kommunaler Sicht, in: Sieveking / Bartwig / Lörcher / Schuhmacher (Hrsg.), Das Kommunalwahlrecht für Ausländer, Baden-Baden, 1989, S. 137

Pfennig, Gero / Neumann, Manfred (Hrsg.): Verfassung von Berlin: Kommentar, 3. Aufl., Berlin 2000

Pieper, Stefan Ulrich: Die Direktwirkung von Richtlinien der Europäischen Gemeinschaften, in: DVBl. 1990, S. 684

Pieroth, Bodo / Schmülling, Markus: Die Umsetzung der Richtlinie des Rates zum Kommunalwahlrecht der Unionsbürger in den deutschen Ländern, in: DVBl. 1998, S. 365

Preuß, Ulrich K.: Aufbau und Aufgaben des Staates – Landtag (Bürgerschaft), , in: Kröning / Pottschmidt / Preuß / Rinken (Hrsg.), Handbuch der Bremischen Verfassung, Baden-Baden 1991, S. 301

Quaritsch, Helmut: Staatsangehörigkeit und Wahlrecht, in: DÖV 1983, S. 1

Randelzhofer, Albrecht: Marktbürgerschaft – Unionsbürgerschaft – Staatsbürgerschaft, in: Randelzhofer / Scholz /Wilke (Hrsg.), Gedächtnisschrift für Eberhard Grabitz, München 1995, S. 591

Reich, Norbert: Bürgerrechte in der Europäischen Union, Baden-Baden, 1999

ders: Unionsbürgerschaft – Metapher oder Quelle von Rechten? in: Demokratie und Selbstverwaltung in Europa, Festschrift für Dian Schefold zum 65. Geburtstag, Baden-Baden 2001, S. 279

Rengeling, Hans-Werner: Die Garantie der kommunalen Selbstverwaltung im Zeichen der Europäischen Integration, in: DVBl. 1990, S. 893

Ress, Georg: Die Europäische Union und die neue juristische Qualität der Beziehung zu den Europäischen Gemeinschaften, in: JuS 1992, S. 985

Riegel, Reinhard: Notwendigkeit und Probleme einer gemeinschaftsrechtlichen Integration des Umweltschutzrechts unter besonderer Berücksichtigung des Wasserrechts, in: NuR 1981, S. 90

Rinken, Alfred: Aufbau und Aufgaben des Staates – Staatsgerichts, , in: Kröning / Pottschmidt / Preuß / Rinken (Hrsg.), Handbuch der Bremischen Verfassung, Baden-Baden 1991 S. 484

Rittstieg, Helmut: Demokratie der Deutschen, in: DuR 1991, S. 11

ders.: Kommunales Wahlrecht für Ausländer, in: KritV 1987, S. 315

ders.: Wahlrecht für Ausländer – Verfassungsfragen der Teilnahme von Ausländern an den Wahlen in den Wohngemeinden, Königstein /Ts. 1981

ders.: Juniorwahlrecht für Inländer fremder Staatsangehörigkeit, in: NJW 1989, S. 1018

Roller, Reinhold: Kommunalwahlrecht für Unionsbürger im Wohnsitzmitgliedstaat: zu Artikel 72 Abs. 1 S. 2 und Artikel 26 Abs. 8 der Landesverfassung in Baden-Württemberg, Diss. Tübingen 1996

Röger, Ralf: Der neue Artikel 28 Absatz 1 Satz 3: Vorläufiger Abschluss der langjährigen Diskussion um ein Kommunalwahlrecht für Ausländer, in: VR 1993, S. 137

Röper, Erich: Die 5% Klausel im Wahlrecht von Bund und Ländern, in: DÖV 1980, S. 327

ders.: Zur parlamentarischen Legitimation der Organe der Stadt Bremen und deren Reform, in: ZParl 1973, S. 355

ders.: Aufbau und Aufgaben des Staates – Deputationen, in: Kröning / Pottschmidt / Preuß / Rinken (Hrsg.), Handbuch der Bremischen Verfassung, Baden-Baden 1991, S. 428

Roth, Jürgen: Wahlrecht für alle!, in: ZRP 1990, S. 83

Rupp, Hans Heinrich: Wahlrecht für Ausländer?, in: ZRP 1989, S. 363

Ruppert, Andreas: Die Integrationsgewalt, Hamburg 1969

Saftig, Alexander: Kommunalwahlrecht in Deutschland, Baden-Baden 1990

Salzwedel, Jürgen: Staatsaufsicht in der Verwaltung, in: VVDStRL 1965 (Bd. 22), S. 206

Sasse, Christoph / Kempen, Otto Ernst: Kommunalwahlrecht für Ausländer ?, Bonn 1974

Schefold, Dian: Volk als Tatsache, Ideologie und politische Kultur, in: von Bormann (Hrsg.), Volk – Nation - Europa, Würzburg 1998, S. 57

ders.: Hundertfünfzig Jahre Bremische Verfassung – vom Verfassungskonsens des 08. März 1849 zur Aufgabe bremischer Verfassungspolitik, in: Jahrbuch der Juristischen Gesellschaft, Bremen 2000, S. 7

ders.: Zur Verfassung des europäischen Bundesstaates; Eine Zwischenbemerkung vor historischem Hintergrund, in: Krämer (Hrsg.), Recht und Um-Welt, Essays in Honour of Prof. Dr. Winter, Groningen 2003, S. 65

Schefold, Dian / Neumann, Maja: Entwicklungstendenzen der Kommunalverfassungen in Deutschland: Demokratisierung und Dezentralisierung, Basel 1996

Scherzberg, Arno: Mittelbare Rechtssetzung durch Gemeinschaftsrecht – Richtlinien als Instrument der europäischen Integration, in: Jura 1992, S. 572

Schild, Hans-Hermann: Kommunalwahlrecht für Ausländer, in: DÖV 1985, S. 664

Schink, Alexander: Die Mitwirkung von Ausländern an der kommunalpolitischen Willensbildung unterhalb des Wahlrechtes in Nordrhein-Westfalen, in: VR 1988, S. 269

ders.: Kommunalwahlrecht für Ausländer ? in: DVBl. 1988, S. 417

Schmellenkamp, Egon: Das Ausländerwahlrecht in der Bundesrepublik Deutschland unter besonderer Berücksichtigung der Rechtslage nach den Landesverfassungen, Köln 1985

Schmidt- Bleibtreu, Bruno / Klein, Franz (Hrsg.): Kommentar zum Grundgesetz, 9. Aufl. Neuwied 1999

Schmidt-Jortzig, Edzard: Kommunalrecht, Stuttgart 1982

Schmitt, Carl: Verfassungslehre, 8. Aufl. (Neusatz auf Basis der 1928 erschienenen 1. Auflage) Berlin 1993.

Schminck-Gustavus, Christoph U.: Vryheit do ik ju openbar - Versuch zu einigen Aspekten der bremischen Verfassungsgeschichte, in: Kröning/ Pottschmidt / Preuß / Rinken (Hrsg.), Handbuch der Bremischen Verfassung, Baden-Baden 1991, S. 13

Scholl, Stefan: Der EG-Richtlinienentwurf zum Kommunalwahlrecht für Ausländer, in: ZAR 1989, S. 62

Schrapper, Ludger: Die Richtlinie 94/80/EG zum aktiven und passiven Kommunalwahlrecht für Unionsbürger, in: DVBl. 1995, S. 1167

Schreiber, Wolfgang: Handbuch des Wahlrechts zum Deutschen Bundestag, Kommentar zum Bundeswahlgesetz, 7. Aufl. Köln 2002

Scholz, Rupert: Die Gemeinsame Verfassungskommission von Bundestag und Bundesrat, in: ZG 1994, S. 1

ders.: Verfassungswidriges Ausländerwahlrecht, in Festschrift für Günter Dürig zum 70. Geburtstag, München 1990, S. 367

Schunda, Regine: Das Wahlrecht von Unionsbürgern bei Kommunalwahlen in Deutschland, Diss. Frankfurt a.M. 2003

Schwabe, Jürgen: Verfassungsrecht, in: Hoffmann-Riem / Koch (Hrsg.), Hamburgerisches Staats- und Verwaltungsrecht , Frankfurt a.M. 1988, S. 32

Schwarze, Jürgen (Hrsg.): EU-Kommentar, 1. Aufl. Baden-Baden 2000

ders.: Europäisches Verwaltungsrecht. Entstehung und Entwicklung im Rahmen der Europäischen Gemeinschaft,
Bd. I, 1. Aufl., Baden – Baden 1988
Bd. II, 1. Aufl., Baden –Baden 1988

Schwarzwälder, Herbert: Geschichte der Freien Hansestadt Bremen, Band V, Bremen 1995

Schweitzer, Michael / Hummer, Waldemar: Europarecht: Recht der Europäischen Gemeinschaften (EGKS, EWG, EAG) – mit Schwerpunkt EWG, 3. Aufl. Frankfurt a.M. 1990

Schwerdtfeger, Günther: Welche rechtlichen Vorkehrungen empfehlen sich, um die Rechtsstellung von Ausländern in der Bundesrepublik Deutschland angemessen zu gestalten ?, Gutachten A zum 53. DJT, Berlin 1980, S. 106

Sennewald, Jörg: Kommunalwahlrecht für Ausländer ? in: VR 1981, S. 77

Sieveking, Klaus: „Europa der Bürger-ein Weg mit Hindernissen", in: EG-Magazin 1989, (Nr. 5) 8

ders.: Europäisches Gemeinschaftsrecht und Stadtstaaten – Verfassungsrechtliche Probleme bei der Einführung des kommunalen Ausländerwahlrechtes, in: DÖV 1993, S. 449

Simson, Werner v..: Was heißt in einer europäischen Verfassung „Das Volk"?; in: EuR 1991 (Bd. 26), S. 1

Simson, Werner v. / Schwarze, Jürgen: Europäische Integration und Grundgesetz: Maastricht und die Folgen für das deutsche Verfassungsrecht, Berlin 1992

Smend, Rudolf: Bürger und Bourgeois im deutschen Staatsrecht, in: Staatsrechtliche Abhandlungen, 2. Aufl. München 1968

Spitta, Theodor: Kommentar zur Bremischen Landesverfassung 1947, Bremen 1960

Steffen, Uwe: Kommunalwahlrecht für Bürger aus anderen Mitgliedstaaten der Europäischen Gemeinschaft, in: BayVBl. 1990, S. 297

Stein, Ekkhart: Staatsrecht, 19. Aufl. Tübingen 2004

Steinberger, Helmut: Der Verfassungsstaat als Glied einer europäischen Gemeinschaft, in: VVDStRL 50 (1991), S. 10

Stern, Klaus: Das Staatsrecht der Bundesrepublik Deutschland, Band I, 2. Auflage, München 1984

Stierling, Eckard: Das Kommunalverfassungsrecht im Lande Bremen, Göttingen 1964

Stöcker Hans A.: Der Binnen- und Außenaspekt der Volkssouveränität. Bemerkungen zu den Urteilen des Bundesverfassungsgerichtes zum Ausländerwahlrecht vom 31. 10. 1990, in: Der Staat 1991 (Bd. 30), S. 259

ders.: Nationales Selbstbestimmungsrecht und Ausländerwahlrecht, in: Der Staat 1989 (Bd. 28), S. 71.

Stricker, Gregor: Subjektive und objektive Grenzen der Bindungswirkung verfassungsrechtlicher Entscheidungen gemäß § 31 Abs. 1 BVerfGG, in: DÖV 1995, S. 978

Thieme, Werner: Hamburg als Gemeinde, in: DÖV 1969, S. 832

ders.: Verfassung der freien und Hansestadt Hamburg, Kommentar mit einem Anhang Hamburgischer staatsrechtlicher Gesetze, Hamburg 1998

ders.: Verwaltungsreformprobleme des Landes und der Stadt Bremen, in: DÖV 1993, S. 361

Thürer, Daniel: Der Verfassungsstaat als Glied einer europäischen Gemeinschaft, in: VVDStRL 59 (1991), S. 97

Tomuschat, Christian: Staatsbürgerschaft – Unionsbürgerschaft – Weltbürgerschaft, in: Drexl / Kreutzer / Scheunig / Sieber (Hrsg.), Europäische Demokratie, Kongressbericht Würzburger Europarechtstage (4), Würzburg 1999, S. 949

Trüe, Christiane: Auswirkungen der Bundesstattlichkeit Deutschlands auf die Umsetzung von EG – Richtlinien und ihrem Vollzug, in: EuR 1996, S. 179

Unruh, Christoph v.: Die kommunale Selbstverwaltung im Grundgesetz und ihr genetisches Modell in: Achterberg (Hrsg.), Öffentliches Recht und Politik, Festschrift für Hans Ulrich Scupin zum 70. Geburtstag, Berlin 1973

Wägenbauer, Rolf: Die Umsetzung von EG-Rechts in deutsches Recht und ihre gesetzgeberische Problematik, in: ZG 1988, S. 303

Wahl, Rainer: in: Jeserich / Pohl / Unruh, v. (Hrsg.), Deutsche Verwaltungsgeschichte, Stuttgart 1987 (Bd. V), 284

Weigl, Michael: Verfassungsrechtliche Aspekte eines Wahlrechts für Ausländer in der Bundesrepublik Deutschland unter besonderer Berücksichtigung des Kommunalwahlrechts, München 1992, zugl. Diss. München 1992

Wischermann, Norbert: Rechtskraft und Bindungswirkung verfassungsgerichtlicher Entscheidungen: zu den funktionsrechtlichen Auswirkungen der extensiven Auslegung des § 31 Abs. 1 BVerfGG, Berlin 1979

Wolfard, Adolf: Die staatsrechtliche Stellung des Bremischen Senats, Bremen 1926,

Wollenschläger, Michael / Schraml, Alexander: Kommunalwahlrecht für nichtdeutsche Unionsbürger – Die EG-Richtlinie 94/80 und ihre Umsetzung in Bayern, in: BayVBl. 1995, S. 385

Zivier, Ernst: Verfassung und Verwaltung von Berlin, 2. Aufl. Berlin 1992

Zuleeg, Manfred: Der rechtliche Zusammenhalt der Europäischen Gemeinschaften in: Blomeyer / Schachtschneider (Hrsg.) Die Europäische Union als Rechtsgemeinschaft, Berlin 1995

ders.: Das Recht der Europäischen Gemeinschaften im innerstaatlichen Bereich, Köln 1969

ders.: Einwanderungsland Bundesrepublik Deutschland, in: JZ 1980, S. 425

ders.: Juristische Streitpunkte zum Kommunalrecht für Ausländer, in: ZAR 1988, S. 13

ders.: Zur staatsrechtlichen Stellung der Ausländer in der Bundesrepublik Deutschland, in: DÖV 1973, S. 361

ders.: Grundrechte für Ausländer: Bewährungsprobe des Verfassungsrechts, in: DVBl. 1974, S. 341

ders.: Zur Verfassungsmäßigkeit der Einführung des Kommunalwahlrechts für Ausländer in Nordrhein – Westfalen, in: KritV 1987, S. 322

ders.: Die Vereinbarkeit des Kommunalwahlrechts für Ausländer mit dem deutschen Verfassungsrecht, in Zuleeg (Hrsg.), Ausländerrecht und Ausländerpolitik, Baden-Baden 1987,S. 153

ders.: Juristische Streitpunkte zum Kommunalwahlrecht für Ausländer, Sieveking / Barwig / Lörcher / Schuhmacher (Hrsg.), Das Kommunalwahlrecht für Ausländer, Baden-Baden 1989, S. 113

ders.: What holds a nation together ? Cohesian and democracy in the United States of America and the European Union, The American Journal of Comparative Law, Bd. 45 (1997), S. 505

ders.: Kommunalwahlrecht für Unionsbürger, in Bovenschulte / Grub / Löhr / von Schwanenflügel / Wietschel (Hrsg.), Festschrift für Dian Schefold zum 65. Geburtstag, Baden-Baden 2001, S. 117

Nichtöffentlich zugängliche Texte:

Schreiben von Prof. Dr. jur Matthias Pechstein, Europa-Universität Viadrina, Frankfurt (Oder) an die CDU-Fraktion der Bremischen Bürgerschaft, vom 31. Januar 1996

Entwurf eines Antrag der Fraktionen der CDU und SPD vom 26.Februar 1996, Umsetzung des Kommunalwahlrechts für ausländische Unionsbürger im Lande Bremen

Interner Vermerk über eine Besprechung der Staatsräte aus dem Justizressort, Innenressort, Senatskanzlei, Europa vom 16. Oktober 1995

FSC
www.fsc.org
MIX
Papier | Fördert gute Waldnutzung
FSC® C083411

Kolibri 360 GmbH
Ferdinand-Jühlke-Straße 7
99095 Erfurt, Deutschland
produktsicherheit@kolibri360.de

Druck:
CPI Druckdienstleistungen GmbH
im Auftrag der
Kolibri 360 GmbH
Ferdinand-Jühlke-Str. 7
99095 Erfurt